Dictionnaire du droit constitutionnel

Armel **Le Divellec**
Professeur de droit à l'Université de Paris-Panthéon-Assas

Michel **de Villiers**
Professeur honoraire de la Faculté de droit et de sciences politiques de l'Université de Nantes

SIREY

13e édition 2022

Éditions DALLOZ
31-35 rue Froidevaux, 75685 Paris Cedex 14

ISBN 978-2-247-21679-6

Dictionnaire
du droit constitutionnel

Chez le même éditeur

Dans la même collection

Dictionnaire de droit administratif • A. Van Lang, G. Gondouin et V. Inserguet-Brisset • 8e éd. • 2021

Dictionnaire de sciences politiques • D. Alcaud, L. Bouvet, J.-G. Contamin, X. Crettiez, S. Morel et M. Rouyer • 2e éd. • 2010

Dictionnaire thématique histoire géographie • D. Brand et M. Durousset • 8e éd. • 2007

Petit dictionnaire de culture générale • D. Baril • 2e éd. • 2006

Dictionnaire d'économie • G. Abraham-Frois, G. Caire, P. Hugon, P. Llau et F. Renversez • 2e éd. • 2002

Collection Spécial concours

Adjoint administratif • F. Dineur, O. Harmel, D. Poirier et D.-J. Stoll • 2e éd. • 2015

Adjoint administratif territorial • C. Derycke, F. Dineur, A.-S. Hardy-Dournes et D. Poirier • 2e éd. • 2015

Agent du Minefe • F. Dineur, M. Hénaff, D. Poirier, J. Serba et N. Talec • 2008

Attaché territorial • F. Bouvrain, H. Duranton, M. Frangi • 6e éd. • 2018

Commissaire de police/Officier de police/Officier de gendarmerie • F. Debove (dir.) • 8e éd. • 2019

Contrôleur des finances publiques et Contrôleur des douanes • J. Serba (dir.) • 3e éd. • 2014

IRA-Instituts régionaux d'administration • J.-C. Savignac • 3e éd. • 2010

Inspecteur des finances publiques et inspecteur des douanes • G. Siat (dir.) • 5e éd. • 2020

Magistrat • *F. Debove (dir.)* • 9e éd. • 2021

Rédacteur territorial • A.-S. Hardy-Dournes (dir.) • 5e éd. • 2013

Surveillant de l'administration pénitentiaire • J. Francioli, D. Poirier, P. Pottier et M. Trignol • 2008

Abréviations

AAI	Autorité administrative indépendante
AIJC	*Annuaire international de justice constitutionnelle*
AJDA	*Actualité juridique de droit administratif*
AN	Assemblée nationale
Art.	Article
Cah. Cons. const.	*Cahiers du Conseil constitutionnel*
Const.	Constitution
CE	Conseil d'État
C. const.	Code constitutionnel
C. élect.	Code électoral
CJCE	Cour de justice des Communautés européennes
Comm.	Commentaire
Cons. const.	Conseil constitutionnel
D.	*Recueil Dalloz*
DC	Déclaration de conformité à la Constitution
Décr.	Décret
DDH	Déclaration des droits de l'Homme et du citoyen de 1789
Déc./DC	Décision du Conseil constitutionnel
EDCE	*Étude et documents du Conseil d'État*
GAJA	*Les grands arrêts de la jurisprudence administrative*, Dalloz, 23e éd., 2021
GDCC	*Les grandes décisions du Conseil constitutionnel*, Dalloz, 19e éd., 2018
J	Jurisprudence
JCP	*Jurisclasseur périodique (La semaine juridique)*
JO	*Journal officiel (lois et décrets)*
L.	Loi
LC	Loi constitutionnelle
LF	Loi fondamentale
LO	Loi organique
LPA	Les petites affiches
Ord.	Ordonnance
Pr. 46	Préambule de la Constitution du 27 octobre 1946
Pr. 58	Préambule de la Constitution du 4 octobre 1958
QPC	Question prioritaire de constitutionnalité
RAN	Règlement de l'Assemblée nationale
Rec. CE ou *Lebon*	*Recueil des arrêts du Conseil d'État*
Rec. Cons. const.	*Recueil des décisions du Conseil constitutionnel*
RD publ.	*Revue du droit public*
RFDA	*Revue française de droit administratif*
RFDC	*Revue française de droit constitutionnel*
RF sc. pol.	*Revue française de science politique*
RIDC	*Revue internationale de droit comparé*
RS	Règlement du Sénat
S.	*Recueil Sirey*
TECE	Traité établissant une Constitution pour l'Europe (traité de Rome, 29 octobre 2004)
TFUE	Traité sur le fonctionnement de l'Union européenne du 25 mars 1957 dans sa version modifiée par le traité de Lisbonne du 13 décembre 2007
TIDC	*Traité international de droit constitutionnel* (sous la dir. de M. Troper et D. Chagnollaud), Dalloz, 3 vol., 2012
TUE	Traité sur l'Union européenne du 7 février 1992 dans sa version modifiée par le traité de Lisbonne du 13 décembre 2007
UE	Union européenne
V.	Voir

Avant-propos

« Il ne faut pas tellement épuiser un sujet
qu'on ne laisse rien à faire au lecteur.
Il ne s'agit pas de faire lire, mais de faire penser. »

Montesquieu, *De l'Esprit des Lois*, Livre II, chap. XX

En droit constitutionnel comme en toute matière, le dictionnaire est un indispensable compagnon de travail. Donner le sens d'un mot, clarifier une notion, identifier une procédure ou une institution, sont des démarches préalables à toute autre. « La langue juridique est la première enveloppe du droit, qu'il faut nécessairement traverser pour aborder l'étude de son contenu » (H. Capitant). Or, ce contenu est d'une exceptionnelle richesse.

Il faut d'abord rappeler que le droit constitutionnel fait l'objet de deux définitions. Du point de vue formel, le droit constitutionnel est le droit de la Constitution, en tant que la Constitution est un texte soumis à une procédure spéciale de révision, et qui se caractérise par « l'autorité des règles qu'elle pose » (J. Rivero). Cette définition formelle permet de qualifier la Constitution de Loi fondamentale, placée au sommet de la hiérarchie des normes. Mais du point de vue de son objet (on parlera alors de définition matérielle), le droit constitutionnel est l'ensemble des règles relatives à l'organisation et au fonctionnement des institutions politiques de l'État. Or, d'une part, ces règles ne se trouvent pas nécessairement dans une constitution au sens formel (exemple de la Grande-Bretagne), et quand il y a une constitution écrite et formelle, ce qui est le cas général, elles ne se trouvent pas toutes dans ce texte. Ainsi en France, certaines se trouvent dans des textes de valeur juridique inférieure : lois organiques, lois ordinaires, règlements des assemblées parlementaires. Il y a d'autre part, la jurisprudence, dont le développement est considérable depuis qu'ont été mises en place des juridictions chargées, comme le rappelle l'étymologie du mot « juridiction », de « dire le droit » constitutionnel. Enfin ne doit pas être oubliée la dimension coutumière du droit constitutionnel, dimension subsidiaire à raison de l'importance du droit écrit, mais rarement totalement absente.

Au-delà de ces définitions, on se rappellera que le droit constitutionnel prend place dans le droit public général auquel il emprunte une part des concepts qu'il utilise, et qu'il ne saurait se comprendre sans les éclairages indispensables qu'apportent l'histoire constitutionnelle, l'analyse de la vie politique et le droit comparé.

Le *Dictionnaire du droit constitutionnel*, ouvrage d'introduction et non manuel, a essayé de respecter cette diversité des sources et cette variété des approches. La Constitution du 4 octobre 1958 a fourni une première liste de notions, institutions et procédures, liste qui s'est ensuite élargie à l'histoire constitutionnelle française, à la science politique, au droit parlementaire et à des institutions significatives des grands régimes politiques étrangers, sans oublier les institutions communautaires dans le cadre desquelles la République française exerce en commun avec les autres États membres certaines de ses compétences. A toujours été privilégié le souci pédagogique : les mots et expressions retenus sont ceux dont l'usage est constant dans un enseignement de droit constitutionnel tel qu'il est dispensé dans les facultés de droit et les Instituts d'études politiques.

Pour chaque mot ou expression sont donnés : une définition, ou plusieurs quand le mot est susceptible de plusieurs sens ; un développement (évolution, régime juridique, controverses doctrinales, solutions de jurisprudence...) ; des renvois, permettant au lecteur de faire les rapprochements et distinctions nécessaires. De plus, les références des arrêts ou décisions, mis en italique dans le texte même de la définition, sont présentées, en fin d'article, et signalées par le symbole (jurisprudence).

Le dictionnaire propose également une bibliographie pour la plupart des entrées, désignées par un ouvrage (doctrine) : il s'agit en effet de signaler un choix de références doctrinales sur le sujet traité. Le *Code constitutionnel* mentionné dans les références de doctrine ou de jurisprudence est le code commenté et annoté (dir. T. Renoux, M. de Villiers, X. Magnon, Lexisnexis, 9e éd., 2018), le *Dictionnaire constitutionnel*, celui publié sous la direction de O. Duhamel et Y. Mény (PUF, 1992) et le *Code électoral*, commenté par M. de Villiers, F. Potier et M. de Vendeuil (13e éd., 2020).

Certaines entrées peuvent être signalées à la fin de l'article, par une flèche (↘) : ce sont les entrées dont la consultation s'avère particulièrement pertinente pour la connaissance du sujet.

Enfin, à chaque mention d'article de la Constitution de la Ve République (art. C.), le lecteur pourra se reporter à son texte donné en annexe.

A

Abberufung

↘ *Destitution*

Abrogation

1. Acte par lequel un texte est retiré par son auteur de l'ordre juridique. L'abrogation se distingue de l'annulation contentieuse en ce que cette dernière a une portée rétroactive.
2. Le législateur dispose d'une compétence discrétionnaire pour abroger (ou modifier) tout ou une partie d'une loi en vigueur. Le Conseil constitutionnel a cependant affirmé à plusieurs reprises que l'exercice de ce pouvoir d'abrogation (ou de modification) « ne saurait aboutir à priver de garanties légales des exigences de caractère constitutionnel ». Cette exigence a remplacé la jurisprudence selon laquelle il y aurait une règle générale de non-retour en arrière dans la protection de droits ou de libertés constitutionnellement protégés, et que la doctrine (L. Favoreu) avait qualifiée d'« effet cliquet ».

↘ *Liberté, Libertés publiques*

Cons. const., n° 83-165 DC, 20 janv. 1984, *GDCC* n° 27, 15e éd., 2009 ; n° 56-210 DC, 29 juill. 1986, *Rec. Cons. const.* p. 110.

Accord international

↘ *Engagement international, Traité*

Accréditation

Action de donner à un représentant de la France auprès d'un État étranger, préalablement nommé en conseil des ministres, un document dit « lettre de créance », attestant que ce représentant exprime la position officielle de son pays. C'est le président de la République qui accrédite les ambassadeurs, éventuellement met fin à l'accréditation par une « lettre de rappel » et reçoit les lettres de créance des ambassadeurs étrangers (art. C. 14).

Acte

Ce mot — du latin *actus* : action, mouvement — a plusieurs sens (v. *Vocabulaire juridique*, G. Cornu, PUF, 2007). Est retenu ici l'acte au sens juridique, par opposition à tout fait quelconque de l'homme. Est un acte juridique toute manifestation ou opération de la volonté destinée à produire des conséquences juridiques, qu'il s'agisse d'un élément de procédure (par ex. : le décret du Premier ministre déposant un projet de loi sur le bureau d'une assemblée, ou l'avis obligatoire du Conseil d'État sur les projets de loi), ou de produire une norme, c'est-à-dire posant une prescription, une habilitation ou créant des droits et des obligations.

Une caractéristique essentielle de l'État de droit est le classement de tous les actes des pouvoirs publics en hiérarchie, dénommée hiérarchie des normes (qu'il serait plus exact de dénommer hiérarchie des actes normatifs, la norme étant le contenu de l'acte), et l'existence de recours contentieux permettant d'obtenir de la juridiction compétente l'annulation des actes non conformes aux normes posées par les actes hiérarchiquement supérieurs.

↘ *Actes législatifs européens, Avis, Compétence, Conseil constitutionnel, Conseil d'État, Contrôle de constitutionnalité, Décision, Décret, Engagement international, État de droit, Hiérarchie des normes, Nomination, Norme, Pouvoir réglementaire, Résolution, Traité*

Acte additionnel aux Constitutions de l'Empire

Constitution formelle essentiellement rédigée par le libéral Benjamin Constant (et pour cette raison surnommée *la Benjamine*) à la demande de Napoléon de retour en France pour une problématique restauration du pouvoir impérial. Ce texte, promulgué le 22 avril 1815, proche par son contenu de la Charte octroyée par Louis XVIII en juin 1814, aurait pu permettre de réconcilier l'Empire et la tradition libérale (dont B. Constant était un symbole) si la défaite de Waterloo (18 juin 1815) n'avait prématurément interrompu l'expérience en la limitant à « cent jours ».

↘ *Charte, Césarisme démocratique, Constitutions de la France*

Actes constitutionnels

↘ *État français*

Actes de gouvernement

Catégorie d'actes pris par les organes exécutifs (président de la République, Premier ministre, ministres, éventuellement agents diplomatiques) que le Conseil d'État considère comme insusceptibles de tout recours contentieux. Il s'agit pour l'essentiel d'actes intéressant les rapports, d'une part entre les pouvoirs publics constitutionnels (par ex. : décret de dissolution, décret soumettant un projet de loi à un référendum, décision de recourir à l'art. 16), d'autre part de l'État français avec les puissances étrangères ou concernant les relations internationales. L'explication la plus probante de ce régime exceptionnel est que ces actes illustrent la dimension politique de l'activité gouvernementale, par opposition à sa dimension administrative, et doivent dès lors être considérés comme non justiciables. Une telle position contraste avec la large admission des litiges entre organes dans le droit constitutionnel allemand.

↘ *Acte, Actes préparatoires, Compétence, Décret, Dissolution, Litiges entre organes constitutionnels, Pouvoirs exceptionnels, Référendum*

CE, ass., 2 mars 1962, *Rubin de Servens*, *Lebon* 163, *JCP* 1962. II. 12613, concl. Henry, *AJDA* 1962. 214, chron. Galabert et Gentot ; *GAJA* n° 74 ; CE 30 mars 1966, *Cie générale d'énergie radioélectrique*, *Lebon* 257 ; *RD publ.* 1966. 754, concl. M. Bernard ; *GAJA* n° 76 ; CE, ass., 9 avr. 1999, *Mme Ba*, *Cah. Cons. const.* 1999. n° 7, obs. J. Robert ; Cons. const. 25 juill., 23 août, 6 et 11 sept. 2000.

R. Capitant, « De la nature des actes de gouvernement », in *Mélanges Julliot de la Morandière*, Dalloz, 1964 ; R. Chapus, « L'acte de gouvernement, monstre ou victime ? », *D.* 1958, chron. p. 5 ; J.-P. Camby, « Le référendum et le droit », *RD publ.* 2001. 3 ; P. Duez, *Les actes de gouvernement*, rééd. Dalloz, 2006 ; P. Serrand, « Acte de gouvernement », in *Dictionnaire de la culture juridique*, PUF, 2003.

Actes législatifs européens

Depuis les débuts de la construction communautaire européenne, étaient qualifiés *actes communautaires* les « règlements », « directives » et « décisions » prévus à l'article 288 TFUE (ancien art. 249 traité CE). Les peuples français et néerlandais ayant refusé d'autoriser la ratification du traité établissant une Constitution pour l'Europe (TECE), signé à Rome le 29 octobre 2004, traité qui aurait bouleversé la terminologie de ces actes (la loi remplaçant le règlement, la loi-cadre la directive), le traité de Lisbonne, signé le 13 décembre 2007 conserve la terminologie traditionnelle, mais en qualifiant les règlements, directives et décisions *d'actes législatifs*, adoptés par procédure législative (art. 289 TFUE). La Communauté européenne disparaissant en tant que telle avec ce nouveau traité, l'expression « actes communautaires » est remplacée par celle d'« actes législatifs de l'Union », ou encore d'« actes législatifs européens », expression retenue par le constituant français dans les articles 88-4 et 88-6 qui s'appliquent depuis l'entrée en vigueur du traité de Lisbonne.

Alors que le règlement est obligatoire dans tous ses éléments et est directement applicable dans tout État membre, la directive « lie tout État membre destinataire quant au résultat à atteindre, tout en laissant aux instances nationales la compétence quant à la forme et aux moyens », ce qui veut dire que la directive doit être transposée en droit interne selon les règles constitutionnelles propres à chaque État. Cette transposition est une exigence constitutionnelle fondée en France sur l'article C. 88-1. À ce titre, le Conseil constitutionnel, saisi d'une loi de transposition, pourrait censurer des dispositions de transposition manifestement contraires à la directive qu'elles auraient pour objet de transposer. Quant à la décision, elle n'est obligatoire que pour les destinataires qu'elle désigne.

Le règlement et la directive sont deux instruments juridiques par lesquels l'Union européenne exerce ses compétences. Ils constituent ce qu'il est convenu d'appeler le droit communautaire *dérivé*, par opposition au droit communautaire *originaire* des traités institutifs. Étant arrêtés par le Conseil de l'Union, au terme d'une procédure faisant intervenir, selon des modalités variables, le Parlement européen et la Commission (v. art. 293 et 294 TFUE), ils ont le statut d'actes internationaux. De ce fait, ils se situent, dans la hiérarchie des normes, au même rang que les traités et, logiquement, la jurisprudence *Nicolo* (arrêt CE 20 oct. 1989, fondé sur l'art. C. 55 définissant les conditions de la primauté du traité régulièrement ratifié sur la loi nationale, même postérieure), leur a été appliquée : arrêts du Conseil d'État des 24 septembre 1990 et 28 février 1992 (v. *infra*). C'est ainsi que des actes, adoptés par un organisme intergouvernemental composé de membres des exécutifs des pays membres, de plus en plus souvent en codécision avec le Parlement européen, ont prééminence sur la loi nationale votée par le Parlement français. N'étant pas constitutifs d'engagements internationaux nouveaux, mais la conséquence d'engagements internationaux déjà souscrits par la France et entrés en vigueur, ils ne peuvent faire l'objet du contrôle de constitutionnalité prévu par l'article C. 54 réservé aux engagements internationaux soumis à ratification et bénéficient ainsi sur le plan national de l'immunité juridictionnelle. Immunité juridictionnelle qui connaît cependant une limite car selon une jurisprudence du Conseil constitutionnel inaugurée par la décision n° 2004-496 DC du 10 juin 2004, le Conseil, saisi d'une loi de transposition, pourrait censurer des dispositions qui iraient à l'encontre d'une règle ou d'un principe inhérent à l'identité constitutionnelle de la France.

Commission européenne, Conseil (de l'Union européenne), Engagement international, Hiérarchie des normes, Identité constitutionnelle, Parlement européen, Union européenne

Cons. const., n° 77-89 DC, 30 déc. 1977, *Rec. Cons. const.* p. 46, *RD publ.* 1979. 468, note L. Philip ; CE 20 oct. 1989, *Nicolo*, *Lebon* 190, *RFDA* 1989. 813, concl. P. Frydman, notes B. Genevois, L. Favoreu et L. Dubouis ; CE 24 sept. 1990, *Boisdet*, *Lebon* 250 ; *RFDA* 1990. 1110 et 1991. 172, chron. L. Dubouis ; *AJDA* 1990. 863, chron. Honorat et Schwartz ; CE 28 févr. 1992, deux espèces : *SA Rothmans et SA Philips Morris France*, *Sté Arizona Tobacco Products*, *AJDA* 1992. 210, concl. M. Laroque ; *JCP* 1992. II. 21859, note G. Teboul ; Cons. const., n° 2004-5505 DC, 19 nov. 2004, *GDCC* n° 27 ; Cons. const., n° 2006-543 DC, 30 nov. 2006, *GDCC* n° 19.

T. de Berranger, *Constitutions nationales et construction européenne*, LGDJ, 1995 ; T. de Berranger, M. de Villiers, *Droit public général*, Lexisnexis, 8e éd., 2020, § 342 et s. et 1902-1920 ; *Code constitutionnel*, obs. sous les art. C. 88-1 à 88-7 et annexe 12 Europe.

Actes préparatoires

Actes administratifs préalables à une consultation populaire et organisant son déroulement, le premier de ces actes étant le décret de convocation des électeurs. Le régime contentieux de ces actes a fait l'objet d'une évolution jurisprudentielle permettant d'appliquer les mêmes règles aux élections présidentielles, législatives et référendaires : la compétence de principe du Conseil d'État pour les décrets à caractère permanent et pour les actes préparatoires à caractère accessoire ou secondaire s'accompagne d'une compétence exceptionnelle du Conseil constitutionnel pour tous les autres actes préparatoires dès lors qu'une irrecevabilité opposée à un recours risquerait de « compromettre gravement l'efficacité de son contrôle des opérations référendaires, vicierait le déroulement général du vote ou porterait atteinte au fonctionnement normal des pouvoirs publics ».

↘ *Contentieux électoral*

CE, ass., 1er sept. 2000, *Larrouturou, Meyet et autres*, *Rec. CE* p. 365, concl. H. Savoie ; Cons. const. 24 mars 2005, *Meyet et Hauchemaille*, *RD publ.* 2005. 587, obs. J.-P. Camby.

R. Rambaud, *Droit des élections et des référendums politiques*, LGDJ, 2019.

Administration

Pour que la politique déterminée et conduite par le gouvernement (art. C. 20, al. 1er) s'exécute sur toute l'étendue du territoire, il faut un instrument, un appareil, un ensemble de services : c'est l'administration, dont « dispose » le gouvernement (art. C. 20, al. 2). Administrer, c'est donc assurer, sous l'autorité du gouvernement, l'exécution des lois et le maintien de l'ordre public. À cette fin, l'administration a le pouvoir de faire usage de prérogatives dites « exorbitantes » du droit commun parce qu'interdites aux simples particuliers (par ex. : prendre des décisions unilatérales, c'est-à-dire des décisions dont l'existence juridique est indépendante du consentement des destinataires).

L'action administrative, c'est aussi, d'un point de vue matériel, la gestion des services que la collectivité prend à sa charge. Par définition, l'administration est tournée vers (*ad*) le public, elle est un service (du latin *minister* : serviteur) du public, elle est un ensemble de services publics. Certains de ces services publics sont à ce point liés à l'idée d'État (et à son histoire) que, faute de les assurer, l'État disparaîtrait : ce sont les services qui ne sauraient être privatisés parce qu'ils expriment la souveraineté de l'État : ils correspondent aux compétences dites régaliennes (services publics constitutionnels selon le Conseil constitutionnel). D'autres services publics résultent de choix faits par le législateur (par ex. : dans le cadre d'une politique de nationalisation : 1936, 1946, 1982).

Hiérarchiquement, l'administration est un simple instrument, elle n'est pas un « organe » de l'État. Le personnel qui compose l'administration n'a pas compétence pour *vouloir au nom de la Nation*, et n'a, par conséquent, pas de compte à rendre sur le plan politique. Sous réserve d'une éventuelle faute personnelle et, *a fortiori*, d'une incrimination pénale, les actes posés par un fonctionnaire sont donc imputés à l'État, et c'est au gouvernement, collégialement, d'en assumer la responsabilité devant le Parlement (art. C. 20, al. 3). Ce principe de subordination des agents d'exécution à la volonté politique des gouvernants exclut toute référence à l'idée et aux procédures de démocratie dans l'organisation de l'administration. La protection — nécessaire — des fonctionnaires relève du recours à d'autres techniques : développement d'une administration de carrière, statut de la fonction publique et contrôle de la juridiction administrative.

Il en va de même sur le plan territorial. Si le transfert de compétences de l'État à des collectivités locales qui s'administrent librement — c'est le principe de libre administration, constitutif de la décentralisation — a une évidente signification démocratique, le principe de subordination de l'administration n'est nullement remis en cause. Simplement, les fonctionnaires territoriaux sont soumis à des élus locaux et non plus nationaux.

↘ *Collectivité territoriale, Décentralisation, État, Gouvernement, Pouvoir exécutif, Représentant*

Cons. const., n° 86-207 DC, 26 juin 1986, *Rec. Cons. const.* p. 61, *GDCC* n° 18, *AJDA* 1986. 575, note J. Rivero.

F. de Baecque, J.-L. Quermonne, *L'administration et la politique sous la Ve République*, Presses de la FNSP, 1982 ; J. Chevallier, « L'élite politico-administrative : une interpénétration discutée », *Pouvoirs* n° 80, 1997 ; P. Mbongo, *La séparation entre administration et politique en droits français et étrangers*, Berger-Levrault, 2014 ; J.-L. Quermonne, *L'appareil administratif de l'État*, Le Seuil, 1991 ; P. Sadran, *Le système administratif français*, Montchrestien, 2e éd., 1997.

Adresse

Expression des vœux et des sentiments d'une assemblée parlementaire, solennellement formulée à destination du chef de l'État dans les monarchies représentatives. L'adresse est en principe une réponse au « discours du trône » prononcé une fois par an par le monarque mais qui exprime la politique du gouvernement.

↘ *Discours du Trône*

Affaires courantes

Affaires relevant de « l'activité quotidienne et continue de l'administration » et qui donnent lieu à des décisions « sur lesquelles les ministres se bornent habituellement à exercer en fait un simple contrôle et à apposer leur signature » (concl. J. Delvolvé sous CE 4 avr. 1952), ainsi que les affaires importantes qui doivent être réglées en cas d'urgence.

La notion d'affaires courantes est une réponse aux exigences du principe de continuité de l'action gouvernementale et administrative. Elle définit la compétence de tout gouvernement démissionnaire jusqu'à ce que le président de la République ait pourvu à son remplacement.

↘ *Continuité*

CE 4 avr. 1952, *Syndicat régional des quotidiens d'Algérie*, *Lebon* 210 ; *S.* 1952. 3. 49, concl. Delvolvé, *RD publ.* 1952. 1029, note M. Waline ; *JCP* 1952. II. 7138, note G. Vedel. CE 19 oct. 1962, *Brocas*, *Lebon* 553 ; *S.* 1962. 307 et *D.* 1962. 702, concl. Bernard ; *AJDA* 1962. 612, chron. A. de Laubadère.

Agent public

↘ *Administration*

Ajournement

1. Décision par laquelle les travaux d'une assemblée parlementaire en session sont suspendus (mais non clos, contrairement à la prorogation) pour une durée variable. Il s'agit en général d'une décision de l'assemblée elle-même (ainsi, par ex. : le Sénat s'ajourne-t-il à la suite de la décision du président de la République de dissoudre l'Assemblée nationale, et ce jusqu'à l'élection de la nouvelle Assemblée). Sous la IIIe République, le président de la République avait le pouvoir d'ajourner les chambres pour une durée d'un mois au maximum et seulement deux fois par session (art. 2 LC du 16 juill. 1875).
2. Jusqu'à une révision de son règlement intervenue en 2019, l'Assemblée nationale pouvait voter une motion d'ajournement relative à l'examen d'un projet de loi autorisant ratification ou approbation d'un traité ou accord international, ce qui entraînait le report de la discussion du texte sans pour autant le rejeter (v. ancien art. RAN 128).

↘ *Prorogation, Tradition républicaine*

Alternance

Se dit du remplacement au pouvoir d'une majorité par une autre. Il s'agit d'une pratique particulièrement significative de la démocratie pluraliste, sans en être cependant un élément de définition : souverain, le corps électoral est libre de maintenir sa confiance à la même majorité sur une longue période.

L'alternance est normalement la conséquence d'un changement d'orientation du corps électoral. Elle peut être plus ou moins prononcée selon l'ampleur de ce changement d'orientation. Mais la décision du corps électoral ne produira pas les mêmes effets selon la structure institutionnelle du pouvoir, le mode de scrutin et le système partisan. Ainsi, le régime parlementaire, qui fait dépendre la composition de l'exécutif du résultat des élections législatives, est favorable à l'alternance, pour autant cependant que la compétition électorale place l'électeur en position d'avoir à choisir entre deux camps : c'est le cas du parlementarisme britannique. Un mode de scrutin proportionnel n'interdit pas un tel choix : l'Allemagne — en dépit du caractère partiellement personnalisé de sa proportionnelle — et l'Espagne, par exemple, ont connu l'alternance à plusieurs reprises mais c'est parce que le système des partis politiques offre à l'électeur une alternative généralement claire. En revanche, le multipartisme, comme l'a pratiqué la France sous la IVe République est un handicap pratiquement insurmontable. De même l'Italie a-t-elle été pendant presque 50 ans (de 1947 à 1994) gouvernée par une même majorité constituée autour de la démocratie chrétienne qui en était l'axe permanent, et dont les contours étaient seulement modifiés à la marge d'un gouvernement à l'autre.

Le régime présidentiel pose le problème de l'alternance sur d'autres bases dès lors que la conception américaine de l'articulation des pouvoirs conduit à des élections distinctes (quoiqu'ayant lieu le même jour) pour l'exécutif et le Congrès bicaméral : ainsi les partis républicain et démocrate alternent-ils assez régulièrement à la présidence, alors que le Congrès (en particulier la Chambre des représentants) est le plus souvent sous domination démocrate. Au total, sur cette période, il y a eu 24 années de coïncidence parfaite des majorités entre la présidence et le Congrès et 46 années de « cohabitation forcée » avec l'une ou l'autre des deux chambres, ou les deux.

La France a découvert l'alternance avec la Ve République. Des renversements de majorité s'étaient bien déjà produits, notamment sous la IIIe République entre 1919 et 1939, mais les majorités issues des urnes ne parvenaient pas à garder le pouvoir. Ce qui est nouveau depuis les élections de 1981, c'est la pratique régulière d'une alternance qui offre le pouvoir jusqu'à l'élection suivante. Cependant la structure institutionnelle de la Ve République ne garantit pas nécessairement une alternance complète, qui suppose de remporter l'élection présidentielle et les élections législatives. Et si un président nouvellement élu qui se heurte à une assemblée hostile peut, en décidant des élections législatives anticipées, se rendre maître de tous les leviers du pouvoir (exemple des dissolutions de 1981 et 1988), il peut aussi, par un échec aux législatives 5 ans plus tard (1986 ou 1993) perdre une part substantielle de ce pouvoir. À l'inverse, la majorité élue à ces mêmes élections doit compter, sinon partager (selon les domaines) avec le président en place, lequel président (ou son successeur) peut à son tour, par une dissolution hasardeuse (1997), perdre la majorité à l'Assemblée nationale. Les expressions, parfois utilisées, de « grande alternance » et de « petite alternance » rendent compte de ces avatars de la pratique institutionnelle française. Telle était du moins la pratique observée à l'époque du septennat.

L'institution du quinquennat présidentiel (révision constitutionnelle du 2 octobre 2000) et la modification apportée au calendrier électoral de l'Assemblée nationale de façon à ce que l'élection présidentielle précède les élections législatives (C. élect., art. LO 121) ont eu notamment pour objectif de réduire la probabilité d'une cohabitation et que les alternances, quand elles se produisent, soient toutes de grandes alternances ! Les élections, présidentielles et législatives, de 2002 à 2022 ont confirmé ce calcul.

➘ *Bipartisme, Cinquième République, Cohabitation, Démocratie, Majorité, Mode de scrutin, Régime présidentiel, Scrutin majoritaire*

J. Massot, *Alternance et cohabitation sous la Ve République*, La Documentation française, 1997 ; *Pouvoirs* n° 1, 3e éd., 1997 ; J.-L. Quermonne, *L'alternance au pouvoir*, PUF, coll. « Que sais-je ? » n° 2459, 1988.

Amendement

1. Un acte de droit parlementaire

En droit parlementaire, un amendement est un changement apporté à un texte en discussion. Le droit d'amendement est ainsi cette technique de la délibération législative qui a pour objet d'apporter à un texte les modifications qui permettront son adoption « en termes identiques » (art. C. 45, al. 1er) par chaque assemblée. Mais le sens courant du mot (un changement en mieux) ne doit pas pour autant être oublié. C'est cette appréciation du « mieux » par les assemblées qui permet, d'amendement en amendement, et au fil des lectures successives par chaque assemblée, de dégager la volonté générale.

Par facilité de langage, il est dit, à l'article C. 44, al. 1er, que « les membres du Parlement et le gouvernement ont le droit d'amendement ». En réalité, les uns et les autres n'ont que le droit de proposer des amendements. Pour les parlementaires, il s'agit d'un moyen devenu essentiel de participer à l'initiative de la loi, initiative dite parfois « dérivée », par opposition à l'initiative principale que représente le dépôt de propositions de loi.

2. La procédure des amendements en droit parlementaire français

Dans le débat législatif, qui voit se superposer trois types de confrontation (gouvernement — assemblées ; Assemblée nationale — Sénat ; majorité — opposition), le gouvernement est en position de force. Indépendamment du fait que, trois fois sur quatre environ, le texte en discussion est son propre texte (conséquence de la traditionnelle prépondérance gouvernementale, logique en régime parlementaire, dans l'établissement de l'ordre du jour des travaux parlementaires), et qu'il peut décider la *procédure accélérée* (anciennement appelée procédure d'urgence avant la révision constitutionnelle de 2008 et qui a pour effet de supprimer une lecture dans chaque assemblée, et par conséquent de restreindre l'exercice du droit d'amendement), le gouvernement n'est pas soumis, pour ses propres amendements, à la contrainte financière qui s'impose aux parlementaires (art. C. 40), et il dispose des différents moyens que lui offre le parlementarisme rationalisé pour faire adopter les amendements qui lui conviennent, les siens comme ceux des parlementaires :

- il peut s'opposer après l'ouverture du débat à l'examen de tout amendement qui n'a pas été antérieurement soumis à la commission (art. C. 44, al. 2) ;
- il peut s'opposer aux amendements déposés sur le texte de la commission mixte paritaire (art. C. 45, al. 3) ;
- il peut demander sur tout ou partie du texte en discussion un vote bloqué qui remplacera les votes successifs sur les amendements et les articles (art. C. 44, al. 3) ;
- il peut enfin, mais devant la seule Assemblée nationale, engager sa responsabilité sur le texte en discussion (art. C. 49, al. 3), même si c'est de façon plus limitée depuis 2008.

La procédure des amendements est encadrée, non seulement par les dispositions de la Constitution et des règlements des assemblées, mais aussi par la jurisprudence du Conseil constitutionnel. Le Conseil vérifie que l'amendement ne soit pas sans lien avec le texte en discussion (exigence énoncée par l'art. C. 45 depuis la révision de 2008). Il réserve le recours au droit d'amendement après la procédure de la commission mixte paritaire à des amendements de coordination, ou en relation directe avec le texte en discussion, ou tendant à faire respecter la Constitution. C'est le principe de « l'entonnoir » selon lequel on ne doit normalement pas revenir après la commission mixte paritaire sur des dispositions déjà adoptées en termes identiques par les deux assemblées. Et à propos de l'utilisation du droit d'amendement comme arme d'obstruction par les parlementaires de l'opposition, il a précisé que ce droit ne devait pas faire l'objet d'un « usage manifestement excessif ». La révision constitutionnelle du 23 juillet 2008 a renvoyé à une loi organique la détermination du cadre dans lequel s'exerce le droit d'amendement, loi organique qui a prévu la possibilité que soient institués des délais pour l'examen d'un texte en séance, ce qui tend à limiter l'exercice du droit d'amendement (art. C. 44, LO n° 2009-403 du 15 avr. 2009, art. 17). Toutefois, le dépôt massif d'amendements par un groupe politique aux fins d'obstruction n'a pas complètement disparu.

3. La procédure des amendements en droit constitutionnel américain

En droit constitutionnel américain, le terme amendement a une signification particulière puisque c'est ainsi que sont appelées les modifications apportées à la Constitution des États-Unis (actuellement 27 amendements).

Bicamérisme, Commission mixte paritaire, Irrecevabilité, Lettre rectificative, Navette, Obstruction, Parlementarisme rationalisé, Projet de loi, Proposition de loi, Responsabilité, Sous-amendement, Vote de la loi

Cons. const., n° 86-221 DC, 29 déc. 1986, *Rec. Cons. const.* p. 179 ; *Pouvoirs* n° 41, p. 163, comm. G. Carcassonne ; n° 86-225 DC, 23 janv. 1987, *Rec. Cons. const.* p. 13 ; *Rev. adm.* 1987. 139, comm. M. de Villiers ; n° 95-370 DC, 30 déc. 1995, *Rec. Cons. const.* p. 269 ; n° 98-403 DC, 29 juill. 1998, *Rec. Cons. const.* p. 276 ; n° 2001-445 DC, 19 juin 2001, *RFDC* 2001. 616.

P. Avril, J. et J.-E. Gicquel, *Droit parlementaire*, Montchrestien, 2021 ; J.-P. Camby, « Le droit d'amendement, un droit jurisprudentiel ? », *RD publ.* 2001. 967.

Amendement Wallon

Est ainsi désigné, dans l'histoire constitutionnelle française, l'amendement déposé par le député centriste Henri Wallon à l'Assemblée nationale, le 30 janvier 1875, au moment de l'élaboration des lois constitutionnelles de la IIIe République. Il était ainsi rédigé : « Le président de la République est élu à la majorité absolue des suffrages par le Sénat et la Chambre des députés réunis en Assemblée nationale. Il est nommé pour sept ans. Il est rééligible. » D'apparence anodine, il confirmait pour l'avenir l'adoption de la forme républicaine en dépersonnalisant la présidence de la République, institution jusque-là attribuée *intuitu personae* au maréchal de Mac-Mahon (loi du 20 novembre 1873). L'amendement fut voté à une voix de majorité, signifiant le ralliement d'une frange des monarchistes modérés vers l'organisation de la République. Le texte de l'amendement deviendra l'article 2 de la loi constitutionnelle du 25 février 1875. « Wallon établissait, sans bruit, l'impersonnalité de la présidence, et installait, Cendrillon terne et discrète, la République dans la maison France. » (J.-J. Chevallier).

Septennat, Troisième République

J.-J. Chevallier, *Histoire des Institutions et des régimes politiques de la France de 1789 à 1958*, Dalloz, 9e éd., 2009.

Amnistie

Alors qu'une mesure de grâce dispense, en tout ou en partie, de l'exécution d'une peine, l'amnistie efface le caractère répréhensible des faits qui se sont produits. Elle fait disparaître l'infraction et s'oppose à l'ouverture de poursuites, ou supprime les sanctions déjà prononcées.

L'amnistie est de la compétence du législateur qui en définit le champ d'application. Sont concernées habituellement des infractions de faible gravité, mais le but d'apaisement politique ou social qui justifie ce type de mesure peut conduire le législateur à élargir les catégories d'infraction couvertes.

↘ *Droit de grâce*

S. Fournier, « Amnistie et grâce », in *Dictionnaire de la culture juridique*, PUF, 2003, p. 45.

Amparo

En Espagne, recours contentieux qui peut être porté devant la juridiction constitutionnelle suprême par tout citoyen, mais également par le ministère public ainsi que par le Défenseur du peuple. Il peut être dirigé contre une mesure administrative, une décision de justice ou un acte non législatif des Cortès ou d'une assemblée d'une communauté autonome (mais non contre une loi). Le demandeur doit invoquer la violation d'un droit fondamental garanti par la constitution (à l'exclusion des droits économiques et sociaux). Ce mécanisme existe également, mais avec des modalités sensiblement différentes, dans plusieurs pays d'Amérique du Sud.

Ancien Régime

La première constitution formelle de l'histoire française est celle du 3 septembre 1791, aboutissement d'un travail constituant commencé avec le *Serment du Jeu de Paume* par lequel les députés de la toute récente Assemblée nationale jurent de ne pas se séparer avant d'avoir donné une constitution à la France (20 juin 1789). L'expression d'Ancien Régime désigne ce passé, antérieur à 1789, caractérisé par une société hiérarchisée, divisée en ordres distincts (Clergé, Noblesse et Tiers État) et la reconnaissance du Roi comme seul détenteur, en droit, du pouvoir, même s'il était entouré d'institutions de conseil (États généraux, cours de justice appelées parlements, etc.). La France d'Ancien Régime n'était donc pas un régime de non droit et avait bien une organisation juridique : elle possédait une constitution coutumière, non écrite et forgée par le temps. Des principes supérieurs, appelés lois fondamentales, limitaient même le pouvoir théoriquement suprême du roi, quoique leur étendue ait été faible. La Déclaration des droits de l'Homme et du citoyen (26 août 1789) est le document qui marque et symbolise le passage de l'Ancien Régime à la société nouvelle. Toutefois, Tocqueville a pu montrer que, par-delà la rupture, des éléments de continuité entre Ancien Régime et Révolution pouvaient être trouvés dans l'avènement d'un pouvoir administratif central au détriment des corps intermédiaires.

↘ *Assemblée nationale, Constitution, Constitutionnalisme, Déclaration des droits, Loi fondamentale, Monarchie*

F. Furet, « Ancien Régime », *in* F. Furet, M. Ozouf, *Dictionnaire critique de la Révolution française*, Flammarion, 1988 ; N. Rouland, *L'État français et le pluralisme*, O. Jacob, 1995 ; A. de Tocqueville, *L'Ancien Régime et la Révolution (1856)*, Gallimard, coll. « NRF », 1952.

Apparentement

1. Technique électorale selon laquelle, en cas de scrutin de listes, des listes qui se sont apparentées avant le scrutin obtiennent tous les sièges à pourvoir si elles ont obtenu la majorité absolue des suffrages exprimés, sièges qu'elles se répartissent ensuite à la proportionnelle (les listes non apparentées sont dès lors exclues de la répartition des sièges).

   Le système des apparentements fut institué en France par la loi du 9 mai 1951, loi votée par une majorité représentative de ce qu'on appellera la « troisième force » (socialistes, démocrates-chrétiens, radicaux et modérés), soucieux de diminuer la représentation parlementaire des extrêmes (gaullistes et communistes). Le résultat fut atteint puisque, aux élections législatives du 17 juin 1951, les 4 partis associés qui avaient voulu cette loi obtinrent une large majorité, alors que les communistes se retrouvèrent à 101 (ils auraient obtenu 180 sièges sans les apparentements) et les gaullistes — le Rassemblement du peuple Français ou RPF — à 117 (au lieu de 144). Comme le dit J. Chapsal, cela ne procédait pas d'une « justice étonnante » comme le montre l'exemple de la 2e circonscription de Lille : les listes apparentées ayant obtenu la majorité absolue, la SFIO avec 107 000 voix, obtint 5 sièges, et le MRP, avec 84 000, en eut 4. En revanche, les communistes et les gaullistes n'eurent aucun siège bien qu'ils aient obtenu respectivement 106 000 et 90 000 voix. Mais J. Chapsal cite également Philip Williams : « Pour que le système parlementaire puisse fonctionner, les partis doivent se livrer à des compromis réciproques dans l'assemblée. Une loi électorale qui oblige les électeurs à regarder cela en face n'est donc pas moins honnête qu'une autre loi encourageant leur illusion que leur parti peut se conduire comme s'il était dans un vide politique ». Le drame fut qu'après les élections du 17 juin 1951, les partis apparentés furent loin de pouvoir s'entendre sur la politique à suivre, et rapidement la loi du 9 mai 1951 apparut pour ce qu'elle était réellement : une loi de circonstance.

   La même loi électorale fut appliquée aux élections législatives du 2 janvier 1956, mais elle ne donna pas des résultats comparables : les apparentements furent plus nombreux mais conclus sur une base plus étroite, et les partis apparentés n'obtinrent la majorité absolue que dans un nombre beaucoup plus réduit de circonscriptions.

2. En droit parlementaire, technique permettant à un parlementaire de s'associer sans adhérer à un groupe parlementaire, ce qui lui permet de participer plus efficacement aux travaux de son assemblée.

↘ *Groupe parlementaire, Mode de scrutin, Quatrième République, Représentation proportionnelle*

L'année politique 1951, introduction d'André Siegfried, PUF, 1951.

Appel au peuple

↘ *Césarisme démocratique, Dissolution, Plébiscite, Référendum*

Armée

↘ *Chef des armées, Force armée*

Arbitrage

En droit constitutionnel, la notion d'arbitrage est une notion d'emprunt, ce qui peut être source d'équivoque. L'arbitrage au sens sportif est souvent évoqué : l'arbitre est supposé être neutre. Mais la référence la plus logique est celle de la langue juridique traditionnelle : l'arbitre est celui qui est nommé par un tribunal ou choisi par les parties pour aider à la solution d'un conflit et, le cas échéant, y mettre fin. La portée de l'arbitrage dépendra alors, cas par cas, de la mission confiée à l'arbitre. Que cette signification forte de l'arbitrage soit d'usage habituel en matière politique est confirmée par l'emploi de ce mot pour qualifier aussi bien le pouvoir de décision du Premier ministre dans la préparation du projet de loi de finances (les redoutés « arbitrages budgétaires ») que la décision souveraine du peuple quand il vote : là est le véritable arbitrage, c'est l'arbitrage populaire.

En ce qui concerne la Constitution de la Ve République, qui distingue les fonctions de chef de l'État et de Premier ministre, l'arbitrage auquel il est fait référence à l'article C. 5 (« Le président de la République [...] assure, par son arbitrage, le fonctionnement régulier des pouvoirs publics ainsi que la continuité de l'État ») s'accompagne de l'attribution au chef de l'État de pouvoirs qu'il exerce sans le contreseing du Premier ministre, et qualifiés pour cette raison de *pouvoirs propres* (à commencer par la nomination de ce Premier ministre et l'appel au peuple par la voie du référendum ou de la dissolution). Mais cet arbitrage ne peut s'analyser sans prendre en compte la légitimité du chef de l'État. Pour le général de Gaulle, il ne pouvait s'agir que de permettre un « arbitrage national qui fasse valoir la continuité au milieu des combinaisons » (discours de Bayeux), alors que dans la tradition des IIIe et IVe Républiques, la conception de l'arbitrage évoquait plutôt le « pouvoir modérateur » de Benjamin Constant. Les successeurs du général de Gaulle devaient ratifier la conception gaullienne d'un président arbitre certes mais surtout « premier responsable national » selon la formule de G. Pompidou. Si le contenu et la portée de la mission présidentielle ont cependant pu varier, c'est surtout en raison des résultats des compétitions électorales : le président sera ainsi plus premier responsable national que modérateur quand il trouve à l'Assemblée nationale une majorité stable prête à le reconnaître comme son chef (si bien qu'il pourra « capter » le travail juridiquement accompli par le gouvernement et le Parlement), et plus modérateur que premier responsable national quand cette majorité lui fait défaut (ce fut le cas lors des cohabitations). Mais l'adoption du quinquennat par la loi constitutionnelle du 2 octobre 2000 a traduit clairement le souhait que ce soit le premier terme de l'alternative qui l'emporte définitivement, et c'est bien en ce sens que s'est orientée la pratique présidentielle depuis les élections de l'année 2007.

↘ *Captation présidentielle, Cinquième République, Cohabitation, Discours de Bayeux, Pouvoirs propres, Gardien de la Constitution, Président de la République*

F. Decaumont (dir.), *Le discours de Bayeux, hier et aujourd'hui*, Economica, 1991 ; Ch. de Gaulle, *Discours et messages (1940-1946)*, Berger-Levrault, 1946 ; A. Le Divellec, « Le prince inapprivoisé », *Droits* n° 44, 2007 ; J. Massot, *Chef de l'État et chef du gouvernement : la dyarchie hiérarchisée*, La Documentation française, 2008.

Arrêté

Acte par lequel un ministre (arrêté ministériel), plusieurs ministres (arrêté interministériel), une autorité administrative déconcentrée (arrêté préfectoral ou rectoral) ou décentralisée (arrêté municipal...) ou indépendante (Autorité des marchés financiers...) ou élue à la tête d'un établissement public (comme une université) prennent des mesures, soit de caractère général et impersonnel, soit individuelles. Le président de la République et le Premier ministre ne prennent des arrêtés que dans le cadre de l'organisation de leurs services ou pour nommer leurs collaborateurs.

↘ *Acte, Pouvoir réglementaire*

Article

Division de base du dispositif (c'est-à-dire de la partie normative) des textes législatifs et réglementaires, ainsi que des décisions des juridictions constitutionnelle et administrative. Les articles sont numérotés dans l'ordre et eux-mêmes divisés, le cas échéant, en alinéas.
Le dispositif des projets et des propositions de loi est précédé d'un exposé des motifs qui indique les raisons, esprit et objectifs du texte (exposé des motifs remplacé par un rapport de présentation pour les projets de décret).
Dans les décisions des juridictions, la motivation est développée dans des « considérants » ou « attendus ».

↘ *Juridiction, Norme, Projet de loi, Proposition de loi*

Article additionnel

Nouvel article introduit par voie d'amendement dans un texte en discussion.

↘ *Amendement*

Asile (Droit d')

Droit d'une personne d'obtenir d'un État accès et protection sur son territoire. Le droit d'asile est mentionné pour la première fois en droit constitutionnel français par la Constitution du 23 juin 1793 (le peuple français « donne asile aux étrangers bannis pour la cause de la liberté ») et, après avoir été longtemps ignoré, est repris par le Préambule de la Constitution de 1946 (al. 4) qui lui donne, du fait de l'incorporation de ce Préambule dans la Constitution de 1958, sa formulation actuelle : « Tout homme persécuté en raison de son action en faveur de la liberté a droit d'asile sur les territoires de la République ». Dans sa mise en œuvre concrète, le droit d'asile restait cependant fondé sur les lois et conventions internationales, notamment la convention de Genève du 28 avril 1951 sur le statut des réfugiés. Mais de « conventionnel », il est devenu pleinement « constitutionnel » grâce à la décision du Conseil constitutionnel des 12-13 août 1993. Dans cette décision, le Conseil a considéré que « le respect du droit d'asile, principe de valeur constitutionnelle, implique d'une manière générale que l'étranger qui se réclame de ce droit soit autorisé à demeurer provisoirement sur le territoire jusqu'à ce qu'il ait été statué sur sa demande ». Une réserve d'interprétation émise par le Conseil constitutionnel sur l'obligation des autorités administratives et judiciaires de procéder à l'examen de la situation des demandeurs d'asile et l'admission provisoire en séjour dans l'attente de la décision devait conduire à la révision constitutionnelle du 25 novembre 1993 (art. C. 53-1).

D. Alland, « Le dispositif international du droit de l'asile », in *Droit d'asile et des réfugiés*, Pedone, 1997.

Cons. const., n° 93-325 DC, 12-13 août 1993, *GDCC* n° 34.

Assemblée

Institution-organe collectif réunissant des individus élus ou nommés pour délibérer en commun sur des questions déterminées et prendre, le cas échéant, des actes juridiques (par ex. une résolution ou procéder à une nomination ou une investiture). Les assemblées peuvent exister au niveau local (par ex. le conseil municipal d'une commune) ou national (Bundestag en Allemagne, Knesset en Israël, etc.). Leur rôle peut être consultatif ou décisionnel. On parlera souvent d'assemblée délibérante ou délibérative, parfois d'assemblée parlementaire, de législature ou encore de parlement.

↘ *Assemblée constituante, Assemblée nationale, Bicamérisme, Bundestag, Chambre basse et chambre haute, Chambre des Communes, Chambre des Lords, Congrès, Cortès générales, Délibération, Diète, Douma, États généraux, Institution, Knesset, Organe, Parlement, Parlement européen, Sénat*

Assemblée constituante

Assemblée investie du pouvoir constituant *originaire*. Le mandat donné à une assemblée d'élaborer une nouvelle Constitution peut résulter d'une procédure régulière (exemple de l'assemblée élue le

21 octobre 1945 qui reçoit de la loi constitutionnelle adoptée le même jour le mandat d'élaborer la Constitution de la future IVe République). Mais il peut se faire aussi qu'une assemblée se l'attribue. C'est ainsi que les députés du Tiers État aux États généraux, après s'être proclamés Assemblée nationale le 17 juin 1789, font serment le 20 juin 1789 de ne pas se séparer tant qu'ils n'auront pas donné une Constitution à la France : c'est le *Serment du jeu de Paume*, et c'est la Révolution. L'Assemblée nationale se déclarera officiellement constituante, les députés des trois ordres étant réunis, le 9 juillet 1789 et adoptera la Constitution le 3 septembre 1791. Un processus comparable eut lieu en 1793 (avec la Convention), en 1830, 1848 et 1875.

↘ *Assemblée nationale, Convention, États généraux, Pouvoir constituant, Pouvoir de révision, Quatrième République, Troisième République*

Assemblée nationale

Le 17 juin 1789, les représentants du Tiers État aux États généraux se proclament Assemblée nationale. Dans le droit fil de l'argumentation de Sieyès (*Qu'est-ce que le Tiers État ?*, petit opuscule publié en janvier 1789), ils affirment que l'assemblée qu'ils forment est le dépositaire exclusif de la souveraineté nationale et est seule habilitée à définir son contenu : le régime représentatif est né, dont le statut juridique (interdiction du mandat impératif, immunités parlementaires...) sera, dans les premiers mois de la Révolution, défini.

Simultanément, l'Assemblée nationale de 1789 s'affirme en charge du pouvoir constituant (*Serment du Jeu de Paume*, 20 juin 1789). Mais le travail constituant étant réalisé avec l'adoption de la Constitution du 3 septembre 1791, l'appellation d'Assemblée nationale va disparaître jusqu'en 1848, où elle sera reprise par la IIe République.

Dans le cadre des lois constitutionnelles de 1875, l'Assemblée nationale est la réunion de la Chambre des députés et du Sénat pour élire le président de la République et réviser la Constitution. Ce n'est finalement que depuis 1946 que l'expression « Assemblée nationale » désigne au sein du Parlement français, l'assemblée parlementaire élue au suffrage universel direct (art. C. 24).

↘ *Assemblée constituante, Bicamérisme, Député, États généraux, Immunité, Parlement, Régime représentatif, Sénat*

Pouvoirs n° 34, « L'Assemblée », 1985 ; *Pouvoirs* n° 64, « Le Parlement », 1993.

Assistant parlementaire

Collaborateur personnel du parlementaire, recruté par contrat de droit privé, mais dont la rémunération est prise en charge par l'Assemblée. Dans le respect du principe d'indépendance du parlementaire, le travail de l'assistant est ce que le parlementaire juge utile à l'exercice de son mandat.

↘ *Immunité, Mandat*

Attorney general

Titre porté, dans la plupart des États anglo-saxons tantôt par le ministre en charge du département de la justice (cas des États-Unis), tantôt par le premier conseiller juridique du gouvernement (Angleterre, Nouvelle-Zélande, Inde), tantôt enfin par le Procureur général (poste éventuellement cumulé avec le poste de ministre comme au Canada et en Australie).

Autocratie

↘ *Démocratie*

Autodétermination

Droit d'un peuple à disposer de lui-même.

↘ *Référendum*

Autorisation

Le droit constitutionnel français connaît différentes hypothèses d'autorisation donnée par un organe à un autre.

1. Ordonnances

Il s'agit de l'autorisation donnée par le Parlement, sous la forme d'une loi, au Gouvernement de prendre des ordonnances : on parlera alors d'habilitation (art. C. 38).

2. Traités internationaux

Cette autorisation donnée par le Parlement au président de la République permet à ce dernier de ratifier des traités relatifs à un certain nombre de matières énumérées par l'article C. 53. Lorsqu'il s'agit d'un traité qui, sans être contraire à la Constitution, aurait des incidences sur le fonctionnement des institutions, l'autorisation de ratification peut être demandée au peuple par la voie du référendum (art. C. 11) : exemples des référendums du 20 septembre 1992 portant sur la ratification du traité de Maastricht (autorisation donnée) et du 29 mai 2005 portant sur la ratification du traité instituant une Constitution pour l'Europe (autorisation refusée).

3. Déclaration de guerre ou interventions militaires

La déclaration de guerre, prononcée par le pouvoir exécutif, doit être préalablement autorisée par le Parlement (art. C. 35, al. 1er). Par ailleurs, depuis 2008, la décision du gouvernement de faire intervenir les forces armées à l'étranger doit, au-delà d'une période de 4 mois, être également autorisée par le Parlement (art. C. 35, al. 2 à 3). Si l'article 35 fait partie du titre consacré aux rapports du Parlement et du gouvernement, gouvernement explicitement visé aux alinéas 2 et 3, la répartition des compétences militaires au sein de l'exécutif tout autant que la pratique institutionnelle font du président le véritable destinataire des autorisations en cause.

4. Budget

Le Parlement vote chaque année les recettes et dépenses prévues par le projet de loi de finances annuelle : cette autorisation donne pouvoir au gouvernement d'exécuter les dispositions votées (pouvoir qui est une obligation pour les recettes, mais non pour les dépenses, sauf certaines dépenses obligatoires).

➘ *Habilitation, Lois de finances, Ordonnance, Ratification, Référendum, Traité*

Autorisation préalable

➘ *Liberté d'association, Libertés publiques*

Autorité

1. Au sens politique

Une autorité (du latin *auctoritas*) est un pouvoir de domination et de commandement reconnu et considéré comme légitime, le fondement de cette reconnaissance variant selon les régimes : ainsi, dans un régime démocratique, le fondement de l'autorité est la confiance du peuple souverain. Mais le politique n'exclut pas le juridique. L'autorité du président de la Ve République, comparée à celle de son prédécesseur de la IVe, ne tient pas seulement à son élection au suffrage universel direct (depuis la révision de 1962 et la première élection présidentielle au suffrage universel direct de 1965), mais également aux compétences qui lui sont attribuées, en particulier les compétences propres (dispensées de contreseing ministériel), et même les compétences partagées : dans un certain nombre de cas, le Premier ministre ne peut agir ou décider sans la signature du président de la République. Enfin, la position spécifiquement politique du président, notamment le fait d'être reconnu comme le véritable leader d'un parti important, surtout s'il est majoritaire au Parlement, accroît considérablement son autorité.

2. Au sens organique

Le mot est utilisé pour désigner une institution de l'État (par ex. : l'institution présidentielle : le chef de l'État sera qualifié d'autorité placée à la tête de l'État), ou un ensemble d'institutions : l'article C. 62, 3e alinéa, fait référence aux « autorités administratives et juridictionnelles », expression qui désigne l'administration et l'ensemble des juridictions, et le titre VIII (art. C. 64 à 66) est consacré à l'autorité judiciaire. Les autorités administratives indépendantes en sont une variété particulière.

3. Au sens normatif

Enfin, on parlera d'autorité pour qualifier la valeur juridique d'un acte au sein d'une hiérarchie. L'article C. 55 établit par exemple l'autorité des traités régulièrement ratifiés ou approuvés sur les lois, sous réserve pour chaque traité de son application par l'autre partie. De même, c'est l'autorité de la Constitution formelle sur la loi qui est affirmée par l'institution du contrôle de constitutionnalité des lois (art. C. 61). En outre, le 3e alinéa de l'article C. 62 définit l'autorité des décisions du Conseil constitutionnel en disposant que ces décisions s'imposent « aux pouvoirs publics et à toutes les autorités administratives et juridictionnelles ». Pour toute juridiction, le dispositif, c'est-à-dire la partie finale du jugement, est revêtu de l'autorité de la chose jugée.

➘ *Autorité administrative indépendante, Autorité judiciaire, Autorité juridictionnelle, Compétence, Hiérarchie des normes, Institution, Juridiction, Légitimité, Pouvoir*

Autorité administrative indépendante

Autorité de l'État bénéficiant d'une indépendance statutaire (situation hors hiérarchie, composition habituellement collégiale), et de moyens (qui peuvent comprendre des compétences de réglementation, de décision et de sanction), lui permettant d'assurer une mission de régulation et/ou de contrôle dans des domaines particulièrement sensibles, où les risques et les enjeux justifient de s'écarter des règles d'organisation administrative traditionnelle. On les trouve particulièrement dans les domaines de la communication, des relations entre l'administration et les administrés, et de l'économie de marché.

Quelques-unes de ces autorités ont un rôle important dans le bon fonctionnement de la démocratie. À titre d'exemples : le Défenseur des droits, la Commission des sondages, la Commission nationale des comptes de campagne et des financements politiques, la Commission nationale de l'informatique et des libertés (CNIL), la Haute Autorité pour la transparence de la vie publique, l'Autorité de régulation de la communication audiovisuelle et numérique (Arcom)...

➘ *Transparence*

Conseil d'État, *Rapport public 2001. Les autorités administratives indépendantes*, La Documentation française, 2001.

Autorité judiciaire

Expression retenue par le constituant de 1958 pour désigner sur le plan organique l'ensemble des magistrats (du siège comme du parquet) des juridictions judiciaires.

Les membres des juridictions administratives ne font pas partie de l'autorité judiciaire. Les institutions juridictionnelles françaises s'inscrivent en effet sous le signe de la dualité. La très célèbre loi des 16-24 août 1790, en interdisant aux tribunaux judiciaires de connaître des actes du pouvoir exécutif, est à l'origine de la mise en place d'un ordre juridictionnel administratif dont le Conseil d'État est la clef de voûte. De ce fait, l'autorité judiciaire, qui fait l'objet du titre VIII de la Constitution, ne concerne que les seules juridictions de l'ordre judiciaire.

Qu'il ne s'agisse pas d'un « pouvoir judiciaire » est sans grande importance, et n'est pas, contrairement à une opinion répandue, une entorse à la doctrine dite de la séparation des pouvoirs. Le droit positif français n'a jamais accueilli, en dépit de l'intitulé parfois retenu (par ex. :

dans la Constitution de 1791), le concept d'un pouvoir judiciaire exprimant la souveraineté nationale au même titre que les pouvoirs législatif et exécutif. N'étant pas élus, les magistrats ne sauraient d'ailleurs être considérés comme des représentants du peuple. L'essentiel n'est pas dans la dénomination, mais dans la reconnaissance et l'organisation d'une nécessaire indépendance que symbolise le principe constitutionnel de l'inamovibilité des magistrats du siège. L'indépendance de l'autorité judiciaire est garantie par le président de la République assisté du Conseil supérieur de la magistrature (art. C. 64), et elle est mise en œuvre par le Parlement (l'organisation judiciaire fait partie du domaine de la loi, loi qui doit être adoptée selon la procédure de la loi organique quand il s'agit du statut des magistrats). L'indépendance de l'autorité judiciaire n'a pas seulement pour objet de protéger les magistrats des entreprises du pouvoir politique, elle est également une condition pour que l'autorité judiciaire puisse s'acquitter de sa mission de gardienne de la liberté individuelle (art. C. 66).

↘ *Conseil supérieur de la magistrature, Inamovibilité, Juridiction, Libertés publiques, Pouvoir judiciaire, Séparation des autorités administratives et judiciaires, Séparation des pouvoirs*

Cons. const., n° 80-119 DC, 22 juill. 1980, *Rec. Cons. const.* p. 46, *GDCC* n° 7 ; n° 92-305 DC, 21 févr. 1992, *Rec. Cons. const.* p. 27 ; *RD publ.* 1992. 389, comm. F. Luchaire ; *RFDC* 1992. 318, note T. Renoux ; n° 93-326 DC, 11 août 1993, *RFDC* 1993. 848, note T. Renoux.

R. Badinter, « Justice », in *Dictionnaire constitutionnel*, PUF, 1992 ; L. Cadiet (dir.), *Dictionnaire de la Justice*, PUF, 2004 ; T. Renoux, *Le Conseil constitutionnel et l'autorité judiciaire*, Economica, 1984.

Autorités juridictionnelles

L'article 62 al. 3 de la Constitution française fait référence aux « autorités (administratives et) juridictionnelles ». Compte tenu de la dualité des ordres de juridiction (v. Autorité judiciaire), cette formule permet d'englober les juridictions administratives, dont l'indépendance et la spécificité des compétences ont été érigées en principe fondamental reconnu par les lois de la République par le Conseil constitutionnel (DC du 22 juill. 1980 et DC du 23 janv. 1987). Le Conseil constitutionnel a précisé les implications de l'indépendance des juridictions — de toutes les juridictions, judiciaires comme administratives — pour le législateur et le gouvernement qui ne peuvent ni censurer leurs décisions, ni leur adresser des injonctions, ni se substituer à elles dans les jugements des litiges dont elles sont saisies (déc. du 22 juill. 1980).

↘ *Autorité, Autorité judiciaire, Juridiction*

Autosaisine

Action de se saisir soi-même.

Une procédure d'autosaisine du Conseil constitutionnel avait été brièvement évoquée en 1974 à l'occasion de la révision constitutionnelle qui devait aboutir à l'extension du droit de saisine du Conseil à 60 députés ou 60 sénateurs. Cette autosaisine était contenue dans le projet initial de la réforme, mais les assemblées s'y opposèrent au motif que le risque de gouvernement des juges aurait été trop grand. Il y a en effet dans la décision de saisir (et particulièrement si l'acte contesté est une loi votée par le Parlement) une appréciation en opportunité qui est d'une autre nature que la mission donnée à l'institution saisie de statuer juridictionnellement sur des points de droit. N'est pas en revanche une autosaisine la possibilité dont peut user le Conseil constitutionnel de prononcer l'inconstitutionnalité de dispositions que la saisine n'a pas soulevée. La motivation d'une saisine est en effet facultative. Saisi de la loi, le Conseil constitutionnel est saisi de toute la loi, et en soulevant des conclusions d'office, il ne statue pas *ultra petita*, au-delà de la demande.

↘ *Conclusions, Conseil constitutionnel, Gouvernement des juges, Juridiction, Saisine*

Avis

Appréciation que les textes commandent de demander à des organismes compétents à cet effet avant que soit pris un acte. Un avis est *obligatoire* lorsque la consultation est imposée, *conforme* si la décision doit respecter l'avis rendu.

La Constitution de la Ve République prévoit de nombreuses procédures consultatives :

- la dissolution ne peut être décidée par le président de la République qu'après consultation du Premier ministre et des présidents des assemblées (art. C. 12) ;
- le Conseil constitutionnel doit être consulté par le chef de l'État sur la décision de mettre en œuvre l'article C. 16, sur la poursuite de cette mise en œuvre ainsi que sur les décisions prises en application ; il a également une compétence consultative concernant l'organisation des opérations de référendum et les élections présidentielles ;
- le Conseil d'État doit être consulté sur tous les projets de loi (art. C. 39, al. 2), sur les projets d'ordonnance (art. C. 38, al. 2), ainsi que sur certains projets de décret réglementaire (art. C. 37, al. 2) ;
- le Conseil supérieur de la magistrature, qui assiste le président de la République dans la garantie de l'indépendance de l'autorité judiciaire, donne son avis sur la nomination des magistrats (avis conforme pour la nomination des magistrats du siège autres que les magistrats du siège à la Cour de cassation, les premiers présidents de cour d'appel et les présidents de tribunal de grande instance pour lesquels le CSM ne fait que des propositions, art. C. 65, al. 4) ;

- le Conseil économique, social et environnemental donne des avis sur des textes ou des problèmes de caractère économique ou social, sur saisine, soit du gouvernement (obligatoire ou facultative) soit par voie de pétition (art. C. 69 et C. 70) ;
- les statuts des collectivités d'outre-mer et les autres modalités de leur organisation particulière sont définis par la loi, organique ou ordinaire, après consultation de l'assemblée territoriale intéressée (art. C. 74, al. 2 et 3).

↘ *Acte, Conseil constitutionnel, Conseil d'État, Conseil économique, social et environnemental, Conseil supérieur de la magistrature, Dissolution, Pouvoirs exceptionnels*

Cons. const., avis du 23 avr. 1961, *GDCC* n° 6, 15e éd., 2009 ; déc. du 14 sept. 1961, *GDCC* n° 7, 15e éd., 2009.

Y. Gaudemet *et al.*, *Les grands avis du Conseil d'État*, Dalloz, 2008.

B

Balance des pouvoirs

Se dit d'un certain type d'aménagement du principe général de séparation des pouvoirs. Il y a balance des pouvoirs lorsqu'un relatif équilibre est instauré entre les principaux organes constitutionnels. Juridiquement, la balance est véritablement établie lorsque l'exercice de la fonction législative est réparti entre plusieurs organes, en particulier le gouvernement et les assemblées représentatives. La Constitution anglaise réalise cette balance depuis la fin du XVIIe siècle : le roi, la Chambre des Lords et la Chambre des Communes se partagent l'exercice de la fonction législative. Ce principe a été transposé dans la Constitution fédérale américaine de 1787 et est caractéristique des monarchies libérales du XIXe siècle. Il demeure dans les démocraties contemporaines, même si le régime parlementaire tend à l'unité politique entre le gouvernement et le Parlement.

↘ *Checks and Balances, Séparation des pouvoirs*

Lahmer, « Séparation et balance des pouvoirs », in *Dictionnaire de la culture juridique*, PUF, 2003.

Ballottage

↘ *Scrutin majoritaire*

Bicamérisme

Se dit d'un Parlement composé de deux assemblées dont les membres sont désignés distinctement (on a pu ainsi discuter le bicamérisme institué — pour la première fois en France — par la Constitution de 1795, le Conseil des Cinq-Cents et le Conseil des Anciens procédant du même corps électoral).

1. Histoire

Le choix d'une structure parlementaire bicamérale n'est jamais neutre idéologiquement. Ainsi y a-t-il en France, dans la logique des conceptions de Rousseau, une tradition révolutionnaire de l'assemblée unique (1791, 1793, 1848), encore très présente au sein de l'assemblée constituante élue le 21 octobre 1945. Autre est l'analyse de Montesquieu, inspiré par l'Angleterre : la démocratie n'est pas un État libre par sa nature : il faut qu'il y ait un corps « qui ait droit d'arrêter les entreprises du peuple ». Ainsi, le corps législatif étant composé de deux parties, « l'une enchaînera l'autre par sa faculté mutuelle d'empêcher » (*De l'Esprit des Lois*, L. XI, chap. 6). Pendant longtemps, il s'agira seulement d'ajouter à la représentation populaire fondée sur le suffrage, une représentation aristocratique, fondée sur la naissance ou la nomination par le souverain (d'où les appellations de chambre basse et chambre haute, en France la chambre des Pairs de 1814 à 1848). Tel fut pour l'essentiel l'esprit du bicamérisme dans les monarchies constitutionnelles européennes. Puis le bicamérisme sera, et c'est une large part de l'expérience française, choisi pour ses vertus propres, par « esprit de système » (G. Vedel). Ici, l'argument technique (une loi délibérée par deux assemblées est supposée de meilleure qualité qu'une loi délibérée par une seule), vient en renfort de la préoccupation libérale de modération du pouvoir. G. Clémenceau, longtemps adversaire du Sénat, et qui y sera finalement élu, a parfaitement exprimé ce point de vue : « Pendant une partie de ma vie, plus près de la théorie que de la réalité, j'ai eu foi en la chambre unique, émanation directe du sentiment populaire. Je voyais le peuple toujours raisonnable. J'en suis revenu. Les événements m'ont appris qu'il fallait donner au peuple le temps de la réflexion. Le temps de la réflexion, c'est le Sénat ». C'est ce point de vue qui finalement l'a emporté, et il n'est pas sans signification que deux des trois référendums négatifs de l'histoire constitutionnelle récente aient porté sur des textes qui mettaient en cause la seconde assemblée. Il s'est agi, d'abord du référendum du 5 mai 1946 qui avait pour objet l'adoption du projet de Constitution élaboré par l'Assemblée constituante élue le 21 octobre 1945, projet qui supprimait la seconde assemblée et, 23 ans plus tard, le 27 avril 1969, du projet de révision de la Constitution de la Ve République par lequel le général de Gaulle voulait (suivant en cela une analyse développée dans le discours de Bayeux), fusionner le Sénat et le Conseil économique et social.

2. Représentation

Encore faut-il, pour que le bicamérisme soit pleinement justifié, que la seconde assemblée permette de diversifier la représentation de la population. À cet égard, la tendance contemporaine est à privilégier une dimension territoriale qui prend en compte la structure de l'État : État fédéral (Sénat américain, *Bundesrat* allemand), ou État simplement décentralisé (ainsi le Sénat français représente les collectivités territoriales de la République, art. C. 24). En revanche, le développement de la régionalisation dans certains États (Italie, Espagne) n'a pas encore produit ses conséquences sur le recrutement et la composition de la seconde assemblée. C'est ainsi que la Constitution espagnole s'en tient à la désignation de quelques sénateurs représentant les communautés autonomes et désignés par les organes de ces communautés.

3. Équilibre bicaméral

Le bicamérisme peut être égalitaire (France de la IIIe République,

Italie, Suisse, Australie et, formellement, Canada), ou inégalitaire comme dans la plupart des régimes parlementaires contemporains. Ainsi sous la Ve République française : si les deux assemblées sont théoriquement égales dans la délibération (art. C. 45, 1er al.), il n'en va plus de même au stade de la décision dans deux hypothèses :

- d'abord pour clore une procédure législative quand les deux assemblées sont en conflit et que la Commission mixte paritaire a échoué : le Gouvernement peut donner le dernier mot à l'Assemblée nationale (art. C. 45, 4e al. ; art. C. 35, al. 3) sauf en matière de révision constitutionnelle (art. C. 89, al. 2) ou de vote d'une loi organique relative au Sénat (art. C. 46, al. 4) ;
- ensuite pour contraindre le gouvernement à démissionner, ce que seule l'Assemblée nationale peut faire (art. C. 49 et 50).

Le régime politique américain offre l'exemple d'un Sénat doté de compétences spécifiques (en matière de ratification des traités et d'approbation des nominations présidentielles) telles que, peut-on dire, l'inégalité joue à son profit.

Quant au Sénat italien, la réforme constitutionnelle qui avait pour objet sa transformation en assemblée dont les membres (au nombre de 100 au lieu de 315) seraient élus par les conseillers territoriaux, avec pour conséquence la fin du bicamérisme égalitaire, a été rejetée par les électeurs le 4 décembre 2016.

↘ *Assemblée, Bundesrat, Chambre basse, Chambre haute, Chambre des Lords, Cortès générales, Douma, État fédéral, Navette, Parlement, Sénat, Veto*

P. Lauvaux, A. Le Divellec, *Les grandes démocraties contemporaines*, PUF, 4e éd., 2015 ; J. Mastias, J. Grangé, *Les secondes chambres du Parlement en Europe occidentale*, Economica, 1987 ; Union interparlementaire, *Les Parlements dans le monde*, Bruylant, 1986-1987.

Bicéphalisme

Terme parfois utilisé pour qualifier l'exécutif « à deux têtes » (le président de la République et le Premier ministre) institué par la Constitution de la Ve République. Le bicéphalisme est en fait une donnée qui se rencontre dans la quasi-totalité des constitutions parlementaires (alors que l'exécutif est monocéphale en régime présidentiel). Mais le caractère habituellement très formel de ce bicéphalisme — le chef de l'État étant tenu à l'écart de la direction de l'exécutif — n'en fait pas un objet d'analyse, à l'inverse de la Constitution de 1958 qui a fait du président de la République la « clef de voûte » des institutions (Michel Debré) en lui confiant une double mission d'arbitrage du fonctionnement régulier des institutions et de garantie des intérêts fondamentaux de la nation (art. C. 5, al. 1 et 2), cependant que les moyens du gouvernement sont attribués au Premier ministre (art. C. 21). Depuis les premiers temps de la Ve République, les présidents de la République successifs n'ont cessé de demander au corps électoral de leur donner la majorité parlementaire favorable qui leur permette de donner l'impulsion politique au gouvernement et de « capter » le travail juridiquement accompli par celui-ci. Était ainsi justifiée la primauté du chef de l'État, dont le général de Gaulle avait fait la théorie dans une célèbre conférence de presse le 31 janvier 1964, en des termes jugés parfois excessifs car évoquant une certaine forme d'absolutisme (« Il doit être évidemment entendu que l'autorité indivisible de l'État est confiée tout entière au président par le peuple qui l'a élu, qu'il n'en existe aucune autre, ni ministérielle, ni civile, ni militaire, ni judiciaire, qui ne soit conférée et maintenue par lui »). Mais la dualité voulue par le constituant dans l'organisation de l'exécutif ne se laisse pas aussi facilement résoudre : les relations entre le chef de l'État et le Premier ministre, fût-il « son » Premier ministre, n'ont jamais été un long fleuve tranquille et, quelle que soit la configuration des forces politiques, il faut l'admettre : l'exécutif français est un exécutif à double commande. Même les phases de présidentialisation accentuée ne permettent pas d'évacuer la dualité de l'exécutif !

↘ *Captation présidentielle, Chef de l'État, Cinquième République, Dualisme, Dyarchie, Quinquennat, Présidentialisme, Régime parlementaire, Régime présidentiel, Régime semi-présidentiel*

Bien commun

↘ *Chose publique*

Bill of Rights

1. Document que le prince Guillaume d'Orange et son épouse Marie furent contraints de souscrire le 22 janvier 1689 avant d'être admis à monter sur le trône en remplacement de Jacques II. Cette déclaration des droits consacre le système de la monarchie limitée (que Montesquieu prendra en exemple dans le chapitre qu'il consacrera à la Constitution anglaise dans son ouvrage *De l'Esprit des Lois*, 1748). Dorénavant, le Parlement doit siéger chaque année ; lui seul autorise, chaque année, l'impôt ; le monarque ne peut suspendre l'exécution de la loi. Le *Bill of Rights* met un point final à la révolution de 1640 (qui fut suivie d'une brève expérience républicaine avec Cromwell) et à celle de 1688. C'est un moment essentiel dans l'évolution qui conduira au XVIIIe siècle à l'avènement du régime parlementaire.
2. Est également appelé *Bill of Rights* le texte des 9 premiers amendements à la Constitution des États-Unis (1791). Le texte adopté par la Convention de Philadelphie (1787) ne comportait pas en effet de Déclaration des droits. À ces 9 amendements est joint un dixième qui réserve la compétence de droit commun des États fédérés en dehors des compétences dévolues par la Constitution à l'État fédéral. Ce n'est qu'alors que la Constitution

élaborée à Philadelphie put être ratifiée par la totalité des treize États qui ont ainsi fondé le premier grand État fédéral de l'époque contemporaine.

↘ *Constitution, Coutume, Déclaration des droits*

F. Lessay, « Bill of Rights », in *Dictionnaire de la culture juridique*, PUF, 2003.

Bipartisme

Système de partis politiques dans lequel deux partis, et deux partis seulement, sont en situation de remporter les élections nationales, et de prétendre diriger le pays jusqu'aux élections suivantes. Favorisé en Grande-Bretagne, pays de référence du bipartisme, par un mode de scrutin uninominal majoritaire à un tour qui, en privilégiant dans la compétition électorale l'affrontement entre deux candidats, simplifie le choix de l'électeur, le *two party system* permet le gouvernement par le parti majoritaire, sous le contrôle de l'opposition, et facilite l'alternance. En ce sens, le régime parlementaire britannique a été qualifié par le doyen Vedel comme étant « le gouvernement d'un parti sous le contrôle de l'autre et sous l'arbitrage des électeurs ». Le principal intérêt du bipartisme est ainsi d'assurer la promotion du pouvoir de suffrage : le peuple attribue vraiment le pouvoir à un parti qu'il choisit.

Le bipartisme rend compte d'une dimension essentielle de la vie politique dans les pays qui le pratiquent, faisant passer même au second plan l'organisation constitutionnelle du pouvoir. Mais il ne peut rendre compte de tous les aspects de cette vie politique : le bipartisme pur n'existe pas, et la structure de l'opinion publique ne se réduit jamais à une opposition de type binaire.

↘ *Alternance, Mode de scrutin, Multipartisme, Parlementarisme, Parti politique, Régime parlementaire, Shadow cabinet*

M. Charlot, *Le pouvoir politique en Grande-Bretagne*, PUF, 2e éd., 1998 ; J. Leruez, *Le système politique britannique*, Dalloz, 2001 ; P. Lauvaux, A. Le Divellec, *Les grandes démocraties contemporaines*, PUF, 4e éd., 2015.

Bipolarisation

Processus de regroupement des forces politiques autour de deux pôles, ce qui offre aux électeurs un choix analogue à celui que permet le bipartisme. Si elle peut être une phase intermédiaire, aussi bien dans une évolution du multipartisme vers le bipartisme que dans une évolution inverse, elle peut être tout simplement une adaptation du système partisan aux contraintes constitutionnelles et électorales. Ainsi la bipolarisation sous la Ve République est-elle une conséquence de l'élection du président de la République au suffrage universel direct et du choix du scrutin majoritaire à deux tours pour les élections nationales, présidentielle comme législatives.

↘ *Cinquième République, Mode de scrutin*

Bloc de constitutionnalité

Cette expression doctrinale est apparue à des fins essentiellement pédagogiques dans les années 1970 (Claude Emeri puis Louis Favoreu). Elle signifie que la Constitution ne se limite pas aux articles numérotés qui la composent dans ses différents titres, mais intègre les textes auxquels fait référence son Préambule : la Déclaration des droits de l'Homme et du citoyen, le Préambule de la Constitution de 1946, ainsi que, sur renvoi de ce dernier, les principes fondamentaux reconnus par les lois de la République (dont il n'existe pas de liste fermée), et enfin, depuis 2005, la Charte de l'environnement. L'expression de « bloc de constitutionnalité » ne désigne donc pas autre chose que « la Constitution » ainsi comprise, c'est-à-dire un ensemble de normes juridiques, à laquelle le Conseil constitutionnel se réfère dans l'exercice de son contrôle de constitutionnalité des lois organiques, des règlements des assemblées parlementaires, des lois ordinaires et des traités. Plus incertain est le statut de certaines règles et certains principes, hors de ces textes, mais mobilisés par le Conseil dans son contrôle des normes.

Bien que la Constitution pose dans son article 55 le principe de l'autorité supérieure des traités (régulièrement ratifiés ou approuvés) sur les lois, les traités ne font pas partie du bloc de constitutionnalité. Le Conseil constitutionnel en a ainsi décidé dans sa décision du 15 janvier 1975, et le respect de l'article C. 55 est assuré dans le cadre du contrôle de conventionnalité.

↘ *Charte de l'environnement, Constitution, Constitutionnalité, Contrôle de constitutionnalité, Contrôle de conventionnalité, Hiérarchie des normes, Principe(s)*

Cons. const., n° 74-54 DC, 15 janv. 1975, *Rec. Cons. const.* p. 19, *GDCC* n° 15.

D. Baranger, « Comprendre le "Bloc de constitutionnalité" », *Jus Politicum* n° 21, 2018 ; C. Denizeau, *Existe-t-il un bloc de constitutionnalité ?* LGDJ, 1997 ; A. Le Divellec, « Un ordre constitutionnel confus », *in* D. Chagnollaud (dir.), *Les 50 ans de la Constitution*, Litec, 2008, p. 147.

Bonapartisme

↘ *Césarisme démocratique*

Budget

↘ *Lois de finances*

Bulletin blanc

↘ *Suffrage*

Bundesrat

Nom allemand pour Conseil fédéral. Bien que sa nature juridique soit particulière, on peut considérer qu'il s'agit de la seconde assemblée du Parlement allemand. Le *Bundesrat* est composé de membres des gouvernements des *Länder* (entre 3 et 6 selon l'importance de la population). La composition du *Bundesrat* varie donc en fonction du résultat des élections pour les assemblées des *Länder*, et l'hypothèse d'une opposition entre les deux chambres du Parlement est tout sauf une hypothèse d'école. Les membres de *Bundesrat* sont nommés et révoqués par leurs gouvernements, et chaque délégation vote en bloc en appliquant les instructions qui lui sont données par son gouvernement (contrairement à des députés classiques, ils ne disposent donc pas de la liberté du mandat représentatif). C'est donc bien la voix des exécutifs des *Länder* qui se fait entendre, voix qui peut permettre au *Bundesrat* d'exercer un véritable droit de veto quand le texte en discussion devant les chambres est relatif aux *Länder*. Le *Bundesrat* ne peut être dissous.

↘ *Bicamérisme, Bundestag, État fédéral, Mandat, Veto*

A. Le Divellec, *Le gouvernement parlementaire en Allemagne*, LGDJ, 2004.

Bundestag

Nom allemand pour Diète fédérale, c'est-à-dire la Chambre basse du Parlement allemand. Les députés au *Bundestag* sont élus à la « représentation proportionnelle personnalisée », mode de scrutin à double vote qui présente la caractéristique de faire élire une moitié des députés au scrutin uninominal majoritaire à un tour, et l'autre moitié dans le cadre d'une répartition des sièges entre des listes de partis calculée à la proportionnelle (sous réserve pour les partis d'avoir atteint un seuil de représentativité nationale fixé à 5 % des suffrages exprimés ou d'avoir obtenu trois élus au scrutin majoritaire). Le *Bundestag*, dont les membres sont élus pour quatre ans, élit le Chancelier fédéral, et exerce par divers moyens un contrôle politique sur le gouvernement fédéral qui est politiquement responsable devant lui. Il peut être dissous, mais uniquement s'il n'arrive pas à élire un chancelier (LF, art. 63, al. 4), ou si une question de confiance posée par le chancelier n'obtient pas la majorité des voix des députés (LF, art. 68). De concert avec le *Bundesrat*, le Gouvernement et le président fédéral, le *Bundestag* exerce la fonction législative. Enfin, les députés au *Bundestag* représentent la moitié de l'Assemblée fédérale, organe qui élit le président de la République fédérale d'Allemagne (LF, art. 54).

↘ *Assemblée, Bundesrat, Diète, Motion de censure, Représentation proportionnelle*

A. Le Divellec, *Le gouvernement parlementaire en Allemagne*, LGDJ, 2004.

Bureau

Autorité collégiale d'une assemblée délibérante (ainsi que de ses formations internes, les diverses commissions et même les groupes politiques) entourant le président de celle-ci. Composé, à l'Assemblée nationale comme au Sénat français, du président, des vice-présidents, des questeurs et des secrétaires, le Bureau « a tous pouvoirs pour régler les délibérations de l'assemblée et pour organiser et diriger tous les services [...] » (art. RAN 14, art. 3 RS). Le Bureau est ainsi compétent en matière d'incompatibilités, d'immunités parlementaires (il peut autoriser la levée de l'immunité, art. C. 26, al. 2), statue notamment sur la recevabilité des propositions de loi et de résolution. Ses compétences sont très diverses, mais surtout de type technique, alors que l'organisation du travail parlementaire n'est pas son monopole : la Conférence des présidents, plus politique, joue ce rôle de manière privilégiée.

↘ *Conférence des présidents, Président d'assemblée, Questeur*

C

Cabinet

1. Formation gouvernementale

Le mot s'entend d'abord, dans le régime politique britannique, de l'institution au sein du Gouvernement de Sa Majesté d'un organe restreint rassemblant, selon un choix discrétionnaire du Premier ministre, les ministres les plus importants parmi lesquels le Chancelier de l'Échiquier (ministre des Finances), le Secrétaire au *Foreign office* (ministre des Affaires étrangères)... ainsi que les *Leaders* des chambres des Communes et des Lords qui ont rang de ministres. C'est le Cabinet qui, sous l'autorité du Premier ministre, exerce le pouvoir exécutif. De ce cabinet ministériel doit être distingué le *Cabinet Office*, organisme administratif composé de hauts fonctionnaires qui a la charge de préparer le travail gouvernemental (c'est l'équivalent en France du Secrétariat général du gouvernement).

En revanche, en France, sous les IIIe et IVe Républiques, les termes de cabinet, gouvernement et ministère sont synonymes et désignent l'ensemble de l'équipe gouvernementale (la Constitution de 1946 ignore d'ailleurs le terme de gouvernement et ne connaît que celui de cabinet). Mais le « conseil de cabinet », qui désigne une réunion de tous les ministres sous la présidence du chef de gouvernement, donc hors la présence du président de la République, ne se confond pas avec le conseil des ministres qui, lui, est présidé par le chef de l'État. La pratique du conseil de cabinet a été rarissime sous la Ve République, même en période de cohabitation.

2. Cabinet ministériel

Petite équipe de collaborateurs choisis discrétionnairement par le ministre pour l'assister dans son travail de direction des services de l'administration qui lui sont confiés, et de coordination avec les autres administrations. Composé le plus souvent de hauts fonctionnaires recrutés dans les grands corps de l'État, le cabinet ministériel (animé par un Directeur de cabinet) est une institution aussi indispensable dans son principe (car gouverner, c'est diriger l'administration, art. C. 20, al. 2), que souvent critiquable dans les débordements ou confusions d'autorité qu'elle engendre (et qu'aggrave la pratique du cumul des mandats). Il faudrait ne pas oublier la recommandation d'Edgar Faure : « Selon l'excellente formule de Pierre Massé, l'homme de la décision ne doit pas se confondre avec l'homme de l'aide à la décision. Les deux fonctions doivent être aussi nettement distinguées que celles de l'ordonnateur et du comptable » (*Mémoires*, t. 1, p. 235).

↘ *Administration, Gouvernement, Régime parlementaire, Secrétariat général du gouvernement*

C. Bigaut, *Les cabinets ministériels*, LGDJ, 1997 ; O. Schrameck, *Dans l'ombre de la République : les cabinets ministériels*, Dalloz, 2006.

Campagne électorale

Période légale précédant une élection dont l'ouverture permet de poser les actes officiels de propagande : impression et distribution des documents électoraux, affichage sur les emplacements prévus à cet effet, participation aux émissions organisées sur les antennes des sociétés nationales de radiodiffusion et télévision. Ainsi la campagne électorale est-elle ouverte, pour l'élection des députés à partir du 20ᵉ jour qui précède la date du scrutin (C. élect., art. L. 164), et pour l'élection présidentielle le 2ᵉ lundi précédant le 1ᵉʳ tour de scrutin (D. du 8 mars 2001, art. 10).

Mais l'expression de « campagne électorale » s'entend également de l'ensemble des opérations qui précèdent l'élection ainsi que des moyens de propagande utilisés par les candidats, avant et pendant la campagne officielle, et c'est la régularité de cet ensemble que doit apprécier le juge électoral (Conseil constitutionnel pour les élections nationales, juge administratif pour les différentes élections locales et les élections européennes) quand il est saisi d'un recours.

↘ *Contentieux électoral, Élections, Régularité, Transparence*

Code électoral, Lexisnexis, commenté par M. de Villiers, F. Potier et M. de Vendeuil.

Capacité électorale

↘ *Électorat*

Captation présidentielle

Formule doctrinale permettant de décrire cette particularité majeure du fonctionnement du système de gouvernement de la Vᵉ République française depuis les origines, à savoir la direction effective de l'exécutif (et indirectement du Parlement) par le président de la République. Formellement, le président ne dispose d'aucun pouvoir de gouvernement direct (il n'a pas l'initiative des lois, n'est pas investi du pouvoir réglementaire de droit commun, ne peut intervenir en cours de discussion législative au Parlement, ne détient pas de veto législatif). L'art. C. 20 semble d'ailleurs attribuer ce rôle au gouvernement, le chef de l'État étant théoriquement limité à un rôle régulateur (ou d'arbitrage) esquissé par l'art. C. 5. Pourtant, il est incontestable que le président français dirige réellement la politique nationale (sauf en cas de Cohabitation). S'il en est ainsi, c'est parce qu'il parvient à *capter* le travail juridiquement accompli par le gouvernement et la majorité parlementaire. Le mot n'a pas forcément à être pris dans un sens péjoratif ou répréhensible (comme on parle de « captation d'héritage ») mais technique et neutre ; capter signifie : « recueillir une énergie, un fluide, pour l'utiliser ». La captation présidentielle est donc ce procédé pratique par lequel l'exercice concret des pouvoirs juridiques du gouvernement et du Parlement se réalise pour le compte du président, parce que celui-ci est reconnu par eux comme leur chef politique (*a contrario*, lorsqu'il ne l'est plus, c'est la cohabitation et la captation cesse, sauf peut-être en matière diplomatique et militaire). En d'autres termes, le *leadership* présidentiel caractéristique de la Ve République est juridiquement indirect et essentiellement informel. Ce qui confirme les limites intrinsèques de la capacité des règles formelles du droit écrit à déterminer pleinement les comportements des acteurs institutionnels.

↘ *Arbitrage, Cinquième République, Pratique, Président de la République, Présidentialisme, Régime semi-présidentiel*

A. Le Divellec, « Le Prince inapprivoisé », *Droits* n° 44, 2007 ; « Parlementarisme négatif et captation présidentielle. La démocratie française dans la "cage d'acier" du présidentialisme », *in* Cercle des constitutionnalistes, *Les 60 ans de la Constitution. 1958-2018*, Dalloz, 2018, p. 73-87.

Caucus

Terme hérité de la vie politique britannique et désignant aux États-Unis, dans les États n'organisant pas d'élections primaires, la réunion des dirigeants, personnalités influentes, militants actifs d'un parti et éventuellement adhérents (les modalités varient d'un État à un autre) pour désigner les candidats aux élections. Commencés dans les quartiers (d'où l'expression de « démocratie de quartier »), les *caucus* remontent jusqu'à l'État par élection de délégués. Le terme « *Caucus* » reste en outre employé pour désigner le groupe parlementaire du parti démocrate dans les chambres du congrès américain.

↘ *Élections primaires*

Cavalier

Disposition étrangère à l'objet d'une loi lorsque cet objet est défini par la Constitution (ou, sur habilitation du constituant, par la loi organique). Sera ainsi qualifiée de *cavalier budgétaire* une disposition étrangère aux dispositions qui doivent, ou peuvent, figurer dans une loi de finances telles que ces dispositions sont définies par la loi organique n° 2001-692 du 1er août 2001 (qui a remplacé l'ordonnance portant loi organique relative aux lois de finances du 2 janvier 1959). Saisi d'une loi de finances (saisine non obligatoire mais habituelle pour les lois de finances de l'année et aussi pour les lois de finances rectificatives), le Conseil constitutionnel ne manque pas de déclarer non conformes à la Constitution les dispositions comportant de tels cavaliers.

↘ *Lois de finances*

Cens

Quotité d'impôt qu'il fallait acquitter pour se voir reconnaître la qualité d'électeur à l'époque où voter n'était pas un droit mais une fonction attribuée à une partie restreinte de la population (ainsi dans la Rome antique). Le suffrage censitaire était ainsi une modalité de suffrage restreint. Institué, en France, par la Constitution du 3 septembre 1791, supprimé puis rétabli à plusieurs reprises, le suffrage censitaire a définitivement disparu avec le décret du 5 mars 1848.

↘ *Suffrage universel*

P. Rosanvallon, *Le sacre du citoyen, histoire du suffrage universel en France*, Gallimard, 1992.

Censure

1. La procédure de la censure (dite aussi parfois : défiance) permet à une assemblée parlementaire de contraindre le gouvernement à la démission. Elle est donc caractéristique des régimes parlementaires mais peut être, à l'époque moderne, aménagée parfois de manière très différente.
2. Le mot de censure est également utilisé par les règlements d'assemblée pour désigner une des sanctions disciplinaires prévues à l'encontre de parlementaires dont le comportement fait obstacle au bon déroulement de la délibération parlementaire (art. RAN 70 et s., RS 92 et s.).
3. Il est enfin utilisé par les commentateurs de la jurisprudence du Conseil constitutionnel pour qualifier une décision d'inconstitutionnalité rendue par le Conseil constitutionnel.

↘ *Constitutionnalité, Discipline, Motion de censure, Quarante-neuf al. 3, Régime parlementaire, Responsabilité*

Centralisation

↘ *Décentralisation, État unitaire*

Centralisme démocratique

Principe de fonctionnement du Parti communiste en régime marxiste-léniniste (ainsi en URSS, jusqu'à l'effondrement de ce régime en 1991). Le centralisme démocratique signifie que, d'une part, tous les membres des organes dirigeants du parti sont élus et doivent rendre compte de leurs activités devant les instances dont ils tiennent leur mandat, et que, d'autre part, les décisions prises par les organes dirigeants s'appliquent rigoureusement, sans possibilité pour une problématique minorité de pouvoir les contester. Le centralisme démocratique interdit ainsi toute réelle compétition à l'intérieur du parti et, plus largement, dès lors que ce parti est en position de monopole, dans le pays.

↘ *Soviet*

Césarisme démocratique

Expression parfois utilisée par les historiens du droit constitutionnel français pour qualifier le régime politique bonapartiste : le peuple remet ses destinées à un César qu'il a plébiscité, alliance d'un pouvoir fort et du suffrage universel. C'est la formule de Sieyès, mais détournée au profit du chef : « l'autorité vient d'en haut et la confiance d'en bas ».

➘ *Consulat, Empire*

J.-O. Boudon, *Le Consulat et l'Empire*, Montchrestien, 1997 ; J.-J. Chevallier, *Histoire des institutions et des régimes politiques de la France de 1789 à 1958*, Dalloz, 9e éd., 2009 ; M. Prélot, J. Boulouis, *Institutions politiques et droit constitutionnel*, Dalloz, 11e éd., 1990, p. 158 ; M. Prélot, « Sur la signification constitutionnelle du Second Empire », *RF sc. pol.* 1953. 31.

Chambre

Terme générique pour désigner soit :

1. une assemblée parlementaire, par exemple : la Chambre des communes britannique. Mais l'appellation était également officielle pour les députés sous la IIIe République ;
2. la formation intérieure d'une juridiction. Ainsi, par exemple, la Cour de cassation française se divise-t-elle en plusieurs chambres (trois civiles, une commerciale, une criminelle, et une sociale), de même la Cour de justice de l'Union européenne. En Allemagne, la Cour constitutionnelle fédérale se divise en deux Sénats, chaque Sénat constitue en son sein des « chambres » (*Kammer*) réduites à trois juges pour statuer sur la recevabilité des recours constitutionnels individuels.

Chambre basse, chambre haute

Appellations courantes, nées dans le contexte des monarchies constitutionnelles du XIXe siècle, et conservées depuis, désignant respectivement les deux assemblées délibératives d'un Parlement bicaméral. La chambre basse, ayant vocation à représenter le peuple, est essentiellement élue (jadis au suffrage restreint, aujourd'hui toujours au suffrage universel direct), tandis que l'autre chambre était naguère qualifiée de « haute » en ce qu'elle avait vocation à représenter la noblesse et faire place à des dignitaires ou des corps particuliers (pairs du royaume, princes de sang, prélats, universités, par exemple). Elle était essentiellement composée de membres de droit ou bien nommés par le monarque (à vie ou héréditaires). Dans les régimes démocratiques, on conserve parfois ces appellations, même si la chambre haute (dite aussi « seconde chambre ») peut être élue elle aussi au suffrage universel direct (ainsi en Australie, Pologne, Suisse et États-Unis).

➘ *Assemblée, Bicamérisme, Chambre des Lords, Parlement, Sénat*

Chambre des Communes

Nom de la chambre basse du Parlement de l'Angleterre puis du Royaume-Uni. En 1265, le *magnum concilium*, conseil des vassaux du roi, s'adjoint une représentation des campagnes. En siégeant séparément, cette représentation va progressivement constituer la chambre élective du Parlement anglais. Pendant très longtemps, l'élection des députés sera tout sauf démocratique. Les députés étaient en effet élus par des collèges électoraux distincts, et selon des conditions très inégalitaires, l'électorat étant subordonné à une quotité d'impôt ou cens dont les bases étaient très variables. De très grandes villes (Birmingham, Manchester) n'avaient pas de député et, à l'autre extrême, dans le comté de Bute, un seul électeur résidant se nommait lui-même. La démocratisation de la Chambre des Communes s'est faite progressivement par abaissement du cens et redistribution des sièges (lois électorales de 1832, 1867 et 1884). Le suffrage universel a été établi en 1918, mais avec une majorité électorale différente : 21 ans pour les hommes, 30 ans pour les femmes, discrimination supprimée en 1928.

La Chambre des Communes participe à l'exercice de la fonction législative (dont la loi de finances annuelle), de concert avec le Roi et la Chambre des Lords (les trois institutions formant ensemble le Parlement, dans la conception britannique). Son poids est prédominant en droit depuis la loi (*Parliament Act*) de 1911 qui a consacré le bicamérisme inégalitaire. Mais son rôle ne se limite pas à cela. Elle a développé très tôt un pouvoir de contrôle sur l'activité de la Couronne et de son administration. Le principe de responsabilité politique des ministres qui en a progressivement résulté a conduit à ce que la Chambre finisse par exercer indirectement une véritable « fonction élective » (*Bagehot*), dans la logique d'un régime parlementaire effectivement moniste : la majorité de la chambre désigne implicitement au monarque la personne qui doit être appelée au poste de Premier ministre, sauf à risquer une crise politique.

Au XXe siècle, les élections aux Communes constituent l'unique expression de la souveraineté dans le cadre de la Nation, et c'est donc par l'unique chemin d'une victoire aux élections législatives que se conquiert le gouvernement. Institution de conquête et de légitimation du pouvoir, les Communes cependant ne l'exercent pas vraiment elles-mêmes. Le *two-party system*, favorisé par le scrutin uninominal majoritaire à un tour, a pour effet presque automatique (les exceptions sont rares) d'attribuer le pouvoir à un parti majoritaire, et singulièrement à son leader, qui devient Premier ministre. Ce dernier n'est pas seulement le chef réel de l'exécutif ; il dirige également l'essentiel du travail législatif, conformément à la logique de fusion des pouvoirs typique du régime parlementaire moniste. Dès lors, les Communes sont pour une large part devenues une institution de soutien à l'exécutif et, selon une autre expression consacrée, la « tribune de l'opposition » (cette dernière étant officiellement reconnue), les débats se déroulant sous l'autorité indiscutable du *Speaker*.

↘ *Alternance, Bipartisme, Cens, Fonction élective, Fusion des pouvoirs, Leader, Mode de scrutin, Parlement, Parlementarisme, Régime parlementaire, Speaker, Suffrage universel, Westminster (Modèle de), Whip*

W. Bagehot, *The English Constitution*, 1867 ; D. Baranger, *Parlementarisme des origines*, PUF, 1999 ; M. Charlot, *Le pouvoir politique en Grande-Bretagne*, PUF, 1998 ; *Pouvoirs* n° 37, « La Grande-Bretagne », 1986 ; P. Lauvaux, A. Le Divellec, *Les grandes démocraties contemporaines*, PUF, 4e éd., 2015, n° 142-144.

Chambre des Lords

La Chambre des Lords est la chambre haute du Parlement britannique. Elle n'est pas une chambre représentative, si ce n'est de l'*establishment*. Depuis le Moyen-Âge, elle était composée de pairs spirituels (représentant l'Église d'Angleterre) et de pairs temporels (la plupart héréditaires et d'autres, depuis 1958, nommés à vie). S'ajoutaient douze *Law Lords* qui exerçaient depuis 1876 les fonctions juridictionnelles de la Chambre (cour d'appel suprême en matière civile et criminelle). Ainsi l'organisation judiciaire était-elle reliée au Parlement, mais une réforme votée en 2005 et mise en œuvre à la rentrée parlementaire 2009 a transféré cette fonction à une *Supreme Court* entièrement distincte. Si, en prélude à une autre réforme en cours, le *House of Lords Act* de 1999 a supprimé la pairie héréditaire, il a cependant été décidé qu'à titre provisoire, 92 Lords héréditaires continueraient de siéger. Quant aux Lords nommés, les nominations, officiellement du ressort du monarque, sont en réalité faites par le Premier ministre, mais les leaders des autres partis sont invités à faire des propositions que le Premier ministre prend en compte. Présidée depuis le Moyen-Âge par le Lord Chancelier, ministre de la justice, la Chambre des Lords est, depuis 2006, présidée par un *Lord Speaker*, élu par ses pairs.

Longtemps prédominante face à celle des Communes, la Chambre des Lords a vu son rôle politique décliner à mesure que s'imposait le principe démocratique. Depuis un premier *Parliament Act* en 1911, (accentué par un second en 1949), le bicamérisme britannique est inégalitaire en droit : les Lords n'ont qu'un droit de veto suspensif limité à un an (depuis 1949) et ne peuvent s'opposer au budget. La participation des Lords à la procédure législative n'est cependant pas négligeable car les nominations ont fait entrer à la seconde chambre du Parlement des personnalités souvent très compétentes (comme d'anciens Premiers ministres), ce qui donne aux débats une valeur technique certaine et reconnue, même s'ils sont souvent confidentiels (Lord Samuel : « Nous devons être reconnaissants à tous ceux qui honorent de leur absence les séances de notre chambre »).

➘ *Bicamérisme, Chambre des Communes, Parlement, Veto*

P. Lauvaux, A. Le Divellec, *Les grandes démocraties contemporaines*, PUF, 4e éd., 2015, n° 145-146.

Chambre des Pairs

Instituée par la Charte de 1814, confirmée par la Charte de 1830, la Chambre des Pairs est une assemblée parlementaire dont les membres sont nommés à vie ou avec transmission héréditaire. Elle peut être transformée en Haute Cour pour juger les crimes de haute trahison. La Chambre des Pairs est la transposition de la Chambre des Lords à une époque où la France fait l'apprentissage du régime parlementaire.

➘ *Bicamérisme, Chambre des Lords, Charte, Régime parlementaire*

Chambre des représentants

➘ *Congrès, Représentant*

Chancelier

1. En République fédérale d'Allemagne, le chancelier est le chef du gouvernement. Dans la logique d'un régime parlementaire moniste, il est élu par le *Bundestag*, d'abord sur proposition du président fédéral, et, en cas d'échec, sur proposition des députés eux-mêmes. Si, au terme de la procédure, un candidat n'obtient pas la majorité des voix des membres du *Bundestag*, la dissolution peut être prononcée par le président fédéral (LF art. 63). Dans les faits, il n'a jamais été nécessaire d'en arriver à cette extrémité, le système des partis politiques permettant aux électeurs de choisir le chancelier en donnant la majorité, même simplement relative, à l'un des deux grands partis, la CDU-CSU ou le SPD.

   Le chancelier « fixe les grandes orientations de la politique et en assume la responsabilité » (art. 65) et il « tranche les divergences d'opinion entre les ministres fédéraux » : tous les gouvernements allemands sont des gouvernements de coalition, et l'arbitrage entre ministres prend de ce fait une importance considérable, d'autant que chaque ministre dirige son département ministériel de façon autonome (art. 65, al. 2). La pratique remarquablement stable du régime parlementaire de la RFA fait que l'on parle parfois de « démocratie du Chancelier » (*Kanzlerdemokratie*).

2. Chancelier de l'Échiquier : titre porté en Grande-Bretagne par le ministre en charge des Finances.

3. Chancellerie : terme fréquemment utilisé pour désigner en France les services du ministère de la Justice.

➘ *Bundestag, Coalition, Gouvernement, Motion de censure, Premier ministre*

P. Lauvaux, A. Le Divellec, *Les grandes démocraties contemporaines*, PUF, 4e éd., 2015, chap. 4 ; A. Le Divellec, *Le gouvernement parlementaire en Allemagne*, LGDJ, 2004 ; Y. Mény, Y. Surel, *Politique comparée*, Montchrestien, 2009, chap. VI.

Charges publiques

➘ *Lois de finances*

Charte

1. Dénomination ancienne de l'acte d'un souverain constatant les droits et libertés de la population (ou d'une partie de la population) d'un pays. La « Grande Charte » (*Magna Charta libertatum*) en est l'exemple le plus ancien et le plus célèbre. Elle fut concédée en 1215 par le roi anglais Jean sans Terre à ses barons, alliés au clergé et au peuple de Londres, révoltés par l'arbitraire royal. Si cette Grande Charte n'est pas en tant que telle une Constitution, elle énumère un certain nombre de libertés dans les matières fiscale (consentement à l'impôt), judiciaire (promesse d'une justice régulière), civile (successions, mariage, etc.) et administrative (privilèges des villes). Il s'agit donc d'un document à grande valeur symbolique dans l'histoire du constitutionnalisme, et toujours cité parmi les sources du droit constitutionnel britannique.

2. En France, la Charte constitutionnelle du 4 juin 1814 relève partiellement de cette logique. Le mot « charte » souligne ici l'origine royale d'un texte que Louis XVIII octroie au peuple français au lendemain de l'abdication de Napoléon 1er. Mais c'est une véritable Constitution, qui comporte en ouverture douze articles définissant les *droits publics des Français* (en reprenant plusieurs des principes reconnus par les textes révolutionnaires), et organise les pouvoirs publics sur des bases qui permettront l'évolution vers le parlementarisme.

   La Charte de 1814 sera remplacée en 1830 par une nouvelle Charte qui, dans l'essentiel de ses dispositions, reprend la précédente. Mais il ne s'agit plus d'une Charte octroyée : elle a été négociée entre les chambres et le nouveau monarque, Louis-Philippe, désormais « roi des Français ».

3. Sur le plan historique, il faut également rappeler la pratique des chartes écrites qui, avant l'indépendance américaine, définissaient le statut de certaines colonies vis-à-vis de la métropole anglaise. Cette pratique facilitera l'acclimatation du droit constitutionnel écrit aux États-Unis.

4. Le terme de charte peut enfin être employé, à l'époque contemporaine, pour désigner des documents de nature très diverse, allant des plus sérieux (comme la Charte des Nations unies du 25 juin 1945, dans un sens identique à

celui de constitution) à de plus discutables — le mot de charte est alors galvaudé — auxquels on veut donner une certaine importance politique (par ex. la « charte du contribuable » de 2005, sans compter les « chartes » de certaines villes sur des sujets ponctuels ou encore des entreprises) ou, finalement, juridique. Bénéficient ainsi de cette dernière qualification la charte des droits fondamentaux de l'Union européenne de 2000 (que le traité de Lisbonne n'intègre pas directement aux traités mais qui lui confère une indiscutable force juridique) et la charte française de l'environnement de 2004.

➘ *Constitution, Constitutionnalisme, Constitutions de la France, Monarchie de Juillet, Orléanisme, Restauration*

J.-J. Chevallier, *Histoire des institutions et des régimes politiques de la France de 1789 à 1958*, Dalloz, 9e éd., 2009 ; « La Charte constitutionnelle du 4 juin 1814. Réflexions pour un bicentenaire », *Jus Politicum*, vol. VII, 2015 (en ligne : n° 13, 2014).

Charte de l'environnement

Élaboré après une longue phase de concertation, notamment à partir des travaux d'une commission de réflexion (Commission Coppens), en 2004, ce document a pris rang parmi les normes formellement constitutionnelles en 2005, à travers un outrecuidant ajout au vénérable Préambule de la Constitution de 1958 mentionnant les « droits et devoirs définis dans la Charte de l'environnement » (al. 1er *in fine*). Par ce renvoi laconique est ainsi conférée valeur constitutionnelle à cette charte qui rassemble, en 10 articles d'inégale importance et d'inégale précision, un certain nombre de principes (par ex. : une référence au principe dit de *précaution*, formulé à l'art. 5, ou encore le *développement durable*), droits et devoirs relatifs à l'environnement, d'ailleurs le plus souvent antérieurement reconnus par des textes internationaux, lois ordinaires, actes administratifs et décisions jurisprudentielles. On parle quelquefois de droits et principes « de la troisième génération » (après les droits politiques et les droits sociaux). Inversant une démarche traditionnelle, la charte fait une plus large place aux devoirs (collectifs et individuels) vis-à-vis de l'environnement qu'aux droits de chacun. Il n'est toutefois pas certain que le gain escompté par une telle élévation au rang constitutionnel de formules parfois purement symboliques (ainsi des art. 2, 8, 9 et 10 de la charte — des « neutrons constitutionnels » comme l'écrit Guy Carcassonne) contribue à une meilleure protection de l'environnement ni une meilleure efficacité du droit. Quant à la normativité de la Constitution, elle apparaît bien fragilisée par cette opération d'affichage.

➘ *Bloc de constitutionnalité, Constitution, Devoir, Norme*

Cons. const., n° 2005-514 DC du 28 avr. 2005 et n° 2008-564 DC du 19 juin 2008 ; CE 3 oct. 2008, *Commune d'Annecy*.

Code constitutionnel, Lexisnexis, commentaire par K. Foucher de la Charte de l'environnement.

Checks and balances

Formule désignant, dans la fidélité aux enseignements de Montesquieu et dans l'esprit du constitutionnalisme libéral, spécialement dans la pensée anglo-saxonne, la doctrine selon laquelle il est souhaitable de limiter les pouvoirs l'un par l'autre afin de garantir la modération du gouvernement et, plus fondamentalement, la liberté des gouvernés. Toute organisation constitutionnelle permettant d'équilibrer la faculté de statuer par une faculté d'empêcher tend à favoriser la modération dès lors qu'elle rend nécessaire la coopération de deux ou plusieurs organes à la prise de décision. Le bicamérisme (égalitaire), l'attribution au Congrès américain du pouvoir d'élaborer la loi (faculté de statuer) et au président d'un droit de veto sur cette décision (faculté d'empêcher) ou encore, sur un plan plus large, le fédéralisme, sont de bons exemples de ces « balances ».

↘ *Balance des pouvoirs, Constitutionnalisme, Freins et contrepoids, Séparation des pouvoirs*

Chef de gouvernement

↘ *Premier ministre*

Chef de l'État

L'expression est rarement utilisée comme telle par les textes constitutionnels qui se réfèrent plutôt à la forme du régime : ainsi la Constitution de la Ve République ne parle que du président de la République (la Constitution espagnole de 1978 précise cependant, dans son article 56-1 : « Le roi est le chef de l'État »).

Au sens traditionnel, le chef de l'État est, dans l'organisation des pouvoirs publics, l'organe suprême. À ce titre, et outre les égards protocolaires qui lui sont dus, il authentifie par sa signature un certain nombre d'actes, ce qui vaut engagement de l'État qu'il personnifie et représente. Au-delà de cette conception minimale de son rôle, tout dépend de l'existence ou non d'un chef de gouvernement et, dans l'affirmative, de l'autorité et des compétences respectives de l'un et de l'autre. Monisme ou dualisme de l'exécutif, et en cas de dualisme, dualisme apparent ou réel, sont des instruments d'analyse habituels pour caractériser le régime présidentiel, le régime parlementaire classique et un régime parlementaire original comme celui de la Ve République.

↘ *Dualisme, Président de la République, Régime directorial, Régime parlementaire, Régime présidentiel*

M. Morabito, *Le chef de l'État en France*, Montchrestien, 2e éd., 1996.

Chef des armées

Ce titre attribué par la Constitution (art. C. 15) au chef de l'État en tant qu'autorité suprême rappelle que la disposition d'une armée fait partie des attributs régaliens du pouvoir. L'expression de « chef des armées » est traditionnelle, mais elle a pris un sens très fort sous la Ve République en raison de la mission du président de la République (qui, aux termes de l'art. C. 5, al. 2, est « garant de l'indépendance nationale, de l'intégrité du territoire et du respect des traités »), et du fait nucléaire qui a renforcé la dimension politique des choix stratégiques (comme la dimension stratégique des choix politiques). Mais si le président est le chef des armées, c'est le gouvernement qui « dispose de la force armée » (art. C. 20, al. 2). Ce qui pourrait apparaître comme une contradiction rédactionnelle signifie en réalité que si les décisions suprêmes sont bien prises par le président de la République, lequel, assisté d'un Conseil de défense, est un véritable « chef de guerre » comme on l'a vu au moment de la guerre du Golfe en 1990-1991, c'est bien le gouvernement, (et à sa tête le Premier ministre qui est, aux termes de l'article C. 21, responsable de la défense nationale), qui a la responsabilité de la coordination des moyens de défense et de la gestion des forces armées, répartition des tâches qui, en cas de cohabitation, n'est pas sans influence sur le choix de la personne du ministre de la Défense. La Constitution des États-Unis ignore évidemment ces subtilités en disposant que « Le président sera le commandant en chef des armées et de la marine des États-Unis » (art. 2, sect. 2).

↘ *Conseil de défense, Domaine réservé, Force armée*

S. Cohen, « Le président chef des armées », *Pouvoirs* n° 38, 1986 ; « Monarchie nucléaire, dyarchie conventionnelle » et B. Chantebout, « La dissuasion nucléaire et le pouvoir présidentiel », *Pouvoirs* n° 58, 1991 ; M. de Villiers, « Le pouvoir politique contre la dissuasion », in *Mélanges L. Hamon*, Economica, 1982 ; « Stratégie et diplomatie dans la Constitution de la Ve République », *in* D. Chagnollaud (dir.), *Les cinquante ans de la Constitution*, Litec, 2008, p. 213.

Chief Justice

Litt. « juge en chef », le terme désigne dans de nombreux pays anglophones (États-Unis, Canada, Australie, Inde notamment), le président de la plus haute juridiction (Cour Suprême) de l'État, qui est aussi le plus haut magistrat du système judiciaire. Aux États-Unis d'Amérique, le *Chief Justice*, nommé par le président et confirmé par le Sénat, préside la Cour Suprême fédérale (*Supreme Court of the U.S.*). En outre, il reçoit le serment du président des États-Unis en début de mandat et, exceptionnellement, préside le Sénat statuant sur la destitution d'un président mis en accusation (*impeached*) par la Chambre des représentants.

↘ *Cour suprême*

Chose jugée

↘ *Juridiction*

Chose publique

L'expression peut s'entendre de deux façons :

1. Le domaine politique

La « chose publique » désigne d'abord le domaine du pouvoir politique. La chose publique, ce sont toutes les responsabilités, celles qualifiées de régaliennes (du latin *regalis*, royal, par extension : ce qui relève du pouvoir souverain) et les autres, qu'assume la puissance publique. Et c'est ce service de la chose publique — ce qui est de l'ordre de la finalité — qui justifie que, sur le plan des moyens, la puissance publique dispose de prérogatives « exorbitantes du droit commun ».

La difficulté de la chose publique est d'en définir le contenu. La tradition médiévale privilégiait la notion de « bien commun », incluant une préoccupation morale dans le cadre d'une communauté supérieure aux individus. Avec la notion moderne « d'intérêt général », la vision de la chose publique se fait plus pragmatique, plus utilitariste, plus volontariste également. Depuis la Révolution de 1789 et la consécration, dans le prolongement des analyses de Rousseau, de la volonté générale (Déclaration de 1789, art. 6 : « La loi est l'expression de la volonté générale... »), la notion d'intérêt général paraît l'avoir définitivement emporté, même si elle est affectée d'un certain discrédit, conséquence des alternances et des changements incessants de législation. L'expression de bien commun n'est cependant pas absente du discours politique, mais dans un sens plutôt patrimonial (la République est notre bien commun...).

2. La République

Mais la chose publique, c'est aussi, traduction littérale du latin *res publica* mais détachée de cette origine, une forme de régime politique : la République.

↘ *République, Volonté générale*

Cinquième République

Régime politique organisé par la Constitution formelle du 4 octobre 1958 élaborée par le gouvernement du général de Gaulle qui avait reçu de la loi constitutionnelle du 3 juin délégation à l'effet de proposer une révision de la Constitution de 1946. La révision devait en réalité aboutir à l'élaboration d'une Constitution entièrement nouvelle avec, à la clef, un changement de numéro de la République (ce dont la Constitution ne dit rien, les numéros d'identification des Républiques successives étant dépourvus de toute valeur juridique). Adoptée par référendum le 28 septembre, et promulguée le 4 octobre, la Constitution prévoyait une période transitoire de 4 mois pour la mise en place des institutions, période pendant laquelle furent élus les députés à l'Assemblée nationale (les 23 et 30 nov.), puis, en décembre, le général de Gaulle comme président de la République, lequel, en janvier, nomma Michel Debré Premier ministre.

1. Une République en progrès

La Ve République, c'est depuis la mise en place des institutions :

- 8 présidents : Charles de Gaulle (1958-1969), Georges Pompidou (1969-1974), Valéry Giscard d'Estaing (1974-1981), François Mitterrand (1981-1995), Jacques Chirac (1995-2007), Nicolas Sarkozy (2007-2012), François Hollande (2012-2017) et enfin Emmanuel Macron (depuis 2017) ;
- 25 Premiers ministres successifs (J. Chirac l'ayant été par deux fois), soit une durée moyenne de fonction un peu supérieure à 2 ans et demi, durée encore modeste certes, mais qui se compare avantageusement à la durée semestrielle des 23 chefs de gouvernement de la IVe République ;
- 5 dissolutions de l'Assemblée nationale (1962, 1968, 1981, 1988 et 1997), au lieu d'une pour la IIIe (1877) comme pour la IVe (1955) ;
- 9 référendums (1961, 1962 deux fois, 1969, 1972, 1988, 1992, 2000 et 2005) : la Ve République est la première République à ouvrir la voie référendaire comme mode d'expression ordinaire de la souveraineté nationale (art. C. 3), et si le recours au référendum a souvent donné lieu à polémiques et débats (notamment quand la procédure de l'art. C. 11 a été utilisée pour réviser la Constitution, en octobre 1962 et en 1969), il a permis au peuple de faire des choix majeurs : la fin de la guerre d'Algérie en 1962, la consécration de l'autorité du président de la République par son élection au suffrage universel direct également en 1962 et l'instauration du quinquennat en 2000 (seul référendum organisé dans le cadre de l'art. C. 89), le passage à l'Union européenne en 1992 et le refus d'une Constitution européenne en 2005 ;
- une mise en œuvre, en 1961, de la « dictature temporaire » prévue par l'article C. 16 qui fait du chef de l'État le sauveur de la République quand il y a des menaces graves et immédiates et une interruption du fonctionnement régulier des pouvoirs publics ;
- 24 révisions de la Constitution formelle, dont 19 depuis 1992, et sur ces 24 révisions, d'importance inégale, quelques révisions majeures : outre les révisions de 1962 et 2000 concernant le mandat présidentiel, il faut citer l'extension à la minorité parlementaire du droit de saisine du Conseil constitutionnel en 1974, la décentralisation en 2003, la révision du 23 juillet 2008 qui a affecté 44 articles du texte, sans oublier les révisions provoquées par la construction européenne. Les révisions qui précèdent la ratification d'un

traité peuvent d'ailleurs rester virtuelles si la ratification n'a pas lieu. C'est par exemple ce qui s'est produit en 2005 : la Constitution a été révisée pour permettre la ratification du traité instituant une Constitution pour l'Europe, révision devenue sans objet après le refus du peuple français d'autoriser la ratification du traité.

Mais la Ve République, c'est aussi et c'est une vraie nouveauté, l'institution d'une instance de justice constitutionnelle, le Conseil constitutionnel, dont la jurisprudence conforte l'autorité de la Constitution formelle comme norme suprême.

Et c'est enfin un cadeau de l'histoire : le fait majoritaire. Depuis 1962, les électeurs ont avec constance envoyé à l'Assemblée nationale une majorité qui a permis aux gouvernements (du moins jusqu'en juin 2022), avec l'aide fréquente des mécanismes particulièrement bien ajustés du parlementarisme rationalisé, de faire ce pourquoi ils sont faits : gouverner. Encore l'expression de « cadeau de l'histoire » pourrait-elle prêter à discussion dans la mesure où elle semble imputer au hasard une reconstruction du système des forces politiques due pour l'essentiel aux pratiques électorales du régime, au premier rang desquelles il faut citer l'élection présidentielle au suffrage universel direct. Les cohabitations n'ont pas remis en cause le fait majoritaire mais en ont changé le sens : au lieu de jouer au profit du président, il joue contre lui.

2. La perplexité de la doctrine

Des IIIe, IVe et Ve Républiques, la Ve est la plus rebelle à la définition. La Ve République s'inscrit en effet dans la tradition parlementaire (la loi du 3 juin 1958 lui en faisait d'ailleurs obligation), mais elle ajoute à la structure parlementaire, « l'arbitrage national » qui, selon les termes de De Gaulle, devait faire valoir « la continuité au milieu des combinaisons » (discours de Bayeux, 10e paragraphe), et qui bénéficie depuis 1962 — en pratique depuis 1965 — de l'onction du suffrage universel direct. De cette superposition de deux expressions de la souveraineté nationale, mais deux expressions organiquement articulées par l'intermédiaire d'un gouvernement, que nomme le président, et que l'Assemblée nationale peut renverser, résulte une République parlementaire présidentialisée (dite aussi « présidentialiste ») qui provoque la perplexité de la doctrine.

La référence, courante chez les journalistes, à l'appellation de « régime présidentiel » suggère une ressemblance avec le régime politique américain que l'observation des procédures et pratiques de la Ve République (par ex. : la dissolution de l'Assemblée nationale pour avoir une majorité parlementaire qui soutienne le président), ne vérifie pas du tout et est donc erronée.

La qualification de « régime semi-présidentiel » (M. Duverger) est ambiguë car la réunion dans un même régime d'un président élu au suffrage universel et d'un gouvernement responsable donne au président, quand il est soutenu par une majorité parlementaire disciplinée, de tels avantages que la Vᵉ République devrait alors être plutôt qualifiée « d'ultra-présidentielle » (G. Vedel).

Et, dans cette même hypothèse de cohérence entre le Président et le Parlement, la référence sans autre précision au parlementarisme paraît réductrice dès lors que c'est le chef de l'État — et non le Premier ministre — qui s'impose comme le véritable chef de l'exécutif, comme dans la variante dualiste historique du régime parlementaire.

La difficulté est donc de rendre compte de l'ensemble, et d'en rendre compte dans la durée. Selon les périodes, d'harmonie ou de contradiction entre la Présidence et l'Assemblée, le centre de gravité de la République se déplace du palais de l'Élysée à l'hôtel Matignon et vice-versa, selon les choix du corps électoral : le suffrage faisant connaître la pratique institutionnelle qu'il souhaite, tel est le caractère inédit de la Vᵉ République. À tout prendre, on peut la qualifier de régime à structure parlementaire dualiste renouvelée (P. Lauvaux) mais généralement à captation présidentielle (A. Le Divellec).

3. Quel avenir pour le présidentialisme majoritaire ?

L'institution du quinquennat a-t-elle stabilisé la pratique du régime ? On aurait pu penser qu'après les deux cohabitations « subies » de 1986-1988 et 1993-1995, la cohabitation « provoquée » par la dissolution de 1997 l'aurait, par sa durée — 5 ans — durablement infléchie dans le sens parlementaire : en tendance, le « présidentialisme majoritaire » (G. Vedel) apparaissait comme étant en baisse. Mais précisément le remplacement du septennat par le quinquennat réalisé par la loi constitutionnelle du 2 octobre 2000 a eu pour objet de lui redonner toutes ses chances, le quinquennat présidentiel étant supposé emporter dans sa dynamique le quinquennat législatif. Mais il n'y a pas de recette miraculeuse pour garantir que deux expressions de la souveraineté nationale coïncident. Le quinquennat ne donne pas à cet égard de certitude, il offre simplement une (forte) probabilité jusqu'ici confirmée depuis 2007, mais enrayée en 2022. Et la question qui se pose depuis les débuts de la Vᵉ République restera posée : jusqu'où peut-on pousser la présidentialisation du régime sans remettre en cause sa structure parlementaire ? Sans négliger pour autant la question inverse : que resterait-il de la présidentialisation si, pour des raisons diverses et variées, devait disparaître le leadership présidentiel ?

4. La Ve République et l'Europe

L'un des défis majeurs qu'affronte la Ve République est celui de la construction européenne. Le droit constitutionnel français est rentré dans la construction européenne « à reculons » : il a fallu attendre le traité de Maastricht en 1992 pour que la Constitution lui fasse une petite place avec le titre XV intitulé (depuis 2009) « De l'Union européenne ». Les traités successifs transférant aux Communautés européennes et à l'Union européenne (depuis le traité de Maastricht) des domaines sans cesse plus étendus de compétences, et les révisions constitutionnelles autorisant la ratification de ces traités, affectent la réalité de l'exercice du pouvoir infiniment plus que les modifications apportées à l'agencement des institutions nationales...

➘ *Alternance, Arbitrage, Captation présidentielle, Cohabitation, Conseil constitutionnel, Dictature, Pouvoirs exceptionnels, Présidentialisme, Référendum, Régime parlementaire, Régime présidentiel, Régime semi-présidentiel, République*

Tous les manuels de droit constitutionnel et d'institutions politiques. P. Avril, *La Ve République, histoire politique et constitutionnelle*, PUF, 2e éd., 1994 ; G. Carcassonne, *La Constitution*, Le Seuil, 11e éd., 2013 ; J.-M. Denquin, *La monarchie aléatoire*, PUF, 2001 ; « La Ve République - 30 ans », *Pouvoirs* n° 49, 1989, n° 99, 2001 et « La Ve République », n° 126, 2008 ; A. Le Divellec, « Réflexions sur l'avenir du système de gouvernement de la Ve République », *RD publ.* 2002. 215 ; « Les 40 ans de la Ve République », *RD publ.* 1998 ; « La VIe République ? », *RD publ.* 2002 ; G. Vedel, « Cinquième République », in *Dictionnaire constitutionnel*, PUF, 1992, p. 128 ; Ph. Raynaud, *L'esprit de la Ve République*, Perrin, 2017 ; M. de Villiers, *Conversations constitutionnelles*, Droit et Cité, 2006 ; « La Ve République, des institutions libérales ? », *Droits* nos 43 et 44, 2006-2007 ; D. Chagnollaud (dir.), *Les 50 ans de la Constitution*, Litec, 2008 ; Cercle des constitutionnalistes, *Les 60 ans de la Constitution. 1958-2018*, Dalloz, 2018 ; Le droit politique face à la Cinquième République, *Jus Politicum*, vol. XI, 2020.

Circonscription

Division du territoire servant de cadre à l'exercice de compétences (administratives, juridictionnelles, etc.) ou à des opérations électorales.

➘ *Compétence, Découpage électoral*

Circonstances exceptionnelles

➘ *Pouvoirs exceptionnels*

Citoyen, Citoyenneté

Si tout citoyen est un Homme, tout Homme n'est pas automatiquement un citoyen.

1. Du sujet au citoyen

D'abord, il n'y a pas de citoyenneté là où il n'y a pas de participation à la vie publique : au citoyen s'oppose le sujet. C'est ce qu'énonce l'article DDH 6 : « La loi est l'expression de la volonté générale. Tous les citoyens ont droit de concourir personnellement, ou par leurs représentants, à sa formation [...] ». La citoyenneté est ainsi liée à la république, non pas la République en tant que forme de gouvernement (un Britannique est sujet de sa Majesté, il n'en participe pas moins autant que le Français à la vie publique de son pays), mais la république prise dans son sens étymologique : la chose publique. Et de même que la république a vocation à être organisée démocratiquement, la citoyenneté a vocation à être accordée à tous les membres de la population considérés comme des égaux, comme en dispose le même article DDH 6 : « (La loi) doit être la même pour tous, soit qu'elle protège, soit qu'elle punisse. Tous les citoyens étant égaux à ses yeux, sont également admissibles à toutes dignités, places et emplois publics, selon leur capacité, et sans autre distinction que celle de leurs vertus et de leurs talents ».

2. La qualité juridique de citoyen

Mais la citoyenneté doit être organisée par le droit positif : alors que la notion de droit de l'homme a une dimension d'universalité, la citoyenneté est toujours relative à une société politique particulière. En France, elle se fonde sur la nationalité puisque, aux termes de l'article C. 3, al. 4, « Sont électeurs tous les nationaux français [...] ». Ce même alinéa ajoute « majeur », ce qui a pour effet de subordonner l'acquisition de la citoyenneté à une condition d'âge. Enfin la citoyenneté peut se perdre par décision de justice, qu'il s'agisse de placer un majeur sous tutelle (la perte des droits civiques — ou droits politiques dans la terminologie de l'article C. 3, alinéa 4 — est alors la conséquence de la perte des droits civils : il est logique que celui qui ne peut gérer ses propres affaires ne puisse participer à la gestion des affaires publiques), ou qu'il s'agisse d'une sanction pénale dont la juridiction qui la prononce doit fixer la durée. Dans ces deux hypothèses, capacité et dignité se rejoignent pour fonder, par leur absence, le retrait de la citoyenneté.

3. La citoyenneté et la nationalité

Ainsi que le fait observer D. Schnapper, la citoyenneté a une triple dimension : juridique (le citoyen est un sujet de droit), politique (il participe à l'exercice de la souveraineté) et sociale (elle est un signe de reconnaissance au sein d'une même organisation politique). Ces trois dimensions se recouvrent et le droit de vote en est le symbole. Mais la citoyenneté est en même temps une histoire. Elle s'est construite à l'époque moderne dans le cadre de la nation. La construction de l'Europe communautaire a partiellement remis en cause ce lien entre nationalité et citoyenneté. Le traité sur l'Union européenne du 7 février 1992 a en effet introduit dans le traité instituant la Communauté européenne six articles (17 à 22) ayant pour objet de créer une citoyenneté de l'Union : dissociation cependant partielle, la citoyenneté de l'Union étant accordée à toute personne ayant la nationalité d'un État membre. Et parmi les droits dont jouissent ces nouveaux citoyens, figure celui de participer, en tant qu'électeur et éligible, aux élections municipales dans l'État où ils résident (v. également art. C. 88-3).

Sur un plan plus général, le défi contemporain qu'affronte la notion de citoyenneté est de savoir si les spécificités culturelles revendiquées par des groupes installés au sein des « vieilles » nations peuvent conduire à leur reconnaître une identité politique particulière. Ce serait une révolution car ce serait « remettre en cause le principe de transcendance par le politique qui est au fondement de la citoyenneté » (D. Schnapper).

Droits civils et politiques, Égalité, Électorat, Éligibilité, Nationalité, République, Suffrage universel

Actes du colloque *De la citoyenneté*, 3, 4 et 5 nov. 1994, Faculté de droit de Nantes, Litec, 1996 ; *Code électoral*, commenté et annoté par M. de Villiers, F. Potier et M. de Vendeuil, Lexisnexis, obs. sous les art. L. 1 et s. ; D. Colas (dir.), *Citoyenneté et nationalité*, PUF, 1991 ; E. Desmons, *La citoyenneté contre le marché ?*, PUF, 2009 ; D. Schnapper, *Qu'est-ce que la citoyenneté ?*, Gallimard, 2000 ; C. Withol de Wenden, *Citoyenneté et nationalité*, Edilig, 1988.

CNIL

Autorité administrative indépendante

Coalition

Regroupement ou alliance de plusieurs partis ou formations politiques en vue d'actions communes, en particulier pour conquérir et exercer le gouvernement d'un pays, spécialement dans les régimes parlementaires. Les coalitions peuvent être électorales, lorsque les partis s'allient publiquement lors d'une campagne électorale, souvent en signant un programme commun, parfois en présentant des candidats communs ou en prévoyant le cas échéant des accords de désistement réciproque ou des apparentements (v. ce mot). Elles sont parfois uniquement post-électorales, nouées après les élections, et se réalisent au plan parlementaire et gouvernemental, souvent après des négociations plus ou moins difficiles. Là où le Parlement est élu à la représentation proportionnelle, les coalitions sont la règle (ainsi en Allemagne, en Autriche, dans le Benelux notamment). Une coalition peut être bipartite ou multipartite, majoritaire ou minoritaire (en termes de sièges au Parlement). Elles se traduisent parfois par la signature d'un « contrat (ou accord) de coalition », document recensant les sujets sur lesquels les partenaires s'entendent pour gouverner. Parfois même est établi un « comité de coalition » réunissant les principaux dirigeants des partis partenaires, destiné à assurer la coordination de la coalition tant au gouvernement qu'au Parlement. Si elles font la part belle aux partis, les coalitions, même post-électorales, peuvent cependant être efficaces et stables. Les expériences sont à cet égard très variables selon les pays. Si la IVe République française fut marquée par des coalitions très instables (comme l'Italie), l'Allemagne pratique depuis 1949 un parlementarisme de coalitions particulièrement réussi, avec un chancelier néanmoins puissant. Et si l'Angleterre en principe « n'aime pas les coalitions » (Disraeli), le Royaume-Uni a pratiqué un véritable gouvernement de coalition entre 2010 et 2015 entre conservateurs et libéraux. La Ve République quant à elle répugne aux coalitions en bonne et due forme, bien qu'en réalité les gouvernements soient presque toujours obligés de s'appuyer sur plusieurs partis au Parlement.

↘ *Apparentement, Désistement, Gouvernement*

Codécision

Est ainsi dénommée la procédure d'adoption de la norme législative européenne dans la plupart des domaines où le Conseil de l'Union européenne statue à la majorité qualifiée. Organisée par l'article 294 du traité sur le fonctionnement de l'Union européenne, cette procédure met en place, dans l'hypothèse où le Parlement européen et le Conseil n'arrivent pas à se mettre d'accord sur un texte identique, un comité de conciliation paritaire chargé d'élaborer un projet commun, projet commun qui devra cependant être ensuite adopté par les deux institutions (à la majorité qualifiée par le Conseil et à la majorité absolue par le Parlement).

↘ *Conseil (de l'Union européenne), Parlement européen*

M. de Villiers, T. de Berranger (dir.), *Droit public général*, Lexisnexis, n° 345.

Cohabitation

Situation résultant d'un antagonisme politique fondamental entre le titulaire de la présidence de la République et la majorité à l'Assemblée nationale à la suite de l'élection de l'un ou de l'autre. Une situation de cohabitation ne doit pas être confondue avec la formation d'un gouvernement d'union nationale ou, formule allemande, d'un gouvernement de grande coalition, associant au gouvernement deux ou plusieurs partis habituellement opposés. Dans cette hypothèse, les partis coalisés participent à l'exercice des mêmes responsabilités. Dans l'hypothèse de la cohabitation, ce sont des responsabilités différentes qui sont en cause. C'est pourquoi l'expression de « coexistence institutionnelle » est parfois utilisée et est peut-être en effet plus appropriée que celle de cohabitation. Mais, dans un cas comme dans l'autre, c'est en général le résultat des élections qui commande le recours à ces formules par définition provisoires.

Une telle situation d'opposition politique entre l'exécutif et le Parlement n'est pas rare dans le régime présidentiel américain qui s'en accommode cependant : les dispositions constitutionnelles l'y obligent (le président et le Congrès ne peuvent se révoquer mutuellement et le calendrier électoral est intangible), la souplesse du bipartisme le permet. On a pu longtemps penser qu'il en irait autrement en France dès lors que le président ne peut agir que par l'intermédiaire d'un gouvernement responsable devant l'Assemblée nationale, que les règles du partage des compétences entre le président et le Premier ministre sont telles que l'un ne peut ignorer l'autre et réciproquement, et enfin que le système français des partis politiques n'offre pas les mêmes ressources que le système partisan américain. Très vite (à compter en fait des élections législatives de 1967 qui ont suivi la première élection présidentielle au suffrage universel direct de 1965), la contradiction dans les expressions du suffrage fut donc attendue, et redoutée, comme devant être l'épreuve de vérité du régime. Mais l'expérience a apporté deux types de réponse :

- quand une élection présidentielle contredit des élections législatives antérieures, le président nouvellement élu peut tenter d'y mettre immédiatement fin par la dissolution de l'assemblée (dissolutions réussies de 1981 et 1988, qui ont donc permis d'éviter la cohabitation) ;
- dans l'hypothèse inverse d'élections législatives qui contredisent l'élection présidentielle, c'est l'effacement du président qui permet de surmonter l'épreuve, effacement auquel le président ne peut se soustraire dès lors que c'est au gouvernement, et au gouvernement seul, que le Parlement donne, par le vote des lois, les moyens de gouverner. Il convient cependant de noter que dans les deux cohabitations de 1986-1988 et 1993-1995, l'effacement a été temporaire, facilité par un calendrier électoral obligeant à organiser une élection présidentielle dans les deux ans. Il n'était pas interdit de penser que la cohabitation résultant des élections législatives anticipées des 25 mai et 1er juin 1997 aurait pu introduire un nouveau cas de figure, le calendrier électoral autorisant cette fois une cohabitation de cinq ans qui a été effectivement à son terme. Ainsi que l'avait expliqué le doyen Vedel, une cohabitation est « tolérable pour le temps limité d'un carême préparant la résurrection du pouvoir. Elle serait dans une autre perspective et pour une autre durée invivable. Elle ouvrirait une alternative dont chaque branche serait néfaste : ou la

panne de l'appareil de décision [...], ou une guerre inexpiable des légitimités ». Les deux termes de cette alternative ont bien été dangereusement frôlés, mais c'est finalement le présidentialisme majoritaire qui est sorti vainqueur des élections présidentielle et législative de 2002 avec primauté chronologique donnée à l'élection présidentielle (l'ajustement à cinq ans des mandats présidentiel et parlementaire favorisant la longévité de cet ajustement). Cette victoire du présidentialisme majoritaire, confirmée en 2007, est-elle définitive ? La Ve République n'a pas encore expérimenté toutes les hypothèses, par exemple celle qui verrait des élections législatives déboucher sur une absence de majorité. L'histoire des institutions politiques est rarement un long fleuve tranquille !

↘ *Alternance, Cinquième République, Parlementarisme majoritaire, Régime parlementaire, Régime présidentiel*

M.-A. Cohendet, *La cohabitation. Leçons d'une expérience*, PUF, 1993 ; J.-M. Denquin, *La monarchie aléatoire*, PUF, 2001 ; F. Luchaire, G. Conac, *Le droit constitutionnel de la cohabitation*, Economica, 1989 ; J. Massot, *Alternance et cohabitation sous la Ve République*, La Documentation française, 1997 ; « La Ve République est-elle soluble dans la cohabitation ? », in *Mélanges Ardant*, LGDJ, 1999 ; G. Vedel, « 7, 5 + 2, 2 + 5 », *Le Monde*, 23 avr. 1997 ; « Variations et cohabitations », *Pouvoirs* n° 83, 1997, p. 101.

Collectivité d'outre-mer

La loi constitutionnelle du 28 mars 2003 a remplacé l'appellation de *territoire d'outre-mer* par celle de *collectivité d'outre-mer*. Il s'agit de l'une des catégories de collectivités territoriales de la République. Alors que les lois et règlements sont applicables de plein droit dans les départements et régions d'outre-mer (tout en pouvant faire l'objet d'adaptations tenant aux caractéristiques et contraintes particulières de ces collectivités), les collectivités d'outre-mer ont un statut « qui tient compte des intérêts propres de chacune d'elle au sein de la République » (art. C. 74). Ce statut fixe les conditions dans lesquelles les lois et règlements y sont applicables (principe de « spécialité législative ») ainsi que les compétences qui leur sont transférées. Ces transferts (dont sont exclues certaines matières énumérées au 4e alinéa de l'article C. 73) peuvent permettre à l'assemblée délibérante de la collectivité d'intervenir, sous le contrôle du juge, dans le domaine de la loi.

La catégorie des collectivités d'outre-mer est cependant restreinte puisqu'elles sont au nombre de 3 : Saint-Pierre-et-Miquelon, Wallis-et-Futuna et la Polynésie française, une quatrième, Mayotte, ayant choisi au printemps 2009 par référendum de passer sous le régime du département d'outre-mer. La Nouvelle-Calédonie bénéficie d'un statut constitutionnel particulier mais provisoire (titre XIII de la Constitution), cependant qu'une organisation particulière est prévue pour les terres australes et antarctiques (art. C. 72-3).

↘ *Collectivité territoriale, Décentralisation*

Collectivité territoriale

Depuis la révision constitutionnelle du 28 mars 2003, il est officiellement proclamé que la République est décentralisée (art. C. 1, dernière phrase) et l'expression de *collectivité territoriale* a définitivement remplacé dans la Constitution celle de *collectivité locale* (art. C. 34 et titre XII, art. C. 72). Le propre d'une collectivité territoriale, personne morale de droit public, est de s'administrer librement par un conseil élu, ce qui suppose qu'elle ait un pouvoir de décision qu'elle exerce dans des affaires qui sont de sa compétence. Il appartient à l'État de définir ces compétences d'administration qui seront confiées à chaque catégorie de collectivités territoriales. Mais si la collectivité territoriale reçoit ses compétences du législateur ordinaire, et est soumise à un contrôle administratif à l'initiative du délégué du gouvernement (contrôle *a posteriori* depuis 1982, les délibérations des collectivités territoriales étant désormais exécutoires de plein droit), elle n'est pas en tant que telle, et bien que la décentralisation soit une exigence constitutionnelle, une composante politique de l'État : la France n'est pas un État fédéral.

Sont en France des collectivités territoriales : par décision du constituant (art. C. 72, al. 1er), les communes, les départements, les régions (avec des dispositions spécifiques s'appliquant aux départements et régions d'outre-mer : Guadeloupe, Guyane, Martinique, Réunion et Mayotte depuis un référendum de 2009), les collectivités à statut particulier (la Nouvelle-Calédonie et chacune des provinces qui la composent ainsi que la Corse) et les collectivités d'outre-mer. Le législateur a en outre compétence pour créer d'autres collectivités territoriales (éventuellement en lieu et place de collectivités existantes).

La multiplication des échelons territoriaux d'administration du pays, auxquels il faut ajouter les échelons intermédiaires (relevant par exemple de l'intercommunalité), est une caractéristique, souvent critiquée, de l'organisation administrative française, que la révision de 2003 ne remet pas en cause. Cette révision envisage seulement l'hypothèse de création d'une nouvelle collectivité territoriale en lieu et place d'une ou plusieurs collectivités territoriales existantes (art. C. 72, al. 1er).

↘ *Collectivités d'outre-mer, Décentralisation, État fédéral, État unitaire, Indivisibilité, Sénat*

E. Balladur, *Rapport du comité pour la réforme des collectivités locales*, 5 mars 2009, *JO* du 6 mars ; *Rapport du Comité consultatif pour la révision de la Constitution* (15 févr. 1993), publié dans le *Code constitutionnel*, Annexe n° 14-E. 1 ; A. Roux, *Droit constitutionnel local*, Economica, 1995 ; M. Verpeaux *et al.*, « Le droit constitutionnel des collectivités territoriales », *Cah. Cons. const.* 2002, n° 12.

Collège électoral

Expression désignant la réunion des électeurs investis du droit de vote pour une opération électorale déterminée : ainsi les électeurs inscrits sur la liste électorale de la commune forment-ils collège électoral pour l'élection du conseil municipal. En fait, l'expression n'est plus guère utilisée que pour les élections au suffrage universel indirect. L'article L. 280 du Code électoral est ainsi rédigé : « Les sénateurs sont élus dans chaque département par un collège électoral composé : 1. des députés ; 2. des conseillers régionaux élus dans le département ; 3. des conseillers généraux ; 4. des délégués des conseils municipaux ou des suppléants de ces délégués [...] ».

↘ *Circonscription, Découpage électoral, Grand électeur, Suffrage universel*

Collégialité

Un collège est un ensemble de personnes exerçant collectivement la ou les fonctions qui leur sont attribuées. En régime parlementaire, la collégialité est une caractéristique du gouvernement. La solidarité qui unit les ministres, et qui s'exprime notamment à l'occasion de la mise en jeu devant l'instance parlementaire de la responsabilité du gouvernement, est une conséquence de la collégialité : les décisions ayant été prises collégialement, doivent être assumées solidairement.

Cependant, les modes de fonctionnement des gouvernements à l'époque contemporaine rendent problématique la pratique de la collégialité. La multiplication et la spécialisation des tâches ministérielles, tout autant que des considérations de temps, expliquent que les réunions plénières de tous les membres du gouvernement (en France, le conseil des ministres) ont essentiellement pour objet de rendre officielles des décisions qui ont été longuement et mûrement préparées en amont à l'occasion de conseils et comités réunissant les ministres concernés. Et en tout état de cause, la collégialité est placée sous l'autorité du Premier ministre.

↘ *Comité interministériel, Conseil des ministres, Conseil interministériel, Gouvernement, Ministre*

Comité consultatif constitutionnel

En l'absence d'une assemblée constituante, le Comité consultatif constitutionnel fut créé par la loi constitutionnelle du 3 juin 1958 afin que les parlementaires ne soient pas totalement maintenus à l'écart de l'élaboration de la future Constitution de la Ve République. Composé à raison des deux tiers de son effectif de parlementaires désignés par les commissions compétentes du Parlement, il était chargé de donner un avis sur le projet de Constitution élaboré par le gouvernement. Cet avis fut donné au cours de la première quinzaine d'août 1958 et ne fut pris en compte par le gouvernement que sur des points de détail (sauf en ce qui concerne la Communauté franco-africaine et malgache).

Ce Comité ne doit pas être confondu avec le Comité consultatif pour la révision de la Constitution (« Comité Vedel », du nom de son président), ni avec le Comité de réflexion et de proposition sur la modernisation et le rééquilibrage des institutions de la Ve République (« Comité Balladur ») dont les rapports, publiés à 15 ans d'intervalle (1993 et 2008), se sont fondés sur un bilan de la pratique institutionnelle pour proposer des réformes. Le rapport de 2008 a notamment largement inspiré la révision constitutionnelle du 23 juillet 2008.

↘ *Cinquième République*

Documents pour servir à l'histoire de l'élaboration de la Constitution du 4 oct. 1958, vol. 2, La Documentation française, 1988 ; *Rapport du Comité consultatif pour la révision de la Constitution*, publié dans le *Code constitutionnel*, Annexe n° 14-E. 1 ; *Rapport du Comité de réflexion et de proposition sur la modernisation et le rééquilibrage des institutions de la Ve République*, Fayard-La Documentation française, 2008 (*Code constitutionnel*, Annexe n° 14-E. 3).

Comité interministériel

Réunion restreinte, sous la présidence du Premier ministre (et non du président de la République comme pour les conseils interministériels), de certains ministres, secrétaires d'État et hauts fonctionnaires sur un sujet déterminé et fixée par un texte réglementaire (par ex. l'aménagement du territoire). Il s'agit donc d'une instance de travail interne au gouvernement. Les comités interministériels ont vocation à être périodiques, au contraire des réunions de ministres, qui sont réunies *ad hoc* par le chef du gouvernement.

↘ *Collégialité, Conseil interministériel, Conseil des ministres*

Comité secret

Modalité exceptionnelle de réunion d'une assemblée parlementaire permettant de ne pas appliquer la règle de la publicité des débats (art. C. 33, al. 2).

↘ *Séance publique*

Commissaire du gouvernement

1. Prévu par l'article C. 31, al. 2, le commissaire du gouvernement est une personne (haut fonctionnaire, membre d'un cabinet ministériel), nommée auprès d'un ministre pour l'assister dans un débat parlementaire.

2. Jusqu'en janvier 2009, le terme commissaire du gouvernement désignait aussi l'institution (créée en 1849) qui, à l'occasion d'un procès devant une juridiction administrative (Conseil d'État, cours administratives d'appel, tribunaux administratifs) ou encore le Tribunal des conflits est chargée de présenter sous forme de conclusions tout élément de fait et de droit permettant à la juridiction de rendre sa décision. Magistrat membre de la juridiction, le commissaire du gouvernement était totalement indépendant de celui-ci. Désormais, il porte le nom de *Rapporteur public*.
3. Également devant le Conseil d'État, mais cette fois dans l'exercice de ses fonctions consultatives, est encore appelé commissaire du gouvernement le représentant de l'administration chargé de défendre les projets de texte (projets de loi, art. C. 39, al. 2 ; projets de décrets réglementaires, art. C. 37, al. 2 ; projets d'ordonnances, art. C. 38) du gouvernement.

Commission d'enquête

Type de commission parlementaire temporaire créée par une assemblée aux fins de participer aux missions de contrôle et d'évaluation du pouvoir exécutif et de son administration. Dans certains pays, la minorité parlementaire détient le droit d'en obtenir la création (par ex. en Allemagne, art. LF 44, ou encore en Grèce et au Portugal). En France, où elles sont désormais mentionnées dans la Constitution (art. C. 51-2), elles sont créées par le vote d'une proposition de résolution spéciale de l'Assemblée, ou bien (à l'Assemblée mais non au Sénat) de droit, une fois par session ordinaire, sur demande d'un groupe d'opposition ou minoritaire (art. RAN 141 tel que modifié en 2014). Elles visent à recueillir des éléments d'information sur des faits déterminés ou à contrôler la gestion des services publics. Elles disposent de pouvoirs d'investigation, peuvent faire comparaître des témoins ; leurs séances sont souvent publiques, notamment lorsqu'il s'agit de faire la lumière sur un scandale (par ex. l'affaire dite d'Outreau en 2008 ou l'affaire Benalla en 2018) suivi non sans frénésie par l'opinion ou les médias. En France, elles sont néanmoins doublement limitées : leur durée ne peut dépasser un délai de 6 mois et, surtout, leurs travaux sont interdits sur des faits qui donnent lieu à une instruction judiciaire. Leur importance varie selon les pays, mais on peut relever qu'elles sont particulièrement importantes aux États-Unis, dans la logique du système de *checks and balances*, tandis qu'elles sont spécialement prisées par l'opposition, mais souvent moins efficaces, dans les systèmes de gouvernement parlementaire.

➘ *Commission parlementaire, Contrôle parlementaire, Opposition*

P. Avril, J. et J.-E. Gicquel, *Droit parlementaire*, Montchrestien, 2021 ; J.-P. Camby, *Le travail parlementaire sous la Ve République*, Montchrestien, 6e éd., 2021.

Commission européenne

Collège dont le président et les membres sont nommés selon une procédure faisant intervenir le Conseil européen (statuant à la majorité qualifiée) et le Parlement européen, Parlement devant lequel ils sont par ailleurs collégialement responsables (procédure de la motion de censure). La Commission a, notamment, des compétences :

- de proposition (en général, le Conseil de l'Union ne peut délibérer que sur proposition formelle de la Commission, « moteur de l'intégration ») ;
- d'exécution des décisions de l'Union ;
- de gardienne des traités. La Commission peut ainsi saisir la Cour de justice si elle estime qu'un État membre a manqué à une obligation qui lui incombe : c'est le « recours en manquement » prévu par l'article 226 CE.

La Commission n'est pas l'organe de décision de l'Union européenne, mais ses compétences vont au-delà d'un rôle de simple exécutant : elle incarne les intérêts supranationaux. Ayant autorité sur l'administration communautaire, elle est dans une position qui préfigure ce que pourrait être un futur gouvernement européen. L'évolution la plus récente (traités d'Amsterdam, de Nice et de Lisbonne) tend à la valorisation du président de la Commission.

↘ *Actes communautaires, Conseil (de l'Union européenne), Conseil européen, Parlement européen, Subsidiarité, Union européenne*

Cl. Blumann, L. Dubouis, *Droit institutionnel de l'Union européenne*, Lexisnexis, 2019 ; M. Gaillard, *L'Union européenne. Institutions et politiques*, La Documentation française, 2018.

Commission mixte paritaire

Composée de 7 députés et 7 sénateurs, désignés au sein des assemblées en tenant compte de la répartition des forces politiques, une commission mixte paritaire se réunit, à la demande du Premier ministre, ou des présidents des assemblées agissant conjointement pour une proposition de loi, pour tenter de trouver un compromis sur les dispositions restant en discussion d'un texte lorsque, à l'issue de deux lectures dans chaque assemblée, ou d'une seule en cas de procédure accélérée (anciennement appelée procédure d'urgence), les deux assemblées n'ont pu se mettre d'accord. Ce n'est qu'en cas d'échec de cette procédure de conciliation que le « dernier mot » peut être donné à l'Assemblée nationale (v. art. C. 45).

Si les chances de succès de la commission mixte paritaire sont tributaires du rapport des forces politiques entre les deux assemblées, l'efficacité de cette procédure sur le plan technique est avérée, pour autant que ne sont pas en cause des choix politiques majeurs.

↘ *Amendement, Navette, Procédure*

P. Avril, J. et J.-E. Gicquel, *Droit parlementaire*, Montchrestien, 2021 ; J.-P. Camby, *Le travail parlementaire sous la Ve République*, Montchrestien, 6e éd., 2021.

Commission nationale des comptes de campagne et des financements politiques

Instituée par la loi du 15 janvier 1990 (C. élect., art. L. 52-14 et L. 52-15), la Commission nationale des comptes de campagne et des financements politiques est composée de 9 membres venant, par tiers, du Conseil d'État, de la Cour de cassation et de la Cour des comptes. La Commission est destinataire des comptes de campagne établis par les candidats aux élections et a pour mission de les approuver ou, après procédure contradictoire, de les rejeter.

La Commission des comptes de campagne est une autorité administrative indépendante. Si le compte de campagne n'a pas été déposé dans le délai prescrit, s'il a été rejeté, ou s'il fait apparaître un dépassement du plafond des dépenses électorales, la Commission saisit le juge de l'élection (juge constitutionnel ou juge administratif selon les élections, nationales ou locales, en cause), et c'est ce juge, qui n'est pas lié par la position de la Commission, qui prononcera, le cas échéant, l'inéligibilité du candidat en faute (et l'annulation de l'élection s'il s'agit du candidat élu).

↘ *Autorité administrative indépendante, Compte de campagne, Financement des dépenses électorales, Transparence*

Code électoral, commenté et annoté par M. de Villiers, F. Potier et M. de Vendeuil, Lexisnexis, obs. et jurisprudence citée sous les art. L. 58-4 à L. 58-18 ; Rapports de la CNCCFP.

Commission parlementaire

Instrument privilégié du travail parlementaire, une commission est une formation restreinte et interne à l'assemblée dont elle reproduit habituellement la composition. Elle est chargée de préparer la délibération en séance publique de cette assemblée, que ce soit en matière législative (l'examen des projets et propositions de loi) ou en matière de contrôle du gouvernement et de l'administration (recueillir des informations, examiner des documents, examiner — et le cas échéant s'opposer à — une nomination). Le développement des commissions illustre le fait que les parlements modernes sont tous devenus peu ou prou des « parlements de travail » au moins autant que des « parlements de parole (ou de discours) » (Max Weber).

Il existe dans toute démocratie représentative plusieurs types de commissions parlementaires. Le droit constitutionnel français distingue les commissions permanentes dont le rôle est essentiel dans la procédure législative (art. C. 43, al. 1) ; les commissions spéciales, formée pour l'examen d'un texte législatif particulier (art. C. 43, al. 2), les commissions d'enquête, également temporaires, chargée de recueillir des informations sur un fait particulier (art. C. 51-2). Il existe enfin parfois, mais il s'agit d'une autre logique, des commissions communes aux deux assemblées d'un parlement bicaméral, notamment pour tenter d'harmoniser les désaccords entre les deux assemblées en matière législative. C'est le cas des commissions mixtes paritaires sous la Ve République. D'une manière générale, c'est en commission que se réalise l'essentiel du travail législatif des assemblées.

↘ *Commission mixte paritaire, Commission permanente, Commission d'enquête, Contrôle parlementaire, Nomination, Rapporteur*

Assemblée nationale, *Les commissions à l'Assemblée nationale*, Economica, 2000 ; P. Avril, J. et J.-E. Gicquel, *Droit parlementaire*, Montchrestien, 2021 ; J. Barthélémy, *Essai sur le travail parlementaire et le système des commissions*, Delagrave, 1934 ; J.-P. Camby, *Le travail parlementaire sous la Ve République*, Montchrestien, 2021.

Commission permanente

Commission parlementaire instituée pour toute la durée d'une législature dont les membres sont élus à la représentation proportionnelle des groupes et renouvelés chaque année. En France, leur nombre fut longtemps illimité (il y avait, sous les IIIe et IVe Républiques, en général une commission pour chaque département ministériel), signe de la tutelle étroite des assemblées sur l'Exécutif dans le régime de la « souveraineté parlementaire ». Il fut réduit drastiquement à 6 en 1958 (art. C. 43, al. 1er), illustration de la tendance à une rationalisation du travail parlementaire qui devait alléger l'emprise des chambres sur le gouvernement. La révision de 2008 a porté leur nombre maximum à 8 et renforcé leur rôle, déjà important, dans la procédure législative : désormais, la discussion en séance publique des projets et propositions de loi s'engagera, sauf exceptions (pour les projets de révision constitutionnelle, de loi de finances et de financement de la Sécurité sociale), sur la version du texte telle qu'elle résulte des délibérations de la commission permanente (et non plus, pour les projets, sur le texte présenté par le gouvernement) (art. C. 42, al. 1er). Ces commissions ne sont pas limitées au travail législatif ; elles concourent également, de diverses manières (par exemple, à travers l'audition de ministres), au contrôle de l'Exécutif et de l'administration.

P. Türk, *Les commissions parlementaires permanentes*, Dalloz, 2005.

Commission pour la transparence financière de la vie politique

➘ *Haute Autorité pour la transparence de la vie publique, Transparence*

Common law

Nom donné de façon générale au système de droit et à la culture juridique des pays de l'espace britannique ou ayant subi son influence.

1. Espace britannique

La *Common law* (dérivée du français médiéval *commune ley*) ou droit commun, est une synthèse des décisions rendues par les juges. La *Common law* a été dégagée en Angleterre par les juridictions royales dès le XIIe siècle à partir des coutumes locales qu'elle a progressivement remplacées. Elle est devenue un système de règles générales, permettant de juger toutes les situations, qu'elles soient — pour reprendre une terminologie habituelle de ce côté-ci de la Manche — de droit public ou de droit privé. Cependant la *Common law* ne rend pas compte de la totalité du droit anglais dans son processus historique de formation. Très vite est apparue une juridiction d'*equity*, assurée par le Chancelier de la Couronne : tout plaideur, qui n'obtient pas justice des cours royales, s'adresse directement au roi, « fontaine de justice », pour obtenir une décision en *equity*. Mais alors que l'*equity* exigerait que chaque cas soit examiné en particulier, le Chancelier (puis la Cour de Chancellerie) prit l'habitude de dégager des « règles d'*equity* » (ou *rules of equity*), d'où, dès le XVe siècle, une structure dualiste du droit : la *Common law*, et le complément représenté par ces *rules of equity*, structure dualiste que n'a pas supprimée la réunion en 1875 des Cours royales et de la Cour d'*equity* au sein de la *Supreme Cour of Judicature*.

Le droit anglais a donc été d'abord ce résultat du travail des cours qui l'ont créé en recherchant dans chaque espèce la solution raisonnable. Ce mode de formation du droit ne saurait cependant se comprendre sans rappeler l'importance du principe du « précédent », principe qui n'est rien d'autre que la reconnaissance de l'autorité des règles posées par les juridictions de rang égal ou supérieur dans des affaires semblables (ce qui permet au juge, en arguant de ce que l'espèce qui lui est soumise présente telle ou telle particularité, d'adapter la règle appliquée dans les affaires précédentes).

En Grande-Bretagne, comme dans tous les États modernes, l'activité législative du Parlement a connu un développement exponentiel, et le *statute law* (ou législation) a une place croissante dans le droit positif. Mais la *Common law* garde son importance, d'abord parce qu'elle représente un « fonds » dans lequel le juge va puiser pour résoudre les litiges qui lui sont soumis ; et ensuite parce qu'un certain nombre de règles sont d'origine purement jurisprudentielle. Ainsi en est-il de la plus grande partie des règles de procédure pénale, des techniques de protection des libertés publiques (comme l'*habeas corpus*), ou encore l'organisation de la responsabilité de l'administration. Toutes ces règles forment la matière de ce qu'on appelle en Grande-Bretagne *constitutional law*.

2. Espace américain

La *Common law* a été « transportée » sur différents territoires à mesure de l'édification d'un empire britannique (Australie, Canada, Indes et Afrique du Sud notamment). Ce fut le cas particulièrement sur le continent américain avec les premiers colons anglais qui s'installent en Virginie en 1607, mais son adoption ne s'est pas faite sans difficulté (v. A. Tunc, op. cit., p. 82). Devenus indépendants, les États-Unis d'Amérique ont adopté, en la transformant, la culture de *Common law*. La règle du précédent s'y retrouve également : le juge doit respecter les principes posés dans les décisions précédentes des juridictions supérieures du même ressort territorial (*stare decisis*). Cependant la règle du précédent ne jouit pas de la même autorité qu'en Grande-Bretagne en raison du très grand nombre de tribunaux et des jugements rendus, du risque de contradiction de jurisprudence, et de l'évolution économique et sociale. Malgré tout, le juge Cardozo peut écrire que « les précédents sont si nombreux qu'ils constituent le point de départ du travail du juge, dont le premier soin est, dans pratiquement tous les cas, de les étudier et de les comparer. Si le sens en est clair et s'ils conviennent à l'affaire, le magistrat en reste souvent là. En tout état de cause, l'application journalière de notre droit est fondée sur la doctrine du précédent » (cité par E. Allan Farnsworth). Ces données ne doivent pas être oubliées pour comprendre l'importance du *judicial review*, ou contrôle de constitutionnalité des lois aux États-Unis.

↘ *Constitution, Convention de la Constitution, Coutume, Habeas corpus, Jurisprudence, Stare decisis*

D. Baranger, *Écrire la Constitution non écrite. Une introduction au droit politique britannique*, PUF, 2008 ; E. Allan Farnsworth, *Introduction au système juridique des États-Unis*, LGDJ, 1986 ; R. David, *Le droit anglais*, PUF, coll. « Que sais-je ? » n° 1162, 1994 ; E. Picard, « *Common law* », in *Dictionnaire de la culture juridique*, PUF, 2003 ; A. Tunc, *Le droit des États-Unis*, PUF, coll. « Que sais-je ? » n° 1159, 1989.

Communauté

Association instituée par la Constitution de 1958 pour établir entre la République française et douze États africain et malgache, alors sous souveraineté française, des liens de nature fédérale (président commun à la République et à la Communauté, citoyenneté commune, politiques étrangère, monétaire et de défense commune...). Dès 1961, le choix de l'indépendance par les États africain et malgache a fait de la Communauté un cadre vide, mais ce n'est qu'en 1995 (révision du 4 août) que les articles de la Constitution l'instituant (C. 77 à C. 87) ont été abrogés.

Communauté(s) européenne(s)

↘ *Union européenne*

Commune

↘ *Collectivité territoriale*

Commune de Paris

Insurrection de 72 jours (du 18 mars au 28 mai 1871) qui, dans un contexte d'humiliation nationale après la défaite, exprime une revendication d'organisation politique répudiant les principes légués par la Révolution de 1789 et, en particulier, celui du mandat représentatif. La « Commune de Paris » (qui doit fournir un exemple pour les autres villes du pays) est appelée à s'administrer à partir d'organisations de base, de commissions et d'un Conseil général, la relation entre ces différents échelons étant fondée sur un mandat impératif et le droit de révocation des élus par leurs électeurs.

La répression, organisée à partir de Versailles par Thiers, chef du pouvoir exécutif (la République n'a pas alors de Constitution) sera systématique. Elle permettra de présenter la République comme un régime d'ordre. La Commune de Paris est à situer dans ce courant révolutionnaire de recherche d'une démocratie spontanée, absolue et directe qui, à intervalles réguliers (1793, 1848 et, d'une certaine façon encore en 1946), affleure dans l'histoire constitutionnelle française.

K. Marx, *La guerre civile en France 1871*, Éditions sociales, 1946.

Compétence

Aptitude juridique à prendre les actes correspondant à l'exercice d'une fonction gouvernementale, administrative, juridictionnelle ou d'un mandat électif.

La notion de compétence est fondamentale en droit public. Elle exprime cette idée que le pouvoir n'est pas la propriété de ceux qui l'exercent et permet d'imposer une limite à chaque détenteur du pouvoir en définissant les actes qu'il est habilité à prendre (« C'est une expérience éternelle que tout homme qui a dû pouvoir est porté à en abuser ; il va jusqu'à ce qu'il trouve des limites », Montesquieu). Elle est donc une des composantes essentielles de l'État de droit, en tant que supposant une hiérarchie des actes qui correspond à une hiérarchie des organes des pouvoirs publics ayant compétence pour prendre ces actes. Invoquer un « vice d'incompétence » sera toujours un des moyens les plus sûrs pour obtenir l'annulation par le juge d'un acte d'une autorité publique.

La répartition des compétences entre collectivités permet également de prendre une juste mesure de l'organisation de l'État, fédéral ou décentralisé.

Une compétence se définit en précisant, selon les cas :

- son bénéficiaire : il est classique de distinguer les compétences propres (ou pouvoirs propres) du président de la République (compétences qui se traduisent par des actes qu'il est seul à signer parce qu'il est seul à décider, ce qui ne veut pas dire qu'il dispose d'une pleine et entière liberté, v. par ex. en matière de référendum, art. C. 11), et les compétences qu'il partage avec le Premier ministre dont le contreseing devra donc figurer au bas des actes concernés (art. C. 19) ;
- son contenu (ou compétence *ratione materiae*) : si la compétence est générale, elle sera dite « de droit commun » ; si, à l'inverse, elle est limitée à certaines matières, elle sera dite « d'attribution ». C'est une telle compétence d'attribution que le Parlement reçoit de l'article C. 34 pour voter la loi (la jurisprudence du Conseil constitutionnel a cependant fortement atténué ce que cette définition de la compétence législative du Parlement pouvait avoir d'exagérément restrictif par rapport à la situation antérieure). De même le Xe amendement à la Constitution des États-Unis précise que les pouvoirs qui ne sont pas expressément accordés à la fédération sont réservés aux États qui ont ainsi une compétence de droit commun ;
- la partie du territoire sur laquelle elle s'exerce : compétence *ratione loci*. S'agissant des organes de l'État, c'est le territoire national, alors que la compétence des autorités administratives décentralisées — conseil municipal et maire par exemple — est limitée au territoire de la collectivité territoriale considérée ;
- la durée pendant laquelle elle peut s'exercer, qui correspondra à celle du mandat ou de la fonction confiés : compétence *ratione temporis ;*
- la marge de liberté de l'autorité bénéficiaire : une compétence est *liée* si la décision est imposée, *discrétionnaire* si elle est simplement possible (dans cette hypothèse, on parlera plutôt de pouvoir discrétionnaire). Cette dernière distinction vaut surtout pour le droit administratif. En droit constitutionnel, les compétences liées sont rares mais elles existent : ainsi en est-il de la compétence présidentielle de promulgation de la loi (art. C. 10). Encore faut-il noter que dans le délai de promulgation, le président peut demander au Parle-

ment une nouvelle délibération de la loi ou la déférer au Conseil constitutionnel ;

- la circonstance que les compétences qui mettent en œuvre le pouvoir politique soient dans le cas général des compétences discrétionnaires rend problématique un contrôle juridictionnel des décisions prises.

↘ *Acte, Acte de gouvernement, Constitutionnalité, Contreseing, Domaine de la loi, État de droit, État fédéral, Hiérarchie des normes, Légalité, Pouvoirs propres*

G. Jèze, « Essai d'une théorie générale de la compétence pour l'accomplissement des actes juridiques en droit français », *RD publ.* 1923. 58 ; AFDA, *La compétence*, Litec, 2008.

Compétence législative

↘ *Déclassement, Domaine de la loi, Loi*

Compétence réglementaire

↘ *Domaine de la loi, Pouvoir réglementaire*

Compte de campagne

Document que doit établir, et déposer dans les 2 mois de l'élection, tout candidat à une élection soumise à plafonnement des dépenses de campagne. Le compte de campagne doit comprendre toutes les recettes perçues au profit du candidat, quelle que soit leur origine (apport personnel, contributions des partis, sommes recueillies par le mandataire que le candidat a désigné), et toutes les dépenses engagées ou effectuées par le candidat, ou pour son compte, en vue de son élection. Ce compte, qui doit être obligatoirement en équilibre ou excédentaire, est adressé à la Commission des comptes de campagne et des financements politiques qui doit se prononcer sur chaque compte dans les 6 mois de leur dépôt. Le remboursement des dépenses (C. élect. art. L. 52-11-1) n'est possible qu'après l'approbation du compte, le juge de l'élection se prononçant en dernier ressort.

↘ *Commission nationale des comptes de campagne, Transparence financière de la vie politique*

Code électoral, commenté et annoté par M. de Villiers, F. Potier et M. de Vendeuil, Lexisnexis, obs. sous les art. L. 52-4 à L. 52-18.

Conclusions

1. En droit processuel, énoncé des prétentions des parties.
2. En contrôle de constitutionnalité des lois, en dehors de ce que signifie la saisine par elle-même — c'est-à-dire la demande que soit vérifiée la conformité de la loi à la Constitution — l'énoncé de telles conclusions est facultatif. Si, cependant, la saisine est motivée (ce qui est le cas habituel), le Conseil peut toujours soulever des conclusions d'office : il examine alors la constitutionnalité de dispositions non contestées par la saisine de la loi dont il est saisi. Il faut rappeler que le Conseil constitutionnel ne peut se saisir lui-même d'une loi, mais qu'étant saisi d'une loi par une des autorités ayant le droit de saisine, il est saisi

de toute la loi, et il lui est donc loisible de rechercher, et de prononcer, l'inconstitutionnalité de toute disposition de cette loi. Ainsi s'explique le « considérant-balai » qui précède immédiatement le dispositif de ses décisions : « Considérant qu'en l'espèce, il n'y a lieu pour le Conseil constitutionnel de soulever aucune question de conformité à la Constitution en ce qui concerne les autres dispositions de la loi soumise à son examen ».

↘ *Autosaisine, Moyen(s), Saisine*

Code constitutionnel, obs. sous l'art. C. 61.

Confédération

Groupement de deux ou plusieurs États dont chacun conserve sa pleine et entière souveraineté : contrairement à ce qui se passe quand est instituée une fédération, l'organisation de la confédération n'est pas un État et, au sein de la confédération, les décisions sont prises à l'unanimité. Le risque de paralysie est de ce fait très grand, et la confédération cède le plus souvent la place à une véritable fédération : ainsi naissent les États-Unis en 1787 après l'échec d'une première formule de confédération (articles de la Confédération, 1781), ou bien l'État fédéral suisse (révisions constitutionnelles de 1848 et 1874 ; dans ce dernier cas, l'appellation de Confédération helvétique est juridiquement malheureuse...). Mais il peut arriver qu'une confédération soit instituée pour conserver un minimum d'association à la dislocation d'un État fédéral (exemple de la Confédération des États indépendants — CEI — qui prend la suite de l'URSS en 1991).

↘ *État fédéral*

Conférence des présidents

Formation réunissant au sein de chacune des assemblées du Parlement le président de celle-ci, les vice-présidents, les présidents de commission, le rapporteur général de la commission des finances et les présidents des groupes parlementaires (chaque président de groupe disposant au sein de la conférence d'un nombre de voix égal au nombre des membres du groupe qu'il préside). La conférence des présidents, dont l'existence est désormais mentionnée dans la Constitution formelle (art. C. 39, al. 4) établit l'ordre du jour des séances sous la réserve de priorité reconnue au gouvernement (en application de l'article C. 48, al. 2 et 3), et organise les débats. Elle peut, dans une certaine mesure, s'opposer à l'inscription de projets de loi lorsqu'elle estime qu'ils ne respectent pas les conditions de présentation déterminées par une loi organique (notamment, selon la LO n° 2009-403 du 15 avril 2009, l'exposition des conséquences financières de la mesure proposée et son articulation avec le droit européen) ; en cas de désaccord avec le gouvernement, le Conseil constitutionnel peut être saisi et trancher le différend (art. C. 39, al. 4). En outre, les conférences des présidents des deux assemblées peuvent conjointement s'opposer à l'usage par le gouvernement de la procédure accélérée (art. C. 45, al. 2).

↘ *Ordre du jour, Procédure accélérée, Séance publique*

J.-P. Camby, *Le travail parlementaire sous la Ve République*, Montchrestien, 6e éd., 2021.

Confiance

1. Le mot « confiance » est un maître-mot de la démocratie représentative : élire un représentant, c'est lui faire confiance, ou plus exactement, selon l'expression d'André Hauriou, lui donner un « forfait de confiance », à valoir sur une période prédéterminée correspondant à un mandat. Les élus d'aujourd'hui parlent plus souvent de « contrat de confiance ». La formule a certes un sens politique que soulignent les pratiques des campagnes électorales modernes. Les élections présidentielles françaises en sont l'illustration, la légitimité que donne le peuple trouvant sa contrepartie dans les engagements pris par les candidats. Mais, s'agissant de l'exercice du mandat, la formule est juridiquement fausse : l'élection passée, l'élu est libre de ses choix. C'est vrai pour le parlementaire comme pour le président qui sont, l'un et l'autre, des représentants. Et c'est le retour devant les électeurs à la fin du mandat qui révélera si la confiance est renouvelée ou retirée.
2. Toujours dans la même logique, mais dans le cadre spécifique du régime parlementaire, et par opposition au régime présidentiel, la confiance est ce qui définit la relation qui unit le gouvernement et la majorité parlementaire qui le soutient. La question de confiance mais aussi la motion de censure sont les procédures qui permettent de vérifier la réalité de cette relation.
3. Par extension, l'expression a pu être utilisée pour qualifier la question que posait De Gaulle demandant au corps électoral d'approuver un texte soumis à référendum : dans ce cas, la vérification ne portait plus sur l'accord entre le chef du gouvernement et la majorité parlementaire, mais sur celui entre le chef de l'État et la majorité populaire. Si les successeurs du général de Gaulle se sont bien gardés d'engager leur mandat dans l'issue d'une consultation référendaire, un référendum perdu (comme celui du 29 mai 2005) ne peut pas ne pas affecter l'autorité présidentielle.

↘ *Démocratie, Immunité, Irresponsabilité, Mandat, Motion de censure, Parlementarisme rationalisé, Question de confiance, Régime parlementaire*

A. Hauriou, *Droit constitutionnel et institutions politiques*, Montchrestien, 5e éd., 1972, p. 638.

Conformité

➘ *Constitutionnalité*

Congrès

1. En France, nom donné à l'organe réunissant conjointement les deux assemblées du Parlement de la Vᵉ République, doté d'une double compétence :
   - il approuve, à la majorité des trois cinquièmes des suffrages exprimés, un projet de révision constitutionnelle préalablement adopté par chacune des deux chambres siégeant séparément. La décision de convoquer le Congrès, en remplacement d'un référendum, est prise par le président de la République, et a été habituelle sous la Vᵉ République pour toutes les révisions opérées dans le cadre de l'article C. 89 à l'exception de la révision relative au quinquennat (soumise au référendum le 24 septembre 2000). Si le texte de révision procède d'une proposition parlementaire, l'approbation ne peut se faire que par référendum ;
   - le Congrès peut en outre (depuis la révision constitutionnelle de 2008) être spécialement réuni pour écouter une déclaration du président de la République puis, hors la présence de celui-ci, débattre sur cette déclaration sans toutefois pouvoir émettre un vote (art. C. 18, al. 2). Une première application en a été faite par le président Sarkozy le 22 juin 2009.

   Quoique de composition identique, le Congrès du Parlement se distingue de la Haute Cour, compétente pour statuer sur la destitution du président de la République (art. C. 68), en ce que, contrairement à celle-ci, il est doté d'un règlement propre et se réunit uniquement sur convocation présidentielle.
2. Aux États-Unis, le Congrès est l'appellation du parlement bicaméral, composé de la Chambre des Représentants et du Sénat.

➘ *Déclaration présidentielle, Haute Cour, Message, Pouvoir constituant*

Conseil constitutionnel

Composé (outre les anciens présidents de la République, membres de droit) de 9 membres, nommés pour 9 ans par le président de la République et les présidents des deux assemblées à raison pour chacun d'une nomination tous les 3 ans, le Conseil constitutionnel est doté d'une compétence d'attribution : il « ne saurait être appelé à se prononcer au titre d'autres chefs de compétence que ceux qui sont expressément prévus par la Constitution ou la loi organique » (Cons. const., 23 sept. 1992). C'est ainsi que le Conseil statue, d'une part, sur la conformité à la Constitution des lois, organiques et ordinaires, des règlements des assemblées et des engagements internationaux (les articles C. 61 et C. 54 ayant été complétés en 2008 par l'article C. 61-1 qui organise la nouvelle procédure de la question prioritaire de constitutionnalité), d'autre part, sur la régularité des consultations électorales nationales (art. C. 58, 59 et 60), ainsi qu'en matière de statut des parlementaires (déchéance et démission d'office) et tranche certains différends entre le gouvernement et les assemblées dans la procédure législative (art. C. 39, al. 4 et 41, al. 2). Le Conseil constitutionnel est également donneur d'avis (art. C. 16, organisation des opérations de référendum), et joue un rôle important dans l'organisation de l'élection présidentielle.

Le Conseil constitutionnel est-il une juridiction ? Cette qualification lui a été souvent refusée ou contestée eu égard :

- aux modalités de nomination des membres du Conseil ;
- à l'organisation du contrôle de constitutionnalité de la loi qui, jusqu'à la révision de 2008, n'était possible que sur saisine d'autorités politiques, et avant la promulgation (le nouvel art. C. 61-1 modifie toutefois ces deux points) ;
- et, plus généralement, à la conception qui a pu longtemps paraître exclusive de son rôle de « régulateur de l'activité des pouvoirs publics » (expression utilisée par le Conseil lui-même dans sa décision du 6 nov. 1962).

Mais, dans le troisième alinéa de son article 62, la Constitution apporte un élément essentiel de réponse : « Les décisions du Conseil constitutionnel ne sont susceptibles d'aucun recours. Elles s'imposent aux pouvoirs publics et à toutes les autorités administratives et juridictionnelles ». Ce qui est jugé — mais seulement ce qui est jugé, c'est-à-dire ce qui est exprimé par le dispositif et « les motifs qui en sont le soutien nécessaire et en constituent le fondement même », n° 92-312 DC, 2 sept. 1992 — l'est définitivement et s'impose à tous. À défaut d'une qualification du Conseil constitutionnel par la Constitution elle-même, il faut déduire de l'article C. 62 que lorsque, sur habilitation de la Constitution, il rend une décision, le Conseil statue en tant que juridiction, ce qui explique que là où les textes ne prévoient pas une procédure contradictoire (c'est-à-dire en contentieux de la constitutionnalité), le Conseil a pris les dispositions pratiques pour que, dans les faits, elle se rapproche de ses exigences.

↘ *Autorité, Autosaisine, Constitution, Constitutionnalité, Contentieux constitutionnel, Contentieux électoral, Contrôle de constitutionnalité, Cour constitutionnelle, Décision, Juridiction, Justice constitutionnelle, Question prioritaire de constitutionnalité, Réserve d'interprétation, Saisine*

P. Avril, J. Gicquel, *Le Conseil constitutionnel*, Montchrestien, 6e éd., 2011 ; Conseil constitutionnel, *Le Conseil constitutionnel a quarante ans*, LGDJ, 1999 ;

L. Favoreu, L. Philip, *Le Conseil constitutionnel*, PUF, coll. « Que sais-je ? » n° 1724, 2005 ; O. Jouanjan, « Le Conseil constitutionnel est-il une institution libérale ? », *Droits* n° 43, 2006 ; « Modèles et représentations de la justice constitutionnelle en France », *Jus Politicum*, n° 1, 2009, p. 93 ; F. Luchaire, *Le Conseil constitutionnel*, Economica, t. 1, 2e éd., 1997 ; t. 2, 2e éd., 1998 ; t. 3, 2e éd., 1999 ; t. 4, 2006 ; « Le Conseil constitutionnel est-il une juridiction ? », *RD publ.* 1979. 27 ; M. Verpeaux et *alii*, *Droit constitutionnel. Les grandes décisions de la jurisprudence*, PUF, coll. « Thémis », 2e éd., 2017 ; « Le Conseil constitutionnel, gardien des libertés publiques ? », *Jus Politicum*, vol. IV, 2012 ; La revue *Les nouveaux cahiers du Conseil constitutionnel*, Titre VII, donne dans chacun de ses numéros un bilan de l'activité du Conseil.

Conseil de cabinet

↘ *Cabinet, Conseil des ministres*

Conseil de défense

Institution interne au pouvoir exécutif en matière de défense nationale largement entendue et plusieurs fois remaniée. L'art. C 15 mentionne « les conseils et comités supérieurs de défense », sans autre précision. Depuis 2009, l'art. L-1121 du Code de la défense l'intitule Conseil de défense et de sécurité nationale. Aux termes du décret n° 2009-1657 du 24 décembre 2009, il « définit les orientations en matière de programmation militaire, de dissuasion, de conduite des opérations extérieures, de planification des réponses aux crises majeures, de renseignement, de sécurité économique et énergétique, de programmation de sécurité intérieure concourant à la sécurité nationale et de lutte contre le terrorisme ». Présidé par le président de la République, il comprend le Premier ministre ainsi que plusieurs ministres. Il peut être réuni en formation restreinte ou spécialisée (par ex. pour le renseignement). C'est ainsi que de nombreux conseils de défense sanitaire ont siégé depuis 2020 pour définir les mesures destinées à gérer la crise sanitaire liée au covid-19.

↘ *Chef des armées, Force armée, Domaine réservé*

Th. Desmoulins, « La formalisation du présidentialisme sous la Cinquième République : le Conseil de défense et de sécurité nationale », *Jus Politicum*, n° 25, 2021.

Conseil de la République

Appellation donnée à la seconde assemblée du Parlement par la Constitution du 27 octobre 1946, suite au rejet, par le référendum du 5 mai 1946, d'un premier projet de Constitution la supprimant. Par rapport au Sénat de la IIIe République, le Conseil de la République se trouvait dans une situation très diminuée, mais une restauration se produira, d'abord avec la révision constitutionnelle de 1954 (qui rétablit la navette), et surtout en

1958 avec le Sénat de la Cinquième République.

↘ *Bicamérisme, Parlement, Sénat*

Conseil (de l'Union européenne)

Composé de représentants de rang ministériel des gouvernements des États membres, et susceptible de se réunir en différentes formations (affaires générales et relations extérieures, agriculture et pêche, etc.), le Conseil de l'Union européenne (renommé tout simplement le Conseil par le Traité de Lisbonne signé le 13 décembre 2007), exerce avec le Parlement européen les fonctions législative et budgétaire, et si c'est la Commission européenne qui a la compétence d'exécution des décisions du Conseil, celui-ci peut se réserver d'exercer directement cette compétence. Le Conseil est donc le principal (mais non exclusif) organe de décision du « triangle institutionnel » (comprenant également la Commission et le Parlement européen). La participation à l'exercice en commun des compétences communautaires (v. Titre XV de la Constitution de 1958, art. C. 88-1) se traduit au sein du Conseil par un droit de vote dont la portée est fonction du principe de décision retenu. Selon les cas, ce principe sera :

- la majorité simple pour les décisions de procédure ;
- la majorité qualifiée pour l'exercice de la majeure partie des compétences communautaires. Les modalités de calcul de la majorité qualifiée ont été à plusieurs reprises modifiées au fur et à mesure de l'adhésion de nouveaux pays. Selon le traité de Lisbonne, la majorité qualifiée s'établit à 55 % des membres du Conseil représentant quinze États réunissant au moins 65 % de la population de l'Union ;
- l'unanimité, notamment pour la révision des traités et l'adhésion de nouveaux membres mais aussi pour des politiques communautaires dans des domaines sensibles où les intérêts nationaux pèsent d'un poids particulier (immigration, fiscalité...), circonstance aggravée par la dispersion de ces intérêts.

La répartition des domaines entre les deux modes de décision, unanimité ou majorité qualifiée, est le test, qui manifeste le respect ou le dépassement des conditions traditionnelles d'exercice de la souveraineté nationale.

↘ *Commission européenne, Conseil européen, Parlement européen, Subsidiarité, Union européenne*

Cl. Blumann, L. Dubouis, *Droit institutionnel de l'Union européenne*, Lexisnexis, 2019 ; M. Gaillard, *L'Union européenne. Institutions et politiques*, La Documentation française, 2018.

Conseil des ministres

Formation réunissant, sur convocation et sous la présidence du chef de l'État — ce qui est rare dans un régime à structure parlementaire mais il en était déjà ainsi sous les IIIe et IVe Républiques — tous les membres du gouvernement ayant rang de ministre (dans la pratique récente de la Ve République, un secrétaire d'État n'y est convoqué que si un point de l'ordre du jour le concerne). Le conseil des ministres est la seule formation officielle du gouvernement. Si le Premier ministre réunit, hors la présence du chef de l'État — et la nécessité peut s'en faire sentir en période de cohabitation — tous ses ministres pour des réunions de travail, on parlera de *conseil de cabinet*. L'ordre du jour du conseil des ministres est préparé par le secrétariat général du gouvernement mais il est signé par le chef de l'État qui peut ainsi refuser l'inscription de tel ou tel projet de loi, d'ordonnance ou de décret. Le Premier ministre ne peut présider un conseil des ministres que sur délégation expresse du président de la République et pour un ordre du jour déterminé (art. C. 21, dernier al.).

Le conseil des ministres est un organe important des institutions pour deux raisons.

- D'une part, le conseil des ministres exprime la collégialité gouvernementale. Il ne faut cependant pas attendre d'une seule réunion hebdomadaire d'une trentaine de personnes que les décisions exprimant la politique de la nation (art. C. 20 : « Le gouvernement détermine et conduit la politique de la nation ») soient réellement prises en collège. La préparation du Conseil compte finalement plus que le Conseil lui-même.
- Mais d'autre part le Conseil est un point de passage obligé pour un certain nombre de décisions (v. art. C. 13, 36, 38, 39 et 49). Et on notera qu'une décision n'est pas prise *par* le conseil des ministres, mais *en* conseil des ministres, et ce n'est que l'acte signé par le président de la République et le Premier ministre qui produira des effets de droit.

↘ *Collégialité, Gouvernement, Secrétariat général du gouvernement*

J. Fournier, *Le travail gouvernemental*, Dalloz, 1987.

Conseil d'État

Héritier lointain du Conseil du Roi de l'Ancien Régime, le Conseil d'État a été institué par Bonaparte en 1799 pour « rédiger les projets de lois et les règlements d'administration publique », et « résoudre les difficultés qui s'élèvent en matière administrative » (Constitution de l'an VIII, art. 52). Sur ce second point, il faut rappeler que la loi des 16 et 24 août 1790 avait interdit aux tribunaux judiciaires « de troubler de quelque manière que ce soit les opérations des corps administratifs ni citer devant eux les administrateurs pour raison de leurs fonctions ». C'est ce qui explique que le Conseil d'État ait reçu la mission de conseiller l'exécutif dans la préparation des décisions de règlement des affaires contentieuses mettant en cause l'administration. Ainsi fonctionne le Conseil d'État jusqu'à ce que, le chef de l'État n'ayant jamais refusé son approbation à un projet de décision, il devienne une véritable juridiction administrative (loi du 24 août 1872 qui « délègue » au Conseil d'État la justice administrative, exercée avec, aujourd'hui, le concours de tribunaux administratifs et cours administratives d'appel).

Cette histoire explique la dualité des fonctions, consultative et juridictionnelle, du Conseil d'État, dont les membres, recrutés par voie de concours avec l'appoint d'un tour extérieur, bénéficient d'une indépendance incontestable et reconnue. Le principe de l'indépendance des juridictions administratives a d'ailleurs été consacré par le Conseil constitutionnel comme « principe fondamental reconnu par les lois de la République » (déc. du 22 juill. 1980), consécration qui fait bénéficier les juridictions de l'ordre administratif de la même protection constitutionnelle que celle que les juridictions de l'ordre judiciaire tirent de l'article C. 64.

Au regard de ce statut fortement ancré dans l'histoire du Conseil d'État, la révision constitutionnelle du 23 juillet 2008 a innové en prévoyant l'hypothèse que le président d'une assemblée parlementaire pourrait lui soumettre pour avis une proposition de loi déposée par l'un de ses membres, sauf si ce dernier s'y oppose (art. C. 39, dernier al.).

➘ *Autorité judiciaire, Avis, Consulat, Juridiction*

Cons. const., n° 80-119 DC, 22 juill. 1980, *Rec. Cons. const.* p. 46, *GDCC* n° 7.

J. Massot (dir.), *Le Conseil d'État de l'An VIII à nos jours*, A. Biro, 1999 ; Y. Robineau, D. Truchet, *Le Conseil d'État*, PUF, coll. « Que sais-je ? » n° 2855, PUF, 2e éd., 2002 ; J.-L. Warsmann, AN, Rapport n° 2095, 2009.

Conseil économique, social et environnemental

Assemblée représentative des grandes activités du pays dont les membres sont désignés, soit par les organisations professionnelles les plus représentatives, soit par l'exécutif, le Conseil économique, social et environnemental (« environnemental » a été ajouté par la révision constitutionnelle du 23 juillet 2008) est un donneur d'avis, soit sur saisine du gouvernement ou du Parlement (art. C. 70), soit par voie de pétition (art. C. 69, al. 3), soit encore sur autosaisine.

Si le projet de loi soumis à référendum le 27 avril 1969 par le général de Gaulle avait été adopté par le corps électoral, le Conseil économique et social aurait été fusionné avec le Sénat, mais au prix d'une perte par celui-ci de son pouvoir de voter la loi. Mais, comme lors du référendum du 5 mai 1946, le corps électoral refusa que le pouvoir législatif soit remis à une seule assemblée. La question de sa réforme reste toutefois posée ; il a notamment été question de le transformer en « Conseil de la participation citoyenne » en 2019.

➘ *Bicamérisme, Sénat*

P. Bodineau, *Les Conseils économiques et sociaux*, PUF, coll. « Que sais-je ? » n° 2836, 1994.

Conseil européen

Réunion des chefs d'État ou de gouvernement de l'Union européenne qui en constitue l'organe politique suprême, et dont la présidence est assurée par une personnalité choisie en dehors des membres du Conseil et élue pour un mandat de deux ans et demi renouvelable une fois, ceci depuis le traité de Lisbonne qui a ainsi mis fin au système de la présidence tournante tous les 6 mois. Le Conseil européen « donne les impulsions nécessaires » au développement de l'Union et « en définit les orientations et les priorités politiques générales » (art. 15 TUE). Le Conseil européen n'est donc pas un organe de décision au sens juridique de l'expression, mais la logique politique de l'institution fait que les arbitrages rendus sont strictement respectés.

➘ *Conseil (de l'Union européenne)*

Conseil interministériel

Réunion restreinte, sous la présidence du président de la République (et non du premier ministre comme pour les comités interministériels), de certains ministres, secrétaires d'État et hauts fonctionnaires sur un sujet déterminé. On l'appelle parfois aussi Conseil restreint. Il s'agit donc d'une instance de travail interne au pouvoir exécutif, manifestant sous la Ve République le caractère « présidentialiste » du système de gouvernement. Les conseils interministériels peuvent revêtir un caractère permanent (ainsi des conseils de défense, art. C. 15) ou bien se tenir au gré des nécessités (crise internationale ou interne).

➘ *Collégialité, Comité interministériel, Conseil des ministres*

Conseil supérieur de la magistrature

Organisme placé auprès du président de la République pour l'assister dans sa mission de garant de l'indépendance de l'autorité judiciaire, le Conseil supérieur de la magistrature est composé de deux formations compétentes, l'une à l'égard des magistrats du siège, l'autre à l'égard des magistrats du parquet, chacune comprenant depuis la révision constitutionnelle du 23 juillet 2008 six magistrats (5 du siège et un du parquet pour la première, la proportion étant inverse pour la seconde) un conseiller d'État, un avocat et 6 personnalités qualifiées (au lieu de 3 auparavant) nommées par le président de la République, le président de l'Assemblée nationale et celui du Sénat. Ces deux formations sont présidées par le magistrat le plus élevé de chacune des deux hiérarchies (le premier président de la Cour de cassation, qui préside également la formation plénière du CSM, et le procureur général près la Cour de cassation). De 1958 à 2008, le CSM était présidé, dans ses deux formations, par le chef de l'État. Logique dans l'esprit de la fonction arbitrale du président telle que celle-ci était conçue en 1958, cette attribution présidentielle s'accommodait de plus en plus difficilement du rôle joué par le président dans la direction de l'exécutif et faisait l'objet de critiques répétées.

Le CSM participe, selon des modalités variables, au pouvoir de nomination des magistrats : propositions pour les nominations des magistrats du siège à la Cour de cassation, de premier président de cour d'appel et de président de tribunal de grande instance, avis conforme pour les nominations des autres magistrats du siège ; simple avis pour les nominations des magistrats du parquet. Il exerce également des attributions disciplinaires (pouvoir de décision ou donneur d'avis selon que sont concernés des magistrats du siège ou du parquet).

Le CSM peut également se réunir en formation plénière pour répondre aux demandes d'avis formulées par le président de la République et il peut être saisi, innovation de la révision 2008, par un justiciable.

↘ *Autorité judiciaire, Inamovibilité*

Consensus

« Acte par lequel quelqu'un donne à une décision dont un autre a eu l'initiative l'adhésion personnelle nécessaire pour passer à l'exécution » (P. Foulquié, *Dictionnaire de la langue philosophique*, PUF). Mais quelle application peut-on faire de la recherche du consensus quand c'est une assemblée qui doit décider ? Dans toute procédure de décision collective, c'est le vote qui permet de savoir quelle est la décision. Mais précisément, le consensus ne saurait être l'expression d'un vote majoritaire qui, comme l'expression l'indique, dégage une majorité et une opposition. Ainsi voit-on surgir une autre définition selon laquelle le consensus est une procédure « qui consiste à dégager un accord sans procéder à un vote formel, ce qui évite de faire apparaître les objections et les abstentions » (Larousse en cinq volumes). Si la décision majoritaire fait courir le risque de la « tyrannie de la majorité » (A. de Tocqueville), la recherche systématique du consensus fait courir le risque d'aboutir, par élimination de ce qui fâche et ajout de ce qui fait plaisir, à des compromis manquant de cohérence. Ce qui explique que les Constitutions ignorent justement ce mode de décision… à l'exception du traité établissant une Constitution pour l'Europe — dont la France a refusé la ratification — qui y faisait référence, notamment en ce qui concerne la procédure de révision du traité (art. IV-443).

Consentement à l'impôt

↘ *Impôt*

Considérant

Ainsi commencent, après les visas qui indiquent les textes de référence de la décision, et avant le dispositif dans lequel la décision est formulée, les paragraphes dans lesquels le Conseil constitutionnel développe les motifs permettant de répondre à la question de constitutionnalité posée : reprise des conclusions et moyens développés (le cas échéant mais le plus souvent) par la saisine, citation et, si nécessaire, interprétation des dispositions constitutionnelles applicables, rapport de la disposition législative contestée à la norme constitutionnelle et, enfin, déclaration de conformité ou de non-conformité, totale ou partielle, éventuellement assortie de réserves d'interprétation. Cette conclusion est ensuite reprise dans le dispositif (avec, mais ce n'est pas automatique, le rappel des réserves).

Le Conseil constitutionnel a précisé à plusieurs reprises que l'autorité de ses décisions s'attache « non seulement à leur dispositif mais aussi aux motifs qui en sont le soutien nécessaire et en constituent le fondement même ».

↘ *Article, Conclusions, Conseil constitutionnel, Décision, Juridiction, Moyen(s), Réserve d'interprétation, Saisine*

Cons. const., n° 62-18 L, 16 janv. 1962, *GDCC* n° 13 ; n° 2000-1 LP, 27 janv. 2000, *GDCC* n° 41, 15e éd., 2009.

Constitution

La notion qui a donné son nom à la discipline du « droit constitutionnel » est polysémique et peut être appréhendée de diverses manières, qu'il convient d'utiliser de concert.

1. Constitution factuelle

Historiquement, en premier lieu, la constitution a d'abord désigné un certain état de fait, un ensemble d'agencements et de relations par lesquels s'exerçait une domination au sein d'une collectivité humaine quelconque. De ce point de vue, il n'y a pas de société, grande ou petite, publique ou privée, qui n'ait une forme d'organisation de son autorité interne (par exemple, la manière dont ses dirigeants accèdent au pouvoir). On sait ainsi ce que les techniques constitutionnelles et électorales doivent aux pratiques très anciennes des ordres religieux. Essentiellement descriptive, cette notion renvoie à un certain type d'ordre au sein d'un corps politique. De toutes les sociétés, celle qui a donné ses lettres de noblesse au droit constitutionnel est la société politique organisée sous la forme de l'État moderne, apparu en Europe à partir du XVIe siècle. La constitution apparaît alors comme la façon dont l'État est effectivement gouverné. On peut, par extension, qualifier la constitution ainsi comprise de

« système politique » ou encore de « constitution réelle ».

2. Constitution normative

Dans une deuxième approche, la constitution renvoie à l'idée de contrainte, d'obligation. Elle ne désigne plus exclusivement un état de fait mais un certain ordre qui doit être, qui est censé se produire (même si cela ne correspond pas tout à fait à la réalité). Elle fait alors plus intimement corps avec l'idée de droit, de normativité. Ainsi comprise, la constitution est un ensemble d'institutions et de règles, ces dernières étant principalement (mais non exclusivement) juridiques, écrites ou non, qui prétendent poser un certain type d'organisation politique, énoncer des principes la structurant, aménager les institutions, prescrire des obligations et des procédures. Cette conception repose en grande partie sur l'idée de volonté. Cette idée permet d'imputer le caractère obligatoire d'une constitution. Cette volonté peut être très évanescente ou très implicite, notamment lorsque la constitution est vue comme un legs de l'histoire.

Ainsi pour une constitution dite « coutumière » comme ce fut longtemps le cas de la Grande-Bretagne : œuvre du temps, façonnée par les traditions, elle n'en comportait pas moins dès le début des aspects contraignants pour les gouvernants puisque les coutumes sont de véritables règles de droit, sanctionnées par les tribunaux. Avec le temps, elle s'est enrichie de *Statutes*, c'est-à-dire de lois écrites votées par le Parlement, de plus en plus nombreuses depuis le XIXe siècle, sans oublier les *Standing Orders* (règles écrites internes au Parlement). À ces règles s'ajoutent les « conventions de la constitution », c'est-à-dire des règles politiques non écrites, fixant les usages et précisant la façon dont les organes doivent exercer leurs compétences. Bien que non codifiée dans un document unique, la Constitution du Royaume-Uni d'aujourd'hui, tout en n'étant plus purement coutumière, n'en existe pas moins comme constitution normative composite.

Au contraire, la volonté peut être plus explicite et exprimée de façon solennelle. Il était ainsi fréquent, jadis, que la constitution d'un État repose sur un pacte ou un contrat (par exemple, entre le monarque et le peuple ou ses représentants). À l'époque moderne, la constitution est le plus souvent réputée être l'expression de la volonté unique d'un souverain : il en ira ainsi notamment lorsque des monarques, au XIXe siècle, ont octroyé à leurs sujets un texte constitutionnel (qualifié de Charte comme en France en 1814) ; en démocratie, c'est le peuple qui sera réputé avoir « voulu » la constitution que l'on peut appeler le pouvoir constituant. La souveraineté, quel que soit son titulaire, signifie d'abord la détention du pouvoir constituant.

3. Constitution écrite

Divers courants de pensée (notamment le protestantisme, le rationalisme et une certaine pensée démocratique) ont convergé, à partir du XVIe siècle, pour privilégier la mise sous forme écrite des règles constitutionnelles auxquelles on souhaitait donner un caractère obligatoire.

L'expérience américaine est ici particulièrement importante : elle a développé l'idée qu'une constitution devait être écrite et même consignée dans un document solennel (on parle aussi de « constitution codifiée »). C'est ainsi que dès leur fondation au XVIIe siècle, les colonies d'Amérique du Nord puis, en 1787, les États-Unis d'Amérique eux-mêmes, se dotent de constitutions écrites. À partir de 1789, cette idée est reprise en France et va progressivement gagner la plus grande partie de l'Europe puis du reste du monde aux siècles suivants. Aujourd'hui, dans chaque État, de très nombreuses règles constitutionnelles sont écrites et codifiées. Mais elles n'épuisent pas le sens du concept de constitution.

4. Constitution matérielle et constitution formelle

- Au sens matériel, c'est-à-dire envisagée sous l'angle de sa matière, de son contenu, la constitution désigne l'ensemble des règles juridiques selon lesquelles les gouvernants exercent l'autorité au nom de l'État. Il est délicat de déterminer très précisément le périmètre d'une constitution matérielle. On considère généralement qu'elle inclut les règles gouvernant les institutions politiques ainsi que, dans l'esprit du constitutionnalisme libéral moderne, les droits et libertés essentiels reconnus aux individus (droits de l'Homme, droits fondamentaux). Ces règles peuvent avoir un statut très différent : être écrites ou non, avoir une valeur juridique différenciée (certaines seront juridiquement supérieures à d'autres). Tout État moderne possède une constitution au sens matériel.
- Au sens formel (c'est-à-dire envisagée sous l'angle de sa forme), en revanche, la constitution désigne un acte écrit consigné dans un document solennel en principe unique (la Constitution fédérale américaine et la Constitution française actuelle en sont deux exemples ; en revanche, la Constitution du Royaume-Uni n'est pas formelle, comme on l'a vu, mais composite). Ce document peut porter des noms divers : « constitution », « charte », comme en France en 1814, « statut », ou encore « loi fondamentale », comme en Allemagne depuis 1949. Certains cas sont moins nets : ainsi, la « Constitution » de la IIIe République française se composait de trois « lois »

(écrites) distinctes, l'une « relative à l'organisation des pouvoirs publics », une autre « relative à l'organisation du Sénat », la dernière « sur les rapports entre pouvoirs publics ». De même, Israël ne possède pas un document unique appelé constitution mais plusieurs « lois fondamentales » écrites adoptées à des dates différentes et réglant des sujets différents (l'organisation du Parlement, le président de l'État, le gouvernement, le budget de l'État, la justice, etc.). Dans la France de la Ve République, le « bloc de constitutionnalité » a peu à peu débordé très largement la Constitution formelle promulguée le 4 octobre 1958.

La constitution matérielle et la constitution formelle se correspondent dans une très large mesure. Toutefois, il n'y a jamais identité totale entre elles : outre l'existence des règles non écrites, de nombreuses règles écrites matériellement constitutionnelles sont placées en dehors de la constitution formelle (ainsi, par exemple, les règles relatives à l'élection des députés et sénateurs en France sont consignées dans des lois organiques et ordinaires). À l'inverse, il arrive que soient intégrées dans une constitution formelle des dispositions dont l'objet n'est manifestement pas constitutionnel. Ainsi, par exemple, la Constitution fédérale suisse de 1874 contenait-elle depuis 1893 un article interdisant de « saigner les animaux de boucherie sans les avoir étourdis préalablement ». Depuis 2009, son art. 72 énonce que « la construction de minarets est interdite ». La tendance contemporaine est de multiplier les dispositions de détail dans les constitutions écrites, même si leur objet n'est pas toujours matériellement constitutionnel.

5. Constitution souple (ou flexible) et constitution rigide

Il convient de souligner que, contrairement à une erreur répandue, la constitution formelle ne possède pas toujours une valeur juridique supérieure aux autres règles de droit dans un ordre juridique donné. Certaines constitutions formelles peuvent être qualifiées de « souples » (ou « flexibles »), parce qu'une simple loi suffit en principe à les modifier. Tel était par exemple le cas des Chartes constitutionnelles françaises de 1814 et 1830, ou encore du Statut Albertin italien de 1848. À l'inverse, sont qualifiées de « rigides » les constitutions qui ne peuvent être modifiées que par une loi spéciale, adoptée selon des exigences différentes de celles imposées aux lois ordinaires (on parle alors de loi constitutionnelle au sens formel). Ce type de constitution est le plus répandu aujourd'hui dans le monde. (Il existe quelques cas, rares, de pays dans lesquels la constitution est essentiellement souple, mais comporte certaines dispositions « rigides », comme en Nouvelle-Zélande). L'idée fondamentale des constitutions rigides est la volonté de faire échapper les règles essentielles d'un État aux caprices des gouvernants d'un jour. Elle vise à donner un caractère suprême aux principes et règles « voulus » par le pouvoir constituant (originel ou dérivé). On considérait naguère qu'un système de « balance des pouvoirs » suffisait à assurer celui-ci. Puis s'est peu à peu imposée l'idée que cette primauté pouvait être mieux assurée par un contrôle juridictionnel de constitutionnalité des actes (en particulier des lois) qui s'est développé dans un grand nombre de pays au XXe siècle.

Mais le degré de « rigidité » peut varier considérablement. La procédure de révision de la Constitution fédérale des États-Unis est ainsi particulièrement lourde. Quoique moins complexe, celle de la Constitution française de 1958 l'est également (art. C. 89). En revanche, la Loi fondamentale allemande de 1949 impose seulement une loi parlementaire adoptée à la majorité qualifiée des deux tiers des voix dans chacune des deux chambres du Parlement. Compte tenu de cette diversité, on pourrait, par exemple, distinguer parmi les constitutions rigides, celles dont la modification suppose obligatoirement l'intervention du peuple dans le processus (soit par un référendum obligatoire, comme en Suisse ou au Danemark, soit par de nouvelles élections parlementaires, comme aux Pays-Bas ou en Finlande), ou bien son intervention facultative (par ex. France et Italie) et celles pour lesquelles la révision est exclusivement opérée par les organes représentatifs constitués, même si les exigences requises sont modifiées par rapport à la procédure législative ordinaire (par ex. Allemagne, Portugal).

Il arrive enfin que des lois constitutionnelles formelles soient votées sans être placées dans la constitution formelle rigide (cela est très fréquent, par exemple, en Autriche ou au Canada).

6. L'ordre constitutionnel

Une constitution ne se réduit jamais complètement à sa forme, au statut technique de ses dispositions. Même s'il existe un document écrit solennel censé regrouper les principales règles d'organisation du pouvoir, il doit toujours être complété par d'autres éléments :

- les textes secondaires (par ex. en France, les lois organiques, les règlements des assemblées et même des lois ordinaires comme la loi fixant le mode de scrutin pour l'élection des députés) ;
- les règles non écrites, soit strictement juridiques (les coutumes), soit institutionnelles ou politiques (les conventions), ainsi d'autre part que les pratiques, usages et comportements plus ou moins stables des

acteurs constitutionnels c'est-à-dire l'application qui est faite des règles ou bien qui les complètent : ce sont ces éléments qui révèlent le vrai visage d'une constitution, lui donnent son sens concret et son effectivité. La question du statut juridique de ces règles et pratiques est l'une des questions les plus délicates qui se posent en droit constitutionnel ;

- les décisions de la jurisprudence. Qu'il s'agisse, selon les cas, des décisions d'un juge ordinaire ou bien d'un juge spécialisé dans la protection des règles constitutionnelles, on peut constater que la jurisprudence constitutionnelle modifie, de façon très substantielle, le contenu et la signification des règles écrites des constitutions. En dégageant des principes non écrits ou bien en interprétant des dispositions écrites, la jurisprudence constitue aujourd'hui une source de plus en plus importante du droit constitutionnel positif.

En somme, pour appréhender utilement le phénomène constitutionnel, on peut considérer qu'une constitution s'apparente sans doute davantage à un « ordre constitutionnel » complexe, qu'à une norme suprême. En tout état de cause, loin d'être statique (même lorsque prédomine essentiellement l'écrit), la constitution ainsi entendue fait l'objet d'un travail continuel de redéfinition par les acteurs du jeu constitutionnel, attestant par là que le droit constitutionnel est marqué par une dynamique particulière et constitue un droit irréductiblement politique.

➘ *Bloc de constitutionnalité, Charte, Common law, Constitutionnalisation, Constitutionnalisme, Constitutionnalité, Constitutions de la France, Contrôle de constitutionnalité, Convention de la constitution, Coup d'État, Coutume, Déclaration des droits, Droit constitutionnel, Institution, Hiérarchie des normes, Loi fondamentale, Loi organique, Norme, Ordre constitutionnel, Pouvoir constituant, Pouvoir de révision, Préambule, Quatrième République, Régime parlementaire, Règlement d'assemblée, République, Supraconstitutionnalité, Tradition républicaine*

P. Avril, « La Constitution : Lazare ou Janus ? », *RD publ.* 1990. 949 ; P. Bastid, *L'idée de Constitution*, Economica, 1985 ; O. Beaud, « Constitution et droit constitutionnel », in *Dictionnaire de la culture juridique*, PUF, 2003 ; « Constitution et constitutionnalisme », in *Dictionnaire de philosophie politique*, PUF, 2003 ; G. Burdeau, « Une survivance : la notion de Constitution », in *Mélanges A. Mestre*, Sirey, 1956 ; M. Hauriou, *Précis de droit constitutionnel*, CNRS, 1965, p. 242-292 ; J. Hummel, *Essai sur la destinée de l'art constitutionnel*, M. Houdiard, 2010 ; A. Le Divellec, « Un ordre constitutionnel confus », in *Les 50 ans de la Constitution*, Litec, 2008, p. 147 ; « De quelques facettes du concept juridique de constitution. Essai de clarification sémantique », in *Mélanges E. Zoller*, Dalloz, 2018 ; « Constitution juridique, système de gouvernement et système politique », in *Mélanges H. Portelli*, Dalloz, 2018 ; J. Rossetto, *Recherche sur la notion de constitution et l'évolution des régimes constitutionnels*, I.F.J.D., 2020 ; C. Schmitt, *Théorie de la Constitution*, PUF, 1993 ; M. Troper, L. Jaume (dir.), *1789 et l'invention de la Constitution*, Bruylant-LGDJ, 1994 ; M. Troper, D. Chagnollaud (dir.), *Traité international de droit constitutionnel*, Dalloz, 3 vol., 2012 ; dossier « Constitutions écrites dans l'histoire », *Jus Politicum*, vol. V, 2013 (et n° 9 en ligne).

Constitution Grévy

↘ *Troisième République*

Constitutionnalisation

« Processus jurisprudentiel d'accumulation de normes constitutionnelles et de diffusion de ces normes dans l'ordre juridique » (L. Favoreu).

Analysé et systématisé par la doctrine depuis que s'est constitué un très important corpus de jurisprudence constitutionnelle, ce processus donne lieu, quant à l'appréciation de sa portée, à des prises de position divergentes. Pour L. Favoreu, la constitutionnalisation du droit conduirait à relativiser, et peut-être même à terme à effacer, au profit du droit constitutionnel, la distinction entre les différentes branches du droit, les normes constitutionnelles devenant progressivement « le fondement commun des différentes branches du droit ». Pour le doyen Vedel, il ne faudrait pas confondre suprématie de la Constitution et suprématie du droit constitutionnel. Selon le doyen, « la seule exigence d'un ordre juridique unifié par la Constitution est que le ou les juges compétents excluent de cet ordre les normes venues du droit civil, du droit pénal, etc., contraires à une norme de rang constitutionnel ».

↘ *Constitution, Constitutionnalité, Contrôle de constitutionnalité, Libertés publiques*

L. Favoreu, « La constitutionnalisation du droit », in *Mélanges R. Drago*, Economica, 1996 ; B. Mathieu, M. Verpeaux (dir.), *La constitutionnalisation des branches du droit*, Economica, 1999 ; G. Vedel, « L'unité du droit : aspects généraux et théoriques », in *Mélanges R. Drago*, Economica, 1996.

Constitutionnalisme

Ce terme, d'usage traditionnel, désigne le mouvement historique d'apparition des constitutions, et définit la signification d'une constitution comme technique de limitation du pouvoir. Il définit par conséquent une certaine philosophie du droit constitutionnel des origines, philosophie qui se veut libérale et que, dans la fidélité aux enseignements de Montesquieu, le constituant de 1789 a parfaitement exprimée dans l'article 16 de la Déclaration des droits de l'Homme : « Toute société dans laquelle la garantie des droits n'est pas assurée, ni la séparation des pouvoirs déterminée, n'a point de constitution ».

Cette signification libérale a pu donner l'impression de passer au second plan avec le triomphe contemporain des principes démocratiques : comment affirmer simultanément que « la volonté générale est toujours droite » (J.-J. Rousseau) et que cependant il faudrait la limiter ? Que le peuple est souverain, mais que ses représentants sont faillibles et que les décisions qu'ils prennent peuvent être oppressives parce que, en transposant légèrement la phrase célèbre de Montesquieu, toute majorité qui a du pouvoir est portée à en abuser ? Le XXe siècle a vu par ailleurs l'utilisation qui pouvait être faite du suffrage universel pour organiser, et camoufler, de véritables dictatures.

L'esprit du constitutionnalisme a été ainsi redécouvert. L'apparition, dans de très nombreux pays, de juridictions constitutionnelles qui peuvent être saisies pour obtenir le respect de la Constitution en est le signe le plus tangible. Dans une décision du 23 août 1985, le Conseil constitutionnel dira d'ailleurs que « la loi votée [...] n'exprime la volonté générale que dans le respect de la Constitution ». En ce sens, le constitutionnalisme consiste, en ce début du XXIe siècle, à opposer la démocratie constitutionnelle à la démocratie absolue, comme il consistait, à la fin du XVIIIe, à opposer la monarchie constitutionnelle à la monarchie absolue.

➘ *Balance des pouvoirs, Conseil constitutionnel, Constitution, Contrôle de constitutionnalité, Déclaration des droits, État de droit, Séparation des pouvoirs*

O. Beaud, « Constitution et constitutionnalisme », in *Dictionnaire de philosophie politique*, PUF, 2003 ; P. Raynaud, « Constitutionnalisme », in *Dictionnaire de la culture juridique*, PUF, 2003 ; C.-J. Friedrich, *La démocratie constitutionnelle*, trad. française, PUF, 1958 ; D. Lacorne, *L'invention de la République : le modèle américain*, Hachette, 1991 ; J.-L. Seurin, *Le constitutionnalisme aujourd'hui*, Economica, 1984.

Constitutionnalité (Principe de)

1. Le principe de constitutionnalité, expression forgée par analogie avec celle de *principe de légalité*, traduit, à l'époque contemporaine, la normativité, autrement dit le caractère juridiquement obligatoire d'une constitution (en général une constitution écrite et rigide). Il procède donc essentiellement d'une conception normative du droit, traduite couramment par l'idée de hiérarchie des normes. Dès lors, ce principe signifie que « seule une loi constitutionnelle peut déroger à une loi constitutionnelle » (C. Eisenmann).
2. Le constitutionnalisme moderne tend à multiplier les contrôles de type juridictionnel afin de garantir le respect de la constitution (au sens large ou étroit) par les normes dites inférieures (lois organiques, lois ordinaires, règlements des assemblées, actes administratifs) ou extérieures (engagements internationaux). Il s'agit du contrôle de constitutionnalité dont le constituant français a enrichi les modalités en ajoutant au contrôle *a priori* prévu par le texte de 1958 un contrôle *a posteriori* par le biais d'une question

prioritaire de constitutionnalité (LC du 23 juill. 2008).

↘ *Amendement, Conseil constitutionnel, Contrôle de constitutionnalité, Décision, Erreur manifeste d'appréciation, Exception d'inconstitutionnalité, Gouvernement des juges, Hiérarchie des normes, Légalité, Question prioritaire de constitutionnalité, Réserve d'interprétation, Saisine*

L. Favoreu, « Le principe de constitutionnalité, essai de définition d'après la jurisprudence du Conseil constitutionnel », in *Mélanges Eisenmann*, Cujas, 1975, p. 33.

Constitutions de la France

1. L'Ancien Régime

Il existait bien sûr, dans la France d'Ancien Régime, avant 1789, une constitution entendue au sens descriptif ainsi qu'au sens matériel. Il s'agissait d'un ordre institutionnel essentiellement coutumier, évolutif, qui finit par constituer, au XVIIe siècle, ce qu'il est convenu d'appeler (en simplifiant) une monarchie absolue. Toutefois, le roi lui-même n'était pas complètement omnipotent. Des « Lois fondamentales du Royaume » s'imposaient à lui. Non écrites mais reconnues par les légistes et parfois par les parlements (c'est-à-dire les cours de justice), elles étaient considérées comme intangibles puisqu'elles exprimaient les fondements essentiels de l'État. Elles incluaient notamment les règles de dévolution de la couronne, ou le principe d'indisponibilité du territoire.

2. La « valse des constitutions » depuis 1789

La Révolution de 1789 inaugura une nouvelle ère du point de vue de l'organisation constitutionnelle de la France, désormais inspirée du constitutionnalisme libéral moderne. Le principe de la constitution écrite s'impose immédiatement et ne sera plus abandonné. Précédée de la Déclaration des droits de l'Homme et du citoyen adoptée dès le 16 août 1789, la Constitution du 3 septembre 1791 n'est que la première d'une longue liste — car la France fut longtemps incapable de trouver la stabilité politique — comprenant, outre ce premier texte :

- la Constitution de l'an I (24 juin 1793, Constitution dite souvent « montagnarde ») ;
- la Constitution de l'an III (22 août 1795) ;
- la Constitution de l'an VIII (13 déc. 1799) ;
- la Charte constitutionnelle du 4 juin 1814 ;
- la Charte constitutionnelle du 14 août 1830 ;
- la Constitution de la République française du 4 novembre 1848 ;
- la Constitution du 14 janvier 1852 ;
- les lois constitutionnelles des 24 et 25 février et 16 juillet 1875 ;
- la Constitution de la République française du 27 octobre 1946 ;
- la Constitution de la République française du 4 octobre 1958.

À cette liste, peuvent être ajoutés :

- le sénatus-consulte organique du 4 août 1802 qui institue le consulat à vie ;
- le sénatus-consulte du 18 mai 1804 qui confie le gouvernement de la République à un empereur ;
- l'Acte additionnel aux Constitutions de l'Empire, promulgué le 22 avril 1815 par Napoléon, à peine revenu de son exil à l'île d'Elbe ;
- le sénatus-consulte du 7 novembre 1852 qui, pour la seconde fois, transforme la République en Empire ;
- le sénatus-consulte du 21 mai 1870 qui tente le sauvetage de l'Empire en le transformant en Empire parlementaire.

Mais en sens inverse, on peut faire remarquer que la Constitution de 1793 a été presque immédiatement suspendue, que les sénatus-consulte de 1802, 1804, 1852 et 1870 ont modifié des Constitutions existantes et que l'Acte additionnel de 1815 n'a pas eu le temps d'être appliqué. Selon le compte fait, la Constitution de la Ve République est ainsi la onzième (c'est le compte le plus rigoureux), la dixième (la Constitution de 1793 est retirée de la liste), ou la seizième, d'une liste de toute façon conséquente.

Encore cette énumération ne prend-elle pas en considération les nombreux gouvernements de fait qui, le temps de quelques semaines... ou de quelques années, ont exercé le pouvoir « en l'absence, en l'attente ou à la place » (M. Prélot) d'une Constitution. Entre 1789 et 1958, M. Prélot a dénombré vingt et un de ces gouvernements dont certains ont pu être qualifiés de « semi-constitutionnels » dans la mesure où leur mise en place s'est recommandée d'une décision prise par un organe investi du pouvoir constituant. La période 1940-1946 offre un très bon exemple, caricatural même, de ces balbutiements du droit. Qu'y a-t-il de commun entre le pouvoir personnel exercé par le maréchal Pétain, du 10 juillet 1940 au 18 avril 1942, le pouvoir dyarchique du maréchal Pétain et de P. Laval entre le 18 avril 1942 et l'effondrement du régime de Vichy en 1944, puis le Gouvernement provisoire de la République (GPRF), en distinguant avant et après la loi référendaire du 2 novembre 1945 ?

3. Des cycles constitutionnels ?

Mais l'instabilité constitutionnelle française n'est pas pur désordre.

Il faut d'abord faire la part des circonstances historiques. Il n'a pas fallu moins d'un siècle au corps politique français pour absorber le choc révolutionnaire des années 1789-1799. Et à trois reprises, une défaite militaire sans appel sur le sol national a emporté le régime en place (1814-1815, 1870 et 1940).

Il y a ensuite, constatées par de nombreux auteurs (Proudhon, Maurice Hauriou, Maurice Deslandres), des régularités dans l'évolution. C'est vrai qu'à deux reprises, la Monarchie, la République et l'Empire se sont succédé dans le même ordre (la Monarchie jusqu'en 1792 et de 1814 à 1848 ; la République de 1792 à 1804 et de 1848 à 1852 ; l'Empire de 1804 à 1814 et de 1852 à 1870) ; que tout excès dans le régime d'assemblée a été suivi d'une réaction exécutive (c'est une des significations du régime impérial) ; et que, tôt ou tard — c'est une tendance de fond sur la longue période —, s'impose le compromis parlementaire, dans les constitutions (déjà dans les Chartes de 1814 et 1830, mais surtout à partir de 1870) comme dans les pratiques gouvernementales. Mais il est non moins vrai que ce compromis tient difficilement par lui-même, faute d'un système de partis politiques adapté à ce type de régime. En août 1958, Michel Debré, présentant le projet de Constitution devant le Conseil d'État, dira d'ailleurs : « Le gouvernement a voulu rénover le régime parlementaire. Je serai même tenté de dire qu'il veut l'établir car, pour de nombreuses raisons, la République n'a jamais réussi à l'instaurer ».

Finalement, en France, sur deux siècles, le débat constitutionnel est permanent et rares sont les programmes électoraux qui, lors des grandes échéances, ne comportent pas un volet constitutionnel conséquent. En 1868, le publiciste Prévost-Paradol écrivait : « La Révolution a fondé une société ; elle cherche encore son gouvernement ». Le jugement ne serait-il pas toujours d'actualité ? La « constitution sociale » de la France est stable (d'ailleurs la Déclaration de 1789 fait partie de la Constitution de la Ve République, et que l'on songe par ailleurs à la solidité des principes sur lesquels est fondé le Code civil…), sa « constitution administrative » également (Tocqueville le remarquait déjà dans L'Ancien Régime et la Révolution, en 1856) ; il en va encore de même pour chacune de ses institutions politiques (présidence de la République, Assemblée nationale, Sénat…). C'est l'ajustement de ces institutions dans leurs rapports réciproques qui a toujours posé problème.

M. Duverger, *Les constitutions de la France*, PUF, coll. « Que sais-je ? » n° 162, 2004 ; C. Émeri, C. Bidégaray, *La Constitution en France de 1789 à nos jours*, A. Colin, 1997 ; M. Morabito, *Histoire constitutionnelle de la France (1789-1958)*, LGDJ, 16e éd., 2020.

Consulat

Appellation du régime institué par la Constitution du 13 décembre 1799 (22 frimaire an VIII) à la suite du coup d'État réussi de Bonaparte les 9-10 novembre (18-19 brumaire). Cette Constitution, la troisième de la Ire République, confie le gouvernement à trois consuls dont seul le premier — Bonaparte, nommé par la Constitution — a un pouvoir effectif, qui est en réalité un pouvoir total. Elle rétablit le suffrage universel (masculin), institué en 1792 et retiré en 1795, mais, exception faite du référendum constituant, en en limitant l'expression à l'établissement de listes de confiance — communales, départementales et nationale — sur lesquelles sont choisis les titulaires des fonctions publiques. Enfin, elle morcelle la fonction législative en l'attribuant à quatre assemblées : le Conseil d'État, qui rédige les projets de loi ; le tribunat qui les discute (mais sans les voter) ; le corps législatif, qui les vote (mais sans parler !) ; et enfin le sénat dit « conservateur », qui n'intervient que si la loi est accusée d'inconstitutionnalité.

Prévu pour dix ans, le mandat du premier Consul devient viager en 1802 (sénatus-consulte du 2 août 1802), avant de disparaître avec le sénatus-consulte du 18 mai 1804 qui confie « le gouvernement de la République » à Napoléon Bonaparte, institué empereur des Français.

↘ *Césarisme démocratique, Conseil d'État, Plébiscite, Première République, Référendum, Sénatus-consulte*

J.-O. Boudon, *Le Consulat et l'Empire*, Montchrestien, 1997 ; J.-J. Chevallier, *Histoire des institutions et des régimes politiques de la France de 1789 à 1958*, Dalloz, 9e éd., 2009.

Contentieux constitutionnel

Contentieux : qui donne, ou peut donner lieu à litige (du latin *contentiosus*, querelleur).

Le contentieux constitutionnel peut être ainsi défini comme l'ensemble des litiges liés à l'application de la Constitution et donnant lieu à des prétentions opposées. Cependant, depuis que de nombreuses constitutions ont décidé qu'un tel contentieux pourrait être porté devant des institutions au caractère juridictionnel fortement marqué, l'habitude a été prise de considérer comme contentieux constitutionnel l'ensemble des règles d'organisation, de compétence et de procédure relatives à ces institutions. Il en est ainsi en droit constitutionnel français avec la création par la Constitution du 4 octobre 1958 du Conseil constitutionnel. Il convient cependant de souligner que :

- la compétence contentieuse du Conseil constitutionnel n'est pas une compétence générale mais une compétence d'attribution ;
- si le Conseil constitutionnel a le monopole du contrôle de constitutionnalité des lois, des questions de constitutionnalité peuvent être soulevées devant d'autres juges que le Conseil constitutionnel : le juge judiciaire comme le juge administratif peuvent être juge constitutionnel (à titre d'exemple peut être cité l'arrêt de la Cour de cassation du 10 octobre 2001, arrêt dans lequel la Cour de cassation, devant préciser le statut pénal du président de la République, donne son interprétation de

l'article 68 de la Constitution) ; la procédure de la question prioritaire de constitutionnalité fait par ailleurs rentrer la constitutionnalité dans le champ d'intervention du juge ordinaire ;

- toutes les attributions du Conseil constitutionnel ne sont pas contentieuses : ainsi lorsqu'il procède au contrôle obligatoire de constitutionnalité des règlements des assemblées (art. C. 61, al. 1er) et, *a fortiori*, quand il intervient comme donneur d'avis.

➘ *Bloc de constitutionnalité, Conformité, Conseil constitutionnel, Constitution, Question préjudicielle de constitutionnalité*

G. Drago, *Contentieux constitutionnel français*, PUF, 5e éd., 2020 ; D. Rousseau et *alii*, *Droit du contentieux constitutionnel*, LGDJ, 12e éd., 2020 ; X. Magnon (dir.), *La question prioritaire de constitutionnalité*, LexisNexis, 2013 ; G. Tusseau, *Contentieux constitutionnel comparé*, LGDJ, 2021.

Contentieux électoral

Contentieux ayant pour objet de régler les litiges mettant en cause la régularité des opérations électorales. Il comporte le contentieux de l'établissement de la liste électorale, le contentieux des actes préparatoires (c'est-à-dire des actes qui ont rendu l'élection possible) et le contentieux de l'opération électorale proprement dite. C'est ce dernier contentieux qui a été remis par le constituant de 1958 au Conseil constitutionnel pour l'élection présidentielle, les élections parlementaires et les opérations de référendum (pour les élections locales et européennes, la compétence est celle de la juridiction administrative). Il n'y avait pas un tel contentieux des élections nationales avant 1958 mais, pour les élections législatives, un simple système de vérification des pouvoirs des parlementaires par les assemblées elles-mêmes, procédure qui avait donné lieu en 1956 au scandale des invalidations (d'autorité, l'Assemblée nationale avait remplacé par leurs adversaires malheureux onze députés sur les quelque cinquante élus sur le nom du leader des commerçants et artisans, P. Poujade).

En contentieux électoral, il ne s'agit pas pour le juge de sanctionner toutes les irrégularités (le juge électoral n'est pas un juge répressif), mais d'attester que les résultats proclamés expriment sincèrement ce qu'a voulu le corps électoral. Cette mission du juge peut le conduire à annuler des opérations électorales quand des irrégularités ont eu, ou sont susceptibles d'avoir eu, compte tenu de l'écart des voix, une influence déterminante sur le résultat. Mais le juge a également le pouvoir de réformer les résultats et même, dans certains cas, de proclamer élus d'autres candidats que ceux qui l'ont été (ce qui suppose que l'instruction permette de reconstituer avec certitude le nombre réel de suffrages obtenus par les candidats, mais cette possibilité n'a encore jamais été utilisée par le Conseil constitutionnel alors qu'elle l'est régulièrement par le juge administratif).

Du contentieux électoral doit être distingué le contentieux du financement des élections, qui est porté devant le même juge que le contentieux électoral, mais a pour objet de sanctionner les violations de la législation relative à ce financement.

↘ *Commission nationale des comptes de campagne, Transparence*

J.-P. Camby, *Le Conseil constitutionnel, juge électoral*, Dalloz, 7e éd., 2017 ; *Code électoral*, commenté et annoté par M. de Villiers, F. Potier et M. de Vendeuil, Lexisnexis ; R. Rambaud, *Droit des élections et des référendums politiques*, LGDJ, 2019.

Continuité

Si, dans les sociétés politiques contemporaines, l'État s'est progressivement imposé comme support et cadre d'exercice du pouvoir politique, c'est bien pour éviter les aléas et incertitudes d'un pouvoir individualisé, c'est-à-dire d'un pouvoir sans statut, obéissant à l'arbitraire de celui qui l'exerce. L'idée de continuité, c'est-à-dire d'une absence d'interruption, est incluse dans la notion d'État, et elle est indissociable d'un bien supérieur, la continuité de la vie nationale.

La mission du président de la République telle qu'elle est définie par l'article C. 5 s'inscrit dans cette logique : « Le président de la République [...] assure, par son arbitrage, le fonctionnement régulier des pouvoirs publics ainsi que la continuité de l'État [...] », et les institutions et procédures organisées par la Constitution pour garantir la continuité ne manquent pas (on peut citer l'intérim, la suppléance, les pouvoirs exceptionnels de l'art. C. 16, ainsi que la définition jurisprudentielle des affaires courantes).

L'exigence de continuité ne se limite pas aux pouvoirs publics, elle s'étend aux moyens administratifs et financiers de leur action : c'est le principe de *continuité du service public* dont le Conseil constitutionnel a affirmé la valeur constitutionnelle, valeur constitutionnelle qui peut justifier que, par exemple, le droit de grève soit interdit à des agents « dont la présence est indispensable pour assurer le fonctionnement des éléments du service dont l'interruption porterait atteinte aux besoins essentiels du pays » (déc. du 25 juill. 1979).

Le principe de continuité du service public n'interdit cependant pas que des activités qui ont été érigées en service public par le législateur soient privatisées dès lors qu'il ne s'agit pas de services publics dont l'existence et le fonctionnement seraient exigés par la Constitution (déc. des 25-26 juin 1986).

↘ *Affaires courantes, État, État français, Intérim, Ordre public, Pouvoirs exceptionnels, Suppléance*

Cons. const., avis du 23 avr. 1961, *Rec. Cons. const.* p. 69, *GDCC* n° 6, 15e éd., 2009 ; n° 79-105 DC, 25 juill. 1979, *Rec. Cons. const.* p. 33, *GDCC* n° 19, 15e éd., 2009 ; n° 79-111 DC, 30 déc. 1979, *Rec. Cons. const.* p. 39 ; n° 86-207 DC, 26 juin 1986, *GDCC* n° 18 ; n° 93-336 DC et 93-337 DC, 27 janv. 1994, *Rec. Cons. const.* p. 47.

Contrat de confiance

↘ *Confiance*

Contreseing

Historiquement habitude de chancellerie permettant d'authentifier un acte, le contreseing se dit des seconde et (éventuellement) autres signatures qui doivent être apposées au bas de certains actes émanant, soit du président de la République (art. C. 19), soit du Premier ministre (art. C. 22).

Dans le cadre d'un régime parlementaire classique, le contreseing par le Premier ministre des actes du président de la République fait endosser par l'autorité contresignataire, c'est-à-dire le chef du gouvernement, la responsabilité de l'acte contresigné. Mais sous la Ve République, il permet surtout de distinguer les « compétences propres » du président (énumérées par l'art. C. 19 : nomination du Premier ministre, dissolution de l'Assemblée nationale, décision de soumettre un projet de loi à référendum, décision de recourir à l'art. C. 16 et décisions prises en application de cet article, exercice du droit de message, nomination de trois membres du Conseil constitutionnel et saisine de ce même Conseil d'une loi ou d'un engagement international), des compétences qu'il partage avec le Premier ministre (par ex. la signature des ordonnances et décrets délibérés en conseil des ministres, art. C. 13). Le contreseing a pris de ce fait, dans les relations entre le président et le Premier ministre, une importance nouvelle et aucune signature (seing ou contreseing) ne peut être considérée comme acquise d'avance, surtout en période de cohabitation. Le contreseing du Premier ministre s'accompagne de celui des « ministres responsables », c'est-à-dire des ministres à qui incombent la préparation et l'application des actes concernés.

Quant au contreseing par les ministres des actes du Premier ministre, il permet d'informer les ministres des obligations qui leur incombent dans l'exécution de l'acte contresigné, ce n'est pas une approbation par le ministre contre signataire de la décision du Premier ministre (tout membre du gouvernement est dès sa nomination solidaire de toutes les décisions du Premier ministre).

↘ *Acte, Arbitrage, Cinquième République, Compétence, Gouvernement, Responsabilité*

CE 10 juin 1966, *Sieurs Pelon et al.*, *AJDA* 1966. 492, concl. Galabert.

Contrôle de constitutionnalité

1. Un élément de la garantie juridictionnelle des constitutions normatives

Procédure, ou ensemble de procédures, ayant pour objet de garantir la suprématie de la constitution en annulant, ou en paralysant l'application, de tout acte qui lui serait contraire. L'existence d'un tel contrôle signifie que la constitution est reconnue comme une norme juridique et que, par conséquent, ses violations doivent être sanctionnées. Le contrôle de constitutionnalité peut donc s'appliquer à toutes les catégories d'actes des pouvoirs publics (actes internationaux, actes législatifs, actes institutionnels, actes administratifs) et, si l'usage habituel est de réserver l'expression aux procédures de contrôle de la constitutionnalité des actes qui, dans la hiérarchie des normes, se situent aux degrés immédiatement inférieurs à la constitution (le traité, les règlements des assemblées parlementaires et la loi), il ne faut pas négliger les questions de constitutionnalité qui concernent les rapports institutionnels entre les organes (ainsi des litiges organiques) ainsi que celles qui peuvent être réglées par les juridictions ordinaires dès lors qu'elles ne mettent en cause ni un traité ni une loi. Au terme du contrôle, l'acte ou le texte contrôlé sera jugé conforme ou non à la constitution (mais le Conseil constitutionnel français dit aussi bien : non contraire ou contraire).

2. Les développements historiques

Historiquement, la décision « fondatrice » du contrôle de constitutionnalité (appelé aux États-Unis le *judicial review*) est américaine. C'est la décision *Marbury c/Madison* rendue par la Cour Suprême en 1803, alors même que la Constitution américaine de 1787 ne comporte qu'une clause générale de compétence selon laquelle : « Le pouvoir judiciaire s'étendra à tous les cas de droit et d'équité ressortissant à la présente Constitution » (art. 3, section 2), mais sans prévoir explicitement une procédure de contrôle de constitutionnalité. Le développement du contrôle de constitutionnalité a été beaucoup plus tardif en Europe puisque, en dehors de cas isolés et sporadiques (Grèce, Roumanie, Danemark), il a fallu attendre les années 1920 (avec la Constitution autrichienne, largement influencée par les travaux de Hans Kelsen) puis surtout la deuxième moitié du XXe siècle pour qu'apparaissent les premières juridictions constitutionnelles modernes chargées d'exercer ce contrôle (Italie, 1948 ; République fédérale d'Allemagne, 1949 ; France, 1958 ; Portugal, 1976 ; Espagne, 1978 ; Belgique et Hongrie, 1984 ; Pologne, 1985 ; Russie, 1992).

3. Les types d'organisation du contrôle

Selon les modalités d'organisation, le contrôle de constitutionnalité sera qualifié de :

- contrôle diffus (ou décentralisé) ou contrôle concentré (ou centralisé), selon que la question de constitutionnalité peut être soulevée devant le juge ordinaire ou uniquement devant une juridiction spécialement instituée à cet effet ;
- contrôle *a priori* ou contrôle *a posteriori*, selon que la question de constitutionnalité est portée devant le juge avant, ou après, que la loi soit entrée en vigueur ;
- contrôle abstrait ou contrôle concret selon que la question de constitutionnalité est posée en dehors de tout litige devant un juge ou, au contraire, à l'occasion d'un tel litige. Cette distinction commande à son tour le type de procédure : contrôle par voie d'action (c'est la loi elle-même qui est attaquée) ou contrôle par voie d'exception (la question de constitutionnalité est soulevée comme moyen de défense dans le cadre d'un procès).

Il y a une logique dans le choix des réponses à apporter à chacune de ces alternatives, choix souvent lié historiquement à la finalité du contrôle définie par le constituant : faire du juge constitutionnel un organe régulateur de l'activité des pouvoirs publics ou alors une instance de protection des droits fondamentaux. À partir de là, des modèles de contrôle de constitutionnalité peuvent être distingués. C'est ainsi que le contrôle français de constitutionnalité était, jusqu'à la révision constitutionnelle du 23 juillet 2008, exclusivement concentré, *a priori*, abstrait et par voie d'action, alors que le contrôle américain est diffus, *a posteriori*, concret et par voie d'exception. Mais des croisements sont possibles. Il y a d'autres procédures que celle de l'exception d'inconstitutionnalité aux États-Unis et, en France, la révision de 2008 a ouvert aux justiciables la possibilité de soutenir à l'occasion d'une instance en cours devant une juridiction qu'une disposition législative porte atteinte aux droits et libertés que la Constitution garantit. Dans cette hypothèse le Conseil constitutionnel peut être saisi sur renvoi du Conseil d'État ou de la Cour de cassation : c'est la procédure de la *question prioritaire de constitutionnalité* (art. C. 61-1).

4. Les actes contrôlés

- Lois organiques, règlements des assemblées parlementaires et lois ordinaires

Le contrôle de constitutionnalité prévu par l'article C. 61 pour les lois organiques et règlements des assemblées est obligatoire alors que, pour les lois ordinaires, il est facultatif. Mais, dans tous les cas, la vérification de la conformité est suspendue à une saisine du Conseil par les autorités compétentes. Il faut en outre tenir compte du délai très court dans lequel le Conseil constitutionnel doit rendre sa décision (1 mois réduit à 8 jours en cas d'urgence à la demande du gouvernement, art. C. 61, al. 3). La brièveté de ce délai ne garantit pas que toutes les inconstitutionnalités puissent être détectées au moment du contrôle, ce qui a été un argument décisif en faveur de l'introduction dans le système français de contrôle d'une procédure de question préjudicielle de constitutionnalité.

- Engagements internationaux

L'exigence de constitutionnalité vaut aussi pour les engagements internationaux (art. C. 54), mais là aussi sous réserve que le Conseil constitutionnel soit saisi puisque, comme pour les lois ordinaires, la saisine est facultative. Mais si le Conseil est saisi, la décision de conformité rendue par le Conseil confère au traité un brevet de constitutionnalité (même s'il s'agit plutôt d'un contrôle de compatibilité que de stricte conformité). Il résulte en effet de la lettre de l'article C. 54 que le contrôle de constitutionnalité d'un traité ne peut être qu'intégral.

- Actes institutionnels

Certains actes des organes constitutionnels peuvent être contrôlés par le juge constitutionnel. Il en va ainsi notamment en matière de litiges entre organes constitutionnels notamment en Allemagne.

5. L'étendue du contrôle

La constitutionnalité de la loi s'entend du respect de la constitution tant en ce qui concerne les conditions d'élaboration de l'acte (constitutionnalité externe) que son contenu (constitutionnalité interne).

Ainsi, seront sanctionnés au titre de la constitutionnalité externe, les vices d'incompétence (telle disposition a été par exemple adoptée par le législateur ordinaire alors qu'elle était de la compétence du législateur organique), et les vices de procédure (ainsi d'un amendement qui introduit dans le texte en discussion des dispositions sans lien avec celui-ci).

Au titre de la constitutionnalité interne, les décisions les plus significatives sont celles relatives au respect des droits fondamentaux et libertés définis par la constitution (y compris, en France, dans son Préambule). L'appréciation de la constitutionnalité interne de la loi est très délicate lorsque la norme constitutionnelle ne définit pas tous les paramètres qui permettent cette appréciation. L'article DDH 8 dispose par exemple que la loi ne doit établir que des peines « strictement et évidemment nécessaires », mais qu'est-ce qu'une peine nécessaire ? Dans ce genre d'hypothèse, le juge constitutionnel rappelle qu'il n'a pas un pouvoir d'appréciation et de décision identique à celui du Parlement (n° 74-54 DC, 15 janv. 1975, *Rec.*

Cons. const. p. 19), et il se limitera à un contrôle minimum : il vérifiera seulement s'il n'y a pas une disproportion excessive entre la norme constitutionnelle et la norme législative et ne sanctionnera qu'en cas d'erreur manifeste d'appréciation : l'erreur « qui saute aux yeux sans qu'il soit besoin d'être un expert très averti » (G. Vedel, P. Delvolvé, *Droit administratif*, PUF, 1992, p. 800).

6. Les effets du contrôle

Le principe de constitutionnalité interdit que soit appliquée une norme reconnue contraire (ou non conforme) à la Constitution. Selon la procédure utilisée pour faire déclarer l'inconstitutionnalité, la sanction sera, dans le cas classique d'une loi, soit l'interdiction de la promulgation (contrôle *a priori* de l'art. C. 61), soit l'abrogation (contrôle *a posteriori* de l'art. C. 61-1), soit la non-application de l'acte (contrôle *a posteriori* à l'américaine). S'agissant des lois, la non-conformité peut être totale ou partielle. Si elle est partielle, le Conseil constitutionnel peut constater l'inséparabilité entre les dispositions déclarées non conformes et l'ensemble de la loi, ce qui revient à prononcer une non-conformité totale. Si au contraire il n'y a pas inséparabilité, le président de la République peut, avec le contreseing du Premier ministre, soit promulguer la loi à l'exception des dispositions non conformes, soit demander aux chambres une nouvelle lecture de la loi en vue d'en assurer la conformité avec la Constitution (ord. du 7 nov. 1958, art. 23). Il n'est pas rare enfin que la conformité à la Constitution soit subordonnée à des réserves d'interprétation.

↘ *Bloc de constitutionnalité, Conseil constitutionnel, Constitution, Constitutionnalisme, Constitutionnalité (Principe de), État de droit, Exception d'inconstitutionnalité, Hiérarchie des normes, Identité constitutionnelle, Juridiction, Litige entre organes constitutionnels, Question prioritaire de constitutionnalité*

Code constitutionnel, Lexisnexis, obs. sous l'art. C. 61 ; D. Chagnollaud (dir.), *Aux origines du contrôle de constitutionnalité (XVIIIe-XXe siècle)*, Éditions Panthéon-Assas, 2003 ; P. Duez, « Le contrôle de la constitutionnalité des lois en France », in *Mélanges M. Hauriou*, Sirey, 1929 ; L. Favoreu, W. Mastor, *Les Cours constitutionnelles*, Dalloz, coll. « Connaissances du droit », 2011 ; I. Fassassi, *La légitimité du contrôle juridictionnel de la constitutionnalité des lois aux États-Unis*, Dalloz, 2017 ; M. Fromont, *Justice constitutionnelle comparée*, Dalloz, 2013 ; C. Grewe, O. Jouanjan *et al.* (dir.), *La notion de « justice constitutionnelle »*, Dalloz, 2005 ; X. Magnon *et al.* (dir.), *La question prioritaire de constitutionnalité*, LexisNexis, 2013 ; *Pouvoirs* n° 59, « La Cour Suprême des États-Unis », 1991 ; D. Rousseau, *La justice constitutionnelle en Europe*, LGDJ, 4e éd., 2020 ; G. Tusseau, *Contentieux constitutionnel comparé*, LGDJ, 2021.

Contrôle de conventionnalité

Contrôle ayant pour objet de rapporter la loi à un traité et, en cas de contrariété, de faire prévaloir la norme internationale, la plus élevée de ces deux normes dans la hiérarchie. Le principe de la supériorité du traité régulièrement ratifié sur la loi, et sous réserve de son application par l'autre partie, est posé par l'article C. 55. Par sa décision du 15 janvier 1975, le Conseil constitutionnel a refusé de faire entrer le contrôle de conventionnalité dans le contrôle de constitutionnalité. Une inconstitutionnalité est en effet absolue, alors que pour le Conseil constitutionnel, la primauté du traité sur la loi présente un caractère « à la fois relatif et contingent, tenant, d'une part, à ce qu'elle est limitée au champ d'application du traité et, d'autre part, à ce qu'elle est subordonnée à une condition de réciprocité dont la réalisation peut varier selon le comportement du ou des États signataires du traité et le moment où doit s'apprécier le respect de cette condition ». C'est donc aux juridictions ordinaires qu'il appartient de vérifier, à l'occasion des litiges dont elles sont saisies, la compatibilité des lois avec les traités. La jurisprudence est parfaitement établie en ce sens, en particulier depuis que le Conseil d'État, par l'arrêt *Nicolo* (20 oct. 1989), a rejoint la position de la Cour de cassation (*Société des cafés J. Vabre*, 24 mai 1975), pour faire prévaloir le traité sur la loi même postérieure. Et cette jurisprudence a été étendue, fort logiquement, aux actes communautaires, règlements communautaires et directives.

Le Conseil constitutionnel accepte cependant que soit invoquée devant lui la méconnaissance par le législateur d'une convention internationale, mais uniquement dans le cadre du contentieux électoral (C. élect., art. LO 188). Le Conseil n'est pas alors au sens strict juge de la constitutionnalité de la loi, il choisit la norme applicable au litige (déc. du 21 oct. 1988).

↘ *Actes communautaires, Contrôle de constitutionnalité, Exception d'inconventionnalité, Hiérarchie des normes, Traité*

Cons. const. n° 74-54 DC, 15 janv. 1975, *GDCC* n° 15 ; Cons. const. déc. du 21 oct. 1988 Ass. nat. Val d'Oise, 5e circ., *RFDA* 1988. 908 et s., comm. B. Genevois ; CE 20 oct. 1989, *Nicolo*, *Lebon* 190, *RFDA* 1989. 813, concl. P. Frydman, notes B. Genevois, L. Favoreu et L. Dubouis.

T. de Berranger, « Le principe de conventionnalité », in *Droit public général*, Lexisnexis, § 333 et s. ; « La Constitution, le traité et la loi : contributions au débat sur la hiérarchie des normes », *Cah. Cons. const.*, 1999., n° 7.

Contrôle parlementaire

Fonction traditionnelle du Parlement consistant à se faire rendre compte par l'exécutif de son action politique et administrative. Cette fonction de contrôle ne doit pas être opposée à la fonction législative mais être au contraire considérée comme son complément indispensable. À l'article 6 de la Déclaration de 1789 qui dispose que « La loi est l'expression de la volonté générale. Tous les citoyens ont droit de concourir personnellement ou par leurs représentants à sa formation (...) », répond l'article 14 de la même Déclaration qui dispose que « Tous les citoyens ont le droit de constater, par eux-mêmes ou par leurs représentants, la nécessité de la contribution publique, de la consentir librement, d'en suivre l'emploi, et d'en déterminer la quotité, l'assiette, le recouvrement et la durée ».

Mais les modalités du contrôle varient selon les modalités de la séparation des pouvoirs. Une des caractéristiques du régime parlementaire est que ce contrôle — dont les procédures de mise en œuvre sont très anciennes et variées : questions, commissions, débats en séance publique... — peut aller jusqu'à mettre en jeu la responsabilité du gouvernement (sous la Ve République selon la procédure minutieusement réglementée de la motion de censure), alors que cette possibilité n'existe pas dans le régime présidentiel américain... faute de gouvernement à renverser ! On peut encore noter que les parlementaires d'opposition ont, en général, tendance à privilégier le contrôle public et critique de l'exécutif, tandis que ceux de la majorité tendent à exercer un contrôle essentiellement à l'abri des regards extérieurs et qui se veut constructif, sauf à remettre radicalement en cause leur solidarité avec l'exécutif.

Dans la pratique la plus habituelle du Parlement français, le contrôle parlementaire n'occupe qu'une place secondaire par rapport à l'activité législative ainsi que le montrent les statistiques publiées par les assemblées parlementaires (la délibération et le vote des lois occupent les 9/10e du temps parlementaire). La révision constitutionnelle du 23 juillet 2008 a notamment eu pour objet de redonner toute son importance à la mission de contrôle, d'une part en la mentionnant explicitement à l'article 24 (« Le Parlement vote la loi. Il contrôle l'action du gouvernement. Il évalue les politiques publiques »), d'autre part en disposant qu'une semaine sur quatre des travaux parlementaires devrait lui être consacrée (art. 48, 4e al.). Mais, en ce domaine, tout n'est pas qu'affaire de textes et de procédures car le problème est d'abord culturel : ce sont les habitudes qu'il faut changer !

↘ *Commission d'enquête, Force armée, Motion de censure, Opposition, Questions, Résolution*

J.-P. Camby, *Le travail parlementaire sous la Ve République*, Montchrestien, 2021 ; *Pouvoirs* n° 134, « Le contrôle parlementaire », 2010 ; B. Seiller (dir.), *Le contrôle parlementaire de l'administration*, Dalloz, coll. « Thèmes et commentaires », 2010.

Contrôle des nominations

↘ *Nomination, Veto*

Convention constituante

1. Définition

Une convention constituante est une assemblée délibérante exceptionnelle, réunie en principe pour un mandat spécifique : procéder à la révision d'une constitution rigide existante. S'il s'agit, au contraire, de la rédaction d'une nouvelle constitution formelle, on parlera plutôt d'assemblée constituante, mais le terme « convention » fut utilisé à Philadelphie en 1787 et en France en 1793 (v. Convention nationale). Les conventions de révision sont particulièrement utilisées dans les États américains, où elles se combinent généralement avec un référendum constituant (ou constitutionnel), le corps électoral étant appelé à ratifier le projet adopté par la convention.

2. La Convention de Philadelphie

Réunie du 25 mai au 17 septembre 1787 dans la grande ville de Pennsylvanie, cette assemblée composée de 55 délégués représentant douze des treize États américains qui avaient proclamé leur indépendance en 1776, élabora le texte de la Constitution des États-Unis d'Amérique, première grande constitution fédérale de l'époque moderne.

3. Convention et révision des traités communautaires

Le terme de convention avait trouvé une nouvelle jeunesse dans le cadre de l'Union européenne. En effet, pour échapper à la logique purement intergouvernementale de révision des traités communautaires (par la voie d'une conférence intergouvernementale), les États membres ont choisi par deux fois une démarche innovante, plus ouverte, transparente et démocratique : la réunion d'une convention. Était ainsi dénommée l'enceinte composée de parlementaires nationaux et européens, de représentants des gouvernements et de la Commission, qui élabora une charte des droits fondamentaux de l'Union européenne (2000), de même qu'une Convention sur l'avenir de l'Europe, présidée par le Français V. Giscard d'Estaing, avait reçu pour mandat de chercher la voie vers une Constitution pour les citoyens européens (mandat dit de Laeken, Conseil européen du 15 décembre 2001). Il ressortira des travaux de cette Convention un Traité établissant une Constitution pour l'Europe (TECE) dont la France, par le référendum du 29 mai 2005 refusera d'autoriser la ratification.

↘ *Assemblée constituante, Constitution, Pouvoir constituant, Pouvoir de révision*

J.-L. Halpérin, « Changer de constitution et par la constitution : l'exemple historique des États fédérés d'Amérique », *Jus Politicum*, vol. V, 2013.

Convention de la Constitution

Expression de la doctrine constitutionnelle britannique (à partir de Dicey) désignant les règles non écrites qui précisent l'exercice de pouvoirs juridiques d'une institution constitutionnelle ou bien certains comportements des gouvernants. Ainsi, par exemple, au Royaume-Uni, une convention impose à la Reine de nommer Premier ministre le Leader du parti majoritaire à la Chambre des Communes. En outre, les conventions imposent à la Reine d'exercer ses pouvoirs juridiques sur avis du Premier ministre. Dicey opérait donc une stricte distinction entre le « droit de la constitution » (*i.e.* les règles coutumières ou écrites de droit strict) et les conventions.

Par analogie, l'expression est parfois utilisée pour désigner, en pays de droit constitutionnel écrit, l'accord (souvent implicite) entre gouvernants sur des pratiques qui valent interprétation de la constitution, et ont parfois un véritable effet novateur (ainsi de la procédure des questions au gouvernement qui a fonctionné, de 1974 à 1995, sans fondement textuel). Comme les coutumes, les conventions sont donc des règles non écrites, mais, à la différence de celles-ci, peuvent s'établir sans nécessairement exiger un usage immémorial. De plus, les juges sont réticents à en assurer le respect dans le cadre d'un contentieux. Expression d'une normativité spécifique, elles jouent cependant un rôle important en droit constitutionnel et certaines constitutions formelles y font même parfois référence (ainsi dans certains États d'Australie).

↘ *Constitution, Coutume, Droit de la constitution, Droit positif, Pratique*

P. Avril, *Les conventions de la Constitution*, PUF, 1997 ; *Écrits de théorie constitutionnelle et de droit politique*, Éditions Panthéon-Assas, 2010 ; O. Beaud, « Les conventions de la Constitution : à propos de deux thèses récentes », *Droits* n° 3, 1986, p. 125.

Convention de parti politique

Dans la vie politique américaine, la convention est la réunion dans l'été qui, tous les quatre ans, précède l'élection présidentielle de novembre, des délégués du parti républicain d'une part, du parti démocrate d'autre part, délégués eux-mêmes choisis à l'occasion des élections primaires ou des *caucus*, et qui ont pour tâche de désigner les candidats à la présidence et à la vice-présidence des États-Unis (le ticket).

↘ *Caucus, Parti politique, Primaire*

Convention européenne des droits de l'Homme

Dénomination habituelle de la « Convention de sauvegarde des droits de l'Homme et des libertés fondamentales », texte signé le 4 novembre 1950 par les pays membres du Conseil de l'Europe, et que la France a ratifié en 1974. Indépendamment des procédures de saisine de la Cour européenne des droits de l'Homme, les dispositions de la Convention, bénéficiant d'une autorité supérieure à celle de la loi, peuvent être invoquées devant les juridictions nationales.

Code constitutionnel, Lexisnexis, annexe 13 ; M. de Villiers, T. de Berranger (dir.), *Droit public général*, Lexisnexis, n° 1888-1901 ; G. Cohen-Jonathan, *La Convention européenne des droits de l'Homme*, Economica, 1989 ; F. Sudre, *La Convention européenne des droits de l'Homme*, PUF, 2012.

Convention nationale

Assemblée souveraine élue au suffrage universel (masculin) au lendemain de la journée révolutionnaire du 10 août 1792 et dont les premières décisions seront l'abolition de la monarchie et la proclamation de l'an I de la République (décr. du 22 sept. 1792). Au droit constitutionnel, la Convention lègue :

- deux textes constitutionnels : l'un qui ne sera jamais appliqué : c'est la Constitution dite « montagnarde » adoptée par la Convention le 24 juin 1793, et ensuite soumise à référendum. Caractérisée par la brièveté du mandat des députés (1 an), la stricte subordination de l'exécutif au législatif, et l'institution du référendum législatif, cette Constitution met en place un régime conventionnel « d'intention » (selon la terminologie de G. Burdeau) et passera longtemps, chez les républicains français, pour être « l'évangile de la démocratie » (J.-J. Chevallier) ; l'autre est la Constitution du 5 fructidor An III, qui fonde le régime, un peu moins déséquilibré mais instable, du Directoire entre 1795 et 1799.
- une théorie du gouvernement révolutionnaire, que Robespierre fixera dans un célèbre discours du 25 décembre 1793 en l'opposant au gouvernement constitutionnel : « Le but du gouvernement constitutionnel est de conserver la République ; celui du gouvernement révolutionnaire est de la fonder. La révolution est la guerre de la liberté contre ses ennemis ; la constitution est le régime de la liberté victorieuse et paisible [...]. Si le gouvernement révolutionnaire doit être plus actif dans sa marche et plus libre dans ses mouvements que le gouvernement ordinaire, en est-il moins juste et moins légitime ? Non, il est appuyé sur la plus sainte de toutes les lois, le salut du peuple ; sur le plus irréfragable de tous les titres, la nécessité ».
- une pratique du pouvoir paradoxale : en théorie souveraine, la Convention prétendit gouverner elle-même par l'entremise de plusieurs comités, dont le principal, le Comité de salut public, la domina, la plupart du temps, par l'intimidation. Certains y voient le type même du régime d'assemblée. D'autres, une ébauche de régime parlementaire radical (Mirkine-Guetzévitch). Quoi qu'il en soit, ce modèle inspira longtemps l'extrême-gauche républicaine et a trouvé une version adoucie (et non violente) dans la pratique

du « parlementarisme absolu » de la IIIe République.

↘ *Jacobin, Régime d'assemblée, Régime directorial, Révolution*

J.-J. Chevallier, *Histoire des institutions et des régimes politiques de la France de 1789 à 1958*, Dalloz, 9e éd., 2009, p. 71 et s. ; Robespierre, « Les principes du gouvernement révolutionnaire », *in* S. Rials, *Textes politiques français*, PUF, coll. « Que sais-je ? » n° 2171, 1987.

Corps électoral

↘ *Électorat*

Cortès générales

Dénomination du Parlement espagnol. Les *Cortès* représentent le peuple espagnol (Const. du 28 déc. 1978 art. 66) et sont composées de deux chambres : le Congrès des députés et le Sénat. Les députés sont élus au suffrage universel direct et au scrutin de liste proportionnel. Les sénateurs sont également élus au suffrage universel direct, à raison de quatre sénateurs par province. Le Sénat comporte en outre des sénateurs représentant les Communautés autonomes et qui sont désignés par les organes de ces Communautés. À l'exception de ces sénateurs, tous les membres des *Cortès* sont élus pour quatre ans. La dissolution du Congrès des députés (qui entraîne celle du Sénat) est automatique en cas de crise ministérielle si, dans un délai de 2 mois à compter du premier vote d'investiture, aucun candidat n'a obtenu la confiance du Congrès.

Il s'agit d'un bicamérisme inégalitaire. L'opposition du Sénat à un texte exprimée à la majorité absolue peut être surmontée immédiatement à la même majorité, et à la majorité simple dans un délai de 2 mois. De même les amendements proposés par le Sénat peuvent être écartés par le Congrès à la majorité simple. L'accord du Sénat n'est indispensable que dans deux domaines : en matière de révision constitutionnelle (art. C. 167) et en matière d'harmonisation des dispositions normatives des Communautés autonomes (art. C. 150.3). Seul, par ailleurs, le Congrès investit le gouvernement et peut engager sa responsabilité (l'art. C. 112 prévoit la procédure de la « défiance constructive » que connaît également l'Allemagne : une motion de censure n'est recevable que si elle présente un candidat à la présidence du gouvernement).

↘ *Assemblée, Alternance, Bicamérisme, Motion de censure, Régime parlementaire*

G. Couffignal, *Le régime politique de l'Espagne*, Montchrestien, 1993 ; P. Lauvaux, A. Le Divellec, *Les grandes démocraties contemporaines*, PUF, 4e éd., 2015, chap. III-6.

Coup d'État

Tentative pour prendre le pouvoir, ou s'y maintenir, en dehors des procédures constitutionnelles. Par opposition à la révolution, dont il est rare qu'elle ne comporte pas des mouvements populaires et qui souvent se prolonge, le coup d'État se déroule en milieu plus restreint et doit aboutir rapidement. Mais la terminologie ne révèle pas toujours la portée de l'événement : le coup d'État du 18 brumaire qui met fin au régime du Directoire et porte Bonaparte au pouvoir pour quinze ans (1799-1814) a de plus grandes conséquences dans l'histoire politique et administrative de la France que la Révolution de juillet 1830 qui se traduit par un simple changement de dynastie.

Dans l'histoire constitutionnelle française, le coup d'État est d'ailleurs lié au bonapartisme. Au coup d'État du 18 brumaire répond en effet cinquante-deux ans plus tard celui du 2 décembre 1851 : Louis-Napoléon Bonaparte, président de la République, dissout sans en avoir le droit l'Assemblée législative instituée par la Constitution du 4 novembre 1848, et appelle le peuple à un plébiscite destiné à lui donner le pouvoir constituant. Il faut dire que le constituant de 1848 avait été particulièrement mal inspiré en interdisant au président de la République, élu pour un mandat de quatre ans, de solliciter immédiatement un second mandat. Ayant échoué dans sa tentative d'obtenir une révision de la Constitution sur ce point, Louis-Napoléon eut recours à l'épreuve de force. Le coup d'État peut être ainsi une conséquence de malfaçons constitutionnelles, ce qui n'est pas une excuse, tout au plus une explication. D'une façon plus générale, le coup d'État est le symptôme clinique d'un défaut d'enracinement du régime, *a fortiori* si les coups d'État se répètent.

En revanche, c'est par excès polémique que le président Mitterrand a pu qualifier de « coup d'État permanent » la pratique gaullienne du pouvoir (le livre portant ce titre a été publié en 1964). Cette pratique n'a été en effet, quelques épisodes spectaculaires mis à part, que l'utilisation par le chef de l'État des ressources que la Constitution de 1958 lui donne quand le soutien populaire lui permet de disposer des différents leviers du pouvoir. L'histoire de la Ve République a montré que cette utilisation avait également profité aux successeurs de De Gaulle.

➘ *Plébiscite, Révolution*

J.-J. Chevallier, *Histoire des institutions et des régimes politiques de la France de 1789 à 1958*, Dalloz, 9e éd., 2009 ; F. Mitterrand, *Le coup d'État permanent* (1964), rééd. Plon, 1993.

Cour constitutionnelle

L'institution, par de nombreuses constitutions modernes, de cours constitutionnelles et le développement de leur jurisprudence sont caractéristiques des tendances récentes de l'évolution du droit constitutionnel, tant dans son contenu (par la définition, selon des techniques variables — articles de constitution, préambule, déclaration des droits — de libertés et droits fondamentaux), que dans les efforts qui sont faits pour que ces dispositions soient sanctionnées juridictionnellement. Il y a cependant plusieurs types de cour constitutionnelle, et il n'est pas étonnant qu'au moment de définir l'institution, il y ait pour l'essentiel deux conceptions, l'une restrictive, l'autre extensive.

1. Un modèle européen ?

Pour L. Favoreu, les cours constitutionnelles sont « des juridictions créées pour connaître spécialement et exclusivement du contentieux constitutionnel, situées hors de l'appareil juridictionnel ordinaire et indépendantes de celui-ci comme des pouvoirs publics ». Elles illustreraient ce que cet auteur appelle le « modèle européen » de justice constitutionnelle, qui se caractérise par le particularisme de leur organisation (situation hors hiérarchie des cours constitutionnelles et spécificité du recrutement de leurs membres) et de leurs attributions : le monopole du contentieux constitutionnel leur est assuré. Sont des cours constitutionnelles relevant de ce modèle, les juridictions constitutionnelles instituées par les constitutions allemande, italienne, espagnole, portugaise, belge... ainsi, bien entendu, que le Conseil constitutionnel français.

2. La variété des formules

Il faut cependant nuancer ces affirmations. En premier lieu, il convient de remarquer que ces différentes cours ont des attributions qui ne se limitent pas au contrôle de la constitutionnalité des lois. Le Conseil constitutionnel est chargé du contentieux électoral des élections nationales, il a des attributions consultatives et intervient dans le déroulement de certains processus (comme celui de l'élection présidentielle). La Cour constitutionnelle fédérale allemande peut être amenée à juger le président fédéral après mise en accusation votée par les deux tiers des membres du *Bundestag* ou du *Bundesrat* pour violation délibérée de la Loi fondamentale ou d'une autre loi fédérale (art. 61 de la Loi fondamentale). Elle peut également statuer sur la constitutionnalité d'un parti politique ainsi que sur les litiges entre organes constitutionnels à propos de l'interprétation du texte de la Constitution.

Par ailleurs, la séparation des cours constitutionnelles et des juridictions ordinaires n'est jamais totale. Des constitutions prévoient des passerelles entre la juridiction constitutionnelle et les juridictions ordinaires (5 juges sur les 15 qui composent la Cour constitutionnelle italienne sont nommés par les magistratures suprêmes) ; la procédure de la question préjudicielle permet à des juridictions ordinaires de saisir la cour constitutionnelle d'une demande de contrôle de constitutionnalité d'une loi applicable à un litige (Allemagne et Italie, ainsi que France depuis la révision constitutionnelle du 23 juillet

2008) ; enfin l'autorité des décisions rendues par la cour constitutionnelle bénéficie d'une protection particulière : l'article C. 62, alinéa 3 dispose ainsi que les décisions du Conseil constitutionnel ne sont susceptibles d'aucun recours et qu'elles s'imposent aux pouvoirs publics et à toutes les autorités administratives et juridictionnelles.

Ces variations contribuent à atténuer la spécificité des cours constitutionnelles telles qu'elles sont organisées en Europe, et en partant de la constatation que par des procédures différentes, il est possible d'arriver à des résultats voisins de ceux obtenus aux États-Unis avec la Cour Suprême, d'autres auteurs (L. Philip, Y. Mény) considèrent qu'une cour constitutionnelle est une juridiction « chargée d'assurer le respect de certaines règles constitutionnelles fondamentales ».

↘ *Contrôle de constitutionnalité, Cour Suprême, Exception d'inconstitutionnalité, Hiérarchie des normes, Juridiction, Justice constitutionnelle*

L. Favoreu, W. Mastor, *Les cours constitutionnelles*, Dalloz, coll. « Connaissance du droit », 2011 ; C. Grewe, O. Jouanjan *et al.* (dir.), *La notion de « justice constitutionnelle »*, Dalloz, 2005 ; G. Tusseau, *Contentieux constitutionnel comparé*, LGDJ, 2021.

Cour de cassation

↘ *Cour Suprême*

Cour de justice de la République

Composée de 15 juges (12 parlementaires élus et 3 magistrats du siège à la Cour de cassation), la Cour de justice de la République est une juridiction instituée en 1993 afin de juger les membres du gouvernement pour les crimes ou délits commis dans l'exercice de leurs fonctions. La Cour est liée par la définition des crimes et délits ainsi que par la détermination des peines telles qu'elles résultent de la loi (art. C. 68-1).

↘ *Haute trahison, Responsabilité*

Code constitutionnel, Lexisnexis, obs. sous les art. C. 68-1 et C. 68-2 et annexe 9. 2 ; C. Guérin-Bargues, *Juger les politiques ? La Cour de justice de la République*, Dalloz, 2017.

Cour de justice de l'Union européenne

Formée d'un juge par État membre (art. 221 TCE), la Cour de justice de l'Union européenne (nouvelle appellation de la Cour de justice des Communautés européennes depuis le traité de Lisbonne du 13 décembre 2007) assure le respect et la primauté du droit communautaire et rend des décisions qui sont exécutoires sur le territoire des États membres. Elle peut notamment être saisie par tout État membre ou la Commission d'un recours en manquement dirigé contre un autre État membre qui n'aurait pas respecté une obligation qui lui incombe en vertu des traités communautaires ou d'un acte communautaire. Elle assure également par la voie du recours préjudiciel (art. 234 TCE) l'interprétation du droit communautaire. La jurisprudence de la CJUE fait donc de l'ordre juridique communautaire un ordre juridique complet. Du fait de l'augmentation des recours et de l'élargissement à l'est de l'Union, la Cour partage de plus en plus son rôle avec le Tribunal (art. 254 à 257 TFUE).

↘ *Actes communautaires, Commission européenne, Conseil (de l'Union européenne)*

C. Blumann, L. Dubouis, *Droit institutionnel de l'Union européenne*, Lexisnexis, 2019 ; M. Gaillard, *L'Union européenne. Institutions et politiques*, La Documentation française, 2018 ; P.-E. Pignarre, *La Cour de justice de l'UE, juridiction constitutionnelle*, Bruylant, 2021.

Cour des comptes

La Cour des comptes est d'abord le juge suprême des comptes des comptables publics ; ses membres ont la qualité de magistrats et le programme de contrôle est librement déterminé par la Cour. Mais la Cour des comptes est aussi chargée d'assister le Parlement et le gouvernement au titre de missions qui ont été élargies par la révision constitutionnelle du 23 juillet 2008 : contrôle de l'exécution des lois de finances et des lois de financement de la Sécurité sociale et, plus généralement, contrôle de l'action du gouvernement et de l'évaluation des politiques publiques (art. C. 47-2).

↘ *Lois de financement de la Sécurité sociale, Lois de finances*

Cour Suprême

1. Qualification

Juridiction la plus élevée d'une hiérarchie de juridictions et qui a donc compétence pour statuer souverainement sur les décisions rendues par les juridictions qui lui sont subordonnées. Le titre de Cour suprême lui-même est porté par la juridiction supérieure dans la plupart des pays de *Common law* (par ex. Australie, Canada, Inde et, depuis 2009, Royaume-Uni).

La Cour de cassation peut ainsi être qualifiée de Cour Suprême des juridictions judiciaires : elle connaît sur pourvoi des décisions rendues en dernier ressort par une juridiction judiciaire et veille au respect de la loi en cassant les décisions qui la violent. Il en va de même du Conseil d'État qui peut être saisi d'un pourvoi en cassation ayant pour objet l'annulation d'une décision rendue en dernier ressort par une juridiction administrative.

L'expression « ordre de juridiction » serait la plus appropriée pour rendre compte de cette organisation hiérarchique, un ordre de juridiction pouvant être défini comme « une hiérarchie complète de tribunaux soumis au contrôle d'une Cour Suprême » (J. Moreau). Cependant, le Conseil constitutionnel a donné de l'ordre de juridiction une autre définition, considérant qu'il y a un ordre de juridiction dès lors que des juridictions sont composées selon un même type et sont chargées d'une même compétence matérielle. En ce sens, et pour le Conseil constitutionnel, la Cour de cassation constitue en elle-même un ordre de juridiction (déc. du 20 juill. 1977).

2. Cour Suprême et cour constitutionnelle

Toute cour suprême s'inscrit nécessairement, de par sa fonction d'unification dans l'interprétation du droit, dans le cadre de l'organisation constitutionnelle de la justice (en France, il s'agit pour la Cour de cassation de l'autorité judiciaire, art. C. 64 à C. 66, alors que le statut constitutionnel de la justice administrative résulte de la jurisprudence du Conseil constitutionnel). Par ailleurs, des questions de constitutionnalité, concernant en particulier les libertés et droits fondamentaux, peuvent être posées devant ces juridictions. Cependant, et par convention de langage, l'appellation de cour constitutionnelle est réservée aux juridictions ayant compétence pour connaître du contentieux de la constitutionnalité des lois, que cette compétence soit ou non exclusive. À l'inverse de la Cour de cassation et du Conseil d'État, la Cour Suprême des États-Unis peut donc être qualifiée de cour constitutionnelle. Mais L. Favoreu défend le point de vue plus restrictif selon lequel l'appellation de cour constitutionnelle devrait être réservée aux juridictions créées spécialement pour connaître du contentieux constitutionnel : il s'agit en fait des juridictions constitutionnelles appartenant à ce que cet auteur appelle le « modèle européen » de justice constitutionnelle.

3. Cour Suprême des États-Unis

Composée de neuf juges (8 juges et 1 *Chief Justice*), nommés à vie par le président des États-Unis sur l'avis et avec le consentement du Sénat, la Cour Suprême est une institution essentielle du fédéralisme. Elle est en effet placée au sommet d'une double hiérarchie juridictionnelle, celle des États et celle de la Fédération. Dans le système constitutionnel américain, où il n'y a pas de juridiction constitutionnelle spécifique, tout juge peut répondre à une question de constitutionnalité soulevée par une partie à un procès (procédure de l'*exception d'inconstitutionnalité*), mais dans la majorité des cas, ces questions de constitutionnalité soulevées le sont à propos de lois des États. Lorsque, par le jeu des recours, une telle question arrive devant la Cour, y répondre revient pour la Cour à préciser la sphère de compétence de l'État par rapport à la charte fédérale. Il s'agit là d'une activité essentielle de la Cour Suprême. En revanche, et par comparaison, le nombre de lois fédérales que, depuis la décision *Marbury c/Madison* de 1803, la Cour Suprême a refusé d'appliquer parce qu'elle les a jugées contraires à la Constitution est relativement peu important (environ une centaine), mais il s'est presque toujours agi de questions majeures, d'un apport essentiel pour le droit constitutionnel. Ainsi, à l'époque récente, des arrêts *Gray c/Sanders*, 1963 (égalité devant le suffrage et découpage des circonscriptions), *The United States c/R. Nixon*, 1974 (privilège de l'exécutif), *Buckley c/Valeo*, 1976 (financement des élections), *Immigration and Naturalization c/Chadha*, 1983 (séparation des pouvoirs). Mais il faudrait également remonter le temps et faire état de la jurisprudence de la Cour en matière de droits de la défense (la célèbre clause *due process of law*), d'interventionnisme économique (avec l'épisode, qui a été longtemps reproché à la Cour, du « gouvernement des juges »), ou encore de lutte contre la ségrégation scolaire.

➘ *Contrôle de constitutionnalité, Cour constitutionnelle, Due process of law, État fédéral, Exception d'inconstitutionnalité, Gouvernement des juges, Juridiction*

Cah. Cons. const. (*chaque numéro présente la Cour Suprême ou constitutionnelle d'un État particulier*) ; G. Drago (dir.), *L'application de la constitution par les cours suprêmes*, Dalloz, 2007 ; I. Fassassi, *La légitimité du contrôle juridictionnel de la constitutionnalité des lois aux États-Unis*, Dalloz, 2017 ; M. Fromont, *La justice constitutionnelle dans le monde*, Dalloz, 1996 ; G. Tusseau, *Contentieux constitutionnel comparé*, LGDJ, 2021 ; E. Zoller, *Les grands arrêts de la Cour Suprême des États-Unis*, Dalloz, 2010.

Couronne

Ainsi est désignée, dans les monarchies, l'institution royale (qui se transmet selon les règles ordinaires d'hérédité) et les pouvoirs qui lui sont attachés. Ces pouvoirs, qui constituent la « prérogative » royale — fréquemment : droit de nomination, de dissoudre la chambre élective du Parlement, de conclure un traité — ne sont, dans la logique du régime parlementaire moniste, plus guère que symboliques, la réalité de leur exercice appartenant au Premier ministre et au Cabinet issus de la majorité parlementaire.

Dans la conception juridique britannique, la Couronne compose, avec la Chambre des Communes et la Chambre des Lords, le Parlement du Royaume.

➘ *Bill of rights, Dissolution, Monarchie*

Coutume

Mode de formation du droit par des usages dont la répétition engendre le sentiment de l'obligatoire (l'*opinio juris*) : le fait précède la règle, la coutume est une règle de droit.

L'existence de la coutume en droit constitutionnel n'est pas une question discutée dans un pays comme le Royaume-Uni dont le droit constitutionnel n'est pas fondé sur une constitution formelle mais se présente comme un assemblage de différents éléments : quelques grands textes tels que la Grande Charte de 1215, la Pétition des droits de 1629, le *Bill* des droits de 1689 et l'Acte d'établissement de 1701, les *Parliament Acts* de 1911 et 1949, le *Human Rights Act* de 1998, des règles non écrites et usages (les « conventions de la Constitution »), des principes de *Common law*, le tout obéissant au principe cardinal de droit constitutionnel de ce pays, le principe de souveraineté du Parlement. Pour se limiter à un seul exemple, c'est une règle non écrite que « le roi ne saurait mal faire ». Le corollaire de cette règle est que les tribunaux ne reconnaissent pas régulier un acte non revêtu du contreseing ministériel. La responsabilité politique du gouvernement devant le Parlement, en usage depuis la seconde moitié du XVIIIe siècle, est la conséquence logique de la rencontre d'un principe, de la jurisprudence et de la pratique.

La question de la coutume constitutionnelle se pose en des termes différents dans les pays dits de droit écrit parce que, toutes les coutumes se formant selon un mode identique, la supériorité hiérarchique du droit constitutionnel formel paraît ainsi remise en cause, ce qui explique la position d'un juriste comme Carré de Malberg, très attaché à la définition formelle de la constitution, « loi possédant une puissance renforcée ». Il n'y a pourtant aucun obstacle à ce qu'une répétition d'usages engendre le sentiment de l'obligatoire, mais on peut se demander si ce n'est pas là une hypothèse théorique. En effet, ou bien un comportement est interdit par la Constitution, et il ne saurait être créateur de droits ; ou bien il n'est pas interdit et dans ce cas, étant permis, il ne peut être obligatoire (F. Hamon, M. Troper, *Droit constitutionnel*, LGDJ, 2021, 42e éd., n° 44-46). Ce qui est présenté comme coutume n'est le plus souvent que le résultat des contraintes du texte constitutionnel.

↘ *Common law, Constitution, Convention de la Constitution, Droit de la constitution, Norme*

P. Amselek, « Le rôle de la pratique dans la formation du droit, aperçus à propos de l'exemple du droit public français », *RD publ.* 1983, n° 6 ; R. Capitant, « La coutume constitutionnelle », *RD publ.* 1979. 959 ; J. Chevallier, « La coutume et le droit constitutionnel », *RD publ.* 1970. 1375 ; J. Laferrière, « La coutume constitutionnelle », *RD publ.* 1944. 20 ; D. Lévy, « De l'idée de coutume constitutionnelle à l'expression d'une théorie des sources du droit constitutionnelle et de leur sanction », in *Mélanges Eisenmann*, Cujas, 1975, p. 81 ; J.-Cl. Maestre, « À propos des coutumes et des pratiques constitutionnelles : l'utilité des constitutions », *RD publ.* 1973. 1275 ; M. Troper, « Le problème de l'interprétation et la théorie de la supra légalité constitutionnelle », in *Mélanges Eisenmann*, Cujas, 1975, p. 133.

Cumul des mandats

↘ *Incompatibilité*

D

Débat

↘ *Délibération*

Décentralisation

La décentralisation est un aménagement externe de la centralisation puisqu'elle a pour objet de transférer des attributions exercées par l'État à d'autres collectivités publiques qualifiées de *territoriales*, de même que sont considérées comme locales les affaires faisant l'objet du transfert d'attributions. Ces collectivités territoriales ont la personnalité juridique, personnalité juridique qui justifie que les membres du conseil qui va administrer la collectivité soient élus par la population concernée. Mais étant un simple aménagement de l'organisation de la République, la gestion des affaires locales doit se faire dans le respect de la loi nationale, ce qui explique que les collectivités territoriales soient soumises à un contrôle exercé par le représentant de l'État (le préfet). Cette décentralisation territoriale est une exigence constitutionnelle (art. C. 1 et C. 72 à C. 75), et elle peut être plus ou moins développée, mais le Conseil constitutionnel a bien précisé que le principe de libre administration dont elle est la mise en œuvre signifie que l'organe délibérant doit bénéficier d'attributions *effectives* (déc. du 8 août 1985).

Le mouvement contemporain de régionalisation, et l'attribution aux régions d'un substantiel pouvoir normatif dans un certain nombre de matières, a pu conduire à parler d'État régional, l'Italie étant citée en exemple. Il est certain que le critère de passage d'une décentralisation très poussée à l'État fédéral n'apparaît pas toujours avec netteté. Reste que ce pouvoir législatif attribué à des collectivités territoriales comme les régions doit s'exercer dans le cadre des lois de l'État (art. 117 de la Constitution italienne, Constitution qui prévoit un double contrôle de légalité et d'opportunité des lois régionales) alors que la répartition des compétences dans un État fédéral est d'ordre constitutionnel. La révision constitutionnelle intervenue en France le 28 mars 2003 ne transforme pas l'État unitaire en État régional, et si une compétence d'expérimentation en matière législative est bien prévue, elle est susceptible d'être mise en œuvre par les différentes catégories de collectivités territoriales et non par la seule région qui n'est pas, à cet égard, privilégiée. La loi du 16 janvier 2015 a ramené le nombre de régions de métropole de 22 à 13 (Corse comprise).

La décentralisation *territoriale* ne doit pas être confondue avec la décentralisation *fonctionnelle* qui se traduit par l'attribution du statut de personne morale de droit public à des services publics érigés en « établissements publics ».

↘ *Collectivité territoriale, État fédéral, État unitaire, Indivisibilité*

F. Burdeau, *Liberté, libertés locales chéries*, Cujas, 1983 ; F. Luchaire, « Les fondements constitutionnels de la décentralisation », *RD publ.* 1982. 1543 ; S. Regourd, *Le modèle français de décentralisation*, Annales de l'Université de Toulouse, 1988, p. 83 ; J. Rivero, *Fédéralisme et décentralisation*, ENA, 1979.

Déchéance

Perte du mandat parlementaire qu'il appartient au Conseil constitutionnel de constater, à la requête du garde des Sceaux ou du bureau de l'assemblée intéressée, lorsqu'une inéligibilité se révèle, ou est prononcée, après l'élection (C. élect., art. LO 136).

↘ *Démission d'office, Éligibilité*

Décision

Communément utilisé pour désigner toute manifestation de volonté des pouvoirs publics, ce terme générique de la langue juridique a un sens précis dans deux cas. Sont ainsi dénommés :

- d'une part, les mesures que prend le président de la République au titre de l'article C. 16 (qui n'utilise cependant pas le mot) ;
- d'autre part, les actes émis par le Conseil constitutionnel en dehors de sa compétence de donneur d'avis, c'est-à-dire principalement quand il statue en tant que juge (contrôle de constitutionnalité et contrôle de régularité des élections). Précédée de visas (vu...), et de motifs (considérant que...), la décision du Conseil est formulée dans un dispositif, divisé lui-même en articles. C'est au dispositif que bénéficie l'autorité de chose jugée, mais elle est étendue aux « motifs qui en sont le soutien nécessaire et en constituent le fondement même ».

↘ *Conseil constitutionnel, Juridiction, Pouvoirs exceptionnels, Subsidiarité*

Décision exécutoire

↘ *Pouvoir exécutif, Pouvoir réglementaire*

Déclaration de guerre

Acte officiel par lequel un État fixe la date à partir de laquelle il recourt à la force contre un autre État. La déclaration de guerre est, en droit international, une exigence juridique fondée sur la Convention III de La Haye de 1907.

Il n'y a pas, en droit constitutionnel français, de définition de la guerre, et si la déclaration de guerre doit être autorisée par le Parlement (art. C. 35, al. 1er), la portée de cette disposition est aujourd'hui très réduite pour trois raisons. D'une part, certains des conflits auxquels la France a été partie depuis 50 ans ne se sont pas présentés sous la forme d'un affrontement à d'autres États (ainsi des guerres de décolonisation). D'autre part, le recours à la force s'opère le plus souvent dans le cadre d'organisations internationales : il ne s'agit donc pas de guerre, mais d'action de sécurité collective (comme par ex. l'intervention militaire en Irak en 1991, décidée en application de la résolution n° 678 du Conseil de sécurité des Nations unies). Il convient enfin de ne pas oublier que la France est une puissance nucléaire et qu'en matière de dissuasion, la compétence du président de la République est exclusive.

La Constitution des États-Unis prévoit également la compétence exclusive du Congrès de déclarer la guerre, mais le pouvoir législatif se trouve souvent devant le fait accompli. Une loi sur les « pouvoirs de guerre », votée en 1973, prévoit donc que, si le président engage les forces armées américaines à l'étranger, il doit en avertir le Congrès dans les 48 heures, à la suite de quoi, le Congrès peut soit laisser l'opération se poursuivre pendant une période de 60 jours, plus une prolongation possible de 30 jours, soit l'autoriser expressément, soit à l'inverse en ordonner l'arrêt par une résolution conjointe des chambres insusceptible de veto.

↘ *Autorisation, Chef des armées, Force armée*

B. Chantebout, *Droit constitutionnel*, Sirey, 30e éd., 2013 ; R. Hadas-Lebel, « La Ve République et la guerre », *Pouvoirs* n° 58, 1991, p. 5 et s.

Déclaration de politique générale

Exposé par le Premier ministre de la politique de son gouvernement. À l'Assemblée nationale, cet exposé peut être également qualifié de programme — sans qu'il y ait de différence de portée juridique entre les deux expressions — et il sert de support à un vote de confiance que le Premier ministre demande à l'Assemblée. En cas de rejet de la confiance à la majorité simple des députés composant l'Assemblée, le Premier ministre doit porter au président la démission du gouvernement (art. C. 49, al. 1er et C. 50), circonstance qui ne s'est jamais produite sous la Ve République. Cette procédure ne doit pas être confondue avec l'investiture que la Constitution de la IVe République faisait obligation à tout chef de gouvernement proposé par le président de la République d'obtenir de l'Assemblée nationale avant d'être officiellement nommé. Dans le cadre de la Constitution de 1958, la présentation à l'Assemblée d'un programme, ou d'une déclaration de politique générale (déclaration qui politiquement s'impose en période de cohabitation mais n'a pas été systématique en dehors de ces périodes), ne peut avoir lieu qu'après la nomination du gouvernement. Elle manifeste en toute hypothèse le caractère parlementaire du régime de la Ve République, même si, puisque la déclaration n'est pas obligatoire, ce parlementarisme peut être qualifié de « négatif » : il repose sur la présomption de confiance.

La déclaration de politique générale visée à l'article C. 49, alinéa 1er peut être lue au Sénat par un ministre, mais il s'agit alors d'un simple acte d'information qui ne peut donner lieu à un vote. Si le Premier ministre veut obtenir un vote d'approbation du Sénat, il doit utiliser la procédure spécifique prévue par le 4e alinéa de l'article C. 49, procédure qui ne comporte pas engagement de responsabilité.

À côté de ce type de déclaration gouvernementale, la révision de 2008 a donné un fondement constitutionnel textuel (nouvel art. C. 50-1) à la faculté donnée au gouvernement de faire (de sa propre initiative ou à la demande d'un groupe parlementaire), devant l'une ou l'autre des assemblées, une déclaration sur un sujet déterminé. Elle peut donner lieu à débat, lequel peut, si le gouvernement le décide, se conclure par un vote qui, est-il précisé, n'engage pas sa responsabilité. Cette innovation vise à éviter de détourner la déclaration de l'article 49, alinéa 1er, parfois employée sur des sujets ponctuels (par exemple, la politique étrangère). Les précautions concernant la portée du vote témoignent du souci de ne pas vider de sa substance le dispositif restrictif de mise en jeu de la responsabilité politique du gouvernement devant le Parlement (art. C. 49 et 50), à l'instar des nouvelles résolutions générales de l'article C. 34-1, qui pourraient d'ailleurs être votées à l'issue du débat. Telle est ce qu'on pourrait appeler l'aporie de la rationalisation du parlementarisme, qui tente d'enfermer dans des procédures précises le jeu de la relation entre le gouvernement et le Parlement, lequel demeure pourtant irréductiblement politique : un gouvernement privé de majorité peut difficilement durer même s'il n'est pas formellement censuré par le Parlement.

↘ *Confiance, Programme, Quatrième République, Question de confiance, Résolution, Responsabilité*

Déclaration des droits de l'Homme

1. Une déclaration des droits de l'Homme est un exposé en forme solennelle de droits que les hommes tiennent de la nature, que la raison affirme, et que la morale commune oblige à respecter. Formuler ces droits dans une déclaration est donc un acte hautement significatif dans l'organisation de la société politique par la hiérarchie qui est ainsi établie entre l'homme, qui est premier, et le pouvoir.
2. Historiquement, la première déclaration est celle de Virginie (1776) mais c'est la Déclaration des droits de l'Homme et du citoyen de 1789

qui a le plus marqué les esprits. Composée de 17 articles, et adoptée le 26 août après à peine 3 semaines de débats, la Déclaration fonde une société nouvelle. Le caractère solennel de la formulation n'exclut pas la concision, même si les affirmations de principe y ont plus de place que les dispositions de procédure. Cependant, l'introduction, à la rédaction de laquelle Mirabeau prit une large part, ouvre la perspective d'un contrôle de constitutionnalité : « [...] afin que les actes du pouvoir législatif et ceux du pouvoir exécutif, pouvant être à chaque instant comparés avec le but de toute institution politique, en soient plus respectés ; afin que les réclamations des citoyens, fondées désormais sur des principes simples et incontestables, tournent toujours au maintien de la Constitution ».

Placée en tête de la Constitution du 3 septembre 1791, la Déclaration disparut avec elle. Les constitutions suivantes, de l'an I (24 juin 1793) et de l'an III (22 août 1795) eurent chacune leur propre Déclaration, avant que la technique ne s'en perde au profit de celle, moins solennelle, du Préambule. Mais, mise ainsi de côté, la Déclaration de 1789 n'en gardait pas moins sa valeur de texte politique de référence. Sur le plan juridique, ses potentialités se révélèrent lorsque le Conseil d'État y trouva, à partir de la IIIe République, l'inspiration de *principes généraux du droit* dont il imposera le respect au pouvoir exécutif. Et ce sera la consécration quand le Conseil constitutionnel, tirant parti du renvoi opéré à la Déclaration par le Préambule de 1958, lui donnera pleine valeur constitutionnelle, de telle sorte que le législateur est tenu d'en respecter les prescriptions. C'est ce mouvement jurisprudentiel qui a fait des droits déclarés en 1789 des droits garantis dont sont débiteurs, non seulement les collectivités publiques, mais également les personnes privées dans leurs relations réciproques.

3. La Déclaration universelle des droits de l'Homme, adoptée le 10 décembre 1948 par les 58 États qui composaient alors l'Assemblée générale des Nations unies, garde de cette origine une valeur symbolique très forte. Mais, à l'inverse de la Convention européenne des droits de l'Homme du 4 novembre 1950, elle n'a pas la valeur d'un engagement international et ses dispositions ne peuvent pas être invoquées devant les juridictions.

↘ *Bloc de constitutionnalité, Constitution, Constitutionnalisme, Convention européenne des droits de l'Homme, Dignité, Droits de l'Homme, Égalité, État de droit, Liberté, Non-rétroactivité, Préambule, Principe(s), Sûreté*

Conseil constitutionnel, décisions citées sous les différents articles de la Déclaration, *Code constitutionnel*, Lexisnexis.

G. Conac, M. Debène, G. Téboul (dir.), *La Déclaration des droits de l'Homme et du citoyen de 1789*, Economica, 1993 ;

Conseil constitutionnel, *Actes du Colloque : La Déclaration des droits de l'Homme et du citoyen et la jurisprudence*, PUF, 1989 ; *Droits* n° 2, « Les droits de l'Homme » et n° 8, « La Déclaration de 1789 » ; S. Rials, *La Déclaration des droits de l'Homme et du citoyen*, Hachette, 1989.

Déclaration de situation patrimoniale

Document faisant état des biens propres et, le cas échéant, des biens de la communauté ou des biens réputés indivis, que les députés, les membres du gouvernement, les titulaires d'un certain nombre de mandats locaux ou de fonctions de direction (entreprises nationales, établissements publics nationaux...) doivent déposer auprès de la Haute Autorité pour la transparence de la vie publique en début et en fin de mandat ou de fonction (C. élect., art. LO 135-1 et L. n° 2013-907 du 11 octobre 2013). En ce qui concerne le président de la République, la déclaration de situation patrimoniale est adressée au Conseil constitutionnel.

➘ *Haute Autorité pour la transparence de la vie publique, Transparence*

Code électoral, commenté et annoté par M. de Villiers, F. Potier et M. de Vendeuil, Lexisnexis, annexe 7.

Déclaration d'indépendance

Adoptée le 4 juillet 1776 par les représentants des 13 colonies anglaises qui, depuis 1765, sont entrées en rébellion contre la puissance coloniale, la Déclaration d'indépendance est le premier grand document de l'histoire constitutionnelle américaine (une Déclaration des droits de Virginie avait de peu — 12 juin 1776 — précédé la Déclaration d'indépendance). Si l'essentiel de la Déclaration est un long réquisitoire dirigé contre le roi d'Angleterre Georges III, réquisitoire justifiant l'indépendance proclamée des États-Unis d'Amérique, le passage le plus célèbre est bien ce paragraphe :

« Tous les hommes sont créés égaux ; ils sont doués par le créateur de certains droits inaliénables ; parmi ces droits se trouvent la vie, la liberté et la recherche du bonheur. Les gouvernements sont établis parmi les hommes pour garantir ces droits, et leur juste pouvoir émane du consentement des gouvernés. Toutes les fois qu'une forme de gouvernement devient destructrice de ce but, le peuple a le droit de la changer ou de l'abolir et d'établir un nouveau gouvernement, en le fondant sur les principes et en l'organisant en la forme qui lui paraîtront les plus propres à lui donner la sûreté et le bonheur. La prudence enseigne à la vérité que les gouvernements établis depuis longtemps ne doivent pas être changés pour des causes légères et passagères, et l'expérience de tous les temps a montré, en effet, que les hommes sont plus disposés à tolérer des maux supportables qu'à se faire justice à eux-mêmes en abolissant les formes auxquelles ils sont accoutumés. Mais lorsqu'une longue suite d'abus et d'usurpations tendant invariablement au même but marque le dessein de les soumettre au despotisme absolu, il est de leur droit, il est de leur devoir de rejeter un tel gouvernement. [...] »

Liberté, égalité, consentement au pouvoir, résistance à l'oppression, tous les droits fondamentaux qu'énoncera solennellement la Déclaration des droits de l'Homme et du citoyen 13 ans plus tard sont déjà ici solennellement proclamés. C'est en même temps l'esprit du constitutionnalisme naissant qui se manifeste.

↘ *Constitutionnalisme, Déclaration des droits de l'Homme, Droits de l'Homme*

D. Colas, *Textes constitutionnels français et étrangers*, Larousse, 1994.

Déclaration présidentielle

En vertu de la nouvelle rédaction de l'article C. 18 introduite en 2008, le président de la République française peut désormais faire lui-même une déclaration orale et publique devant le Parlement spécialement réuni en Congrès. Cette prérogative vient s'ajouter à la faculté du président de délivrer des messages à chacune des assemblées mais qui sont lus par un autre que lui. Dans le contexte français contemporain, ce nouveau mécanisme, qui pourrait sembler identique au discours du Trône dans les monarchies constitutionnelles, illustre bien plutôt l'interprétation présidentialiste des institutions de la Ve République puisque la déclaration présidentielle a vocation à refléter le pouvoir d'orientation de la politique gouvernementale qui est reconnu pratiquement au Chef de l'État. En ce sens, il ressemble au « discours sur l'état de l'Union » du président américain, mais avec cette différence capitale que la déclaration présidentielle interfère, en France, avec le rôle que le gouvernement détient en vertu de l'article C. 20 et qui se traduit par les « déclarations de politique générale » (art. C. 49, al. 1er) d'un gouvernement politiquement responsable devant le Parlement (alors que le président est en principe irresponsable). En tout état de cause, le Congrès peut, hors la présence du président, débattre du contenu de sa déclaration mais ce débat ne peut juridiquement être suivi d'aucun vote (art. C. 18, al. 2 *in fine*), afin de ne pas permettre la mise en cause de la responsabilité présidentielle. En pratique, ces déclarations présidentielles sont très exceptionnelles (N. Sarkozy le 22 juin 2009 et F. Hollande le 16 novembre 2015).

↘ *Congrès, Discours du Trône, Message*

Déclassement

Si la Constitution de 1958 institue un domaine de la loi (que définit pour l'essentiel l'article C. 34), elle n'interdit pas au Parlement de sortir de ce domaine en votant des dispositions matériellement réglementaires au sens du 1er alinéa de l'article C. 37 puisqu'elle se borne à permettre au gouvernement d'opposer l'irrecevabilité à une initiative parlementaire (proposition ou amendement) qui ne serait pas du domaine de la loi (art. C. 41). Dans cette hypothèse, ou tout simplement si le gouvernement a laissé passer par inadvertance de telles initiatives, à moins qu'il soit lui-même à l'origine de l'incursion du Parlement dans le domaine réglementaire — ce qui est en réalité très fréquent —, le gouvernement pourra ultérieurement récupérer sa compétence en recourant à la procédure du déclassement (dite également de délégalisation) prévue par l'article C. 37, alinéa 2. Il suffira au Conseil constitutionnel, saisi par le gouvernement du texte de forme législative comportant les dispositions matériellement réglementaires, de déclarer ce caractère réglementaire, ce qui permettra ensuite sa modification par voie réglementaire.

Cette procédure de déclassement signifie que le système de délimitation des compétences législatives et réglementaires est finalement d'une grande souplesse puisque le gouvernement peut, à son gré, abandonner sa compétence en laissant le Parlement légiférer dans des matières qui ne sont pas de son domaine, et la reprendre en demandant au Conseil constitutionnel le déclassement des textes ou parties de texte contenant ces dispositions législatives.

↘ *Domaine de la loi, Fin de non-recevoir, Loi, Pouvoir réglementaire*

Cons. const., n° 59-1 L, 27 nov. 1959, *GDCC* n° 3, 15e éd., 2009 ; n° 61-14 L et 61-15 L, *Rec. Cons. const.* 38 ; n° 82-143 DC, 30 juill. 1982, *GDCC* n° 17 ; n° 2005-512 DC, 21 avr. 2005, *GDCC* n° 26 ; n° 2006-203 L, 31 janv. 2006.

Code constitutionnel, Lexisnexis, obs. sous l'art. C. 37.

Déconcentration

La déconcentration est un aménagement interne de la centralisation. Il consiste en un transfert d'attributions de l'administration centrale à ses représentants locaux. Aménagement interne parce que la répartition des compétences que traduit la déconcentration s'opère au sein d'une même personne morale qui est l'État et dans le cadre d'une hiérarchie dont la tête est le président de la République. La déconcentration permet, à la fois, de rendre l'État présent sur tout le territoire et d'améliorer son efficacité en faisant prendre des décisions, qui sont des décisions de l'État, par ses agents locaux. Selon la célèbre formule d'Odilon Barrot, « c'est le même marteau qui frappe, mais on a raccourci le manche ».

↘ *Décentralisation, Ministère*

Découpage électoral

Toute opération électorale suppose que soit préalablement défini le cadre territorial dans lequel elle sera organisée. Ce cadre est le territoire national quand la nature de l'opération électorale l'exige : ainsi de l'élection présidentielle ou du référendum des articles 11 et 89. Dans les autres cas, il faut délimiter des circonscriptions : tel est l'objet du découpage électoral.

Le découpage électoral peut se confondre avec un découpage administratif, soit parce que les préoccupations administratives et électorales se rejoignent (le canton est traditionnellement à la fois la circonscription électorale du conseiller départemental et un ressort territorial pour deux services de l'État, gendarmerie et Trésor public), soit parce que le mode de scrutin permet de retenir une circonscription administrative (c'est par ex. le département qui est retenu quand les députés sont élus à la proportionnelle de liste : élections législatives de la IVe République et, sous la Ve, celles de 1986), soit parce qu'il y a un impératif constitutionnel (c'est ainsi que les conseillers régionaux sont élus dans le cadre d'un scrutin départementalisé pour qu'ils puissent participer à l'élection des sénateurs qui représentent les départements).

Mais le découpage peut être à finalité spécifiquement électorale. C'est le cas pour l'élection des 577 députés à l'Assemblée nationale qui sont élus au scrutin uninominal majoritaire à deux tours. Le territoire national doit être divisé en autant de circonscriptions qu'il y a de députés à élire. Depuis une loi du 11 juillet 1986, le découpage doit respecter un certain nombre de principes qui ont été repris par la loi n° 2009-39 du 13 janvier 2009 et précisés par la jurisprudence du Conseil constitutionnel. Cet encadrement juridique impose que :

- le découpage repose sur des bases essentiellement démographiques ;
- le territoire de chaque circonscription soit continu (sous réserve d'obstacles géographiques) ;
- les communes de moins de 5 000 habitants et les cantons de moins de 40 000 habitants soient compris dans une même circonscription ;
- la population d'une circonscription ne s'écarte de plus de 20 % de la population moyenne des circonscriptions du département.

Dans une décision des 1er et 2 juillet 1986, le Conseil constitutionnel devait préciser que l'utilisation de cette faculté ne pourrait intervenir que dans une mesure limitée, et devrait s'appuyer, cas par cas, sur des impératifs précis d'intérêt général. Saisi quelques mois plus tard de la loi délimitant les circonscriptions, le Conseil constitutionnel pouvait constater que les choix du législateur — se limitant en réalité à approuver le découpage préparé par le ministre de l'Intérieur — n'avaient pas « manifestement méconnu les exigences constitutionnelles ». Autant dire que l'encadrement juridique du découpage — ce qui est un incontestable progrès — ne saurait totalement faire obstacle à une délimitation qui, dans le respect des principes posés, peut être politiquement orientée. Il sera toujours difficile d'éviter l'accusation de *gerrymandering*, du nom d'un gouverneur du Massachusetts, Gerry, célèbre au XIXe siècle pour avoir, afin de favoriser sa réélection, découpé sa circonscription de manière si alambiquée qu'elle avait la forme d'une salamandre (*salamander*).

Il faut ajouter que la loi française prévoit une révision du découpage des circonscriptions législatives en fonction de l'évolution démographique après le deuxième recensement général de la population suivant la dernière délimitation (C. élect., art. L. 125), mais le respect de cette disposition, outre qu'il est rendu problématique par l'abandon d'un recensement global au profit d'un « recensement glissant » est de toute façon subordonné à une initiative du gouvernement... qu'il tarde en général à prendre en dépit des rappels à l'ordre du Conseil constitutionnel. C'est ainsi que le découpage de 1986 n'a été revu qu'en 2009...

Député, Égalité, Mode de scrutin, Représentation proportionnelle, Scrutin majoritaire

Cons. const., n° 85-196 DC et 85-197 DC, 8 et 23 août 1985, *Rec. Cons. const.* p. 63 et 70, *GDCC* n° 30, 15e éd., 2009 ; n° 86-208 DC et 86-218 DC, 1er-2 juill. et 18 nov. 1986, *Rec. Cons. const.* p. 78 et 167 ; Obs. du Conseil constitutionnel sur les échéances de 2007, *Cah. Cons. const.* n° 19. Déc. n° 2008-573 DC du 8 janv. 2009.

Code constitutionnel, Lexisnexis, obs. sous l'art. C. 3 ; *Dictionnaire constitutionnel*, PUF, 1992, p. 275.

Décret

Décision prise par un organe du Pouvoir exécutif, le décret (du latin *decretum*) est un acte par lequel le président de la République et le Premier ministre prennent, soit des mesures de caractère général et impersonnel (décrets réglementaires qui sont, soit des décrets en Conseil d'État, soit des décrets simples), soit des décisions individuelles (qui désignent leurs destinataires : décrets individuels), soit, mais beaucoup plus rarement, des décisions d'espèce (par ex. la dissolution de l'Assemblée nationale ou d'un conseil municipal).

Le partage des compétences entre le chef de l'État et le chef du gouvernement obéit à des règles constitutionnelles strictes, le cas échéant interprétées par la jurisprudence :

- il y a d'abord les compétences propres du chef de l'État, qui se traduisent par des actes — énumérés par l'article C. 19 — qu'il est seul à signer, et qui relèvent de sa mission spécifique d'arbitrage définie par l'article C. 5 : décrets de nomination du Premier ministre, d'organisation d'un référendum, de dissolution ;

- en ce qui concerne le pouvoir réglementaire, la compétence de principe appartient au Premier ministre (art. C. 21, al. 1er), mais le président de la République doit signer ceux de ces décrets qui sont délibérés en conseil des ministres (art. C. 13, al. 1er). Or il n'y a pas de définition de cette catégorie de décrets, en dehors de quelques rares hypothèses (ainsi de l'état de siège, art. C. 36). Par l'arrêt *Meyet* (10 déc. 1992), le Conseil d'État a précisé que la compétence de signature du chef de l'État s'impose dès lors que le décret a été délibéré en conseil des ministres, que cette délibération ait été rendue obligatoire par un texte, ou qu'elle ait résulté d'une inscription du projet de décret à l'ordre du jour du conseil des ministres. Comme c'est le chef de l'État qui signe l'ordre du jour du conseil des ministres, il a ainsi le moyen d'élargir sa participation à l'exercice du pouvoir réglementaire et de renforcer son pouvoir de contrôle du gouvernement (ce qui peut être important à l'approche d'une cohabitation) ;
- s'agissant du pouvoir de nomination aux emplois civils et militaires de l'État, la solution est inverse dans la mesure où l'article C. 13 énumère les emplois auxquels il est pourvu en conseil des ministres, et renvoie à la loi organique pour déterminer les autres emplois auxquels il est pourvu selon la même procédure, ainsi que les conditions dans lesquelles le président de la République peut déléguer son pouvoir de nomination. C'est donc ici au président de la République qu'appartient la compétence de principe. La révision constitutionnelle du 23 juillet 2008 a cependant prévu que cette compétence présidentielle ne peut, pour des emplois et fonctions importants pour la garantie des droits et libertés ou la vie économique et sociale de la nation, s'exercer qu'après un avis public de la commission permanente compétente de chaque assemblée, lequel peut aller jusqu'à bloquer la nomination projetée (art. C. 13, al. 5).

Il faut ajouter en outre que, selon une pratique constante depuis 1958, le président de la République signe également des décrets non délibérés en conseil des ministres. Mais le Conseil d'État considère que ces décrets sont des décrets du Premier ministre dès lors que le Premier ministre les a contresignés (jurisprudence *Sicard*).

Sur le plan contentieux, les décrets du président de la République comme ceux du Premier ministre sont considérés comme des actes administratifs, dont la légalité peut donc être contestée devant le Conseil d'État. Font cependant exception les décrets qualifiés d'actes du gouvernement.

↘ *Acte, Actes de gouvernement, Arbitrage, Cohabitation, Compétence, Contreseing, Décret-loi, État de siège, Nomination, Pouvoir exécutif, Pouvoir réglementaire*

CE 27 avr. 1962, *Sicard et al.*, *AJDA* 1962. 284, chron. Galabert et Gentot ; 10 déc. 1992, *Meyet*, *AJDA* 1992. 643, chron. Maugüe et Schwartz, *RD publ.* 1992.1 799, concl. D. Kessler, p. 1587, comm. F. Luchaire ; *Code constitutionnel*, Lexisnexis, obs. sous l'art. C. 13.

Décret-loi

Acte par lequel, sous les IIIe et IVe Républiques, le pouvoir exécutif modifiait une loi en vigueur après avoir obtenu du Parlement le vote d'une loi de pleins pouvoirs. La constitutionnalité de cette procédure, d'usage habituel à partir de 1924, fut vivement contestée, au motif principal que le Parlement ne peut déléguer une compétence qu'il tient de la Constitution. L'article 13 de la Constitution du 27 octobre 1946 était d'ailleurs rédigé en ces termes : « L'Assemblée nationale vote seule la loi. Elle ne peut déléguer ce droit ». Mais il est vrai que le décret-loi étant à sa publication un acte à valeur réglementaire, la prohibition établie par cet article n'était pas directement méconnue, et seule une ratification parlementaire ultérieure pouvait conférer la valeur législative au décret-loi. Le Conseil d'État lui-même, dans un avis du 6 février 1953, avait admis que des extensions de la compétence réglementaire étaient possibles, à condition que les extensions ne portent pas sur des matières réservées à la loi par la tradition républicaine (comme le consentement à l'impôt, le statut des libertés publiques ou la définition des crimes et délits).

Il faut en réalité comprendre la pratique des décrets-lois comme exprimant le rôle grandissant de l'exécutif dans la conduite des affaires de l'État à l'époque contemporaine (la Grande-Bretagne connaît, avec les *statutory instruments*, l'équivalent des décrets-lois). Aussi cette pratique, très caractéristique du désordre des institutions avant 1958, a-t-elle été tout simplement constitutionnalisée, en même temps que rationalisée, par le constituant de 1958 : c'est la procédure des ordonnances prévue à l'article C. 38.

↘ *Décret, Loi, Ordonnance*

CE avis du 6 févr. 1953, *RD publ.* 1953. 170 ; Pour une analyse en droit comparé, v. B. Chantebout, *Droit constitutionnel*, Dalloz (Sirey), 30e éd., 2013.

Défense nationale

↘ *Chef des armées, Conseil de défense, Force armée*

Défenseur des droits

Nouvelle institution prévue par la loi constitutionnelle du 23 juillet 2008 (art. C. 71-1), dont le statut est précisé par la LO n° 2011-333 et la loi ordinaire n° 2011-334 du 29 mars 2011. Depuis le 1er mai 2011, le Défenseur des droits, plus ou moins inspiré de l'*Ombudsman* des pays scandinaves, reprend les attributions exercées jusque-là par le *médiateur de la République* (autorité administrative indépendante créée en 1973 pour proposer des solutions de règlement amiable de certains différends opposant des citoyens à l'administration), mais aussi celles du Défenseur des enfants, de la Commission nationale de déontologie de la sécurité et de la Haute autorité de lutte contre les discriminations et pour l'égalité (HALDE). Nommé par décret en Conseil des ministres (sous réserve d'un veto parlementaire, art. C. 13, al. 4) pour 6 ans non renouvelables, le Défenseur des droits, qualifié d'« autorité constitutionnelle indépendante » par la loi de 2011, est considéré par le Conseil constitutionnel comme une « autorité administrative dont l'indépendance trouve son fondement dans la Constitution » (Cons. const., n° 2011-626 DC, 29 mars 2011). Il est assisté par trois adjoints (nommés sur sa proposition par décret du Premier ministre) et trois collèges (composés de magistrats et de personnalités qualifiées) spécialisés respectivement dans la défense des enfants, la déontologie de la sécurité et la lutte contre les discriminations. Le Défenseur des droits peut être saisi par toute personne qui s'estime lésée dans ses droits par un organisme public ou privé, ou bien discriminée. Il peut également se saisir d'office. Disposant de pouvoirs d'investigation, il peut, selon les cas, faire des recommandations, organiser une médiation, transmettre une plainte, saisir une autorité chargée du pouvoir de sanction. Il rend compte régulièrement de son activité au Parlement et au président de la République.

↘ *Autorité administrative indépendante, Ombudsman*

Défiance

↘ *Motion de censure*

Délégalisation

↘ *Déclassement*

Délégation de vote

↘ *Vote personnel*

Délégation parlementaire

Organe d'information du Parlement et, dans certains cas, d'investigation et de conseil, propre à chaque assemblée (par ex. la délégation parlementaire à l'aménagement et au développement durable du territoire) ou commun aux deux (ainsi de l'office parlementaire d'évaluation des choix scientifiques et technologiques). La création de délégations parlementaires est une façon de passer outre la limitation à 6 (8 depuis la révision constitutionnelle du 23 juillet 2008) par assemblée du nombre des commissions permanentes (art. C. 43). Cette révision a également prévu qu'une commission chargée des affaires européennes serait créée au sein de chaque assemblée parlementaire (art. C. 88-4, 3e al.). Jusqu'à cette révision, les assemblées ne disposaient que d'une délégation parlementaire à laquelle il appartenait d'instruire les documents communautaires (projets ou propositions d'actes des Communautés européennes et de l'Union européenne) afin que les assemblées puissent, par le vote de résolutions, donner leur avis sur ces textes (même article).

↘ *Actes communautaires, Commission, Résolution*

J.-P. Camby, *Le travail parlementaire sous la Ve République*, Montchrestien, 2021. ; *Code constitutionnel*, LexisNexis, obs. sous art. 88-4 C.

Délibération

1. Délibérer est le propre d'une assemblée représentative. En droit parlementaire, la délibération est l'opération de confrontation publique et contradictoire des opinions des membres de l'assemblée, sanctionnée par un vote qui exprime la décision. La délibération n'est donc pas un pur exercice intellectuel mais, selon l'expression de Maurice Hauriou (*Précis de droit constitutionnel*, 1929, rééd 1965, p. 351), une « opération de la volonté ». C'est pourquoi la protection de la liberté et de l'indépendance de chaque parlementaire par des immunités (l'irresponsabilité et l'inviolabilité) n'exclut, ni que les débats soient organisés (c'est notamment le rôle de la conférence des présidents), ni qu'il y ait des procédures qui ont pour objet de maîtriser le déroulement des débats et de les conduire à leur terme (c'est une des justifications du parlementarisme rationalisé), ni que les parlementaires soient astreints à une certaine discipline.

2. En procédure législative, la délibération d'un texte est la discussion du texte suivie de son adoption, mais on parlera également de « lecture ».

   Dans certains cas, la délibération peut être qualifiée de « seconde délibération » ou de « nouvelle délibération ». La seconde délibération consiste pour une assemblée à revenir, avant le vote sur l'ensemble d'un texte, et en général à la demande du gouvernement, sur des dispositions déjà votées. La nouvelle délibération est la délibération que demande le président de la République au Parlement avant l'expiration du délai de promulgation d'une loi déjà votée (art. C. 10, al. 2). Cette nouvelle délibération peut notamment avoir pour objet de mettre une loi en conformité avec la Constitution après une décision de non-conformité partielle du Conseil constitutionnel.

3. Le terme de délibération est également utilisé pour qualifier les travaux du conseil des ministres (art. C. 13 et C. 49). Cette délibération exprime la collégialité gouvernementale et elle obéit à des règles propres qui, notamment, excluent la publicité (à l'exception d'un bref

communiqué dans la pratique de la Ve République) : à la différence du Parlement, le gouvernement n'est pas une institution représentative, et n'est donc pas soumis aux mêmes contraintes dans l'organisation de son travail et la publicité qu'il lui donne.

↘ *Conférence des Présidents, Conseil des ministres, Constitutionnalité, Débat, Immunité, Majorité, Opposition, Parlement, Parlementarisme rationalisé, Promulgation, Vote de la loi*

Cons. const., n° 85-197 DC, 23 août 1985, *Rec. Cons. const.* p. 70, *GDCC* n° 30, 15e éd., 2009 ; *Code constitutionnel*, Lexisnexis, obs. sous l'art. C. 10 ; B. Mathieu et *alii*, *Les grandes délibérations du Conseil constitutionnel*, Dalloz, 2009.

Démission

Acte par lequel le titulaire d'un mandat ou d'une fonction signifie qu'il ne veut plus, ou ne peut plus, l'exercer.

1. La démission peut d'abord être celle d'un élu. Elle s'analyse en un refus d'assumer le mandat confié par le corps électoral et conduit logiquement à l'organisation d'une nouvelle élection.
   - En ce qui concerne les parlementaires, l'institution du suppléant ne joue que pour les parlementaires dont le siège devient vacant pour cause de décès, d'acceptation de fonctions gouvernementales ou de membre du Conseil constitutionnel, ou de prolongation au-delà du délai de 6 mois d'une mission temporaire confiée par le gouvernement (C. élect., art. LO 176-1 et LO 319), étant précisé que depuis la révision constitutionnelle du 23 juillet 2008, en cas d'acceptation de fonctions gouvernementales, et seulement dans ce cas, la suppléance est temporaire. Hors ces hypothèses de suppléance, il y aura donc lieu à démission dans les autres cas, et une élection partielle devra être organisée (C. élect., art. LO 178).
   - La démission du président de la République est un cas de vacance qui ouvre la période d'intérim pendant laquelle la fonction présidentielle sera assurée par le président du Sénat, et sera organisée l'élection du nouveau président de la République (De Gaulle, 1969).
2. La seule démission obligatoire prévue par la Constitution est celle du gouvernement battu à l'Assemblée nationale après avoir engagé sa responsabilité (art. C. 50), démission que le président de la République est tenu d'accepter, quitte à ce que la date d'effet en soit différée jusqu'aux élections législatives à suivre en cas de dissolution (une seule application le 5 oct. 1962). Il est en outre habituel que le gouvernement en place démissionne au lendemain d'élections générales, législatives ou présidentielles, bien qu'il n'y soit pas juridiquement obligé (le texte de la Constitution est muet sur ce point). Cette pratique, dans le pre-

mier cas, anticipe en quelque sorte sa responsabilité politique devant le Parlement, tandis qu'elle reflète, dans le second cas, la logique présidentialiste voulue par le fondateur de la Cinquième République, le Général de Gaulle, et vise à perpétuer la primauté politique du Président sur le Gouvernement. Mais quelle que soit la cause de la démission, un gouvernement démissionnaire reste en fonction pour expédier les affaires courantes tant que le gouvernement qui doit lui succéder n'a pas été nommé.

3. La démission du Premier ministre à la demande du président de la République a une signification essentiellement politique. Elle exprime de la part du Premier ministre sa responsabilité devant le chef de l'État qui l'a nommé. Pour répétée qu'elle ait pu être sous la Ve République, ce n'est qu'une pratique que l'on peut qualifier de « convention de la Constitution » et qui est rendue possible par un rapport de forces favorable au président de la République. Quant à la démission d'un ministre, elle procède d'une décision de l'intéressé, mais, à la différence de la démission du Premier ministre, il peut être mis fin aux fonctions d'un ministre sans qu'il ait à présenter sa démission : on peut donc dans ce cas parler de révocation (art. C. 8).

➘ *Affaires courantes, Continuité, Convention de la Constitution, Démission d'office, Intérim, Mandat, Suppléant, Vacance*

Démission d'office

Sanction infligée par le Conseil constitutionnel à un parlementaire qui a méconnu le régime des incompatibilités, ou dont l'inéligibilité est prononcée après l'élection pour n'avoir pas déposé son compte de campagne, ou avoir dépassé le plafond des dépenses autorisé (C. élect., art. L. 118-3 et L. 136-1).

➘ *Compte de campagne, Transparence*

Démocratie

1. Définition générale

Gouvernement du peuple (définition qu'impose l'étymologie : *demos*, peuple, et *kratos*, pouvoir). Du point de vue quantitatif, la démocratie s'oppose à la monocratie, ou gouvernement d'un seul. Mais le point de vue quantitatif s'accompagne, le plus souvent, d'un point de vue plus normatif : par opposition cette fois à l'autocratie, la démocratie réaliserait cette forme d'association par laquelle « chacun, s'unissant à tous, n'obéisse pourtant qu'à lui-même, et reste aussi libre qu'auparavant » (J.-J. Rousseau, *Du contrat social*, livre I, Chap. VI). L'égalité (*one man, one vote, one value*), et la liberté (n'être soumis qu'aux seules lois que l'on a contribué à créer), seraient ainsi conciliées par la vertu de la fusion des volontés dans une volonté générale qui déciderait de la loi commune. L'article DDH 6 porte les traces de cette vision des choses : « La loi est l'expression de la volonté générale. Tous les citoyens ont le droit de concourir personnellement, ou par leurs représentants, à sa formation. Elle doit être la même pour tous, soit qu'elle protège, soit qu'elle punisse [...] ».

2. La démocratie libérale

La difficulté est de passer de cette société politique pensée, ou rêvée, à une société politique organisée, ce qui suppose qu'il soit répondu à plusieurs questions.

- La première question concerne la nature de la démocratie. L'affirmation solennelle, par exemple dans une Déclaration des droits, qu'il y a des droits et des libertés opposables à l'État, signifie que la démocratie s'affirme comme libérale. Mais la démocratie pourrait-elle ne pas s'affirmer libérale ? Dès lors qu'il est affirmé que l'homme a des droits qu'il tient de sa nature, rien ne peut se faire qui ne procède de son consentement, c'est-à-dire de sa liberté. Le concept opposé de démocratie totalitaire comporte en effet une contradiction dans les termes : si le pouvoir absorbe le peuple, quel espace demeure-t-il pour que le peuple exerce sa liberté ? Mais une démocratie peut être plus ou moins libérale, et elle peut l'être différemment, selon par exemple les modalités retenues d'organisation et de garantie des libertés publiques. La dimension libérale de la démocratie sera en danger si la sphère du privé se réduit exagérément, *a fortiori* si la distinction entre sphère publique et sphère privée est méconnue. En sens inverse, définir la démocratie par le primat exclusif des droits de l'Homme pourrait conduire à remettre en cause sa définition comme pouvoir du peuple. C'est pourtant une tendance contemporaine, ce qui conduit Marcel Gauchet à parler d'une « démocratie désenchantée ».
- La nature de la démocratie commande, en deuxième lieu, l'organisation de la compétition politique. Il est clair que l'adossement de la démocratie à un système de libertés publiques définies et garanties est incompatible avec toute forme de compétition où l'expression de la volonté générale serait monopolisée par une seule force politique — un parti unique — dans le cadre d'une idéologie officielle (technique du « pouvoir clos » dans la terminologie de G. Burdeau). La démocratie libérale ne peut être que pluraliste (ou *polyarchique* selon la terminologie de R. Dahl) : la compétition se déroule entre plusieurs forces, parties ou groupements politiques, considérés comme également légitimes : c'est la technique du « pouvoir ouvert », avec ses concepts de majorité, d'opposition et d'alternance.

- Il reste enfin, troisième question, à choisir les procédures qui permettent au peuple d'exercer sa souveraineté. Selon les procédures retenues, une démocratie sera qualifiée de directe si le peuple se gouverne directement lui-même (mais historiquement, c'est une hypothèse largement théorique, même dans le cas des *Landsgemeinden* helvétiques), représentative quand la souveraineté s'exerce par l'intermédiaire de représentants que le peuple désigne par l'élection, ou semi-directe si, en certaines matières, le peuple détient un pouvoir d'initiative et peut décider par référendum (cas notamment de la Suisse). Les oppositions ne doivent cependant pas être trop tranchées : ainsi dans la démocratie représentative, la souveraineté du peuple peut être réelle si les opérations électorales lui permettent de faire de vrais choix (on parlera parfois de démocratie semi-représentative). À l'inverse, tel régime comme la IVe République fut qualifié par le doyen Vedel d'ultra-représentatif parce que la souveraineté du peuple était sans prise sur le jeu des représentants.

3. La démocratie sociale

La démocratie peut s'étendre au-delà de la sphère politique, mais avec des limites. On ne saurait par exemple instaurer la démocratie dans l'organisation de l'administration sans remettre en cause le principe démocratique selon lequel « Le gouvernement dispose de l'administration ». Dans le domaine social, la Constitution reconnaît valeur constitutionnelle au principe de participation des travailleurs à la détermination des conditions de travail et la gestion des entreprises (al. 8 du Préambule de 1946) mais, s'il y a participation, c'est précisément parce qu'il y a pluralité d'acteurs. Comme en matière strictement politique, la démocratie sociale reste surtout un horizon.

4. La Ve République

La Ve République est un peu tout cela : une démocratie libérale, tant par les énoncés de nombre des articles de sa Constitution que par les recours contentieux ouverts devant les différentes juridictions, mais qui se veut également une démocratie sociale (Préambule de 1946) ; une démocratie pluraliste, ce que signifie la formule de l'article C. 4 : « Les partis et groupements politiques concourent à l'expression du suffrage » ; et enfin une démocratie à la fois semi-représentative et semi-directe : les électeurs choisissent réellement la majorité qui va gouverner, et à l'expression de la souveraineté nationale par les représentants est ajoutée la voie du référendum.

5. La démocratie participative

Depuis quelques années, l'insatisfaction à l'égard du fonctionnement de la démocratie représentative classique a suscité un mouvement diffus mais convergent appelé démocratie participative, qui vise à associer davantage les citoyens aux processus de décision politique. Est ainsi contestée la réduction de la participation citoyenne à une délégation de pouvoir par l'élection, le dialogue entre représentants et représentés devant être permanent. Les instruments pouvant relever de cette démarche sont notamment des assemblées de citoyens, partiellement tirés au sort (conventions citoyennes), les référendums d'initiative populaire ou des mécanismes de destitution des élus (par ex. le *Recall*). La pertinence de tels instruments reste à démontrer. Surtout : il est illusoire de penser que la démocratie, fût-elle dite « participative », peut se passer de médiation ; la démocratie nécessite toujours de la représentation.

↘ *Alternance, Cinquième République, Cohabitation, Destitution, Dictature, Égalité, Landsgemeinde, Liberté, Majorité, Opposition, Référendum, Régime représentatif, République*

R. Aron, *Démocratie et totalitarisme*, Gallimard, 1965 ; L. Blondiaux, B. Manin (dir.), *Le tournant délibératif de la démocratie*, Paris, Presses de Sciences-Po, 2021 ; E.W. Böckenförde, *Le droit, l'État et la constitution démocratique*, Bruylant-LGDJ, 2000 ; G. Burdeau, *La démocratie*, Le Seuil, 1966 ; R. Dahl, *L'analyse politique contemporaine*, R. Laffont, 1973 ; C. Eisenmann, « Essai de classification des formes politiques », *Politique*, 1968, n°s 41-44, p. 5 et s. ; M. Gauchet, *La démocratie contre elle-même*, Gallimard, 2002 ; H. Kelsen, *La démocratie, sa nature, sa valeur (1932)*, rééd. Dalloz, 2004 ; P. Lauvaux, A. Le Divellec, *Les grandes démocraties contemporaines*, PUF, 4e éd., 2015 ; P. Rosanvallon, *La Démocratie inachevée : Histoire de la souveraineté du peuple en France*, Gallimard, 2000 ; P. Rosanvallon, *La contre-démocratie. La politique à l'âge de la défiance*, Seuil, 2006 ; J.-J. Rousseau, *Du Contrat social (1762)*, rééd. Garnier Flammarion, 1992.

Démocratie du chancelier

↘ *Chancelier*

Démocratie populaire

Une démocratie peut-elle ne pas être populaire, et l'expression démocratie populaire être une tautologie ? A cependant été ainsi qualifié le régime politique des différents pays d'Europe centrale dans lesquels, de 1945 à 1947 et, à l'exception de la Yougoslavie, à la faveur de l'occupation militaire soviétique, le parti communiste a pris le pouvoir. Les institutions de ces pays ont reproduit pour l'essentiel le « modèle » soviétique dont l'élément essentiel était le caractère hégémonique du parti. La fin des démocraties populaires facilitée par les politiques de réforme de Gorbatchev, a immédiatement précédé l'effondrement de l'URSS (Pologne 1989-1990, Hongrie 1989, Tchécoslovaquie 1989-1990...).

↘ *Centralisme démocratique, Soviet*

G. Vedel, *Démocraties soviétiques et populaires*, cours IEP Paris, 1966.

Déni de justice

Refus d'un juge d'accomplir un acte de sa fonction, plus généralement de rendre justice à quelqu'un. Le Code civil en interdit une modalité quand il dispose en son article 4 : « Le juge qui refusera de juger, sous prétexte du silence, de l'obscurité ou de l'insuffisance de la loi, pourra être poursuivi comme coupable de déni de justice ». Loin des affirmations de Montesquieu (pour qui le juge était la « bouche de la loi »), de Rousseau (affirmant que la volonté générale, dont la loi est l'expression, « ne saurait errer ») et de Voltaire (« interpréter une loi, c'est toujours la corrompre »), le juge est ainsi obligé de suppléer aux éventuels silences et ambiguïtés de la loi en rendant une sentence, et une sentence motivée. À l'intérieur du système juridictionnel, la règle du double degré de juridiction et la possibilité d'un ultime recours (dit « en cassation » pour vérifier que le droit a été bien « dit »), et à l'extérieur du système le travail critique de la doctrine permettent de contrôler le travail du juge. Mais, en tout état de cause, seul le recours au législateur permet de modifier pour l'avenir le droit que le juge a pour mission d'appliquer.

Une autre modalité du déni de justice peut se produire si le justiciable se heurte aux déclarations d'incompétence des juges auxquels il s'adresse successivement. La Ve République a pu connaître de ces situations lorsque, essentiellement dans ses débuts, et en certaines matières comme celle du contentieux électoral, il a fallu que s'harmonisent les compétences respectives de la « vieille » institution qu'était le Conseil d'État et la toute nouvelle, le Conseil constitutionnel.

↘ *Autorité judiciaire, Considérant, Juridiction*

Déontologie

Elle est la « science des devoirs » (*Littré*), plus précisément, l'ensemble des règles et des devoirs qui régissent une activité, la conduite de ceux qui l'exercent, les rapports entre ceux-ci et les tiers. Depuis quelques années, en raison de multiples affaires et de nouvelles exigences en matière de transparence et de moralité des gouvernants, la plupart des assemblées parlementaires dans le monde se sont dotées de règles déontologiques, notamment afin de prévenir les conflits d'intérêts (situation dans laquelle les intérêts d'un parlementaire pourraient interférer avec sa mission d'intérêt général). En France, le Sénat (en 2009) puis l'Assemblée nationale (2011) se sont dotés d'un code de déontologie, mais ces règles souples ont été renforcées par les lois du 11 octobre 2013 relatives à la transparence de la vie politique. Au Sénat, un comité de déontologie composé par les représentants des groupes politiques, à l'Assemblée nationale un Déontologue, personnalité extérieure, sont chargés de veiller à la prévention et au traitement des conflits d'intérêts.

↘ *Haute Autorité pour la transparence de la vie publique, Transparence*

Ph. Blachèr (dir.), *Déontologie et droit public*, LGDJ, 2014.

Député

Ainsi s'appellent en France depuis la Révolution les membres de l'assemblée élue au suffrage direct (ou, en cas de bicamérisme, à la chambre basse — depuis 1848 élue au suffrage universel direct mais seulement masculin, le suffrage totalement universel n'ayant été institué qu'en 1944). La première Constitution à utiliser ce titre est celle de 1793 (art. 8).

Depuis la loi du 10 juillet 1985, les députés sont au nombre de 577, chiffre désormais maximum puisqu'il a été constitutionnalisé en 2008 à l'article C. 24, al. 3. Le Conseil constitutionnel a par ailleurs jugé que la règle traditionnelle d'un minimum de deux députés par département n'était plus justifiée par un impératif d'intérêt général, compte tenu de cette limitation du nombre des députés et de la nouvelle catégorie des députés représentant les Français établis hors de France (au nombre de 11 ; Cons. const., déc. du 8 janv. 2009).

↘ *Assemblée nationale, Découpage électoral, Immunité, Mandat, Régime représentatif, Représentant*

M. Berthod, D. Hochedez, L. Roux de Bézieux, *Le statut du député*, Economica, 1989 ; *Code électoral*, commenté et annoté par M. de Villiers, F. Potier et M. de Vendeuil, Lexisnexis, obs. sous les art. LO 119 et s. ; D. Garrigue, *Le député aujourd'hui*, Assemblée nationale (Connaissance de l'), 1992 ; C. de Nantois, *Le député : une étude comparative, France, Royaume-Uni, Allemagne*, LGDJ, 2010.

Désistement

Retrait volontaire de candidature (d'une personne ou d'une liste) à une élection, entre les deux tours de celle-ci. L'art. C. 7, al. 1er évoque le possible « retrait de candidats plus favorisés » à une élection présidentielle. Un désistement peut être (politiquement) accompagné d'un appel à voter pour tel autre candidat. On parle alors de désistement « en faveur de... ». Sous la IIIe République française, les partis républicains pratiquaient généralement le désistement mutuel, qualifié de « discipline républicaine » (contre les candidats monarchistes ou bonapartistes). Dans une période récente, on a qualifié de « front républicain » le désistement systématique mutuel de candidats de droite ou de gauche pour empêcher l'élection de candidats considérés comme extrémistes.

Destitution

Acte par lequel une personne est privée de sa charge contre sa volonté et avant le terme de son mandat. Le terme s'applique généralement au chef de l'État.

Aux États-Unis, la destitution du président (ou d'un fonctionnaire fédéral) peut être l'aboutissement d'une procédure d'*impeachment* décidée par la Chambre des représentants. Elle est votée par le Sénat à la majorité des deux tiers de ses voix. Dans certaines républiques, la destitution du président peut être votée par le peuple sur initiative du Parlement (ainsi notamment en Autriche, en Roumanie ou en Islande). Dans d'autres, elle peut être prononcée par une cour constitutionnelle (par exemple, en Allemagne) ou une instance *ad hoc* (par exemple, en Italie), généralement pour une faute commise (violation de la Constitution, haute trahison). Plus rarement, un mécanisme de destitution populaire peut exister sur initiative d'un certain nombre de citoyens et viser le titulaire d'une charge publique quelconque (on parle de procédure de *Recall* dans certains États américains ou d'*Abberufung* dans quelques cantons suisses).

Le nouvel article 68 de la Constitution française, introduit en février 2007 (et complété par la LO n° 2014-1392 du 24 novembre 2014), institue une procédure permettant de destituer le président de la République pour « manquement à ses devoirs manifestement incompatible avec l'exercice de son mandat ». La destitution est prononcée par les deux chambres du Parlement constitué en Haute Cour, au terme d'un vote pris à la majorité des deux tiers de ses membres (chacune des chambres pouvant, à la même majorité des deux tiers, provoquer la réunion de la Haute Cour). Il s'agit d'un mécanisme de mise en jeu exceptionnelle de la responsabilité politique (ou constitutionnelle) du président de la République, justifié par l'immunité dont il jouit pendant la durée de ses fonctions (nouvel art. C. 67), et qui remplace l'ancienne procédure de responsabilité pour haute trahison.

➘ *Haute Cour, Haute trahison, Immunité, Impeachment, Irresponsabilité, Manquement, Responsabilité*

C.-E. Sénac (dir.), *La révocation populaire des élus*, Mare et Martin, 2021.

Deuxième République

La République est proclamée pour la deuxième fois le 25 février 1848 par le gouvernement provisoire mis en place au cours de l'émeute qui a contraint le roi Louis-Philippe à l'abdication. Par un décret du 5 mars, ce même gouvernement provisoire institue un suffrage universel sur le principe duquel on ne reviendra plus, mais qui ne deviendra vraiment universel qu'avec l'extension du droit de vote aux femmes le 21 avril 1944.

Le droit constitutionnel de la IIe République est marqué par une tentative de République présidentielle, tentative interrompue par le coup d'État du 2 décembre 1851, puis par la préparation du rétablissement du régime impérial.

1. La Constitution du 4 novembre 1848 prévoit un président de la République élu au suffrage universel direct pour 4 ans, et non immédiatement rééligible, une assemblée législative unique élue pour 3 ans et ne pouvant être dissoute par le président, et enfin des ministres, nommés par le président et, tout comme le président, assujettis à une responsabilité mal définie et dont est juge une Haute Cour de justice. « Juxtaposition de principes contradictoires » (J.-J. Chevallier), cette Constitution suscite les occasions de conflit auxquelles Louis-Napoléon Bonaparte, premier président de la République élu au suffrage universel direct, met fin à son profit par le coup d'État du 2 décembre 1851.
2. La Constitution du 14 janvier 1852 reproduit, pour l'essentiel, les institutions politiques du Consulat et du premier Empire, de telle sorte que la proclamation de Louis-Napoléon Bonaparte comme empereur des Français est une simple régularisation (sénatus-consulte du 7 nov. 1852).

↘ *Césarisme démocratique, Coup d'État, Empire, Président de la République, République, Suffrage universel*

J.-J. Chevallier, *Histoire des institutions et des régimes politiques de la France de 1789 à 1958*, Dalloz, 9e éd., 2009 ; Victor Hugo, *Napoléon le petit* (1852), L'escalier, 2019 ; Karl Marx, *Le 18 Brumaire de Louis Bonaparte* (1852), Fayard, 1997.

Devoir

Dans la rédaction des déclarations des droits, la présence des devoirs est en général discrète, peut-être en raison de la connotation morale qui s'attache au terme même. Une seule Déclaration les consacre officiellement dans son intitulé, il s'agit de la déclaration qui précède la Constitution du 5 fructidor an III (22 août 1795) : « Déclaration des droits et des devoirs de l'homme et du citoyen ». La Constitution du 4 novembre 1848, ainsi que le projet de Constitution du maréchal Pétain (qui ne fut jamais promulgué), font également référence à des devoirs mis sur le même plan que les droits. Mais, implicitement, les devoirs sont toujours présents car il n'y a pas de droit proclamé qui n'ait pour corollaire le devoir de respecter les droits des autres, ce qu'exprime l'article 4 de la Déclaration de 1789 « La liberté consiste à pouvoir faire tout ce qui ne nuit pas à autrui ». Parfois cependant la référence est explicite, ainsi de l'alinéa 5 du Préambule de 1946 (« Chacun a le devoir de travailler ») et, surtout, de la Charte de l'environnement de 2004 dont 7 articles sur 10 définissent des devoirs vis-à-vis de l'environnement (exemple de l'art. 2 : « Toute personne a le devoir de prendre part à la préservation et à l'amélioration de l'environnement. »).

↘ *Déclaration des droits, Fraternité*

Dévolution

Terme utilisé au Royaume-Uni pour désigner une politique d'autonomie régionale qui s'exprime par le transfert de compétences exécutives et/ou législatives du pouvoir central vers des autorités territoriales élues dans un cadre juridique défini par le Parlement britannique. Rentre dans une telle politique le référendum du 11 septembre 1997 par lequel les électeurs écossais ont adopté un texte dotant l'Écosse d'un Parlement régional (dont les membres ont été élus pour la première fois en 1999 selon un mode de scrutin inspiré du mode de scrutin allemand), doté de pouvoirs législatifs et fiscaux (une précédente tentative de dévolution avait échoué en 1979). À un degré moindre, elle joue également en faveur du Pays de Galles et de l'Irlande du Nord.

↘ *Collectivité territoriale, Décentralisation, État fédéral, Fédération*

T. de Berranger, « Dévolution : la douche écossaise ? Ou après le beau temps... la pluie ! », in *Mélanges Hélin*, Litec, 2004 ; Th. Guilluy, *Du "self-government" des Dominions à la Dévolution*, Éd. Panthéon-Assas, 2018.

D'Hondt (Système)

Du nom du juriste et mathématicien belge Victor D'Hondt qui inventa en 1878 une technique de répartition des sièges dans le cadre d'élections à la représentation proportionnelle. Cette technique consiste à diviser les suffrages obtenus par chaque liste par successivement 1, 2, 3... dans la limite du nombre de sièges à pourvoir. Les sièges sont ensuite attribués aux listes ayant obtenu les quotients les plus élevés. Le système d'Hondt donne les mêmes résultats que la technique de la plus forte moyenne.

↘ *Mode de scrutin, Représentation proportionnelle*

Dictature

1. Forme de gouvernement

La dictature est une forme de gouvernement autoritaire qui, à l'opposé de la démocratie, supprime la liberté comme fondement du pouvoir. Par voie de conséquence ne sont pas reconnues, ou, si elles le sont, sont du moins sévèrement contrôlées, les libertés qui permettent la vie politique (presse, réunion, association, etc.). Le suffrage peut cependant être maintenu, mais aux fins d'acclamation, ce qui lui ôte toute signification (Alain : « Le suffrage périt par l'acclamation »).

La dictature n'implique pas nécessairement l'exercice du pouvoir par un despote, c'est-à-dire par une personne qui abuse de l'autorité (la dictature peut en effet être collégiale dans le cadre d'un parti unique), mais il est rare qu'elle n'y conduise pas.

2. « Dictature au sens romain du terme »

Ainsi a été parfois qualifié le régime constitutionnel d'exception prévu par l'article C. 16 dont l'objet est, par analogie avec ce qui se pratiquait à Rome, de conférer les pouvoirs les plus larges au président de la République pour sauver la République en danger.

3. Dictature du prolétariat

Phase de l'évolution d'un régime marxiste-léniniste au cours de laquelle le parti communiste, avant-garde du prolétariat, construit le socialisme en éliminant les forces sociales qui s'y opposent et prépare les conditions du passage du socialisme au communisme. Dans l'histoire de l'URSS, c'est la Constitution de 1977 qui aurait marqué la fin de la période de dictature du prolétariat et l'avènement d'un peuple unifié, le « peuple entier ».

Mais la décomposition de l'URSS en 1991 à la suite des réformes de Gorbatchev illustre *a contrario* le fait que la dictature est l'instrument obligé de toute entreprise totalitaire visant à une transformation profonde de la société à partir d'un schéma qui exclut tout ce qui s'y oppose.

↘ *Pouvoirs exceptionnels, Soviet*

H. Arendt, *Le système totalitaire*, Le Seuil, 1972 ; R. Aron, *Démocratie et totalitarisme*, Gallimard, 1965 ; M. Duverger, *De la dictature*, Julliard, 1961 ; M. Prélot, J. Boulouis, *Institutions politiques et droit constitutionnel*, Dalloz, 11e éd., 1990, nos 63 et s.

Diète

Nom générique des assemblées politiques dans certains pays d'Europe du Nord et de l'Est. Du latin *dies*, « jour » et *dieta*, « jour assigné » (en allemand : *tag ;* en suédois : *dag*). Le mot a fini par désigner l'assemblée elle-même : Par exemple, le *Bundestag* ou diète fédérale, en Allemagne, le *Reichstag* ou Diète du Reich sous la République de Weimar, le *Riksdag* ou diète du Roi en Suède, la *Sejm* en Pologne.

Dignité

Proclamé par la Déclaration universelle des droits de l'Homme de 1948 comme le « fondement de la liberté, de la justice et de la paix dans le monde », le principe de dignité de l'homme (ou « de tous les membres de la famille humaine » selon la formule de la Déclaration universelle), n'a reçu en France qu'une consécration constitutionnelle tardive quand le Conseil constitutionnel, saisi en 1994 des premières lois bioéthiques, a déduit de l'affirmation du Préambule de 1946 selon laquelle « tout être humain, sans distinction de race, de religion ni de croyance, possède des droits inaliénables et sacrés » que « la sauvegarde de la dignité de la personne humaine contre toute forme d'asservissement et de dégradation est un principe à valeur constitutionnelle ». Mais il y a débat entre ceux qui voient dans la dignité un simple droit subjectif qu'il appartiendrait à la personne d'exercer ou de ne pas exercer, et ceux pour lesquels la dignité est au-delà de cette qualification parce que, entre la dignité et les droits, il n'y a pas une différence de degré mais une différence de nature. Selon cette seconde acception, la dignité n'est pas un droit de l'homme, c'est l'homme.

↘ *Droits de l'Homme*

Cons. const., n° 94-343/344 DC, 27 juill. 1994, *GDCC* n° 35.

Directive européenne

↘ *Actes législatifs européens*

Directoire

↘ *Régime directorial*

Discipline

Ensemble de sanctions prévues par les règlements des assemblées et qui peuvent être infligées aux parlementaires ne respectant pas les règles de bonne conduite de l'institution (par degré de gravité, ces sanctions sont : le rappel à l'ordre, le rappel à l'ordre avec inscription au procès-verbal, la censure et la censure avec exclusion temporaire).

↘ *Délibération, Immunité, Règlement d'assemblée*

Discipline de vote

1. Attitude consistant, pour les membres d'un parti ou d'un groupe parlementaire, à respecter les consignes de vote de son parti ou de son groupe. Être assuré de la discipline de vote des députés de sa majorité est pour tout gouvernement en régime parlementaire un souci permanent. L'institution britannique du *whip* (parlementaire chargé de ramener les députés au moment des votes) en a été historiquement le signe. La discipline de vote est devenue un comportement quasi obligé avec le parlementarisme majoritaire, mais si elle est un facteur positif de la stabilité gouvernementale, elle n'est pas sans inconvénient quant à l'intérêt des débats et a sa part de responsabilité dans l'absentéisme parlementaire.

   En revanche, au sein du Congrès des États-Unis, la discipline de vote est très faible : il n'y a pas de gouvernement à soutenir, et les majorités qui votent les textes comportent presque toujours des parlementaires des deux partis.

2. La discipline de vote peut être également demandée aux électeurs à l'occasion d'une élection au suffrage universel direct. Dans les partis de gauche, cette discipline de vote est traditionnellement appelée la « discipline républicaine ». Mais, conséquence sans doute de la médiatisation des campagnes électorales, les consignes de vote données par les leaders politiques ont cessé d'être déterminantes dans les choix que font les électeurs.

↘ *Fait majoritaire*

Discipline républicaine

↘ *Désistement, Discipline de vote*

Discours de Bayeux

Discours prononcé le 16 juin 1946 par le Général de Gaulle dans la première ville de Normandie libérée en 1944. Après l'échec du premier projet de constitution pour la IVe République (repoussé par le référendum du 5 mai 1946) et juste avant la réunion de la seconde Assemblée constituante (élue le 2 juin), l'ancien chef de la « France libre » y développe les grands traits de son propre projet constitutionnel, exaltant la démocratie avec un « État fort ». Il plaide pour le principe du bicamérisme (la seconde chambre devant refléter également les intérêts locaux et les forces économiques et intellectuelles de la Nation). Mais, surtout, invoquant la nécessité d'une nette séparation et d'un équilibre entre les pouvoirs, il défend l'existence d'un « arbitrage national qui fasse valoir la continuité au milieu des combinaisons ». Récusant la logique du régime parlementaire moniste, il avance que c'est du président de la république, « placé au-dessus des partis » (il devra être élu par un collège plus large que le seul parlement), que doit « procéder » le gouvernement. Ce chef de l'État doté de larges compétences pour exercer l'« influence de la continuité » et en appeler au besoin au corps électoral, doit être le « garant de l'indépendance nationale et des traités ». À bien des égards, ce discours, qui prend le contre-pied des idées constitutionnelles qui triompheront sous la IVe République, est le « brouillon » de la Constitution de 1958 que, une fois revenu au pouvoir, de Gaulle put mettre en œuvre, non seulement dans la lettre du texte constitutionnel (restauration du dualisme, pouvoirs propres du chef de l'État) mais surtout dans son esprit.

↘ *Arbitrage, Cinquième République, Dualisme, Gardien de la constitution, Pouvoirs propres, Président de la République*

G. Burdeau, « La conception du pouvoir selon la Constitution française du 4 octobre 1958 », *RFSP*, 1959, p. 87-100 ; F. Decaumont (dir.), *Le discours de Bayeux, hier et aujourd'hui*, Economica, 1991 ; Ch. de Gaulle, *Discours et messages (1940-1946)*, Berger-Levrault, 1946 ; A. Le Divellec, « Le prince inapprivoisé », *Droits* n° 44, 2007.

Discours du trône

Dans les monarchies représentatives, le discours du trône est prononcé par le chef de l'État (ou son représentant, par exemple, le gouverneur général au Canada et en Australie) devant les assemblées au cours de la cérémonie d'ouverture de la session annuelle du Parlement. À mesure que le gouvernement du Roi s'est parlementarisé, le discours du trône a reflété de plus en plus la pensée des ministres et non celle du monarque. Aujourd'hui, il est principalement l'occasion pour le gouvernement d'exposer le programme législatif qu'il compte soumettre aux chambres au début de chaque session.

Discours sur l'état de l'Union

Dans le système de gouvernement fédéral des États-Unis d'Amérique, le discours (ou message) sur l'état de l'Union est prononcé en principe chaque année, en début de session (généralement en janvier) par le président des États-Unis devant les deux chambres du Congrès réunies (Const. de 1787, Art. II, Sect. 3, 1°). Transposition républicaine du Discours du trône des monarchies, aujourd'hui doté d'un fort impact médiatique, il permet au chef de l'Exécutif — qui ordinairement n'a pas accès au Congrès — de présenter sa politique aux parlementaires (et à l'opinion publique) et de suggérer des projets de réforme (bien que le président ne détienne pas officiellement le droit d'initiative législative, une liste de projets est annexée au discours). Il manifeste par là qu'il est *de facto* le *législateur en chef*.

Discrimination, Discrimination positive

1. Bien que de signification neutre au sens littéral (action de discerner), la notion de discrimination, en ce qu'elle heurte le principe fondamental d'égalité, est unanimement réprouvée dans les démocraties libérales contemporaines (v. en France, Préambule de 1946, al. 2 et 5 et Constitution, art. 1). Une discrimination peut se traduire par des actes qualifiés pénalement (C. pén., art. L. 225-1). Mais elle peut être également le fait d'une législation lorsque le bénéfice d'un droit est refusé à des personnes ou un groupe de personnes sans motif ou pour des motifs arbitraires sans rapport avec la finalité de ce droit. Ainsi du refus d'attribuer le droit de vote aux femmes entre 1848 et 1944. Toute discrimination législative n'est cependant pas interdite, dont le juge peut être amené, en tant que gardien du principe d'égalité, à contrôler le bien-fondé (v. la rubrique égalité).
2. La notion de discrimination positive, que d'aucuns préfèrent plutôt appeler *action positive* ou, aux États-Unis, *affirmative action*, est regardée plus favorablement aujourd'hui, quoiqu'elle n'échappe pas à d'importantes controverses. La discrimination positive permet de justifier un traitement inégal (théoriquement temporaire) des individus, destiné à favoriser ou atteindre un objectif, l'égalité réelle (ou parfois seulement l'égalité des chances) entre ces mêmes individus dont certains sont pénalisés en raison de leur appartenance à un « groupe » défavorisé (du fait du sexe, de l'origine ethnique, des convictions religieuses, d'un handicap notamment). Autrement dit, c'est en principe « l'égalité elle-même qui commande et justifie ce détour par l'inégalité » (G. Calvès). Concrètement, les mesures de discrimination positive sont des mesures préférentielles, pouvant prendre des formes extrêmement

variées selon l'objectif visé (suspension ou aménagement de règles de concurrence, postes réservés, quotas, avantages fiscaux, etc.). Le fait que le principe d'égalité soit l'un des principes cardinaux de l'ordre constitutionnel français (qui prohibe notamment les « distinctions d'origine, de race ou de religion », art. C. 1er, al. 1er) rend plus difficile l'épanouissement d'une notion juridique de discrimination positive et surtout l'élaboration de politiques afférentes, même si le droit communautaire a imposé un cadre minimum (par ex. art. 141 Traité CE ainsi que plusieurs directives). De récentes suggestions visant à faire mentionner, dans le texte de la Constitution formelle, un principe de « diversité » qui ferait en quelque sorte contrepoids au principe général d'égalité ont échoué en 2008 et 2009. Plus qu'ailleurs peut-être, la culture politique française continue de se traduire par un « amour de l'égalité » peut-être excessivement abstrait, qui, paradoxalement, aboutit à empêcher de résoudre certains problèmes liés à l'hétérogénéité réelle de la société.

↘ *Égalité, Parité*

G. Calvès, *La discrimination positive*, PUF, coll. « Que sais-je ? » n° 3712, 4e éd., 2016 ; *Pouvoirs* n° 111, « Discrimination positive », 2004.

Discussion générale

Partie de la délibération parlementaire d'un projet ou d'une proposition de loi qui a pour objet la présentation du texte inscrit à l'ordre du jour. Cette phase d'examen général permet au gouvernement, aux rapporteurs des commissions (la commission saisie au fond et, le cas échéant, les commissions saisies pour avis), et aux parlementaires qui se sont inscrits dans le débat de s'exprimer sur l'ensemble du texte. La discussion générale précède la discussion des articles.

↘ *Commission, Motion, Séance publique*

P. Avril et J. et J.-E. Gicquel, *Droit parlementaire*, Montchrestien, 6e éd., 2021.

Dispositif

↘ *Article*

Dissolution

Procédure ayant pour objet de mettre fin, par l'organisation d'élections législatives anticipées, aux pouvoirs d'une assemblée avant le terme normal de son mandat.

1. Historiquement, la dissolution vient des premiers temps de l'histoire du Parlement en Angleterre où s'imposait la règle qu'un Parlement dure tant que le Roi en a ainsi décidé et que, par conséquent, la fin normale d'une assemblée est son renvoi par le monarque. Très logiquement, l'effacement progressif de la fonction royale s'est ensuite traduit par le transfert du droit de décider la dissolution au Premier ministre, en vertu d'une convention de la Constitution.

Cette origine du droit de dissolution explique que le constituant américain, soucieux d'une séparation accentuée et d'un réel équilibre entre les pouvoirs, ait refusé que le mandat des membres du Congrès puisse être interrompu par une décision du président des États-Unis.

2. Le droit de dissolution a suivi l'évolution du régime parlementaire. La conception traditionnelle du régime parlementaire justifiait le droit de dissolution dans le cadre des relations entre l'exécutif et les chambres élues : moyen de pression du premier sur les secondes (essentiellement sur la majorité de l'assemblée élue au suffrage universel direct), et procédure de sortie de crise en cas de conflit ouvert entre eux. Mais ce schéma a beaucoup perdu de sa pertinence avec l'importance du système des partis politiques dans le fonctionnement du régime.

   - Là où il y a parlementarisme majoritaire, la dissolution peut être utilisée comme technique permettant d'organiser les élections à la date la plus favorable pour la majorité sortante (pratique habituelle en Grande-Bretagne, même entre 2011 et 2022, lorsqu'une loi avait restreint son usage). Peuvent s'ajouter des considérations de sagesse (selon la fine observation de Paul Deschanel, « une chambre ne meurt bien que quand elle ne sait pas quand elle doit mourir »).
   - S'il n'y a pas parlementarisme majoritaire, la dissolution sera, soit neutralisée par les parlementaires eux-mêmes (régimes d'assemblée de fait des IIIe et IVe Républiques), soit, en cas d'usage, largement inefficace en raison du jeu des partis (Italie jusqu'à une époque très récente).
   - Enfin, il faut noter que certaines constitutions tentent de limiter l'exercice du droit de dissolution soit en subordonnant son utilisation à la survenance de situations de crise avec le gouvernement (par ex., art. 51 Const. de 1946 ; art. 63 et 68 LF d'Allemagne), soit en instaurant un système de dissolution automatique (Grèce, art. 32, al. 4 ; Royaume-Uni, *Fixed Term Parliaments Act* de 2011, abrogé en 2022). Enfin, dans certains pays, l'assemblée peut décider elle-même sa propre dissolution (notam. Autriche, art. 29, al. 2 Const. ; Hongrie, art. 3, al. 2 Const. de 2011 ; Israël ainsi que Royaume-Uni entre 2011 et 2022). Mais cette mécanisation n'exclut pas des détournements de procédure (cas en Allemagne en 1972, 1983 et 2005).

Ces considérations ne doivent cependant pas conduire à sous-estimer l'importance du droit de dissolution en tant qu'instrument de démocratisation du régime parlementaire, de discipline des forces politiques et d'équilibre entre l'Exécutif et le Parlement.

3. Dans la Constitution de 1958, la dissolution n'est pas ministérielle, comme dans les régimes parlementaires européens, mais présidentielle. Il s'agit d'une compétence propre puisque le décret de dissolution est dispensé de contreseing. L'attribution de cette compétence d'appel au peuple au chef de l'État fait de celui-ci le maître du calendrier électoral. Très logiquement, le chef de l'État sera donc le premier bénéficiaire d'élections législatives anticipées en cas de victoire des candidats soutenant sa politique (dissolutions de 1962, 1968, 1981 et 1988), et, en sens inverse, le grand perdant si l'emportent les candidats de l'opposition (dissolution de 1997).

↘ *Alternance, Cinquième République, Cohabitation, Contreseing, Parlementarisme, Quatrième République, Régime parlementaire, Troisième République*

P. Albertini, *Le droit de dissolution et les systèmes constitutionnels français*, PUF, 1977 ; P. Lauvaux, *La dissolution des assemblées parlementaires*, Economica, 1983 ; A. Le Divellec, « Le *Fixed-Term Parliaments Act 2011* », *Jus Politicum*, vol. V, 2013, p. 269-280 (et n° 7 en ligne) ; D. Swolarski, « Le *Dissolution and Calling Parliament Act 2022* », *Jus Politicum*, n° 28, 2022.

Doctrine

Du latin *docere*, acte d'enseigner. Le travail de réflexion sur le droit constitutionnel peut prendre plusieurs formes. Pour une part, il est un simple commentaire de la pratique des pouvoirs publics ou de la jurisprudence. Avec le développement du contentieux constitutionnel, l'importance de la jurisprudence ne cesse de croître, ce qui se traduit notamment par des rubriques de jurisprudence constitutionnelle dans les grandes revues juridiques et par des recueils de « grandes décisions ». Pour une autre part, la doctrine est une réflexion sur l'évolution du droit constitutionnel, les concepts qu'il utilise et le sort qui leur est réservé par les régimes politiques. La doctrine française a été longtemps remarquable sur ce plan, que l'on songe aux grands maîtres qui ont dominé le premier tiers du XXe siècle : Esmein, Hauriou, Duguit et Carré de Malberg (mais il faudrait en citer d'autres…). À titre d'exemple, le livre de Carré de Malberg *La loi, expression de la volonté générale* (Sirey, 1931, rééd. Economica, 1984) est un modèle du genre et reste une référence doctrinale indispensable pour comprendre le régime de la IIIe République. Et on sait ce que le contrôle de constitutionnalité doit aux grands travaux doctrinaux de l'entre-deux-guerres avec, en tête de proue, Kelsen.

La doctrine vaut ce que vaut l'autorité scientifique de ses membres. Si le dialogue avec le juge permet à la doctrine de participer indirectement à l'évolution de la discipline (surtout quand l'un de ses membres les plus éminents — G. Vedel — est nommé au Conseil constitutionnel où il a siégé de 1980 à 1989), il n'est pas sans danger, les juristes pouvant céder à la facilité consistant à suivre « la pente des faits ou de la jurisprudence, serviteurs dociles de l'actualité, prisonniers de l'événement et de l'écume des choses, voués à la paraphrase des arrêts » (G. Cornu). Le dialogue avec le monde politique donne des résultats beaucoup plus incertains.

↘ *Contrôle de constitutionnalité, Pratique*

O. Beaud, « Doctrine », in *Dictionnaire de la culture juridique*, PUF 2003 ; J.-D. Bredin, « Remarques sur la doctrine », in *Mélanges P. Hébraud*, Dalloz, 1981 ; G. Cornu, *Aperçu de la pensée juridique contemporaine*, Annales de l'Université de Poitiers, 1960, n° 1 ; P. Jestaz, C. Jamin, *La doctrine*, Dalloz, 2004.

Domaine de la loi

Constituent le domaine de la loi un certain nombre de matières énumérées par l'article C. 34 ainsi que par quelques autres articles (v. art. DDH 4 à DDH 11, al. 3 et 7 du Pr. 46, art. C. 66 et C. 72). Cependant, dans ces matières, la compétence législative est inégalement étendue, devant théoriquement se limiter à ce que l'article C. 34 appelle des règles ou des principes fondamentaux. Les matières autres que celles qui sont du domaine de la loi ont un caractère réglementaire (art. C. 37).

Cette notion d'un domaine dans lequel l'activité législative du Parlement est circonscrite a été une des innovations majeures de la Constitution de 1958, innovation qui eut beaucoup de retentissement à l'époque au regard de la pratique antérieure d'un Parlement qui décidait souverainement du contenu des lois qu'il votait. La portée de l'innovation a cependant été très atténuée.

- La procédure d'irrecevabilité que peut mettre en œuvre le gouvernement pour s'opposer à une intrusion du Parlement dans le domaine réglementaire (art. C. 41) est facultative et le gouvernement est d'autant moins porté à en faire usage qu'il est bien souvent à l'origine de ces intrusions (depuis la révision constitutionnelle de 2008, les présidents d'assemblée peuvent également soulever l'irrecevabilité). La procédure de saisine du Conseil constitutionnel en cas de conflit entre le gouvernement et l'assemblée intéressée est tombée en désuétude, et le Conseil constitutionnel a précisé qu'une loi comportant de telles dispositions n'était pas pour autant contraire à la Constitution (déc. du 30 juill. 1982, confirmée par la déc. du 15 mars 2012), même s'il a exceptionnellement déclassé préventivement les dispositions législatives contestées au motif d'un défaut de respect des articles C. 34 et C. 37 (déc. du 21 avr. 2005).
- Le Conseil constitutionnel a interprété avec libéralisme, au profit du Parlement, les dispositions constitutionnelles délimitant le

domaine de la loi. La distinction entre les matières à règles et les matières à principes fondamentaux, distinction supposant que dans les premières la compétence du législateur serait beaucoup plus étendue que dans les secondes, a été largement effacée par la jurisprudence. À l'exception de quelques rares matières d'où le législateur est exclu et qui constituent ce qu'on appelle le domaine réglementaire autonome (essentiellement l'organisation de l'administration de l'État, la procédure civile et la procédure administrative et les contraventions de police), la compétence est législative quand il s'agit d'adopter des dispositions déterminantes, qui mettent en cause les principes d'une matière, et une compétence réglementaire quand ce sont des dispositions de mise en œuvre.

Il faut ajouter que, même si une matière est réglementaire, la compétence redevient législative dès lors qu'il s'agit de porter atteinte à un principe général du droit (Cons. const., déc. 69-55 L du 26 juin 1969, *GDCC* n° 12, 15e éd., 2009).

- En revanche, le Conseil constitutionnel censure régulièrement le Parlement quand il n'exerce pas totalement sa compétence, c'est-à-dire quand il ne met pas dans la loi les dispositions déterminantes qu'il devrait y mettre (jurisprudence dite de l'*incompétence négative*).

↘ *Déclassement, Fin de non-recevoir, Incompétence négative, Loi, Pouvoir législatif, Pouvoir réglementaire*

Cons. const., n° 2010-5 QPC, 18 juin 2010, *DCC* n° 20.

Actes du Colloque d'Aix-en-Provence, *Le domaine de la loi et du règlement*, Economica, 2e éd., 1981 ; B. Mathieu, *La loi*, Dalloz, 3e éd., 2010 ; *Code constitutionnel*, Lexisnexis, obs. sous les art. C. 34 et C. 37.

Domaine réservé

Expression imaginée en 1959, et qui a ensuite fait fortune, pour justifier le rôle prééminent, sinon exclusif, du président de la République dans la conduite des politiques étrangère et de défense (ainsi que de quelques autres comme, par exemple entre 1959 et 1962, la politique algérienne).

Bien que les articles 5, 15, 16 et 52 de la Constitution attribuent au chef de l'État une mission et des compétences particulièrement fortes dans ces domaines, Il n'y a pas de fondement juridique à la notion de domaine réservé. Bien au contraire, les actes auxquels donnent lieu les politiques de défense et d'affaires étrangères sont soumis à contreseing (art. C. 19). L'essentiel est donc politique. Si, en période de cohabitation, le chef de l'État doit accepter un certain partage (mais malheur cependant au Premier ministre qui ne respecte pas la prééminence présidentielle), hors cohabitation, il n'y a pas de limite à ses interventions. Et que survienne une situation de crise, l'autorité présidentielle devient exclusive.

↘ *Chef des armées, Cinquième République, Compétence, Conseil de défense, Contreseing*

Douma

Nom traditionnel donné aux assemblées délibérantes en Russie. Avant Pierre le Grand, la *Douma* était une assemblée de *boïards* (seigneurs) qui administrait l'État sous l'autorité du Tsar et, dans les interrègnes, formait un conseil de régence. L'appellation a été ensuite reprise quand la Russie s'est dotée d'une chambre des députés de type moderne (1re *Douma* élue en 1906). Aujourd'hui, après la fin de l'Union soviétique qui avait adopté le système des soviets (1917-1991), la *Douma* d'État est l'une des deux chambres du Parlement fédéral institué par la Constitution de la République de Russie du 12 décembre 1993. Les 450 députés à la *Douma* d'État sont élus pour 5 ans. Cette assemblée participe à l'exercice de la fonction législative et peut théoriquement exercer un contrôle sur le gouvernement fédéral, mais le fonctionnement du système constitutionnel russe, de type autoritaire, tout entier dominé par le Président, est loin de faire jouer à la *Douma* un rôle politique majeur.

↘ *Bicamérisme, Président de la République, Régime semi-présidentiel, Soviet, Veto*

D. Colas, *Textes constitutionnels français et étrangers*, Larousse, 1994.

Droit constitutionnel

1. Dans un premier sens, le droit constitutionnel désigne l'ensemble des règles juridiques relatives aux « institutions grâce auxquelles l'autorité s'établit, se transmet ou s'exerce dans l'État » (M. Prélot). Sous ce rapport, il correspond essentiellement à la notion de constitution matérielle.
2. En tant que discipline académique, le droit constitutionnel est l'une des branches du droit public. Il a pour objet l'étude du droit qui organise et régit la forme politique historiquement la plus aboutie des sociétés humaines, l'État. À ce titre, il ne suppose, en lui-même, ni la liberté politique, ni la démocratie (un régime autoritaire possède lui aussi son droit constitutionnel). Mais c'est dans le contexte du constitutionnalisme libéral puis libéral-démocratique que le droit constitutionnel prend tout son intérêt, car le pouvoir politique y est considéré comme devant être légitime, c'est-à-dire répondre à une certaine fin (le bien commun), reposer sur le consentement des gouvernés et s'exercer de manière pluraliste.

   Initialement, on employait plus volontiers le terme de « droit politique », avant que l'avènement des constitutions écrites ne finisse par suggérer, dans le courant du XIXe siècle, celui de « droit constitutionnel ». Son enseignement en université est d'ailleurs bien plus récent (les premiers cours n'apparaissent, en France, que timidement en 1789 et ne se généralisent véritablement qu'après 1871) que nombre d'autres branches du droit. Pour autant, le droit constitutionnel demeure fondamentalement un droit politique, parce qu'il s'applique aux phénomènes politiques, au pouvoir, ce qui implique qu'il reste un droit essentiellement produit par ceux-là mêmes auxquels il est censé s'appliquer (Eugène Pierre), et qu'il ne peut se passer de s'interroger sur la légitimité du pouvoir politique. Il serait illusoire de considérer qu'existe une opposition irréductible entre le droit et la politique. Quoique distincts, les deux s'influencent mutuellement.

3. La vie politique et les phénomènes de pouvoir ont longtemps pu paraître échapper à la régulation par le droit. Il n'en est plus ainsi, du moins dans les sociétés et États dans lesquels existe un minimum de consensus sur le « vouloir vivre ensemble » et le refus de principe de recourir à la violence physique. Le droit est apparu comme le moyen le plus adéquat pour « faire advenir par des moyens humains l'ordre politique idéal » (Denis Baranger). Toutefois, la difficulté à mettre en ordre le pouvoir politique par les moyens du droit a longtemps fait douter du caractère juridique du « droit constitutionnel ». Sans que sa spécificité ait complètement disparu, force est de constater que le droit constitutionnel est parvenu aujourd'hui, dans une large mesure, à remplir cet objectif. Mais il convient de prendre conscience qu'il n'offre qu'un cadre qui conditionne mais ne détermine pas les comportements des acteurs politiques. Le droit constitutionnel ne se réduit évidemment pas à un assemblage clos sur lui-même de règles « objectives » qui s'imposeraient de façon mécanique aux forces politiques. Il est bien plus un ensemble de contraintes relatives qui doivent d'abord être façonnées, modelées par les acteurs politiques (élus, juges, électeurs) pour être admises comme formant « le droit » reconnu, avant de s'appliquer à fixer des bornes aux comportements de ceux-ci. De plus, outre le fait qu'elles ne sont que fragmentaires (une constitution écrite ne peut « tout prévoir », prétendre régler toutes les situations imaginables), les normes juridiques élaborées ne font qu'encadrer les institutions gouvernantes : elles posent des principes d'organisation, leur attribuent des compétences qui, le plus souvent, sont discrétionnaires ou faiblement conditionnées, et laissent leurs titulaires libres sur la façon concrète de les exercer. En d'autres termes, et schématiquement formulé, le droit constitutionnel constitue bien plus le cadre que le tableau de la vie politique (Pierre Avril). Le droit est donc

modelé par les forces politiques, avant de pouvoir fournir à celles-ci des éléments d'encadrement de leurs comportements effectifs.

À l'époque contemporaine, les nouvelles exigences des citoyens vis-à-vis de leurs gouvernants, leurs attentes croissantes envers les vertus supposées de la règle juridique, le développement du droit écrit, la montée corrélative du juge, ont contribué à « juridiciser » la vie politique. Pour autant, le phénomène constitutionnel demeure rétif à un enfermement et un conditionnement complet par les normes de droit.

➘ *Constitution, Droit positif, Légitimité, Politique*

P. Avril, *Écrits de théorie constitutionnelle et de droit politique*, Éditions Panthéon-Assas, 2010 ; O. Beaud, « Constitution et droit constitutionnel », in *Dictionnaire de la culture juridique*, PUF, 2003 ; D. Baranger, *Le droit constitutionnel*, PUF, coll. « Que sais-je ? » n° 3634, 7e éd., 2017 ; A. Le Divellec, « Le droit constitutionnel est-il un droit politique ? », *Cahiers Portalis*, n° 6, 2018, p. 91-105 ; B. Montay, *Les 100 mots du droit constitutionnel*, PUF, coll. « Que sais-je ? » n° 4150, 2020 ; M. Troper, D. Chagnollaud (dir.), *Traité international de droit constitutionnel*, Dalloz, 3 vol., 2012 ; *Droits* n° 32, « Repenser le droit constitutionnel », 2001 ; *Jus Politicum* n° 1, « Le droit politique », 2008.

Droit de grâce

Compétence du président de la République lui permettant de remettre une peine, ou de substituer à une peine une peine plus douce (art. C. 17). Depuis la révision de 2008, la grâce ne peut plus être qu'individuelle. Elle peut en outre être totale ou partielle, définitive ou conditionnelle.

À la différence de la grâce, l'amnistie est de la compétence du législateur. Elle efface le caractère délictueux des faits définis par la loi, interdit les poursuites, ou efface les condamnations déjà prononcées.

Droit de la constitution

Traduction française du terme *the law of the Constitution* employé par le juriste anglais Albert V. Dicey (1835-1922), qui vise par là les règles strictement juridiques (ou de droit strict), qu'elles soient écrites ou coutumières. Elles se différencient des conventions de la constitution, règles ou maximes politiques qui, elles, ne sont pas justiciables, c'est-à-dire ne sont pas invocables devant le juge.

➘ *Convention de la constitution, Droit positif, Norme*

Droit d'entrée et de parole des ministres au Parlement

En principe, seul un membre d'une assemblée parlementaire dispose de l'accès aux réunions de celle-ci et est admis à prendre la parole devant elle (que ce soit en séance plénière ou en commission). Cette règle pose une difficulté pour les membres du pouvoir exécutif, sauf lorsqu'ils sont déjà parlementaires et sont admis à conserver leur siège (ainsi au Royaume-Uni et dans les pays relevant du "modèle de Westminster", comme l'Irlande, l'Australie et le Japon notamment, où les ministres doivent détenir un mandat parlementaire). Dans les monarchies constitutionnelles jadis et dans tous les régimes parlementaires aujourd'hui, les ministres, s'ils ne détiennent pas de mandat parlementaire, sont ainsi dotés d'un droit d'accès au Parlement (devant les deux chambres si celui-ci est bicaméral) et peuvent y prendre la parole, de façon souvent prioritaire (art. C. 31 al. 1er ; art. 43, al. 2 de la Loi fondamentale d'Allemagne). Ce droit est une nécessité logique pour une relation fluide entre le gouvernement et le Parlement : elle est la condition d'un véritable dialogue entre eux, permet notamment au premier de peser sur les délibérations parlementaires, et au second d'exercer son influence sur la conduite de la politique gouvernementale ; ainsi se manifeste la fusion des pouvoirs (Bagehot) et la dynamique de la responsabilité politique, caractéristiques du régime parlementaire. *A contrario* dans le régime présidentiel américain, les membres de l'Exécutif n'interviennent au Congrès que de manière exceptionnelle et uniquement sur invitation ou convocation.

↘ *Discours du Trône, Discours sur l'état de l'Union, Fusion des pouvoirs, Incompatibilité*

Droit de vote

Droit de participer, par l'expression d'un suffrage, à un processus collectif de décision.

↘ *Électorat, Suffrage universel, Vote*

Droit européen

↘ *Actes législatifs européens*

Droit naturel

↘ *Droit positif*

Droit parlementaire

Branche du droit constitutionnel spécialement consacrée à l'organisation interne et à l'activité des assemblées parlementaires. Il est donc le « droit interne » du Parlement. Dans une définition large, le droit parlementaire désigne l'ensemble des règles qui s'appliquent aux assemblées.

↘ *Droit constitutionnel, Règlement d'assemblée*

P. Avril, J. et J.-E. Gicquel, *Droit parlementaire*, Montchrestien, 6e éd., 2021 ; J.-P. Machelon, « Droit parlementaire », in *Dictionnaire de la culture juridique*, PUF, 2003 ; E. Pierre, *Traité de droit politique, électoral et parlementaire*, rééd. Éditions Loysel, 1989 ; E. Thiers, « Ontologie du droit parlementaire », *in* O. Rozenberg, E. Thiers (dir.), *Traité d'études parlementaires*, Bruylant, 2018, p 165.

Droit positif

1. Droit en vigueur

Par droit positif, il faut entendre l'ensemble des règles de droit établies et sanctionnées par les autorités instituées selon leurs compétences respectives. En d'autres termes, le droit positif est le droit en vigueur, quelles que soient les sources de ce droit : législation, jurisprudence, coutume, la part respective de chacune de ces sources étant susceptible de varier d'un système juridique à l'autre. L'Anglais Dicey le désignait comme le « droit de la constitution » (*law of the Constitution*) ou encore « droit strict » (*strict law*), avec pour critère la sanction juridictionnelle. Cependant, il peut exister du droit positif sans intervention du juge.

2. Diversité des sources du droit positif

En droit constitutionnel français, le droit positif est l'ensemble des normes posées par les règles constitutionnelles matérielles et formelles. Au plan formel, elles découlent de la Constitution promulguée le 4 octobre 1958. Ainsi comprise, la Constitution intègre les textes auxquels renvoie son Préambule : la Déclaration des droits de l'Homme et du citoyen de 1789, le Préambule de la Constitution de 1946, ainsi que les principes fondamentaux reconnus par les lois de la République et la Charte de l'environnement de 2004. À la date de la dernière révision intervenue (23 juill. 2008), cette Constitution a déjà fait l'objet de 24 révisions, dont celle qui a institué en 1962 le suffrage universel direct pour l'élection du président de la République. On a pu en effet discuter la régularité de cette révision, opérée selon une procédure (le référendum de l'art. C. 11) autre que celle prévue spécialement à cet effet par l'article C. 89. Mais le peuple ayant adopté le projet de révision, et le Conseil constitutionnel ne s'étant pas reconnu compétent pour juger de la constitutionnalité de la loi référendaire (déc. du 6 nov. 1962), cette loi a intégré le droit constitutionnel positif avec la même valeur que les autres lois de révision.

Au plan matériel, il faut rappeler que toutes les questions relatives à l'organisation et au fonctionnement des pouvoirs publics de l'État ne sont pas réglées par la constitution formelle. Elles font l'objet de dispositions contenues dans des textes de valeur juridique inférieure, soit parce que le constituant a explicitement renvoyé à une procédure particulière qu'il a prévue (c'est la procédure de la loi organique), soit parce qu'il a estimé qu'il était préférable que telle de ces questions soit de la compétence du législateur ordinaire (ainsi du régime électoral des assemblées parlementaires, art. C. 34) ou bien encore des règlements des assemblées.

Avec la création du Conseil constitutionnel, le droit constitutionnel français s'est également enrichi d'une partie jurisprudentielle importante, surtout depuis que le droit de saisine du Conseil a été étendu en 1974 à 60 députés ou 60 sénateurs (et la procédure de la question prioritaire de constitutionnalité instituée par la révision constitutionnelle de 2008 ne peut qu'amplifier le phénomène). Mais il faut rappeler que cette jurisprudence constitutionnelle est placée sous l'autorité du constituant puisque, par une révision de la Constitution, il est toujours possible de faire disparaître la cause d'une inconstitutionnalité décelée par le Conseil. Un des exemples les plus célèbres de cette souveraineté du constituant a été la révision constitutionnelle du 25 juin 1992 introduisant dans la Constitution les dispositions permettant de surmonter les inconstitutionnalités que le Conseil constitutionnel avait relevées dans sa décision du 9 avril 1992 relative au traité sur l'Union européenne.

En revanche, l'existence d'un droit constitutionnel non écrit est très controversée dès lors qu'il y a une constitution écrite. René Capitant, dans un texte célèbre, a vigoureusement plaidé pour faire admettre la coutume comme une source du droit constitutionnel positif. La difficulté est d'identifier ces règles. Or les exemples que l'on peut donner peuvent pratiquement toujours être rattachés à une règle écrite. Il est tout aussi difficile d'admettre que disparaissent des règles écrites par le non-usage, dont une analyse attentive montre qu'il résulte habituellement de contraintes politiques. Il ne faut pas confondre des faits que la constitution permet (ou qu'elle n'interdit pas) avec la norme. C'est ainsi que, quand le rapport de forces politiques lui est favorable, le président de la République peut demander, et obtenir, la démission du Premier ministre. Que cette pratique se soit répétée un certain nombre de fois depuis 1958 ne confère pas au président un droit de révocation. Une solution est d'en appeler au concept de convention de la constitution, mais leur nature (juridique ou non) reste controversée. Pour autant, le problème du droit non écrit ne se laisse pas facilement évacuer : certains principes qui ne sont inscrits dans aucun texte jouent parfois un rôle effectif en droit constitutionnel et il n'est pas rare que les juridictions constitutionnelles les reconnaissent expressément.

3. Droit positif et droit naturel

Au droit positif est traditionnellement opposé le droit naturel. Le droit naturel n'est pas un droit produit par la volonté de l'homme, mais un droit immanent à sa nature, que ce droit naturel ait un fondement religieux (tradition scolastique avec saint Thomas d'Aquin, XIIIe s.), ou qu'il soit laïcisé, formulé par la seule raison, démarche qui triomphera à la Révolution (même si, en adoptant le 26 août 1789 la Déclaration des droits de l'Homme, l'Assemblée nationale constituante se place sous les auspices de « l'Être suprême »). Or cette démarche, en tant qu'elle est « déclarative » de droits présentés comme « naturels », « inaliénables », « sacrés » ou encore « imprescriptibles », semble bien suggérer qu'aucune autorité humaine ne saurait y attenter, ce qui est évidemment contradictoire avec le principe qui est le fondement de toute constitution, à savoir le caractère souverain du pouvoir constituant. Mais par ailleurs, si l'article DDH 2 consacre le droit de résistance à l'oppression, n'est-ce pas reconnaître qu'il y a un au-delà du droit ? C'est ce qu'affirmait M. Hauriou : « Derrière toute physique, il y a une métaphysique : le droit n'échappe pas à cette loi ». Toute la difficulté est de qualifier cette métaphysique…

↘ *Bloc de constitutionnalité, Common law, Constitution, Convention de la constitution, Coutume, Droit constitutionnel, Droit de la constitution, Institution, Pouvoir constituant, Principe(s), Supraconstitutionnalité*

Cons. const., n° 92-308 DC et 92-312 DC des 19 avr. et 2 sept. 1992, *Rec. Cons. const.*, p. 55 et 76.

« Sources du droit constitutionnel », *TIDC*, tome 1, 2012, p. 229 à 462 ; R. Capitant, « La coutume constitutionnelle », *RD publ.* 1979. 959 ; G. Vedel, « Le Conseil constitutionnel, gardien du droit positif ou défenseur des droits de l'Homme ? », *Pouvoirs* n° 45, 1988 ; M. Hauriou, *Précis de droit constitutionnel*, Sirey, 1929, rééd. CNRS, 1965 ; R. Libchaber, *L'ordre juridique et le discours du droit*, LGDJ, 2013.

Droits civils et politiques

Il s'agit des droits dont la jouissance est requise pour pouvoir être inscrit sur une liste électorale (art. C. 3, al. 4). La qualité d'électeur sera ainsi retirée aux personnes qui :

- soit ne sont pas aptes à gérer leurs propres affaires (majeurs placés sous tutelle) : si elles ne peuvent vouloir pour elles-mêmes, comment pourraient-elles vouloir pour la collectivité ?
- soit ont été frappées d'une interdiction du droit de vote et d'élection par une juridiction qui en fixe la durée (le nouveau Code pénal a supprimé les incapacités permanentes résultant de plein droit d'une condamnation pénale) : pour être admis à voter dans le cadre d'une collectivité, il faut d'abord en respecter les lois.

En somme, pour voter, il faut être capable et digne.

↘ *Électorat, Suffrage universel*

Code électoral, commenté par M. de Villiers, F. Potier et M. de Vendeuil, Lexisnexis, obs. sous les art. L. 5 et L. 6.

Droits de la défense

Par droits de la défense, le Conseil constitutionnel entend toute une série de garanties procédurales qui doivent bénéficier à toute personne susceptible de voir prise à son encontre une mesure individuelle d'une certaine gravité, reposant sur l'appréciation de sa situation personnelle : la mesure doit donc être motivée, et la procédure être contradictoire. Ainsi l'intéressé doit-il être intégralement informé de la mesure défavorable susceptible d'être prise ou des griefs qui lui sont adressés ; il doit avoir accès à son dossier ; il doit pouvoir être entendu, par oral ou par écrit, avant l'édiction de la mesure ; il doit disposer d'un délai pour organiser sa défense ; il doit être en mesure de choisir librement un conseil ; il doit connaître les raisons de la décision prise et disposer de voies de recours juridictionnelles effectives.

Les droits de la défense sont un des plus remarquables exemples du processus de constitutionnalisation du droit. Ils étaient en effet déjà reconnus par la jurisprudence administrative (jurisprudence *Veuve Trompier-Gravier*, CE 5 mai 1944, et *Aramu*, CE 26 oct. 1945). Mais en les reconnaissant comme un principe fondamental reconnu par les lois de la République, le Conseil constitutionnel leur a conféré la valeur constitutionnelle qui lui permet d'en imposer le respect au législateur.

➘ *Constitutionnalisation, Principe(s)*

Cons. const., n° 93-325, 12-13 août 1993, *Rec. Cons. const.* p. 224, *GDCC* n° 34.

Code constitutionnel, Lexisnexis, obs. sous le Pr. 1946, al. 1er.

Droits de l'Homme

1. Origine

L'expression, à connotation philosophique, a été consacrée en France, après les révolutions en Angleterre et en Amérique du Nord, par la Déclaration des droits de l'Homme et du citoyen du 26 août 1789, et désigne des droits qui sont inhérents à la nature humaine. Ce sont, dans l'énumération qu'en donne la Déclaration (art. 1 et 2), l'égalité, la liberté, la propriété, la sûreté et la résistance à l'oppression. Du rappel, par le Préambule de 1946, que tout être humain possède, « sans distinction de race, de religion ni de croyance », de tels droits « inaliénables et sacrés », le Conseil constitutionnel a déduit le principe de « sauvegarde de la dignité de la personne humaine » (déc. du 27 juill. 1994).

Le principe d'une proclamation, dans un document solennel, de droits « naturels et imprescriptibles » dont la conservation est le but de toute association politique (art. DDH 2) renvoie aux théories de l'origine contractuelle du pouvoir, et particulièrement, aux analyses de Locke (*Essai sur le gouvernement civil*, 1689). Le projet des constituants de 1789 était sans doute que soit ainsi rendu possible un contrôle des actes du pouvoir législatif et du pouvoir exécutif. C'est ce que l'on peut déduire du paragraphe introductif de la Déclaration. Mais il faudra attendre un long moment avant que se mettent en place les juridictions compétentes pour assurer ce contrôle (en contrôle de constitutionnalité, la décision fondatrice est la décision du Conseil constitutionnel du 16 juill. 1971).

2. Droits fondamentaux

Les droits de l'Homme sont évidemment des droits fondamentaux. Cette dernière expression, particulièrement cultivée dans les pays germaniques depuis 1848, a cependant un sens légèrement différent et désigne l'ensemble des droits, libertés et principes consacrés par la Constitution dans ses différentes composantes. Le Conseil constitutionnel français admet que, parfois, il soit nécessaire de concilier l'exercice de deux droits également consacrés par la Constitution.

3. Droits de l'Homme et de la Femme ? Droits humains ?

Dans l'expression « droits de l'Homme » (v. Pr. 1946, al. 1er), « homme » doit s'entendre comme signifiant l'appartenance au genre humain (on parle d'ailleurs, en anglais, de « Human Rights », de « droits humains » au Canada). Cependant :

- la législation de l'interruption volontaire de grossesse et le recours aux techniques de la procréation médicale assistée conduisent à se demander à partir de quand l'homme doit être reconnu en tant que tel. Si le législateur français a posé le principe du respect de tout être humain dès le commencement de la vie (L. 17 janv. 1975, art. 1er) il en a fait un principe relatif puisque, d'une part, la grossesse peut être volontairement interrompue sans référence à une situation de nécessité (L. 4 août 2014), et que d'autre part, il a estimé qu'il ne s'appliquait pas aux embryons conçus *in vitro*, appréciation que le Conseil constitutionnel s'est refusé à remettre en cause (déc. du 29 juill. 1994) ;
- la question est de plus en plus souvent posée de savoir si l'unité du genre humain autorise l'introduction dans les textes constitutionnels de la différence des sexes. Le constituant français l'a pensé, une première fois en 1946 (v. al. 3 du Préambule), et une seconde fois en 1999 avec une nouvelle disposition selon laquelle « La loi favorise l'égal accès des femmes et des hommes aux mandats électoraux et fonctions électives » (formulation étendue en 2008 aux responsabilités professionnelles et sociales et insérée à l'art. C. 1). Cette formulation, au contenu normatif peu contraignant, paraît devoir impliquer une obligation (positive) de moyens plus que de résultats, dont le contenu est cependant laissé à l'initiative du législateur. Toute la difficulté est en effet de concilier le principe d'égalité des sexes (plutôt que de parité, expression que la Constitution ignore) avec les principes de souveraineté du peuple, de liberté de l'électeur et d'égal accès des citoyens aux dignités, places et emplois publics « selon leur capacité, et

sans autre distinction que celle de leurs vertus et de leurs talents » (art. DDH 6). Une loi du 6 juin 2000 a cependant imposé que l'égalité soit réalisée au stade des candidatures pour les élections au scrutin de liste (à l'exception des élections municipales dans les communes de moins de 1 000 habitants. depuis la loi du 17 mai 2013) ; cette loi a en outre prévu la même obligation pour la désignation des conseillers départementaux (scrutin binominal majoritaire à deux tours).

↘ *Citoyen, Constitution, Déclaration des droits de l'Homme, Droit positif, Liberté/Libertés publiques, Parité, Préambule*

Cons. const., n° 71-44 DC, 16 juill. 1971, *GDCC* n° 29 ; n° 94-343/344 DC, 27 juill. 1994, *GDCC* n° 35 ; n° 2000-429 DC, 30 mai 2000, *Rec. Cons. const.* p. 84.

J. Andriantsimbazovina *et al.* (dir.), *Dictionnaire des droits de l'Homme*, PUF, 2008 ; D. Chagnollaud, G. Drago (dir.), *Dictionnaire des droits fondamentaux*, Dalloz, 2010 ; N. Lenoir *et al.*, *Constitution et éthique biomédicale*, La Documentation française, 1998.

Droits fondamentaux

↘ *Droits de l'Homme*

Droits régaliens

Les droits régaliens (du latin *regalis*, royal) sont « les corollaires inséparables de la souveraineté publique » (C. Lecomte). C'est en les reprenant aux grands féodaux qui se les étaient appropriés que les rois successifs reconstitueront le pouvoir royal. En proclamant le principe de souveraineté nationale (Déclaration de 1789, art. 3), l'Assemblée nationale constituante fera de la nation le titulaire de ces droits, elle n'en modifiera pas la nature. La désuétude de l'expression ne doit pas cacher la réalité de ces droits qui forment la substance des « conditions essentielles d'exercice de la souveraineté nationale » (Cons. const., 9 avr. 1992).

↘ *État*

Dualisme

1. Se dit souvent pour caractériser un exécutif composé d'un chef d'État et d'un gouvernement dirigé par un Premier ministre (on parlera également de bicéphalisme ou de dyarchie). Mais ce dualisme peut être de façade comme dans les régimes parlementaires classiques dans lesquels le pouvoir politique réel appartient tout entier au gouvernement. Dans ces régimes (Royaume-Uni, Allemagne), un dualisme apparent ne peut dissimuler un monisme de fait qui, finalement, rejoint le monisme de droit du régime présidentiel des États-Unis (avec cette réserve, essentielle, que, dans ce dernier cas, il n'y a pas de collégialité entre ministres). Le dualisme est en revanche une réalité à la fois juridique et politique de l'exécutif français sous la Ve République.
2. Historiquement, le dualisme est une phase de l'évolution des régimes parlementaires qui voit le gouver-

nement, devenu politiquement responsable devant un Parlement qui peut le forcer à se retirer, continuer de l'être également devant le chef de l'État qui l'a nommé et peut encore le révoquer. Le dualisme historique, c'est l'affrontement de deux légitimités : la légitimité monarchique sur le déclin, et la légitimité démocratique fondée sur un droit de suffrage dont la généralisation est le thème dominant de la vie politique (le suffrage universel masculin est institué en France le 5 mars 1848). Le dualisme a principalement caractérisé la monarchie de Juillet (1830-1848, d'où l'appellation synonyme d'orléanisme ou de parlementarisme orléaniste), par référence à la famille des Orléans dont était issu le roi Louis-Philippe. Le passage définitif du dualisme au monisme a été, sous la IIIe République, la conséquence de la défaite aux élections parlementaires des partisans du président Mac-Mahon à la suite de la dissolution du 16 juin 1877.

La Ve République a pu être qualifiée en 1958 de République orléaniste par M. Duverger en raison de la restauration de la fonction de chef de l'État. Il y a cependant une différence essentielle, entraperçue dès 1958, et que la révision de 1962 va pleinement révéler : dans la Ve République, ce ne sont pas deux légitimités qui s'opposent, mais une seule légitimité, la légitimité démocratique, que se disputent deux organes, la présidence de la République et l'Assemblée nationale. On peut dire que le dualisme a été renouvelé (Ph. Lauvaux) par la démocratie. Reste qu'il est des régimes parlementaires dans lesquels le président élu au suffrage populaire renonce à jouer un rôle dirigeant (cas de l'Autriche et du Portugal notamment).

➘ *Captation présidentielle, Cinquième République, Dyarchie, Monisme, Parlementarisme, Régime parlementaire*

R. Capitant, « Régimes parlementaires », in *Mélanges Carré de Malberg*, Sirey, 1933 ; M. Duverger, « Une République orléaniste », *RF sc. pol.*, 1959 ; A. Le Divellec, « Le prince inapprivoisé », *Droits* n° 44, 2007.

Due process of law

Célèbre formule qui se trouve dans les 5e et 14e amendements à la Constitution fédérale. Ce dernier texte dispose : « Aucun État (...) ne privera aucune personne de vie, de liberté ou de propriété sans *due process of law* », ce qui signifie, selon l'analyse d'E. Zoller, que les décisions de l'État ne doivent être ni arbitraires, ni autoritaires, ni oppressives. En d'autres termes, la formule du *due process of law* exprime dans le droit constitutionnel américain la double exigence du respect des procédures et des droits fondamentaux. On est donc dans l'univers de l'État de droit (ou du *rule of law*).

➘ *État de droit, Rule of law*

E. Zoller, « *Due Process of Law* », in *Dictionnaire de la culture juridique*, PUF, 2003.

Dyarchie

Du grec *duo*, deux, et *arkein*, commander : partage du pouvoir entre deux titulaires. Dans une célèbre conférence de presse du 31 janvier 1964, le général de Gaulle devait vigoureusement contester qu'il y ait une dyarchie à la tête de l'État : « On ne saurait accepter qu'une dyarchie existât au sommet [...]. Il doit être évidemment entendu que l'autorité indivisible de l'État est confiée tout entière au président par le peuple qui l'a élu, qu'il n'en existe aucune autre, ni ministérielle, ni civile, ni militaire, ni judiciaire, qui ne soit conférée et maintenue par lui ». La réalité a cependant été moins abrupte que ce que ces fortes paroles, pleines d'idéologie présidentialiste, ont pu donner à croire :

- les compétences propres du président de la République (c'est-à-dire les compétences dont l'exercice est dispensé de contreseing) sont des compétences d'usage toujours exceptionnel ; et les compétences qui permettent de gouverner sont, soit des compétences partagées entre le président de la République et le Premier ministre, soit des compétences propres du Premier ministre ;
- en aucun cas, le président ne peut juridiquement effacer le Premier ministre ; la légitimité que détient le chef de l'État ne doit pas faire oublier que c'est à partir de Matignon que l'on peut commander l'administration ;
- et enfin, les périodes de cohabitation ont permis de rappeler que le partage du pouvoir peut tourner à l'avantage du Premier ministre.

➘ *Cohabitation, Contreseing, Dualisme, Présidentialisme*

R. Capitant, « L'aménagement du pouvoir exécutif et la question du chef de l'État » (1964), in *Écrits constitutionnels*, CNRS, 1982, p. 380 ; C. Debbasch, « Président de la République et Premier ministre dans le système de la Ve République, duel ou duo », *RD publ.* 1982. 1175.

E

Effet cliquet

↘ *Abrogation*

Égalité

1. L'égalité est un des droits de l'Homme, et même si elle ne vient qu'en second, après la liberté, dans l'article 1er de la Déclaration de 1789, et si elle est oubliée dans la liste des droits « naturels et imprescriptibles de l'homme » qu'en donne l'article 2 (qui cite, dans l'ordre, la liberté, la propriété, la sûreté, et la résistance à l'oppression), on peut penser, comme le doyen Vedel, que c'est le premier des droits de l'Homme, et le fondement de tous les autres : c'est en effet l'égalité qui permet de s'élever à la notion de droits appartenant à tous les hommes en tant qu'ils ont en commun une nature identique : « si un homme refuse à un autre la qualité d'égal [...], il lui refuse la qualité d'homme » (dans la *Déclaration des droits de l'Homme et du citoyen de 1789*, La Documentation française, 1990, p. 172-173). L'égalité participe donc à la définition de l'être humain qui « sans distinction de race, de religion, ni de croyance, possède des droits inaliénables et sacrés » (Pr. 46, al. 1er), et de cette proclamation, le Conseil constitutionnel a déduit le principe de sauvegarde de la dignité humaine (Déc./DC du 27 juill. 1994).

2. Dans la Constitution de 1958, l'égalité est citée à 15 reprises : soit en tant que principe (art. DDH 1, 6, 13 ; Pr. 46, al. 3, 12, 13 et 18 ; art. C. 2 et 3), soit comme exigence de non-discrimination (Pr. 46, al. 1, 5 et 16 ; art. C. 1), et même comme idéal dans le cadre de la devise républicaine « liberté, égalité, fraternité » (Pr. 58, al. 2 et art. C. 2, al. 4). D'un point de vue général, la distinction entre principe d'égalité et exigence de non-discrimination n'est pas significative, l'égalité impliquant par elle-même le refus de la discrimination. Concrètement, il en va différemment. Que la Constitution interdise formellement certaines discriminations (celles fondées sur l'origine, la race, la religion, les croyances et le sexe) n'exclut pas que des distinctions soient faites, et c'est ainsi que la Déclaration de 1789 autorise les « distinctions » fondées sur l'utilité commune (art. 1), les vertus et les talents (art. 6). Il en découle qu'en droit constitutionnel français, et selon l'heureuse formule de G. Carcassonne, des différences peuvent être établies en fonction de ce que les citoyens « font », mais non en fonction de ce qu'ils « sont ». La difficulté est alors de savoir jusqu'où le législateur peut aller dans les dif-

férences de traitement. C'est pourquoi revient fréquemment en jurisprudence le « considérant » de principe selon lequel « le principe d'égalité ne s'oppose, ni à ce que le législateur règle de façon différente des situations différentes, ni à ce qu'il déroge à l'égalité pour des raisons d'intérêt général pourvu que, dans l'un et l'autre cas, la différence de traitement qui en résulte soit en rapport avec l'objet de la loi qui l'établit » (dans le dernier état de sa jurisprudence, le Conseil constitutionnel exige un rapport direct). Différence de situation et intérêt général sont donc des justifications alternatives des différences de traitement à considérer en fonction des intentions du législateur, démarche qui conduit, au-delà des discriminations explicitement ou implicitement interdites, à relativiser le principe d'égalité.

3. Très généralement admis, en doctrine comme en jurisprudence, ce discours sur l'égalité comme commandant le refus de discriminations fondées sur l'origine, la race, la religion, les croyances et le sexe, est souvent complété — ou concurrencé — par un autre discours qui admet que des règles particulières puissent être établies, par exemple en matière d'accès à la fonction publique, au profit de personnes appartenant à certains groupes de fait défavorisés : politique dite de *discrimination positive*.

↘ *Déclaration des droits de l'Homme, Discrimination, Droits de l'Homme, Erreur manifeste d'appréciation, Fraternité, Liberté, Parité*

Cons. const., n° 81-132 DC, 16 janv. 1982, *Rec. Cons. const.* p. 18, *GDCC* n° 32 ; n° 86-208 DC, 2 juill. 1986, et 86-218 DC, 18 nov. 1986, *Rec. Cons. const.* p. 78 et 167 ; n° 87-232 DC, 7 janv. 1987, *Rec. Cons. const.* p. 17 ; n° 96-375 DC, 9 avr. 1996, *JO* p. 5730 ; *GDCC* ; n° 2013-669 DC, 17 mai 2013, *Rec. Cons. const.* p. 721, *GDCC* n°s 43 et 45 à 48.

Actes du Colloque, *La Déclaration des droits de l'Homme et du citoyen et la jurisprudence*, PUF, 1989 ; *Code constitutionnel* ; Conseil d'État, *Rapport public 1996, Sur le principe d'égalité*, La Documentation française, 1997 ; O. Jouanjan, « Égalité », in *Dictionnaire de la culture juridique*, PUF, 2003.

Électeur

↘ *Électorat*

Électeur inscrit

Électeur dont le nom est inscrit sur la liste électorale, condition indispensable pour que l'électeur qui jouit du droit de vote puisse l'exercer.

Élection

Procédure par laquelle un corps électoral confère un mandat à une ou plusieurs personnes qu'il choisit par son vote. Toute élection suppose donc que soient définis :

- le corps électoral (suffrage restreint ou universel), ainsi que les modalités de ce suffrage (suffrage direct ou indirect et, dans ce cas, à deux ou plusieurs degrés) ;

- le ou les mandats mis en compétition, ainsi que le calendrier de cette compétition ;
- le mode de scrutin ;
- l'encadrement administratif et financier du processus électoral ;
- le mode de contrôle de la régularité des élections et de proclamation des résultats.

En ce qui concerne une assemblée, l'élection peut être générale (tous les membres sont renouvelés lors de la même séquence électorale, comme pour les députés à l'Assemblée nationale française) ou bien partielle (seule une partie est élue à la même date, on parle de renouvellement partiel comme pour les Sénats français et américain). On parle également d'élection partielle lorsqu'est organisé un scrutin (par ex. pour un siège de député devenu vacant ou un conseil municipal) entre deux élections générales.

↘ *Contentieux électoral, Électorat, Mandat, Mode de scrutin, Primaires, Suffrage universel, Transparence*

B. Daugeron, *La notion d'élection en droit constitutionnel*, Dalloz, coll. « Nouv. bibl. des thèses », 2011.

Électorat

Aptitude juridique à participer à un vote par le suffrage. Avec la proclamation du principe de souveraineté nationale en 1789, l'électorat a d'abord été considéré comme une fonction réservée à ceux que la nation jugeait les plus aptes à vouloir en son nom : le suffrage était alors un suffrage restreint (habituellement censitaire, c'est-à-dire attribué aux possesseurs d'un certain revenu attesté par le paiement d'un minimum d'impôt, le cens) ; mais l'universalisation du droit de vote et l'affirmation corrélative du principe de souveraineté populaire ont ensuite fait considérer l'électorat comme un droit. Il faut même dire que c'est un droit de l'homme puisque voter est l'expression de la liberté dans le domaine politique.

L'électorat, ou capacité électorale, est subordonné à des conditions précisées par l'article C. 3, 4e alinéa : « Sont électeurs, dans les conditions déterminées par la loi, tous les nationaux français majeurs des deux sexes, jouissant de leurs droits civils et politiques ».

↘ *Droits civils et politiques, Éligibilité, Nationalité, Souveraineté, Suffrage universel*

Éligibilité

Aptitude à se présenter à une élection. L'éligibilité est une conséquence de l'électorat et est subordonnée à la possession de la nationalité française, sous réserve du cas des citoyens de l'Union européenne résidant en France admis à participer aux élections municipales (art. C. 88-3).

L'éligibilité connaît des exceptions qui sont propres à chaque élection. Ces exceptions, dites inéligibilités, sont, soit absolues (par ex. la condition d'âge : depuis 2011, 18 ans pour se présenter à l'Assemblée nationale et à la présidence de la

République, 24 au Sénat), soit relatives (celle qui par exemple interdit une candidature dans telle circonscription en raison d'une fonction exercée, mais pas ailleurs : exemple d'un préfet inéligible dans toute circonscription comprise dans le ressort dans lequel il exerce ou a exercé ses fonctions depuis moins de 3 ans, Code électoral art. LO 131). Elles doivent être instituées par la loi (organique pour les candidats à des élections nationales), et sont d'interprétation stricte. À l'inverse de l'incompatibilité, l'inéligibilité s'apprécie avant l'élection puisqu'elle fait obstacle à la candidature, mais elle peut se révéler après et conduira alors à la démission d'office.

Citoyen, Démission d'office, Électorat

Cons. const., n° 82-146 DC, 18 nov. 1982, *Rec. Cons. const.* p. 66 ; *AJDA* 1983. 80, note J. Boulouis.

Code électoral, commenté par M. de Villiers, F. Potier et M. de Vendeuil, Lexisnexis, obs. sous les art. L. 44, L. 45 et L. 127.

Empêchement

Obstacle à l'exercice d'un mandat, d'une fonction ou d'un droit.

L'empêchement, provisoire ou définitif, du président de la République est prévu par l'article C. 7, al. 4 et 5. Dans le premier cas, l'empêchement, qui est constaté par le Conseil constitutionnel, ouvre une période d'intérim qui durera aussi longtemps que l'empêchement. Dans le second cas, qui suppose également l'intervention du Conseil constitutionnel, la durée de l'intérim est limitée à la période nécessaire à l'organisation d'une nouvelle élection présidentielle. Enfin, les al. 6 à 8 du même article prévoient la possibilité d'un report de l'élection (al. 6 et 7) ou la reprise de l'ensemble des opérations électorales (al. 8) en cas de décès ou d'empêchement d'un candidat, la nature de l'empêchement relevant de l'appréciation du Conseil constitutionnel.

La Constitution ne prévoit évidemment pas les hypothèses d'empêchement, qui pourraient par exemple inclure une mise en accusation pour « manquement à ses devoirs manifestement incompatibles avec l'exercice de son mandat », l'empêchement devenant définitif si le président est destitué par la Haute Cour.

Intérim, Vacance

Empire

1. Le terme d'empire est aussi bien utilisé en relations internationales pour qualifier l'hégémonie — politique, économique, militaire — d'une grande puissance sur d'autres États plus ou moins « satellisés », qu'en droit constitutionnel pour désigner une forme de régime, habituelle sous l'Antiquité, mais que l'avènement des États nations à l'époque moderne a plus ou moins condamnée. En dehors du titre d'empereur attribué au chef de l'État, un empire se caractérise par la conjonction

de deux tendances : l'une à la domination (l'*imperium*) sur des populations réparties sur un vaste territoire, l'autre à l'absolutisme dans l'exercice du pouvoir. Mais ces deux éléments sont à considérer avec prudence, et peuvent être subsidiaires par rapport à un simple besoin de légitimation de l'autorité.

2. C'est ainsi que l'établissement de l'Empire par le sénatus-consulte du 18 mai 1804 exprime une volonté de dépassement de la République et de la Monarchie : « Le gouvernement de la République est confié à un Empereur [...]. La dignité impériale est héréditaire ». Mais il ne faut pas s'y tromper : au-delà de la volonté de synthèse qui s'exprime par ce mariage des conquêtes révolutionnaires et du principe monarchique, il y a la volonté de faire de l'Empereur, Napoléon Bonaparte, le premier représentant de la nation. Et les campagnes militaires d'un bout à l'autre de l'Europe, tout comme la pratique très autoritaire du pouvoir, sont des phénomènes en parfaite concordance avec l'intitulé du régime.

Le premier Empire s'écroule le 11 avril 1814, et connaîtra un bref rétablissement du 20 mars au 22 juin 1815 (épisode dit des « Cent-Jours »).

L'expérience impériale sera à nouveau tentée par le neveu de Napoléon, Louis-Napoléon Bonaparte, par transformation de la Constitution républicaine, maintenue en vigueur, du 14 janvier 1852 en Constitution impériale (sénatus-consulte du 7 nov. 1852, ratifié par plébiscite le 20 nov.). Mais les fins des deux empires seront identiques, malgré une certaine libéralisation tardive : à la défaite de Waterloo, le 18 juin 1815, répond celle de Sedan le 4 septembre 1870.

↘ *Césarisme démocratique, Consulat, Monarchie, Pouvoir personnel, République, Sénatus-consulte*

Dictionnaire encyclopédique d'histoire de Mourre, Bordas, t. 2, 1996, p. 1900 ; J.-J. Chevallier, *Histoire des institutions et des régimes politiques de la France de 1789 à 1958*, Dalloz, 9e éd., 2009 ; M. Duverger (dir.), *Le concept d'Empire*, PUF, 1980.

Engagement de responsabilité

↘ *Responsabilité*

Engagement international

L'expression, utilisée à l'article C. 54, désigne toute obligation de l'État contractée vis-à-vis d'un ou plusieurs autres États ou d'une organisation internationale. Elle inclut par conséquent les traités et les accords mais s'étend à d'autres actes tels que déclarations, conventions ou protocoles. Il en va ainsi par exemple d'une décision du Conseil des Communautés européennes qui complète le traité de Rome (ex. : déc. du 20 sept. 1976, relative à l'élection du Parlement européen au suffrage universel direct), alors que les règlements communautaires et directives de ce même Conseil ne sont pas des engagements internationaux mais simplement la conséquence d'engagements internationaux souscrits par la France.

➘ *Actes communautaires, Ratification, Traité*

Cons. const., n° 76-71 DC, 30 déc. 1976, *Rec. Cons. const.* p. 15 ; *Cah. dr. europ.*, 1977, p. 458, note J. Boulouis.

Entonnoir (Jurisprudence de l')

➘ *Amendement*

Erreur manifeste d'appréciation

➘ *Constitutionnalité*

Établissement public

➘ *Décentralisation*

État

1. Un certain type de domination institutionnalisée

D'un point de vue à la fois historique et sociologique, l'État est un pouvoir de commandement qui s'est institutionnalisé, en d'autres termes qui a pris corps dans une organisation. L'institutionnalisation du pouvoir ne s'opère pas sans que soient réunies des conditions qui la rendent possible : une population qui se stabilise sur un territoire délimité par des frontières et le développement d'une organisation gouvernementale et administrative.

L'État ne se ramène cependant pas à la réunion de ces trois conditions. L'État en effet ne peut durer, et selon la remarque de G. Burdeau, être « pensé » par la population, que si l'équilibre s'établit entre le commandement qu'il exerce et ses moyens d'action — au premier rang desquels il y a le monopole du recours à la contrainte — d'une part, et le service du public, d'autre part. C'est l'identification de l'État à la chose publique qui justifie que le recours à la violence soit considéré comme légitime (Max Weber, dans *Le métier et la vocation d'homme politique*), et qu'en dehors du cadre de l'État, toute force privée, comme toute justice privée, soient exclues.

Le droit prend en compte la dissociation entre le pouvoir et ses agents d'exercice en qualifiant l'État de personne, et plus précisément de personne morale souveraine de droit public :

- en tant que personne *morale*, l'État a des droits (l'État est propriétaire, l'État peut contracter...), mais aussi des obligations (v. par ex. le droit de la responsabilité) ;
- en tant que personne morale *de droit public*, l'État a des prérogatives qui sont dites « exorbitantes du droit commun », auxquelles le simple particulier n'a pas accès. Ces prérogatives sont fondées sur le service de la chose publique : ainsi l'État peut exproprier, mais seulement pour cause d'utilité publique ;
- enfin, en tant que personne morale *souveraine* de droit public, l'État détient le pouvoir

suprême : il exerce les droits anciennement qualifiés de régaliens (de *regalia* : droits du roi, attachés à la souveraineté royale). Ces droits sont à ce point consubstantiels à l'État que, faute de les exercer, l'État disparaîtrait : battre monnaie, lever l'impôt, déclarer la guerre et signer la paix, garantir le respect du droit par l'organisation de la justice.

À l'inverse de l'État, les collectivités territoriales, si elles sont également des personnes morales de droit public, ne sont pas des personnes morales souveraines.

2. La légitimité de l'État

Dire que l'État est une personne morale souveraine de droit public est simplement prendre en compte son statut d'institution, et on comprend que présenter ainsi l'État soit la démarche naturelle des juristes (s'inscrivant dans la tradition des travaux de Maurice Hauriou sur la théorie de l'institution) mais cette analyse ne doit pas occulter le débat, plutôt d'essence philosophique, sur la légitimité de l'État. L'État est-il :

- d'origine divine (tout pouvoir vient de Dieu selon saint Paul), ou le produit d'un contrat ? Hobbes (*Le Léviathan*, 1651), John Locke (*Essai sur le gouvernement civil*, 1689) et J.-J. Rousseau (*Du contrat social*, 1762) ont illustré cette tentative de fonder la légitimité du pouvoir sur une origine contractuelle, mais en en tirant des enseignements très opposés : justification de l'absolutisme contre l'anarchie pour Hobbes, du libéralisme contre l'absolutisme pour Locke, de l'unité et de la souveraineté de la volonté générale contre toute idée de représentation et de division de cette dernière pour Rousseau ;
- un instrument de la raison ou le produit d'un rapport de forces ? Si un philosophe comme Hegel (dans ses *Principes de philosophie de droit*, 1821) est le représentant le plus célèbre du premier point de vue en faisant l'apologie de l'État, seul à même de résoudre la contradiction entre les intérêts individuels et l'aspiration à l'universel, pour d'autres (par ex. pour le juriste français Léon Duguit, *Traité de droit constitutionnel*, 1927, mais dont l'analyse se situe sur le plan sociologique), l'État n'est qu'un fait, « la force des plus forts dominant la faiblesse des plus faibles ».

Le XIXe siècle a été marqué par un très puissant courant d'hostilité à l'État. Au-delà des réserves traditionnelles des libéraux, et de l'opposition non moins traditionnelle, mais absolue, des anarchistes à toute forme d'autorité, ce courant d'hostilité a semblé recevoir du marxisme son expression la plus élaborée. En se voulant une analyse scientifique de la société, le marxisme (par les écrits de F. Engels — v. notamment *De l'origine de la famille, de la propriété privée et de l'État*, 1884, plus que par ceux de K. Marx) fournit un schéma d'évolution qui doit aboutir au dépérissement de l'État. Comme on sait, l'évolution a été inverse : l'idéologie s'est brisée sur la réalité, et la dislocation de l'Union soviétique a été en même temps celle de cette tentative de « construire une société communiste sans classes où se développera l'autoadministration sociale communiste » (Préambule de la Constitution de l'URSS de 1977).

3. Les mutations de l'État moderne

L'effacement des grandes controverses doctrinales ne signifie pas que l'État ne suscite plus d'interrogations. Elles portent notamment sur sa vocation à rester l'enceinte privilégiée où se définit l'intérêt général. Les processus de construction européenne et les transferts de compétence (parmi lesquels la compétence monétaire) qui l'accompagnent d'une part, d'autonomie régionale assortis de garanties constitutionnelles plus ou moins poussées d'autre part, conduisent en effet, par leurs effets cumulatifs, au rétrécissement du « périmètre » d'action de l'État, au point qu'on a pu parler d'État post-moderne (J. Chevallier). Si la définition de l'État n'en est pas remise en cause, la nécessité de son adaptation est un défi majeur.

↘ *Chose publique, Collectivités territoriales, Constitution, Droits régaliens, État de droit, État fédéral, État unitaire, Institution, Nation, Souveraineté, Union européenne*

O. Beaud, « La notion d'État », *Archives de philosophie du droit*, n° 35, 1990 ; E.W. Böckenförde, *Le droit, l'État et la constitution démocratique*, Bruylant-LGDJ, 2000 ; G. Burdeau, *L'État*, Le Seuil, 1970 ; *Traité de science politique*, t. 2, *L'État*, LGDJ, 3e éd., 1980 ; R. Carré de Malberg, *Contribution à la théorie générale de l'État*, Sirey, 1920, rééd. Dalloz, 2003 ; J. Chevallier, *L'État post-moderne*, LGDJ, 4e éd., 2014 ; A. Passerin d'Entrèves, *La notion de l'État*, Sirey, 1969 ; B. de Jouvenel, *Du pouvoir, histoire de sa croissance*, Hachette, 1972 ; P. Mbongo, F. Hervouët, C. Santulli (dir.), *Dictionnaire encyclopédique de l'État*, Berger-Levrault, 2014 ; J. Picq, *Il faut aimer l'État*, Flammarion, 1995 ; P. Rosanvallon, *L'État en France de 1789 à nos jours*, Le Seuil, 1990 ; N. Rouland, *L'État français et le pluralisme*, O. Jacob, 1995 ; M. Weber, *Le métier et la vocation d'homme politique (1919)*, Plon, coll. « 10/18 », 1959.

État de droit

Devenu depuis quelques années une expression d'usage courant, l'État de droit est à la fois une tautologie, un objet de débats doctrinaux, et un mode d'organisation du pouvoir et de la société.

1. De nombreux auteurs (parmi lesquels Kelsen, v. *Théorie pure*, p. 411) ont souligné le caractère tautologique de l'expression. L'État ne se réduit pas en effet à un simple phénomène de pouvoir, mais doit être analysé comme une institution, c'est-à-dire un pouvoir organisé selon des règles générales et objec-

tives qui forment la matière d'un statut. Ce statut définit et délimite les compétences des organes de l'État, et c'est bien cette dimension juridique qui permet de qualifier l'État de personne morale.

2. Mais la reconnaissance de cette évidence n'évite pas le débat doctrinal autour de la question de savoir si et comment le droit peut effectivement limiter l'État.

C'est ainsi que pour les auteurs allemands de la seconde moitié du XIXe et des premières années du XXe siècle (Ihering, Jellinek), le *Rechtsstaat* (dont État de droit est la traduction littérale) est un dépassement de l'État de police. L'État de police symbolise la puissance de l'administration, alors que l'État de droit vise à subordonner l'action de l'État à des normes supérieures. Mais l'État s'affirmant simultanément comme le maître du droit (tant en ce qui concerne sa production que sa sanction), ces auteurs développent la thèse de l'autolimitation, c'est-à-dire du respect volontaire par l'État de la règle de droit qu'il a édictée : ne pas la respecter, ce serait « saper les fondements de son institution » (J. Chevallier, p. 21).

Les auteurs français du début du XXe siècle ne se rallient pas tous à la thèse de l'autolimitation. Certes, depuis la Révolution, l'idée de la soumission de l'État au droit est acquise (elle était déjà sous-jacente dans plusieurs institutions de l'Ancien Régime), et le paragraphe introductif de la Déclaration des droits de l'Homme en porte témoignage, mais, pour différentes raisons, cette soumission s'arrête à la loi et ne remonte pas à la Constitution. La philosophie de la loi qu'exprime l'article DDH 6, ainsi que la méfiance du juge judiciaire, expliquent que, selon des voies d'ailleurs plus ou moins détournées, on n'ira pas au-delà d'un simple contrôle de légalité de l'administration, exercé par un juge spécifique, le juge administratif. Carré de Malberg soulignera les insuffisances de cet État simplement légal et, rejoint par d'autres auteurs, plaidera pour l'instauration d'un contrôle de constitutionnalité de la loi. Mais, s'agissant de la relation de l'État au droit, les auteurs français se partagent entre partisans de l'autolimitation (Carré de Malberg) et ceux qui recherchent un droit antérieur et extérieur à l'État (Duguit et Hauriou s'inscrivent dans ce courant).

Quant à Kelsen, il supprime le dualisme entre l'État et le droit. Pour Kelsen, État et droit s'identifient. L'État est un ordre juridique hiérarchisé : chaque norme trouve le fondement de sa validité dans sa conformité à une norme supérieure, jusqu'à remonter à une norme fondamentale qui ne peut être que supposée puisqu'elle est extérieure à l'ordre juridique.

3. Si la question de la référence ultime (y a-t-il un au-delà du droit, et quel est-il ?) est ainsi en débat,

trois idées s'imposent, qui peuvent être considérées comme autant de composantes d'un contenu minimum de l'État de droit, pour que règne le droit (le *rule of law*) :

- l'idée de limitation du pouvoir qui signifie que chaque organe du pouvoir exerce une compétence, et doit l'exercer en respectant les procédures prévues ;
- l'idée que les actes du pouvoir sont hiérarchisés, ce qui permet de contrôler chaque acte en le rapportant aux actes qui lui sont supérieurs dans la hiérarchie ;
- l'idée que chacun doit pouvoir s'adresser à un juge, et à un juge indépendant, pour faire valoir ses prétentions, y compris contre l'État lui-même : c'est le droit au recours.

4. Ces variations doctrinales soulignent les difficultés et ambiguïtés du concept, et le danger de formalisme : l'État de droit ne doit pas devenir un État de procédure. L'évolution de la clause *without a due process of law* aux États-Unis le montre : au-delà du respect des procédures, il y a celui des droits fondamentaux. La popularité du thème de l'État de droit vient en réalité, et pour une large part, de ce que l'expression a une charge symbolique très forte, en même temps qu'elle exprime le choix politique du refus de l'arbitraire. Ainsi s'explique l'accent mis sur les vertus, réelles ou supposées, de l'État de droit dans l'ex-URSS au lendemain de la chute du communisme. Ce sont tout simplement les valeurs du constitutionnalisme, de la démocratie libérale et des droits de l'Homme qui sont redécouvertes. Et c'est également cette charge symbolique qui permet de comprendre l'aspiration à aller plus loin dans ses réalisations.

➘ *Acte, Compétence, Constitutionnalisme, Contrôle de constitutionnalité, Démocratie, Droit positif, Due process of law, État, Hiérarchie des normes, Politique, Rule of law, Supraconstitutionnalité*

R. Carré de Malberg, *Contribution à la théorie générale de l'État*, Sirey, 1920, rééd. Dalloz, 2003, t. 1, p. 432 et s., 455 et s. ; J. Chevallier, *L'État de droit*, Montchrestien, 2003 ; H. Kelsen, *Théorie pure du droit*, 1934, trad. C. Eisenmann, Dalloz, 1962 ; C. Émeri, « L'État de droit dans les systèmes polyarchiques européens », *RFDC* 1992. 27 ; L. Heuschling, « État de droit », in *Dictionnaire de la justice*, PUF, 2004 ; *État de droit, Rechtsstaat, Rule of Law*, Dalloz, 2002 ; O. Jouanjan (dir.), *Figures de l'État de droit*, Presses universitaires de Strasbourg, 2001 ; M. J. Redor, *De l'État légal à l'État de droit. L'évolution des conceptions de la doctrine publiciste française 1879-1914*, Economica, 1992 ; G. Vedel, « Le Conseil constitutionnel, gardien du droit positif ou défenseur de la transcendance des droits de l'Homme », *Pouvoirs* n° 45, 1988, p. 149.

État de siège

Régime restrictif de libertés publiques prévu par l'article C. 36, permettant, en cas de péril imminent résultant d'une guerre étrangère ou d'une insurrection à main armée, le dessaisissement des autorités civiles au profit des autorités militaires. Décrété en Conseil des ministres, sa prorogation au-delà de douze jours ne peut être autorisée que par le Parlement.

↘ *Pouvoirs exceptionnels*

État d'urgence

1. Régime restrictif de libertés publiques prévu par la loi du 3 avril 1955, remanié par l'ordonnance du 15 avril 1960 et les lois du 20 novembre 2015 et du 16 décembre 2016, il se caractérise par l'extension des pouvoirs de police des autorités civiles (par ex. par des assignations à résidence ou des perquisitions). Désormais décidé par décret en Conseil des ministres, il ne peut être prorogé au-delà de douze jours que par une loi formelle.

2. État d'urgence sanitaire

   Suite à l'épidémie due au virus covid-19, la loi du 23 mars 2020, insérée dans le Code de la santé publique, a créé un dispositif exceptionnel censé être temporaire (mais qui a été prolongé jusqu'en juillet 2022) : l'état d'urgence sanitaire.

   Il est déclaré la première fois par décret en conseil des ministres sur le rapport du ministre chargé de la santé pour une durée maximale d'un mois (la loi susévoquée l'a toutefois établi exceptionnellement pour deux mois). Au-delà d'un mois, sa prorogation doit être autorisée par la loi qui fixe la durée de l'état d'urgence sanitaire. Un décret pris en conseil des ministres peut mettre fin à l'état d'urgence sanitaire avant l'expiration du délai fixé par la loi.

   La déclaration de l'état d'urgence sanitaire autorise le Premier ministre à prendre par décret :

   - des mesures limitant la liberté d'aller et venir, la liberté d'entreprendre et la liberté de réunion (y compris des mesures d'interdiction de déplacement hors du domicile) ;
   - des mesures de réquisition de tous biens et services nécessaires pour mettre fin à la catastrophe sanitaire ;
   - des mesures temporaires de contrôle des prix.

   Ces mesures doivent être proportionnées aux risques encourus.

   Le ministre en charge de la santé a le pouvoir de prescrire par arrêté motivé toutes les autres mesures qui s'inscrivent dans le cadre défini par le Premier ministre.

   L'information et le contrôle du Parlement sont assurés pendant l'application de ce dispositif exceptionnel.

Cons. const., n° 85-187 DC, 25 janv. 1985, *Rec. Cons. const.* p. 43, *GDCC* n° 23 ; n° 2015-527 QPC, 22 déc. 2015, *GDCC* n° 44 ; n° 2017-624 QPC, 16 mars 2017.

O. Beaud, C. Guérin-Bargues, *L'état d'urgence*, LGDJ, 2018.

État fédéral

1. Principes constitutifs

   État composé dont la structure juridique est fondée sur une association d'États, et qui se traduit par la superposition, dans le cadre d'une constitution fédérale qui est un véritable pacte, de deux ordres constitutionnels complets, l'ordre constitutionnel fédéral et l'ordre constitutionnel des États fédérés. Autonomes dans l'exercice des compétences qui leur sont attribuées (ou abandonnées) par la constitution fédérale, les États fédérés participent, selon des modalités variables, à la formation de la volonté de l'État fédéral.

La question de la répartition des compétences entre l'État fédéral et les États fédérés est donc trois fois essentielle :

- par l'autorité qui la décide, et qui est l'autorité constituante (alors que dans le cadre de la décentralisation, les compétences des collectivités territoriales sont reçues d'une loi ordinaire) ;
- par la clé de répartition. La formule habituelle est celle d'une compétence de droit commun des États fédérés, mais qui est en fait une compétence résiduelle puisque son domaine se déduit des compétences attribuées à l'État fédéral. Le Xe amendement à la Constitution des États-Unis est rédigé en ces termes : « Les pouvoirs qui ne sont pas délégués aux États-Unis par la Constitution ni interdits par elle aux États sont réservés aux États respectifs, ou au peuple ». De même l'article 70 de la Constitution allemande dispose-t-il : « Le droit de législation appartient aux pays dans toute la mesure où la présente loi fondamentale ne confère pas de pouvoirs législatifs à la fédération ». La même loi fondamentale prévoit cependant, à son article 72, un domaine de législation concurrente dans lequel les pays peuvent légiférer aussi longtemps et pour autant que la fédération n'a pas fait usage de son droit ;
- par le contenu de la répartition : l'État fédéral reçoit toujours les compétences « régaliennes ». Seul il est reconnu par le droit international ; seul il peut être considéré comme souverain au sens plénier du terme ; et seul il bénéficie d'une clause de suprématie (par exemple « droit fédéral l'emporte sur droit de pays », art. 31 de la Loi fondamentale allemande).

2. Diversité de l'organisation constitutionnelle interne

La structure juridique de l'État fédéral se retrouve dans l'aménagement de ses institutions et de ses procédures, mais sans qu'il y ait des solutions identiques d'un État fédéral à l'autre qui s'imposent.

Ainsi le Parlement est-il toujours bicaméral. Mais les sénateurs américains sont élus au suffrage universel direct à raison de deux sénateurs par État fédéré, alors que les membres du *Bundesrat*, la deuxième chambre du Parlement allemand, sont désignés par les gouvernements des *Länder*, leur nombre variant selon la population de chaque *Land*. Et ces secondes chambres ne pèsent pas de la même façon dans le fonctionnement de l'État fédéral : si le *Bundesrat* dispose d'un droit de veto sur les projets de loi concernant les *Länder*, le Sénat américain, outre sa participation au processus législatif sur un pied d'égalité avec la chambre des représentants, a un pouvoir de consentement sur les nominations auxquelles procède l'exécutif fédéral et en matière de ratification des traités.

Une autre implication du fédéralisme est l'importance du rôle des juridictions (juridictions ordinaires ou juridiction constitutionnelle spécifique) dans l'interprétation de la Constitution et l'appréciation des actes des autorités fédérées et fédérales (avec là encore une grande diversité dans les procédures).

3. Dynamique de l'État fédéral

Historiquement, le processus qui conduit à l'État fédéral peut être un processus d'agrégation à partir d'États existants (ainsi de l'Allemagne), ou au contraire un processus de ségrégation, par démembrement d'États unitaires (cas de la Belgique). Très pratiquée en Europe et dans le monde, la technique fédérale est étrangère à la tradition française qui est celle de l'État unitaire.

Quant à l'Union européenne, la qualifier au regard des critères du fédéralisme est une tâche particulièrement ardue dès lors qu'il s'agit d'une association d'États plutôt de type confédéral, mettant en œuvre des politiques et des procédures caractéristiques du fédéralisme (telle que par exemple l'union économique et monétaire), si bien que le terme plus ouvert de fédération paraît plus approprié.

➘ *Compétence, Contrôle de constitutionnalité, Décentralisation, État, État unitaire, Fédération, Indivisibilité, Subsidiarité*

O. Beaud, « Fédéralisme et souveraineté », *RD publ.* 1998. 83 ; *Théorie de la fédération*, PUF, 2e éd., 2009 ; R. Capitant, « Le fédéralisme, Pour une constitution fédérale », in *Écrits constitutionnels*, CNRS, 1982, p. 304 ; M. Croisat, *Le fédéralisme dans les démocraties contemporaines*, Montchrestien, 1992 ; M. Croisat, J.-L. Quermonne, *L'Europe et le fédéralisme*, Montchrestien, 1996 ; Ch. Durand, *Les États fédéraux*, 1930 ; C. Leclercq, *L'État fédéral*, Dalloz, 1997 ; S. Rials, *Destin du fédéralisme*, LGDJ, 1986.

État français

L'expression figure dans la loi constitutionnelle du 10 juillet 1940 votée par l'Assemblée nationale (chambre des députés et Sénat réunis comme l'exigeait la loi constitutionnelle du 25 févr. 1875) réunie à Vichy : « L'Assemblée nationale donne tout pouvoir au gouvernement de la République, sous l'autorité et la signature du maréchal Pétain, à l'effet de promulguer par un ou plusieurs actes une nouvelle Constitution de l'État français. Cette Constitution devra garantir les droits du travail, de la famille et de la patrie. Elle sera ratifiée par la Nation et appliquée par les assemblées qu'elle aura créées. »

Un projet de Constitution fut bien élaboré mais il resta en l'état. Simplement, le maréchal Pétain édicta, entre le 11 juillet 1940 et le 26 novembre 1942, une série d'« Actes constitutionnels », dont les premiers (numérotés 1 à 9) organisent le pouvoir du seul maréchal Pétain, et les trois derniers (nos 11, 12 et 12 *bis*), une dyarchie, avec un chef du gouvernement qui reçoit en fait tous les pouvoirs. La République n'est pas formellement abolie. Cependant l'expression d'État français est la seule à être officiellement utilisée. L'idéologie qui sous-tend le régime est par ailleurs fondamentalement hostile à la tradition républicaine. La référence démocratique disparaît au profit de la conception d'un État « autoritaire et hiérarchique », qui couronne un corps social lui-même « hiérarchie de familles, de professions, de communes, de responsabilités administratives, de familles spirituelles » (maréchal Pétain, allocution du 8 juill. 1941) : c'est la *Révolution nationale*.

Du double point de vue de la légitimité et de la légalité, le régime de Vichy a été l'objet d'ardentes controverses. G. Vedel parle à juste titre du « nœud le plus embrouillé de l'histoire constitutionnelle française ». En s'en tenant en effet à ce seul plan constitutionnel — qui n'épuise pas, et de loin, la complexité de la situation politique de l'époque —, une ordonnance du Gouvernement provisoire de la République française (GPRF) du 9 août 1944 disposera que, en droit, la République n'a jamais cessé d'exister, et qu'en conséquence, sont « nuls et de nul effet tous les actes constitutionnels, législatifs ou réglementaires [...] promulgués sur le territoire continental postérieurement au 16 juin 1940 et jusqu'au rétablissement du GPRF ». Ainsi le gouvernement de Vichy est-il frappé d'inexistence juridique, une inexistence juridique assortie cependant de tempéraments dans la mesure où l'ordonnance distingue entre les actes dont la nullité est constatée sans réserve (il s'agit notamment de tous les actes constitutionnels, dont la loi du 10 juill. 1940), d'autres dont la nullité est constatée, mais dont les effets antérieurs à l'ordonnance subsistent, d'autres encore qui sont, ou peuvent être, validés, à titre provisoire ou définitif.

Ainsi est-il fait droit, de façon assez compliquée, aux exigences de la continuité juridique.

↘ *Constitution, Continuité, Légalité, Légitimité, République*

G. Vedel, *Manuel élémentaire de droit constitutionnel*, Sirey, 1949, p. 257 et s., rééd. Dalloz, 2002.

État régional

➘ *Décentralisation*

État unitaire

État qui assume l'ensemble des compétences attachées à la souveraineté, de telle sorte que l'ordre politique et constitutionnel est unique : il n'y a qu'une citoyenneté, et les mêmes lois s'appliquent sur tout le territoire. À l'inverse des premières constitutions républicaines (Constitutions de 1793, art. 1 ; 1795, art. 1 ; 1848, Préambule), la Constitution de 1958 ne déclare pas la République *une*, mais le principe d'indivisibilité qu'elle proclame (art. C. 1) a la même signification.

L'État unitaire n'exclut pas la décentralisation administrative qui permet à des collectivités territoriales de gérer leurs affaires locales en exerçant, par l'intermédiaire d'autorités élues, les compétences qui leur sont attribuées par la loi.

L'État unitaire procède en France d'une très vieille tradition qu'a consacrée le droit positif, même si le débat politique, illustré sous la Révolution par l'opposition entre girondins et montagnards, débat qui fera la fortune de l'épithète de « jacobin », n'a pratiquement jamais cessé.

➘ *Collectivité territoriale, Décentralisation, État, État fédéral, Indivisibilité*

États généraux

En France, institution de l'Ancien Régime ayant pour caractéristique de réunir (pour la première fois au début du XIVe siècle) auprès du Roi, et sur sa convocation, des délégués des trois ordres que sont le clergé, la noblesse et le tiers état. Porte-parole des communautés dont ils portent au Roi les *doléances*, ils sont tenus par un mandat impératif.

La convocation des États généraux pour l'année 1789 (la précédente réunion remontait à 1614) va offrir le cadre institutionnel de la Révolution : il suffira aux États généraux de se transformer en assemblée nationale, puis constituante, et d'abolir le mandat impératif des députés, pour que la France soit dotée d'une assemblée représentative au sens moderne de l'expression.

Aux Pays-Bas, il s'agit du nom du Parlement bicaméral depuis la Constitution de 1815, confirmée par l'actuelle de 1983.

➘ *Assemblée constituante, Assemblée nationale, Mandat, Représentant*

Étude d'impact

➘ *Projet de loi*

Évaluation

Nouvelle mission officiellement conférée au Parlement français par l'art. C. 24 (al. 1er) suite à la révision constitutionnelle de 2008. Inspiré des techniques des sciences économiques et du management, ce nouveau maître-mot s'est insinué dans la sphère administrative et constitutionnelle : toute action doit être évaluée — c'est-à-dire que ses résultats doivent être examinés et soumis à une appréciation —, celle de l'État plus que toute autre. Le Comité Vedel avait, en 1993, proposé que soit inscrite dans la Constitution formelle l'obligation pour le Parlement d'évaluer les lois qu'il vote. L'idée est aujourd'hui reprise, plus largement, à l'égard des politiques publiques, c'est-à-dire des actions coordonnées menées par l'État. En somme, ce n'est, sous un nom pompeux, que l'une des facettes de ce qui relève classiquement d'un véritable contrôle parlementaire bien compris qui est ici mise en exergue. C'est dans ce même esprit que le nouvel alinéa 4 de l'article C. 48 enjoint aux assemblées de consacrer une semaine de séance sur quatre de leur activité mensuelle « au contrôle du gouvernement et à l'évaluation des politiques publiques ». Au reste, ici comme ailleurs, il ne dépend que des parlementaires eux-mêmes de vouloir effectuer l'évaluation sérieuse requise. Les modalités et moyens pour ce faire ne manquent pas et comportent désormais à l'Assemblée nationale un Comité d'évaluation et de contrôle des politiques publiques dont le champ dépasse le domaine de compétence d'une commission permanente (art. RAN 146-3).

↘ *Contrôle parlementaire*

Exception d'inconstitutionnalité

Technique procédurale par laquelle une partie à un procès oppose à son adversaire la non-conformité à la Constitution de la loi invoquée contre lui. Si le juge admet l'exception, la loi n'est pas invalidée mais déclarée inapplicable à l'espèce. Pratiquée aux États-Unis depuis la célèbre affaire *Marbury c. Madison* (1803), l'exception d'inconstitutionnalité fait du juge ordinaire (et donc, ultimement, de la Cour Suprême qui est au sommet de l'organisation juridictionnelle) un juge constitutionnel. Ce système a été imité dans certains États d'Europe (Suède, Grèce). D'autres, en revanche, ont confié à une juridiction unique et spécialisée, le monopole de compétence pour prononcer l'inconstitutionnalité d'une loi. Mais cela n'exclut pas que le juge ordinaire, à l'occasion d'un procès, la saisisse, par le biais d'une question préjudicielle, d'une exception d'inconstitutionnalité. Tel est le cas, selon des modalités variables, en Allemagne, en Italie ou en Espagne. En France, un mécanisme voisin a été introduit par la révision constitutionnelle du 23 juillet 2008.

↘ *Contrôle de constitutionnalité, Cour Suprême, Question prioritaire de constitutionnalité*

Code constitutionnel, Lexisnexis, obs. sous l'art. C. 61-1 ; *L'exception d'inconstitutionnalité. Expériences étrangères et situation française*, STH, coll. « Les grands colloques », 1990.

Exception d'inconventionnalité

Technique comparable à l'exception d'inconstitutionnalité, mais concernant la non-conformité d'une loi à un traité ou un engagement international. Elle est pratiquée largement dans les États de l'Union européenne en raison du principe de la primauté du droit communautaire (tant le droit originel des traités que le droit dérivé) sur le droit interne. En France, ce contrôle de conventionnalité par voie d'exception s'exerce devant le juge ordinaire sur le fondement des articles 55 et 88-1 de la Constitution.

↘ *Contrôle de conventionnalité, Exception d'inconstitutionnalité*

Code constitutionnel, Lexisnexis, obs. sous les art. C. 55 et 88-1.

Exception d'irrecevabilité

Motion de procédure prévue par le règlement du Sénat (art. 44, al. 2 RS) dont l'objet est de faire reconnaître que le projet ou la proposition de loi en discussion est contraire à la Constitution. L'exception d'irrecevabilité doit être soutenue et mise aux voix au cours de la phase d'examen général du texte, immédiatement après les exposés du ministre et du rapporteur, et avant le passage à la discussion des articles. Son dépôt annonce souvent une saisine ultérieure du Conseil constitutionnel et son adoption (très rare) a pour effet de mettre fin au débat. À l'Assemblée nationale, l'exception d'irrecevabilité a été fusionnée en 2009 avec la question préalable au profit d'une motion unique de rejet préalable (art. RAN 91, al. 5).

↘ *Constitutionnalité, Motion, Question préalable*

Exécutif

↘ *Pouvoir exécutif*

Executive agreement

La Constitution des États-Unis exigeant en son article II, section 2, que le Sénat approuve à la majorité des deux tiers des sénateurs présents les traités conclus par le président, exigence qui donne un pouvoir de blocage considérable à la minorité sénatoriale, la pratique s'est établie que des accords internationaux puissent être conclus sans qu'ils aient à être soumis au Sénat. Cette procédure des *executive agreements* a connu une extension considérable et a été reconnue conforme à la Constitution par la Cour Suprême (*United States v. Belmont*, 1937).

Dans son article 52, la Constitution de la Ve République établit formellement la distinction entre traités négociés et ratifiés par le président de la République (après, pour certains, autorisation de ratification votée par le Parlement, art. C. 53, ou le peuple, art. C. 11) et accords non soumis à ratification et dont la négociation appartient au gouvernement, accords habituellement dénommés accords en forme simplifiée.

↘ *Traité*

Executive order

Dénomination des actes par lesquels le président des États-Unis exerce le pouvoir réglementaire.

↘ *Pouvoir réglementaire, Régime présidentiel*

Exigence constitutionnelle

Formule — ou procédé rhétorique... — employée par le Conseil constitutionnel pour énoncer une règle constitutionnelle plus ou moins précise qui, pourtant, n'apparaît pas explicitement dans une disposition du texte de la Constitution formelle. L'exigence constitutionnelle résulte généralement du rapprochement de plusieurs dispositions ou même seulement d'idées définies dans la loi fondamentale et mises en relation intellectuelle par le juge pour dégager (pour ne pas dire inventer) un principe... ou ce qui y ressemble (le Conseil semble utiliser tantôt l'un, tantôt l'autre terme, pour un objet identique !). C'est ainsi, par exemple, que le Conseil constitutionnel a pu énoncer que l'équilibre financier de la Sécurité sociale constituait une exigence constitutionnelle (déc. n° 97-393 DC du 18 déc. 1997), ou bien qu'il convenait de déduire de l'article C. 88-1 que la transposition en droit interne d'une directive communautaire résultait d'une exigence constitutionnelle (déc. n° 2004-496 du 10 juin 2004). Il a aussi formulé une exigence de clarté et de sincérité du débat parlementaire (déc. n° 2005-526 du 13 octobre 2005). En tout état de cause, une exigence constitutionnelle doit fréquemment être conciliée avec d'autres principes ou exigences constitutionnelles. Ainsi, par ex., l'exigence constitutionnelle du droit au respect de la vie privée avec le droit de propriété (déc. n° 2009-580 DC du 10 juin 2009).

On peut s'interroger sur l'attitude du Conseil consistant à employer le mot d'exigence par préférence à celui de principe ou de règle constitutionnels. Quoi qu'il en soit, se manifeste ainsi l'inévitable pouvoir créateur du juge (même dans un système de droit écrit et largement codifié), qui ne se contente pas d'appliquer des normes préétablies mais contribue à les façonner plus ou moins librement. Son rôle est donc souvent celle d'un régulateur.

↘ *Bloc de constitutionnalité, Objectif de valeur constitutionnelle, Principe(s)*

Exposé des motifs

Partie d'un projet ou d'une proposition de loi qui en expose les raisons et précède le dispositif.

↘ *Article*

F

Fait majoritaire

Le fait majoritaire désigne la présence, dans une assemblée parlementaire, d'une majorité d'élus appartenant au même parti ou à une coalition de partis, et se comportant (au premier chef à travers leurs votes) de manière disciplinée. Le terme est particulièrement utilisé sous la Ve République française depuis les élections à l'Assemblée nationale de novembre 1962, qui ont vu le parti gaulliste et ses alliés remporter la majorité absolue et garder leur cohésion politique tout au long de la législature. Il est arrivé que la victoire soit difficile (1967 ou 1988) mais le fait majoritaire ne s'est pas démenti, jusqu'aux élections de juin 2022 qui, elles, ont peut-être ouvert un cycle différent. Après des décennies d'une indiscipline chronique qui avait grandement compromis la stabilité politique du parlementarisme français, en particulier l'efficacité et la durée de vie des gouvernements, le fait majoritaire typique de la Ve République a contribué à transformer pratiquement les conditions de fonctionnement du travail parlementaire et de la relation entre l'exécutif et le Parlement. Une claire distinction entre majorité et opposition a pu s'établir, et le travail gouvernemental s'en est trouvé renforcé, à l'exemple du parlementarisme britannique (v. Westminster, modèle de). En règle générale, le fait majoritaire joue, en France, essentiellement au profit du chef de l'État, favorisant ainsi la pratique que l'on a appelée « présidentialiste » des institutions de la Ve République, mais il a pu se retourner contre lui lorsque la majorité parlementaire issue des urnes lui était hostile : la présence d'une majorité disciplinée à l'Assemblée nationale a contribué à contraindre les présidents à accepter la cohabitation (en 1986, 1993 et 1997), tant il apparaissait certain que cette majorité n'accepterait aucun autre Premier ministre que celui qu'elle considérait comme son leader.

↘ *Cinquième République, Discipline de vote, Majorité parlementaire, Parlementarisme majoritaire, Westminster (Modèle de)*

Fédération

Bien que le terme soit fréquemment et à tort employé comme synonyme d'État fédéral, la fédération peut être vue comme une forme politique particulière d'organisation du pouvoir, à mi-chemin entre l'État et l'Empire. Issue d'une « libre association d'États qui entendent fonder un nouveau corps politique tout en voulant rester eux-mêmes des entités politiques » (O. Beaud), la fédération ne se fonde donc pas, comme l'État (unitaire ou fédéral), sur le principe d'une souveraineté unique, mais repose sur une pluralité de puissances publiques et d'ordres juridiques, tout en constituant un corps politique propre (en cela, elle se distingue d'un simple assemblage d'États comme ce que l'on appelle généralement confédération). Dans l'histoire, il est fréquent qu'une fédération se transforme insensiblement en véritable État fédéral, lorsqu'un mouvement de centralisation de l'autorité politique ultime l'emporte, consacrant la souveraineté de l'entité centrale. Ni simple confédération, ni État fédéral, l'Union européenne peut être regardée comme le type même d'une fédération.

➘ *État, État fédéral*

O. Beaud, *Théorie de la fédération*, PUF, 2e éd., 2009.

Filibustering

➘ *Obstruction*

Fin de non-recevoir

Expression utilisée par le Conseil constitutionnel dans le classement de ses décisions pour désigner celles par lesquelles il statue sur l'irrecevabilité que le gouvernement a soulevée contre une proposition de loi ou un amendement comportant des dispositions matériellement réglementaires ou contraires à une délégation accordée en vertu de l'art. C. 38 (art. C. 41, al. 1 et 2). Si l'irrecevabilité continue à être parfois soulevée (par exemple en 2005 contre les amendements déposés par l'opposition sur le projet de loi relatif aux activités postales), le gouvernement a renoncé depuis 1979 à saisir le Conseil, et il n'y a plus de décision de fin de non-recevoir depuis la dernière décision rendue du 23 mai 1979. La révision constitutionnelle du 23 juillet 2008 a cependant ouvert le droit de soulever l'irrecevabilité au président de l'assemblée saisie.

➘ *Déclassement, Domaine de la loi*

Cons. const., n° 59-1 FNR, 27 nov. 1959, *Rec. Cons. const.*, p. 71, *GDCC* n° 3, 15e éd., 2009.

Fonction

1. Fonctions juridiques de l'État

La fonction est d'abord une subdivision de l'activité de l'État. La théorie classique distingue généralement trois fonctions principales : celle de poser les règles générales, c'est-à-dire de faire la loi (fonction législative), celle d'exécuter les lois (fonction exécutive), et celle de juger les crimes et les différends (fonction juridictionnelle). On parle aussi, de façon moins précise, de « pouvoir » (mais le terme ne doit pas être confondu avec l'institution qui exerce la fonction, c'est-à-dire l'organe). Il est possible d'affiner cette célèbre trilogie des fonctions, par exemple en y ajoutant la fonction constituante, la fonction diplomatique ou la fonction administrative.

2. Fonctions d'un organe constitutionnel

Contenu d'un « pouvoir » constitutionnel attribué à une institution. Dans un régime de séparation des pouvoirs, chaque organe exerce une ou plusieurs fonctions. Une fonction se traduit par une compétence juridique ou bien, le plus souvent, elle se décompose elle-même en une pluralité de compétences. Ainsi, par exemple, la participation d'une assemblée à la fonction législative comporte quantité de compétences particulières (l'initiative, les différentes phases de discussion publique, le vote). De même, la fonction dite « exécutive » comporte quantité de compétences juridiques pour les organes qui en sont chargés, et ne se limite pas à la seule exécution des lois (G. Burdeau préférait parler de « fonction gouvernementale »).

3. Fonctions et séparation des pouvoirs

Contrairement à une vision simpliste, les organes sont rarement spécialisés dans une fonction juridique particulière : ainsi, le Parlement n'exerce pas seulement « la » fonction législative. Il exerce également plusieurs autres fonctions (notamment le contrôle du gouvernement et de l'administration). De même, les organes du « pouvoir exécutif » participent dans tout régime libéral à l'exercice de la fonction législative, conformément au principe de la balance des pouvoirs.

↘ *Balance des pouvoirs, Compétence, Organe, Pouvoir, Pouvoir exécutif, Pouvoir judiciaire, Pouvoir législatif, Séparation des pouvoirs*

P. Lauvaux, C. Pimentel, « Fonctions juridiques de l'État », in *Dictionnaire de la culture juridique*, PUF, 2003.

Fonction élective (du Parlement)

Popularisée par l'essayiste anglais Walter Bagehot dans son essai The *English Constitution* (1867), cette formule désigne la prérogative constitutionnelle d'une assemblée parlementaire de désigner elle-même le chef du gouvernement (et parfois, mais plus rarement, les autres ministres). Elle exprime la nature moniste d'un système parlementaire de gouvernement : le cabinet étant politiquement responsable devant le seul Parlement (et non plus devant le chef de l'État comme dans les systèmes parlementaires dualistes), la logique institutionnelle du système habilite le Parlement à exercer le choix du premier ministre. Cette fonction se manifeste en droit positif soit par l'exigence d'un vote de confiance (par ex. en Italie, art. 94) ou d'une investiture (par ex. sous la IVe République, art. C. 45) ou bien, plus nettement encore, par un mécanisme d'élection formelle au Parlement, avant toute nomination par le chef de l'État : ainsi en Allemagne, le Chancelier est élu sans débat par le *Bundestag* (art. LF 63 et, par la motion de défiance constructive, art. 67). Le mécanisme existe également au Japon (art. C. 67-1), en Irlande (art. C. 13) et en Finlande (art. C. 61-1) notamment. Il crée un élément de solidarité juridique et politique entre le gouvernement et le Parlement en régime parlementaire et favorise donc leur « fusion ».

↘ *Confiance, Dualisme, Fusion des pouvoirs, Monisme, Parlementarisme rationalisé, Régime parlementaire, Responsabilité*

Fonctionnaire

La définition est précise sur le plan juridique : est fonctionnaire toute personne employée par une personne morale de droit public, nommée dans un emploi permanent et titularisée dans un grade de la hiérarchie administrative par décision unilatérale qui place le fonctionnaire dans une situation statutaire (et non contractuelle).

Le fonctionnaire est un « agent », c'est-à-dire qu'il n'a pas, dans l'exercice de ses fonctions, de volonté politique propre, par opposition aux représentants de la nation qui, élus, « veulent pour la nation ». Mais entre les représentants de la nation et les fonctionnaires s'interposent les ministres qui, collégialement, disposent de l'administration (art. C. 20, al. 2), et, individuellement, sont les supérieurs hiérarchiques des fonctionnaires placés sous leur autorité.

Les fonctionnaires des collectivités territoriales sont dans la même position administrative, à ces deux réserves près qu'ils font partie d'un cadre spécifique, et qu'ils dépendent des exécutifs locaux.

↘ *Administration, Ministre, Représentant*

J.-L. Quermonne, D. Chagnollaud, *Le gouvernement de la France sous la V*[e] *République*, Fayard, 1996, p. 619 et s.

Force armée

Ensemble des forces sous statut militaire placées sous l'autorité suprême du président de la République, « chef des armées » (art. C. 15). En ce domaine, le président ne peut cependant agir seul puisque la force armée dépend également du gouvernement qui en « dispose » (art. C. 20, al. 2). En outre, et depuis la révision constitutionnelle du 23 juillet 2008, les interventions des forces armées à l'étranger (opérations extérieures ou OPEX) doivent être autorisées par le Parlement lorsqu'elles se prolongent au-delà d'une période de 4 mois (art. C. 35, al. 3).

Que la force armée ait pour finalité principale de protéger des dangers extérieurs n'exclut pas la présence en son sein d'un corps de gendarmerie dont la mission ordinaire est de participer à de multiples aspects du maintien de l'ordre intérieur, ce qui a conduit à placer la gendarmerie nationale, qui garde cependant son statut militaire, sous la tutelle du ministre de l'intérieur depuis le 1er janvier 2009.

↘ *Chef des armées, Domaine réservé, Force publique, Ministre*

Force publique

Ensemble des forces instituées pour la défense de l'État, le maintien de l'ordre et l'exécution des lois, et traditionnellement divisé en agents civils (police et CRS relevant du ministère de l'Intérieur) et agents militaires (force armée).

Français

1. La référence à la nationalité française est consacrée à deux reprises par la Constitution de la Ve République : d'une part au 1er alinéa du Préambule (« Le peuple français proclame solennellement son attachement aux droits de l'Homme [...] »), d'autre part au 4e alinéa de l'article 4 (« Sont électeurs [...] tous les nationaux français [...] »). Saisi en 1991 d'une loi portant statut de la collectivité territoriale de Corse, (statut qui faisait mention d'un « peuple corse, composante du peuple français »), le Conseil constitutionnel a considéré que le concept de peuple français était un concept juridique à valeur constitutionnelle, ce qui signifie que la Constitution ne connaît que le peuple français, « composé de tous les citoyens français sans distinction d'origine, de race ou de religion » (déc. du 9 mai 1991).
2. Le peuple français étant composé de tous les citoyens français, tous, y compris les Français établis hors de France, ont un droit égal à être représentés dans les institutions de la République. Cette représentation des Français de l'étranger était traditionnellement assurée par le Sénat. Depuis la révision constitutionnelle du 23 juillet 2008, elle est également confiée à l'Assemblée nationale (art. C. 24, al. 5).
3. Il y a dans la Constitution trois références concernant, directement ou indirectement, l'emploi de la langue française. Le français est la langue de la République (art. C. 2, al. 2). On pourrait donc penser qu'une faute de français est, de ce fait, une inconstitutionnalité ! Mais le Conseil constitutionnel, statuant sur une loi relative à l'usage du français, est intervenu pour dire que la langue française étant évolutive, comme toute langue vivante, l'usage d'une terminologie officielle ne peut être imposé, sous peine de sanctions, qu'aux personnes morales de droit public et aux personnes de droit privé dans l'exercice d'une mission de service public, la liberté de pensée et d'expression proclamée par l'article DDH 11 s'opposant à ce qu'un tel usage soit imposé aux personnes privées (déc. du 29 juill. 1994).

   En revanche, ce même article C. 2, alinéa 2, s'oppose à ce que les particuliers puissent se prévaloir, dans leurs relations avec les administrations, d'une langue autre que le français. C'est ce que le Conseil constitutionnel a affirmé dans sa décision du 15 juin 1999 relative à la Charte européenne des Langues régionales ou minoritaires, après avoir rappelé que les principes d'indivisibilité de la République, d'égalité devant la loi et d'unicité du peuple français s'opposaient à ce que « soient reconnus des droits collectifs à quelque groupe que ce soit, défini par une communauté d'origine, de culture, de langue ou de croyance », jurisprudence que n'infirme pas la disposition introduite dans la Constitution par la révision du 23 juillet 2008 et selon laquelle « Les langues régionales appartiennent au patrimoine de la France » (art. C. 75-1).

4. Le développement de la solidarité et de la coopération entre les États et les peuples ayant le français en partage est enfin un objectif, sans doute plus politique que constitutionnel, que le constituant de 2008 a assigné à la République (art. C. 87).

↘ *Citoyen, Nationalité*

Cons. const., n° 99-412, 15 juin 1999, *Rec. Cons. const.* p. 71 ; n° 91-290 DC, 9 mai 1991, *Rec. Cons. const.* p. 50, *GDCC* n° 11 ; n° 94-345, 29 juill. 1994, *Rec. Cons. const.* p. 106.

D. Breillat, « La représentation des Français de l'étranger : d'une discrimination négative à une discrimination positive », in *Mélanges Roussillon*, Presses de l'Université de Toulouse, t. 1, 2014.

Fraternité

Selon Régis Debray, la fraternité, c'est « l'art de s'inventer une famille qui ne doit rien à la généalogie ». Le troisième terme de la devise républicaine (art. C. 2, al. 4, également rappelée à l'art. C. 72-3 à propos de l'outre-mer) est dû aux républicains de 1848 dans, toujours selon R. Debray, une « curieuse rencontre entre l'Évangile et les Lumières ». Cependant, alors que la liberté et l'égalité sont des droits qui ne comportent d'obligation à la charge de chacun que celle de respecter les droits des autres, la fraternité doit être plutôt considérée comme un devoir, mais un devoir essentiellement moral, difficile à traduire par des obligations juridiques, sauf à risquer la tyrannie. Dans la Constitution, la notion qui se rapproche le plus de la fraternité est celle de solidarité (Pr. 46, al. 10 à 13). Pour reprendre une expression de R. Capitant, « la fraternité n'est pas un principe de la démocratie ; elle en est une application ». Pourtant, de manière inédite, le Conseil constitutionnel a consacré en 2018 la valeur constitutionnelle du principe de fraternité, estimant qu'il découle de ce principe la liberté d'aider autrui, dans un but humanitaire, sans considération de la régularité de son séjour sur le territoire national.

↘ *Égalité, Fraternité, Liberté*

Cons. const., n° 2018-717/718 QPC, 6 juill. 2018, comm. M. Borgetto, *Semaine juridique*, 23 juillet 2018, n° 30-35.1487, J.-E. Schoettl, *RFDA* 2018. 959.

M. Borgetto, *La notion de fraternité en droit public français*, LGDJ, 1993 ;

R. Capitant, « La démocratie sociale », in *Écrits constitutionnels*, CNRS, 1982, p. 166 ; R. Debray, *Le moment fraternité*, Gallimard, 2009.

Freins et contrepoids

➘ *Balance des pouvoirs, Checks and balances, Séparation des pouvoirs*

Frontière

➘ *Territoire*

Fusion des pouvoirs

Expression due à l'essayiste anglais Walter Bagehot (*The English Constitution*, 1867) pour exprimer le principe d'organisation des pouvoirs de la Constitution britannique, mais qui peut être généralisé *mutatis mutandis* à tous les régimes représentatifs de type parlementaire. À l'idée répandue mais caricaturale et illusoire d'une « séparation des pouvoirs » entendue comme impliquant l'indépendance absolue des organes et leur spécialisation respective dans une seule fonction étatique, Bagehot oppose, en s'appuyant sur l'exemple anglais, l'idée de la fusion (qui n'est pas la confusion) : tout en jouissant d'une certaine autonomie, chaque organe dépend dans une large mesure des autres tant au plan organique (par l'influence sur la nomination ou la révocation notamment) qu'au plan fonctionnel (un même organe participe simultanément à l'exercice de plusieurs fonctions). Ainsi le premier ministre britannique est-il désigné *de facto* par la Chambre des Communes (fonction élective) ; ainsi le Cabinet peut-il faire dissoudre cette Chambre par le Roi ; le Roi peut nommer de nouveaux Lords (« fournée de pairs ») ; le Parlement peut destituer un ministre (*impeachment*) ; les ministres sont soit eux-mêmes membres de l'une des chambres, soit ont un droit d'entrée et de parole devant elles ; la fonction législative est exercée en commun par le cabinet et les chambres. Cette logique d'interpénétration juridique des organes constitutionnels se retrouve à des degrés divers dans tous les systèmes de type parlementaire et va donc au-delà de l'idée de « séparation souple des pouvoirs » couramment utilisée par la doctrine française. Elle peut être accrue dans ses effets pratiques en cas d'harmonie politique entre les titulaires des différents organes (notamment entre le cabinet et les assemblées), si bien que le clivage entre majorité et opposition est presque plus important que celui, essentiellement formel, maintenu entre le gouvernement et les assemblées. L'expression de fusion des pouvoirs rend, en somme, bien mieux compte du droit et de la pratique des systèmes représentatifs.

➘ *Checks and balances, Fonction élective, Régime parlementaire, Séparation des pouvoirs, Westminster (Modèle de)*

A. Le Divellec, « L'articulation des pouvoirs dans les démocraties parlementaires européennes : fusion et mitigation », *Pouvoirs* n° 143, 2012, p. 123.

G

Garde des Sceaux

Les sceaux sont les cachets officiels de la République. Ils sont traditionnellement confiés au ministre de la Justice, d'où l'appellation de garde des Sceaux. La fonction de ministre de la Justice, garde des Sceaux est, outre évidemment celle de Premier ministre, la seule fonction ministérielle explicitement prévue par la Constitution (art. C. 65).

➘ *Ministre*

Gardien de la Constitution

Se dit d'une institution chargée d'assurer le respect ou l'équilibre d'une constitution libérale, fondée sur une certaine séparation ou balance des pouvoirs. Lorsque la constitution est comprise comme un système institutionnel, on privilégiera souvent une conception « politique » du gardien. Ainsi le monarque, au XIXe siècle, a parfois été regardé comme le gardien naturel de la constitution (notamment à travers sa compétence de sanction des lois). Cette idée n'a pas complètement disparu aujourd'hui et reste fréquemment associée au chef de l'État en sa qualité de « pouvoir neutre et modérateur » (selon la formule jadis imaginée par Benjamin Constant). La compétence de promulgation des lois en offre une illustration atténuée. En France, le 1er alinéa de l'article C. 5 (« Le président de la République veille au respect de la Constitution. Il assure par son arbitrage... ») n'est pas étranger à cette conception, mais on sait les controverses dont ce terme d'arbitrage a fait l'objet. À l'extrême, les pouvoirs exceptionnels conférés au président de la Ve République par l'article C. 16 en cas de péril peuvent s'analyser en une vision dramatique du gardien de la constitution, même s'il s'agit peut-être plus de sauver l'État que la Constitution elle-même. Lorsqu'en revanche cette dernière est essentiellement considérée comme une norme juridique, on a privilégié généralement les instances de type juridictionnel. Outre les juges ordinaires, lorsqu'ils exercent un contrôle de constitutionnalité des lois, des cours constitutionnelles spécialisées sont fréquemment qualifiées de « gardien de la Constitution », principalement par le contrôle des normes mais aussi, dans certains pays, par la compétence pour résoudre les litiges entre organes (par ex. la Cour constitutionnelle fédérale d'Allemagne, art. 93-I-1 Const. de 1949).

➘ *Arbitrage, Contrôle de constitutionnalité, Justice constitutionnelle, Litige entre organes constitutionnels, Pouvoirs exceptionnels*

O. Beaud, P. Pasquino (dir.), *La controverse sur le « gardien de la Constitution » et la justice constitutionnelle. Kelsen contre Schmitt*, Éditions Panthéon-Assas, 2007.

Gerrymandering

➘ *Découpage électoral*

Gouvernance

Néologisme d'usage récent dans les milieux dirigeants (pas seulement politiques), que le droit constitutionnel ignore, et dont la signification est aussi imprécise que son emploi est fréquent. Le plus souvent précédé d'un qualificatif (telle pratique serait de *bonne*, ou de *mauvaise*, gouvernance), ce terme paraît devoir désigner une certaine manière d'exercer le gouvernement (d'un État, d'une entreprise...).

Gouvernement

1. Une pluralité de sens selon l'organisation des régimes constitutionnels

Si on fait exception d'un sens très général qui renvoie au système constitutionnel dans son ensemble (par ex. dans la question : comment la Grande-Bretagne, ou les États-Unis, sont-ils gouvernés ?), le gouvernement désigne la branche dite « exécutive » du pouvoir politique. Cependant, la réalité désignée n'est pas la même selon l'organisation du régime.

En régime parlementaire, le gouvernement est l'ensemble collégial et solidaire de ministres placé sous l'autorité d'un Premier ministre (ou d'un président du conseil, ou d'un chancelier : la terminologie varie d'une Constitution à l'autre). Il représente ce que Benjamin Constant appelait le « pouvoir ministériel », par opposition au chef de l'État. La distinction entre chef de l'État (irresponsable) et gouvernement (responsable devant le Parlement) est un élément d'identification de ce type de régime. Nécessaire, cet élément d'identification doit être parfois combiné avec d'autres éléments. Ainsi la Constitution de la Ve République distingue président de la République (titre II) et gouvernement (titre III), limite la responsabilité du premier à l'hypothèse de « manquement à ses devoirs manifestement incompatible avec l'exercice de son mandat » (formule ayant remplacé en 2007 l'ancienne haute trahison, art. C. 68) et organise la responsabilité du second devant le Parlement (art. C. 20, al. 3 et art. C. 49). Il y a donc bien une structure parlementaire. Mais, hors période de cohabitation, la présidentialisation du régime est un obstacle à ce que le gouvernement joue le rôle qui est pleinement le sien dans un régime parlementaire classique : le Premier ministre est bien, dans les faits, le premier du gouvernement mais il est d'abord le second du

Président…, un second cependant indispensable car un président de la République, seul, serait rapidement paralysé. La contre-épreuve des cohabitations est à cet égard concluante.

Le terme de gouvernement est également utilisé en régime présidentiel pour désigner l'exécutif américain, alors même que cet exécutif est tout entier confié au président, et qu'il n'y a ni collégialité ni solidarité entre les « secrétaires » qui lui sont strictement subordonnés. L'usage est en fait plutôt de parler d'administration, suivie du nom du président (l'administration Clinton, l'administration Bush…).

2. Gouvernement et cabinet

Les deux mots sont associés dans l'expression « gouvernement de cabinet » qui définit le mode de fonctionnement de l'exécutif dans le régime parlementaire britannique. Le cabinet est une équipe ministérielle restreinte, composée des ministres les plus importants du gouvernement, qui élabore et conduit la politique du pays. En France en revanche, les termes de gouvernement et de cabinet ont pu être utilisés l'un pour l'autre à l'époque de la IIIe République pour désigner la totalité de l'équipe gouvernementale, mais la Constitution de 1946 privilégie le terme de cabinet. Sous la Ve République, des conseils de cabinet ont été exceptionnellement réunis afin que les ministres puissent délibérer hors la présence du chef de l'État (notamment pendant les périodes de cohabitation).

3. En régime parlementaire

Un gouvernement peut être dit :

- homogène, s'il est composé de membres venant tous du même parti ;
- de coalition si, à l'inverse, il est composé de membres venant de différents partis, coalition qui a pu se former avant les élections (coalition électorale), ou après (coalition simplement parlementaire) ;
- minoritaire si, par exception à la loi majoritaire du régime parlementaire, il ne bénéficie pas de l'adhésion de plus de la moitié des députés : un gouvernement minoritaire est, soit un gouvernement transitoire, soit un gouvernement qui bénéficie d'une absence de majorité contre lui ;
- de législature s'il dure aussi longtemps que le mandat de l'assemblée dont il est issu.

4. Gouvernement d'opinion

Expression souvent utilisée pour signifier que dans les démocraties occidentales contemporaines, compte tenu de la fréquence des retours devant le suffrage universel, du jeu normal des grandes libertés (association, réunion, manifestation, presse…), et de la médiatisation de la vie politique, une population ne peut être durablement gouvernée contre son gré.

↘ *Cabinet ministériel, Cinquième République, Conseil des ministres, Législa-*

ture, Pouvoir exécutif, Premier ministre, Régime parlementaire

P. Lauvaux, A. Le Divellec, *Les grandes démocraties contemporaines*, PUF, 4ᵉ éd., 2015 ; M. Caron, *Droit gouvernemental*, LGDJ, 2020.

Gouvernement de fait

Gouvernement non fondé — ou fondé partiellement — en droit. La vacance de la légalité révèle, soit une période (ou à tout le moins un épisode) révolutionnaire, soit une période de transition (à la suite par exemple d'une défaite militaire ayant entraîné la chute du pouvoir légal, ainsi du gouvernement de la défense nationale formé le soir de la défaite de Sedan, le 4 sept. 1870).

↘ *Constitution, Légitimité, Révolution*

M. Prélot, J. Boulouis, *Institutions politiques et droit constitutionnel*, Dalloz, 11ᵉ éd., 1990, nᵒ 104.

Gouvernement des juges

Expression due à un auteur français, Edouard Lambert (*Le gouvernement des juges*, 1921), pour qualifier l'importance prise à certaines époques par la Cour Suprême des États-Unis dans l'exercice de son contrôle de la constitutionnalité des lois. Il faut dire que les dispositions de la Constitution américaine (de son texte primitif comme des amendements qui lui ont été par la suite apportés) sont rédigées en des termes très généraux, laissant par conséquent au juge une grande marge d'interprétation, à quoi s'ajoute la difficulté de rapporter une loi à un texte fondateur écrit plusieurs dizaines d'années auparavant. L'expression de gouvernement des juges vaut bien sûr réprobation, et elle a pu paraître justifiée à l'époque du *New Deal*, lorsque la Cour Suprême a tenté de faire échec à la politique du président Roosevelt en déclarant contraire à la Constitution la législation sociale votée par le Congrès (1935). Mais finalement, la Cour Suprême dut s'incliner, la leçon de cette expérience étant que la Cour Suprême n'est pas en mesure de s'opposer simultanément, et au président (surtout quand il vient d'être réélu), et au Congrès.

Le Conseil constitutionnel est rituellement accusé par des parlementaires de la majorité de gouvernement des juges quand, saisi par l'opposition, il déclare contraire à la Constitution tout ou partie d'une loi politiquement très sensible, rituel d'accusation qui a appelé ce commentaire de Léo Hamon : « Qu'est-ce que c'est qu'un gouvernement dans lequel le prétendu gouvernant doit voir généraliser et donc répéter chacun de ses actes et n'a pas non plus l'initiative des mesures ensuite à prendre puisque ses propres actes, ses jugements, ne peuvent intervenir qu'à l'occasion d'une mesure prise par un autre ? Quel gouvernement véritable se contenterait de cela ? Le gouvernement des juges ? Une belle image et un mauvais épouvantail [...]. »

↘ *Contrôle de constitutionnalité, Cour Suprême, Jurisprudence*

Actes du colloque des 25 et 26 mai 1989, *La Déclaration des droits de l'Homme et du citoyen et la jurisprudence*, PUF, 1989, p. 69 ; S. Brondel, N. Foulquier, L. Heuschling, *Gouvernement des juges et démocratie*, Publ. de la Sorbonne, 2001 ; L. Hamon, *Les juges de la loi. Naissance et rôle d'un contre-pouvoir : le Conseil constitutionnel*, Fayard, 1987 ; E. Lambert, *Le gouvernement des juges* (1921), rééd. Dalloz, 2006.

Gouvernement parlementaire

↘ *Régime parlementaire*

Grâce

↘ *Droit de grâce*

Grand électeur

1. Expression courante pour désigner une personne habilitée par la Constitution ou la loi à concourir à la désignation d'un ou de plusieurs titulaires d'un organe constitutionnel.
   En France, certains élus locaux (municipaux, départementaux et régionaux), éventuellement aussi leurs délégués, ainsi que des élus nationaux (députés) sont appelés à élire les sénateurs de leur département (environ 162 000 actuellement). Sous la Ve République, avant la réforme de 1962, ils élisaient également le président de la République.
   Le Président des États-Unis est formellement élu non directement par les citoyens mais par des grands électeurs eux-mêmes élus dans chaque État fédéré. Toutefois, depuis l'origine, ceux-ci s'engagent à voter pour le candidat dont ils portent les couleurs. Dans une majorité d'États, la loi les y oblige sous peine d'amende.
2. En 1799, Sieyès avait imaginé, pour la future Constitution, un Grand-Électeur, organe préfigurant une sorte de monarque républicain. Bonaparte n'en voudra pas, qualifiant l'institution de « cochon à l'engrais ». La Constitution impériale française de l'An XII (1804) instituera tout de même un Grand-Électeur, l'une des six grandes dignités du régime, mais limité à quelques prérogatives *de facto* honorifiques.

↘ *Collège électoral, Sénat, Suffrage universel*

Groupe de pression

Organisme de défense d'intérêts professionnels ou catégoriels, et dont un des principaux moyens d'action est le lobbying : il s'agit de « faire les couloirs » des Assemblées ou des ministères pour obtenir que soient prises des décisions favorables aux intérêts de leurs membres. Juridiquement, les règlements des assemblées interdisent la constitution de « groupes de défense d'intérêts particuliers » (art. RAN 23 et RS 5). Mais cette prohibition n'interdit pas le lobbying, loin s'en faut, un lobbying dont la puissance dans les couloirs du Congrès américain n'est plus à démontrer.

↘ *Parlementarisme de couloir, Parti politique*

Groupe d'opposition

Catégorie de groupe parlementaire introduite dans la Constitution en 2008 (LC du 23 juill., art. C. 51-1) et désignant un groupe qui se déclare d'opposition par une mention dans la déclaration politique que les groupes remettent à la présidence de l'Assemblée nationale au moment de leur constitution, mention qui peut être faite ou retirée à tout moment (art. RAN 19, al. 2 à 4, solution voisine au Sénat, art. RS 5 *bis*). Il jouit de certains droits particuliers (la présidence de la commission des finances, le droit d'obtenir la création d'une commission d'enquête une fois par session, par exemple).

↘ *Opposition, Groupe minoritaire*

Groupe minoritaire

Catégorie de groupe parlementaire introduite en 2008 par l'article C. 51-1 et désignant un groupe qui ne se considère pas comme groupe d'opposition, tout en étant distinct du principal groupe soutenant habituellement le Gouvernement. Ce fut le cas du groupe *Nouveau Centre* (en 2007-12), des trois groupes *Écologiste, Gauche démocrate et républicaine* et *Radical, républicain, démocrate et progressiste* sous la XIVe législature (2012-2017). Comme ceux d'opposition, ils bénéficient de certains droits spécifiques.

J.-L. Hérin, « Les groupes minoritaires : un nouveau concept entre droit et politique », *Pouvoirs* n° 146, 2013, p. 57.

Groupe parlementaire

Formation réunissant des parlementaires d'une assemblée selon leurs affinités politiques. Un groupe parlementaire, qui est le plus souvent la traduction parlementaire d'un parti politique, se constitue, sous réserve d'un effectif minimum (en France, actuellement : quinze à l'Assemblée nationale, dix au Sénat), par la remise d'une déclaration politique, accompagnée de la liste des adhérents. Adhérer à un groupe a une évidente signification politique pour un député ou un sénateur, mais elle l'assujettit pratiquement à diverses contraintes fixées par le statut du groupe : discipline de vote, contrôle du dépôt des amendements ou des questions… Mais c'est aussi le moyen de participer plus efficacement à la vie de l'assemblée, certaines procédures n'étant accessibles que par l'intermédiaire d'un groupe (attribution d'un temps de parole, possibilité de poser une question au gouvernement…), ce qui explique pour une part que les parlementaires qui refusent d'adhérer à un groupe (et dits *non inscrits*) soient peu nombreux. Les députés (ou sénateurs) non inscrits (à un groupe parlementaire), s'ils sont plus indépendants, notamment dans leurs votes, ont en effet plus de difficultés à se faire entendre dans les débats.

Les groupes sont apparus assez tôt dans les assemblées parlementaires du XIXe siècle, mais ont été longtemps inconnus du droit parlementaire, avant que les règlements des assemblées ne commencent timidement à les reconnaître (1910 à la Chambre française des députés). Leur consécration par les constitutions formelles fut plus tardive encore. C'est chose faite en France, par l'article C. 51-1 introduit en 2008, qui renvoie au règlement de chaque assemblée le soin de définir leurs droits Depuis 2014, les groupes ont le statut d'association de droit privé (résolution de l'Assemblée nationale du 17 sept. 2014).

➘ *Parlement, Parlementarisme majoritaire, Parlementarisme rationalisé, Parti politique*

P. Avril et J. et J.-E. Giquel, *Droit parlementaire*, Montchrestien, 2021 ; J.-P. Davin, « Les groupes parlementaires », *Pouvoirs* n° 34, 1985, p. 23 ; A. Chaussebourg, « Les groupes parlementaires au Sénat », *Pouvoirs* n° 44, 1988, p. 69 ; E. Lemaire (dir.), *Les groupes parlementaires*, I.F.J.D., 2019 ; D. Reignier, « L'organisation interne des groupes parlementaires », *RFDC*, n° 94, 2013, p. 415-436 ; J. Waline, « Les groupes parlementaires en France », *RDP* 1960, p. 1170.

Guillotine

Nom familier par lequel on désigne, dans le parlementarisme de type britannique, la procédure des *Allocations of time orders*, par laquelle la Chambre décide (sur proposition du gouvernement) de limiter par avance le délai d'examen d'un texte législatif. Aux différents stades du processus (discussion générale, discussion par article, votes), le *Speaker* interrompt (d'où l'image de la guillotine) le débat pour ordonner le passage à l'étape suivante. Ce procédé permet de limiter l'obstruction parlementaire. Une inspiration voisine a guidé le législateur organique français en 2009 puisqu'il permet aux règlements des assemblées d'instituer une procédure impartissant des délais pour l'examen, au parlement, d'un texte législatif. (LO n° 2009-403 du 15 avr. 2009).

➘ *Obstruction, Temps législatif programmé*

H

Habeas corpus

Instituée par l'*Act d'Habeas Corpus* (1679), la procédure d'*habeas corpus* permet à une personne mise en détention (ou à toute personne habilitée à agir pour elle) de demander au juge d'ordonner à celui qui la retient prisonnière de la faire comparaître (*habeas corpus* : que tu aies le corps...) et de justifier du titre juridique qui fonde la détention, faute de quoi la mise en liberté immédiate sera ordonnée. Cette procédure d'*habeas corpus* est une procédure de protection de la liberté individuelle très caractéristique de l'accent mis au Royaume-Uni sur la dimension concrète de la protection des libertés alors que les Français ont longtemps préféré les textes à portée universelle mais sans prolongement sur le plan des procédures.

↘ *Common law, Constitution, Liberté, Libertés publiques*

D. Baranger, « Habeas Corpus », in *Dictionnaire des droits de l'Homme*, PUF, 2008.

Habilitation

1. Du latin médiéval, *habilitare* : rendre apte. L'habilitation est l'attribution d'un titre à agir, l'octroi d'un pouvoir ou d'une compétence à accomplir un ou plusieurs actes juridiques. Il s'agit de l'une des fonctions possibles d'une norme juridique. On parlera alors de norme d'habilitation. Elle permet d'agir juridiquement mais sans prescrire ou imposer absolument un comportement. Par ex., de nombreuses constitutions habilitent le chef de l'État à dissoudre une assemblée parlementaire (en France, art. C. 12). Les normes d'habilitation sont très nombreuses en droit constitutionnel, particulièrement dans les relations organiques entre institutions, si bien que le système de gouvernement est largement indéterminé.
2. Constitution de la Ve République : l'habilitation est l'autorisation donnée en forme législative (loi d'habilitation) par le Parlement au gouvernement, à la demande de celui-ci et pour l'exécution de son programme, de prendre par ordonnances des mesures qui sont normalement du domaine de la loi formelle (art. C. 38). La loi d'habilitation doit préciser le délai de l'habilitation ainsi qu'une date avant laquelle un projet de loi de ratification de l'ordonnance doit être déposé sur le bureau du Parlement. C'est par erreur que l'art. C. 41 parle de « *délégation* accordée en vertu de l'art. 38 », puisque

l'ordonnance ne devient loi que par le vote de ratification parlementaire.

3. Il est également arrivé qu'une habilitation spécifique, donc en dehors de l'article C 38, soit accordée par une loi référendaire (loi référendaire du 13 avr. 1962 relative à l'approbation et à l'application des accords d'Évian).

↘ *Décret-loi, Hiérarchie des normes, Ordonnance, Pouvoir réglementaire, Ratification*

Cons. const., n° 76-72 DC, 12 janv. 1977, *Rec. Cons. const.* p. 31, *RD publ.* 1977. 468 ; n° 86-207 DC, 25-26 juin 1986, *Rec. Cons. const.* p. 61, *GDCC* n° 18.

Haute Autorité pour la transparence de la vie publique

Instituée par les lois (LO n° 2013-906 et L n° 2013-907) du 11 octobre 2013, la Haute Autorité pour la transparence de la vie publique est de composition classique (deux conseillers d'État, deux conseillers à la Cour de cassation, deux conseillers-maîtres à la Cour des comptes, deux personnalités qualifiées), la Haute Autorité est destinataire des déclarations de situation patrimoniale et des déclarations d'intérêt des parlementaires (C. élect., art. 135-1), des membres du gouvernement, des titulaires d'un certain nombre de titulaires de mandats locaux, des membres des cabinets ministériels et des autorités administratives indépendantes. Elle dispose de pouvoirs plus étendus que ceux de la Commission pour la transparence de la vie politique (lois du 11 mars 1988) qu'elle remplace, notamment celui de transmettre des dossiers à l'administration fiscale.

↘ *Déclaration de situation patrimoniale, Transparence*

Haute Cour

1. Sous la Ve République

Depuis la révision constitutionnelle du 23 février 2007, la Haute Cour de justice est devenue la Haute Cour. Avant cette révision, la Haute Cour de justice était composée de 12 députés et 12 sénateurs et avait pour compétence exclusive de juger le président de la République en cas de haute trahison (ancien art. C. 68) et, selon une décision du Conseil constitutionnel du 22 janvier 1999, pour d'autres actes engageant sa responsabilité pénale (Cons. const., déc. du 22 janv. 1999). Des magistrats de la Cour de cassation assuraient le ministère public et l'instruction. La haute trahison n'étant pas définie par les textes, la Haute Cour était libre de ses appréciations, tant en ce qui concerne la culpabilité du chef de l'État que la sanction susceptible de lui être infligée.

À la suite de la controverse relative au statut pénal du chef de l'État et illustrée par la décision du Conseil constitutionnel du 22 janvier 1999 et un arrêt de la Cour de cassation du 10 octobre 2001, une commission présidée par le professeur Pierre Avril avait proposé dans un rapport du 12 décembre 2002 que ce soit les deux chambres du Parlement qui se constituent en Haute Cour, une Haute Cour qui ne pourrait que destituer le président de la République « en cas de manquement à ses devoirs manifestement incompatible avec l'exercice de son mandat ». C'est ce dispositif qui a été retenu par le constituant (nouvel art. C. 68). La compétence de la Haute Cour est limitée à cette hypothèse de manquement. La Haute Cour se réunit sur demande des deux assemblées qui doivent se prononcer séparément à la majorité des deux tiers de leurs membres, majorité également requise de la Haute Cour pour prononcer la destitution. Si l'hypothèse du manquement peut, abstraitement considérée, paraître d'un maniement plus aisé que « l'introuvable » haute trahison, l'exigence de la majorité des deux tiers est de nature à renforcer l'irresponsabilité du chef de l'État.

2. Sous les Républiques antérieures

Sous la IIIe République, c'est le Sénat qui se transformait en Cour de justice et avait compétence pour juger le président de la République en cas de haute trahison, ainsi que les ministres pour crimes commis dans l'exercice de leurs fonctions, ainsi que toute personne prévenue d'attentat contre la sûreté de l'État (loi constitutionnelle du 16 juill. 1875, art. 12). En 1944 fut créée par l'ordonnance du 18 novembre une Haute Cour chargée de juger les personnes ayant participé à l'activité des gouvernements ayant eu leur siège dans le territoire de la République depuis le 17 juin 1940. C'est devant cette Haute Cour que comparut le maréchal Pétain. Enfin, sous la IVe République, la Haute Cour de justice était élue par la seule Assemblée nationale.

↘ *Chambre des Pairs, Cour de justice de la République, Destitution, Haute trahison, Président de la République, Responsabilité*

Cons. const., n° 98-408 DC, 22 janv. 1999, *RFDA* 1999. 297, comm. B. Genevois et P. Avril ; Cass., ass. plén., 10 oct. 2001, *RFDA* 2001. 1169, comm. O. Jouanjan, P. Wachsmann et O. Beaud.

J. Foyer, « Haute Cour de justice », *Encyclopédie Dalloz, Droit pénal*, t. 3 ; P. Avril, « Statut pénal du chef de l'État », *RD publ.* 2002. 1873.

Haute trahison

La haute trahison a fait son apparition en droit constitutionnel français avec la Constitution du 4 novembre 1848 qui institue par ailleurs la fonction présidentielle. Seule est prévue comme cas de responsabilité toute mesure par laquelle le président dissoudrait l'Assemblée nationale, la prorogerait ou mettrait obstacle à l'exercice de son mandat (ce que fera très précisément Louis-Napoléon Bonaparte le 2 déc. 1851). La haute trahison sera reprise par les Constitutions de 1875, 1946 et 1958, mais sans définition préalable, peut-être tout simplement parce qu'elle n'est pas définissable avant que surviennent les circonstances concrètes qui permettent de l'identifier. Le plus souvent analysée en doctrine comme une *violation grave des devoirs de la charge présidentielle* (tels qu'ils sont par exemple énumérés par l'article 5 de la Constitution de la Ve République), elle pouvait donc être constituée d'actes qualifiés de crimes ou délits par la loi pénale, mais débordant ces hypothèses pour s'étendre à tous les actes et comportements que les deux assemblées, chargées de voter la mise en accusation à la majorité absolue des membres les composant, auraient estimé devoir retenir.

La loi constitutionnelle du 23 février 2007 a remplacé la haute trahison par celle de manquement aux devoirs (présidentiels) manifestement incompatibles avec l'exercice du mandat (art. 68 nouveau), formulation supposée être plus explicite que celle de haute trahison, mais qui s'inscrit cependant dans la même logique. La limitation de la responsabilité du président à cette hypothèse du manquement à ses devoirs a pour corollaire le principe de son irresponsabilité pour les actes accomplis dans l'exercice des fonctions, mais cette irresponsabilité n'exclut évidemment pas une responsabilité politique devant le peuple à l'occasion des différentes élections, y compris législatives, ni la responsabilité pénale pour des actes antérieurs ou extérieurs à l'exercice du mandat, responsabilité pénale dont la mise en cause est cependant différée jusqu'à l'expiration d'un délai d'1 mois après la fin du mandat.

↘ *Destitution, Haute Cour, Manquement, Privilège de juridiction, Responsabilité*

A. Moreau, « La haute trahison du président de la République sous la Ve République », *RD publ.* 1987. 1541 ; P. Avril, « Statut pénal du chef de l'État », *RD publ.* 2002. 1873.

Hiérarchie des normes

Structure du droit selon laquelle, et sous réserve de critères complémentaires, la valeur d'un acte est fonction de la place de son auteur dans l'organisation des pouvoirs publics. Si l'expression de hiérarchie des normes est très liée au normativisme du juriste autrichien Hans Kelsen (pour qui le droit se forme par degrés du haut en bas d'une pyramide hiérarchisée), elle s'en détache cependant car elle formalise, de façon plus générale, l'exigence d'ordre de tout système juridique.

1. Les normes d'origine interne

La Constitution formelle, œuvre du souverain (le pouvoir constituant) est au sommet de la hiérarchie. Viennent ensuite les actes à valeur législative : la loi organique d'abord, votée par le Parlement selon une procédure très légèrement plus solennelle que la procédure législative ordinaire, puis la loi ordinaire. La dernière catégorie est celle des actes administratifs : est prise en compte ici la qualité d'autorité administrative de l'auteur de l'acte (président de la République et/ou Premier ministre pour le décret, Premier ministre, ministres, autorités locales pour les arrêtés ; c'est cependant par arrêté que sont prises les décisions du président relatives aux services de la présidence). À titre complémentaire, une hiérarchie sera établie au sein de ces actes administratifs selon la procédure (ainsi le décret en Conseil d'État l'emporte sur le décret simple) et, le cas échéant selon le contenu : un décret comportant une mesure individuelle ne peut déroger aux dispositions d'un décret réglementaire (et il en va de même pour les arrêtés interministériels, ministériels, préfectoraux ou municipaux).

Il faut ajouter que la catégorie des lois ordinaires s'enrichit des décisions que le président de la République peut être amené à prendre dans le domaine de la loi en période d'application de l'article C. 16 et des ordonnances (art. C. 38) ratifiées, alors que les ordonnances non encore ratifiées sont, jusqu'à ratification, des actes administratifs.

2. Le cas des engagements internationaux

Il faut distinguer :

- Au stade de l'introduction d'un engagement international dans l'ordre juridique interne, la Constitution définit à l'article C. 54 une exigence de compatibilité entre la Constitution et l'engagement international, exigence cependant subordonnée à une saisine du Conseil constitutionnel pour faire constater une éventuelle contrariété (v. Cons. const., déc. des 9 avr. et 2 sept. 1992 relatives au traité de Maastricht ; déc. du 19 nov. 2004 relative au traité établissant une Constitution pour l'Europe, déc. du 20 déc. 2007 relative au traité de Lisbonne) : le respect de la Constitution est ainsi assuré.
- Une fois l'engagement international ratifié et entré en vigueur, il n'y a pas de contrôle de constitutionnalité possible, ce qui veut dire qu'aucune norme de droit interne, y compris de droit constitutionnel, ne peut lui être opposée. C'est la conception du monisme dans les rapports du droit international et du droit interne : tout traité en vigueur lie les parties, doit être exécuté par elles de bonne foi (c'est la règle *pacta sunt servanda*), et s'impose aux lois, antérieures comme postérieures. La responsabilité internationale de l'État pourrait donc être mise en cause dans l'hypothèse où une norme constitutionnelle postérieure à un traité viendrait en empêcher l'application. Mais ce monisme a ses limites : le Conseil d'État a ainsi jugé que, dans l'ordre interne, par exemple à l'occasion d'un contrôle de légalité dont fait l'objet un acte administratif, la suprématie conférée aux enga-

gements internationaux par l'article C. 55 doit céder devant la primauté de la Constitution (CE, 30 oct. 1998, *Sarran* ; solution identique, Cass., 2 juin 2000, *Mlle Fraisse*).

3. Le contrôle juridictionnel et ses limites

La notion de hiérarchie des normes peut encore s'exprimer autrement en définissant les principes de constitutionnalité et de légalité, principes qui développent cette idée — qui est une composante essentielle de l'État de droit — que pour être valide, un acte doit avoir été pris par l'autorité compétente en respectant les règles de forme et de fond posées par les textes hiérarchiquement supérieurs. Encore faut-il qu'il y ait une juridiction qui puisse être saisie, et que cette juridiction se reconnaisse compétente pour faire constater l'inconstitutionnalité ou l'illégalité. Ainsi la loi référendaire est-elle une loi « hors hiérarchie » dès lors que son adoption par le peuple souverain la rend insusceptible d'être contrôlée par le juge constitutionnel (Cons. const. 6 nov. 1962). Ce dernier exemple montre en un sens la relativité de la hiérarchie des normes, dont le bel ordonnancement supposé est, au fond, fragilisé par les théories réalistes de l'interprétation : l'interprète n'a-t-il pas tendance à reformuler les normes et, finalement, remodeler lui-même la hiérarchie ? On a pu, dans ce sens, dire qu'il existait moins une hiérarchie de normes qu'une hiérarchie d'interprètes, l'institution chargée de donner la dernière interprétation étant au sommet de cette nouvelle sorte de pyramide.

↘ *Acte, Actes communautaires, Compétence, Constitution, Constitutionnalité (Principe de), Contrôle de constitutionnalité, Décret, Engagement international, État de droit, Habilitation, Interprétation, Légalité, Loi, Loi organique, Ordonnance, Pouvoirs exceptionnels, Référendum*

P. Amselek, « Une fausse idée claire : la hiérarchie des normes juridiques », in *Mélanges Favoreu*, Dalloz, 2007 ; D. de Béchillon, *Hiérarchie des normes et hiérarchie des fonctions normatives de l'État*, Economica, 1996 ; L. Dubouis *et al.*, « L'arrêt Sarran et ses suites », *RFDA* 1999. 57 et s. ; M. Long, P. Weil, G. Braibant, P. Delvolvé, B. Genevois, *Les grands arrêts de la jurisprudence administrative*, Dalloz, 19e éd., 2013 ; L. Favoreu, L. Philip, *Les grandes décisions du Conseil constitutionnel*, Dalloz, 17e éd., 2013 ; O. Pfersmann, « Hiérarchie des normes », *Dictionnaire de la culture juridique*, PUF, 2003 ; M. van de Kerchove, « La pyramide est-elle toujours debout ? », in *Mélanges Amselek*, Bruylant, 2005.

Identité constitutionnelle

D'apparition récente dans les débats juridiques, la notion d'identité constitutionnelle a été consacrée par le Conseil constitutionnel (déc. n° 2006-540 DC du 27 juill. 2006 et n° 2006-543 DC du 30 nov. 2006) comme définissant la limite que, au regard de la Constitution nationale, ne saurait franchir une loi transposant dans le droit français une directive européenne. Le principe est en effet que le contrôle de constitutionnalité ne peut s'exercer sur une telle loi de transposition qui est la conséquence des engagements pris par la France en acceptant d'exercer en commun avec d'autres États certaines de ses compétences (art. C. 88-1). Selon le Conseil constitutionnel, cette immunité tombe cependant si la transposition d'une directive conduisait à aller « à l'encontre d'une règle ou d'un principe inhérent à l'identité constitutionnelle de la France, sauf à ce que le constituant y ait consenti ». La Cour constitutionnelle fédérale allemande se réfère également à cette notion (v. son arrêt du 30 juin 2009 relatif au traité de Lisbonne). Reste alors à définir le contenu de cette identité, entreprise à laquelle le Conseil constitutionnel n'a pas eu l'occasion de se livrer et, en tout état de cause, très problématique dès lors que la France partage l'essentiel de ses principes avec les autres États membres de l'Union européenne. À moins de rechercher l'identité constitutionnelle de la France dans son histoire, mais ce n'est plus d'une question de constitutionnalité dont alors il s'agit...

Cons. const., n° 2006-543 DC, 30 nov. 2006, *GDCC* n° 19.

L. Burgorgue-Larsen (dir.), *L'identité constitutionnelle saisie par les juges en Europe*, Pédone, 2011.

Immunité

En droit constitutionnel, une immunité est une protection dont l'objet est de permettre à un représentant de la nation d'exercer librement et en toute indépendance son mandat. Le représentant n'est donc pas protégé à titre personnel mais à raison du mandat qu'il exerce.

1. Traditionnellement, il y a deux immunités en droit parlementaire :
   - L'irresponsabilité (art. C. 26, al. 1er) est une protection permanente (s'étendant au-delà de la cessation du mandat) et absolue (elle s'oppose à toute mise en cause du parlementaire pour les opinions ou les votes émis par lui dans l'exercice de ses fonctions).

Cependant, protégeant le mandat de représentant de la nation — mandat représentatif et non impératif —, l'irresponsabilité ne soustrait pas le parlementaire au pouvoir disciplinaire de l'assemblée dont il est membre.

- L'inviolabilité (art. C. 26, al. 2 à 4) est une protection d'ordre procédural ayant pour objet de soumettre les poursuites contre un parlementaire en matière criminelle ou correctionnelle à autorisation de l'assemblée dont il fait partie. Mais alors que jusqu'à la révision constitutionnelle du 4 août 1995, les poursuites (et les éventuelles décisions ultérieures d'arrestation et de mise en détention) étaient différées jusqu'à ce que l'assemblée ait levé l'immunité, depuis cette réforme, les poursuites sont libres, et seules sont subordonnées — sauf cas de flagrance — à une décision du bureau de l'assemblée les décisions d'arrestation et « toute mesure privative ou restrictive de liberté » (telle qu'une mise sous contrôle judiciaire). Le parlementaire reste cependant sous la protection de son assemblée puisque ces différentes mesures, ainsi que les poursuites, peuvent être suspendues à la demande de l'assemblée pour la durée de la session parlementaire.

2. Le président de la République bénéficie également de ces deux immunités, mais elles obéissent à un régime juridique spécifique : l'irresponsabilité pour les actes accomplis dans l'exercice de ses fonctions trouve sa limite dans l'incrimination de « manquement à ses devoirs manifestement incompatible avec l'exercice de son mandat » qui a remplacé en 2007 celle de haute trahison (art. C. 68) ; quant à l'inviolabilité, elle résulte de l'interprétation de la Constitution donnée par la Cour de cassation dans son arrêt du 10 octobre 2001 et reprise par l'article C. 67 révisé également en 2007. Cet article dispose que le président de la République ne peut être requis de témoigner ni faire l'objet d'une action, d'un acte d'information, d'instruction ou de poursuite durant son mandat, et que des poursuites et procédures ne peuvent être reprises ou engagées qu'à l'issue d'un délai d'un mois suivant la cessation des fonctions, les délais de prescription ou de forclusion ayant été suspendus.

↘ *Délibération, Député, Discipline, Haute trahison, Irresponsabilité, Mandat, Manquement, Parlement, Régime représentatif, Représentant*

Code constitutionnel, Lexisnexis, obs. sous l'art. C. 26.

Impeachment

Historiquement en Angleterre, procédure judiciaire de mise en cause de la responsabilité pénale d'un ministre. Intentée à l'initiative de la Chambre des Communes qui vote l'accusation, elle se poursuit devant la Chambre des Lords (statuant en tant que juridiction suprême du Royaume) qui juge. La procédure d'*impeachment* a longtemps représenté le seul moyen pour l'institution parlementaire d'atteindre les ministres qui ne tenaient leur autorité que du Roi (le roi ne peut mal faire : *the King can do no wrong*), mais avec l'émergence de l'organe gouvernemental qui se détache du monarque et est collégialement responsable devant le Parlement (1782 : démission de Lord North et de tous ses ministres), elle va tomber en désuétude (dernier cas relevé en 1806).

La procédure d'*impeachment* a été transposée dans la Constitution des États-Unis d'Amérique où elle peut être actionnée contre le président et tout fonctionnaire de l'exécutif (Constitution, art. I, sect. 3, 6°; art. II, sect. 4). Elle conserve un caractère politico-pénal ambigu puisque les incriminations — « trahison, corruption ou autres hauts crimes et délits » — ne sont pas définies par des textes et que la procédure est dominée par les assemblées du Congrès : la mise en accusation (*power of impeachment*) est votée par la Chambre des représentants et c'est le Sénat (exceptionnellement présidé par le président de la Cour Suprême si la procédure vise le président des États-Unis) qui statue. Il peut uniquement prononcer la destitution (*removal from office*), à la majorité des deux tiers des membres présents. Il ne s'agit donc pas d'une responsabilité pénale *stricto sensu*. Aucun président américain n'a été ainsi destitué. Cependant le président Andrew Johnson faillit l'être en 1868, et le déclenchement de la procédure a été décisif dans la démission du président Nixon en 1974. Plus récemment, si les présidents Clinton (en 1998) et Trump (en 2019 et 2021) furent mis en accusation par la Chambre des représentants, la majorité requise pour la destitution ne fut pas atteinte au Sénat.

Dans son principe, la procédure de traduction du président de la République française devant la Haute Cour (art. C. 68) n'est pas sans rappeler la procédure d'*impeachment*.

↘ *Destitution, Irresponsabilité, Responsabilité*

D. Baranger, *Parlementarisme des origines*, PUF, 1999 ; « Les clauses d'*impeachment* et les différents sens du mot "constitution" aux États-Unis », *RIDC* 2009. 23 ; F. Michaut, *La procédure de destitution sur impeachment aux États-Unis*, L'Harmattan, 2002 ; E. Zoller, *De Nixon à Clinton. Malentendus juridiques transatlantiques*, PUF, 1999.

Impôt

Prélèvement obligatoire, perçu à titre définitif et sans contrepartie directe, en vue de couvrir les charges publiques. L'impôt se distingue de la redevance payée en contrepartie de l'usage d'un équipement ou d'un service public.

L'impôt obéit aux principes constitutionnels de nécessité (art. DDH 13) et d'égalité entre les citoyens (en fonction de leurs capacités contributives : même art.), et il doit être consenti (art. DDH 14) : le consentement à l'impôt a été historiquement la première prérogative conquise par les Parlements et doit être renouvelé chaque année, ce qui est le premier objet de la loi de finances.

↘ *Égalité*

Impoundment

Pratique du président des États-Unis qui décide de ne pas ordonnancer des dépenses votées par le Congrès. L'*impoundment* est une arme du président pour affirmer, dans un régime de *checks and balances*, l'indépendance du pouvoir exécutif devant des dépenses votées par les assemblées et qu'il considère comme démagogiques. Le *Congressionnal Budget and Impoundment Act* voté en 1974 a eu pour objet de modifier la procédure budgétaire afin d'éviter que le président ne fasse un usage excessif de cette « faculté d'empêcher ».

↘ *Régime présidentiel*

Inamovibilité

De façon générale, situation d'une personne qui ne peut être déplacée de son poste. Plus spécifiquement, en matière juridique, situation d'une personne qui ne peut être déplacée ou révoquée qu'en application d'une procédure particulière comportant des garanties renforcées. L'article C. 64, alinéa 4 fait de l'inamovibilité des magistrats du siège un principe constitutionnel mais il s'agit d'une inamovibilité relative puisqu'elle se limite à subordonner l'affectation nouvelle, même en avancement, d'un magistrat du siège à son consentement. En revanche, les magistrats du parquet, qui mettent en œuvre la politique pénale définie par le gouvernement, sont hiérarchiquement soumis à l'autorité du garde des Sceaux et ne bénéficient pas de l'inamovibilité.

En vertu de la loi, ou de la tradition, l'inamovibilité vaut également pour les magistrats des juridictions administratives et financières.

Cons. const., n° 67-31 DC, 26 janv. 1967, *Rec. Cons. const.* p. 19.

Code constitutionnel, Lexisnexis, obs. sous l'art. C. 64.

Incompatibilité

Interdiction de cumul se traduisant par l'obligation de choisir entre les mandats, fonctions ou activités déclarés incompatibles. De ce fait, parce qu'elle limite la liberté, une incompatibilité ne se présume pas : elle doit toujours résulter d'un texte qui, en cas de contestation, devra être interprété strictement. Elle suppose une élection (ou nomination) préalable, et elle s'oppose ainsi à l'inéligibilité qui, étant un obstacle à la candidature, doit être constatée avant l'élection. En ce qui concerne les parlementaires, un manquement aux dispositions établissant des incompatibilités se traduit, après appréciation par le bureau de l'assemblée concernée, par une démission d'office prononcée par le Conseil constitutionnel.

1. Raison d'être des incompatibilités

La justification traditionnelle des incompatibilités est le souci de préserver l'indépendance des élus, indépendance qui est elle-même une dimension de la séparation des pouvoirs justement interprétée comme un principe de non-cumul. Mais du principe à la pratique, la distance est grande, particulièrement en France où l'enracinement local a toujours été considéré comme une condition d'une carrière politique nationale. Les partisans du cumul feront valoir qu'il permet d'avoir une meilleure connaissance des problèmes tels qu'ils se posent sur le terrain et de concilier les politiques conduites aux différents échelons de l'organisation administrative française. Mais le prix à payer est lourd : « féodalisation » de la vie publique par la concentration du pouvoir entre les mains de quelques-uns, poids excessif des entourages, sans compter des effets secondaires comme sa contribution à l'absentéisme parlementaire. Environ 80 % des parlementaires français avaient un mandat local jusqu'en 2017.

2. Incompatibilités générales

Dans le détail, le droit des incompatibilités applicable aux parlementaires est inégalement sévère selon que sont en cause, et en concurrence avec un mandat électif :

- des activités privées (le cumul est autorisé et l'incompatibilité est réellement l'exception, sauf si le mandat parlementaire est susceptible d'avoir une influence sur ces activités, s'agissant par ex. d'activités de chef d'une entreprise faisant publiquement appel à l'épargne, ou exécutant des travaux pour le compte de l'État) ;
- des fonctions publiques non électives (à l'inverse, l'incompatibilité est ici la règle : le fonctionnaire élu à l'Assemblée nationale ou au Sénat est placé en position de détachement, ce qui est finalement un avantage puisqu'il est assuré de retourner dans son administration d'origine à l'issue de son mandat) et n'est pas sans influence sur la composition socioprofessionnelle de l'Assemblée nationale ;
- d'autres mandats publics électifs, (mandats locaux, ainsi que le mandat de député européen) : depuis deux lois du 30 décembre 1985, modifiées par deux autres lois du 5 avril 2000, le principe était celui d'une limitation à deux mandats. En ce qui concerne les élus locaux non parlementaires, ces mandats étaient ceux de conseiller régional, conseiller général, conseiller municipal et député européen. Les élus parlementaires pouvaient de leur côté exercer, outre leur mandat

parlementaire, un autre mandat de conseiller régional, conseiller général ou conseiller municipal dans une commune de moins de 3 500 habitants mais non avec celui de parlementaire européen. La législation a désormais changé : après de difficiles débats, le principe de l'interdiction du cumul du mandat parlementaire avec une fonction exécutive locale a été adopté (LO n° 2014-125 du 14 février 2014) mais ne sera applicable à un parlementaire qu'à compter du premier renouvellement de l'assemblée à laquelle il appartient suivant le 31 mars 2017 (2009 pour les députés au Parlement européen).

3. Incompatibilité des fonctions parlementaire et ministérielle

Dans la plupart des régimes parlementaires, les ministres sont issus du Parlement et conservent leur siège lorsqu'ils entrent au gouvernement (c'est même une obligation dans le « modèle de Westminster »). Pour réduire (pensait-on) la proximité entre le gouvernement et le Parlement, la Constitution du 4 octobre 1958 a introduit dans son article 23 une incompatibilité nouvelle entre le mandat parlementaire et la fonction ministérielle : un parlementaire qui accepte une fonction gouvernementale est remplacé dans l'exercice de son mandat par un suppléant élu en même temps que lui (ou par le premier candidat non élu si l'élection a lieu à la proportionnelle). Cependant, le ministre dispose du droit d'entrée et de parole devant chacune des assemblées (art. C. 31 al. 1er). Mais alors que l'incompatibilité instaurée en 1958 était définitive (un ministre quittant le gouvernement ne retrouvait pas automatiquement son siège de parlementaire mais devait, pour cela, attendre que ce siège soit vacant — en général en demandant au suppléant de démissionner de bonne grâce — puis être réélu), elle est depuis la révision constitutionnelle du 23 juillet 2008 limitée à la durée d'exercice de la fonction ministérielle (art. C. 25) : les personnalités qui ont dû renoncer à leur mandat parlementaire pour entrer au gouvernement recouvrent l'exercice de leur mandat automatiquement au bout d'un délai d'1 mois après la cessation de leurs fonctions gouvernementales (LO du 13 janv. 2009). En tout état de cause, l'expérience a montré que le parlementaire qui devenait ministre n'en continuait pas moins à s'occuper activement des affaires de sa circonscription et cherche généralement à se faire réélire lors des élections générales suivantes. Ainsi, cette incompatibilité, quoique désormais adoucie, ne présente pas de réelle justification constitutionnelle.

➘ *Droit d'entrée et de parole des ministres au Parlement, Mandat, Parlementaire en mission, Séparation des pouvoirs, Suppléant*

J. Boudon, « Sur le cumul des mandats : quelle originalité française ? », *RD publ.* 2010. 1691 ; *Code électoral*, commenté et annoté par M. de Villiers, F. Potier et M. de Vendeuil, Lexisnexis ; Y. Mény, *La corruption de la République*, Fayard, 1992 ; P.-O. Caille, « Le cumul des mandats au regard des expériences étrangères », *RD publ.* 2000. 1701.

Incompétence

Il y a incompétence lorsque la mesure édictée ne rentre pas dans les attributions de l'autorité qui l'a prise. L'incompétence est donc le fait d'une autorité qui se substitue à l'autorité régulièrement investie.

↘ *Compétence, Domaine de la loi, Incompétence négative, Liberté, Libertés publiques*

Incompétence négative

Grief d'inconstitutionnalité (ou d'illégalité) suivant lequel une institution constitutionnelle ou administrative n'a pas exercé pleinement la compétence que lui conférait la constitution ou une loi. Ainsi, par exemple, le Conseil constitutionnel sanctionne-t-il le Parlement lorsque celui-ci abandonne à l'autorité réglementaire le soin de prendre des mesures qui relèvent du domaine de la loi formelle déterminé notamment par l'article C. 34. Le législateur parlementaire est ainsi protégé dans ses compétences, y compris contre lui-même. Est ainsi consacré ce que l'on appelle ailleurs le principe de la « réserve de la loi ».

Cons. const., n° 67-31 DC, 26 janv. 1967, *Rec. Cons. const.* p. 19 ; n° 2008-564 DC, 19 juin 2008 ; n° 2010-5 QPC, 18 juin 2010, *GDCC* n° 20.

F. Priet, « L'incompétence négative du législateur », *RFDC*, n° 17, 1994, p. 59 ; J. Trémeau, *La réserve de la loi*, Economica, 1994.

Inconstitutionnalité

↘ *Constitutionnalité*

Indemnité

Garantie de l'indépendance de l'élu et condition de la liberté de la candidature, l'indemnité parlementaire du parlementaire français est égale à la moyenne du traitement le plus bas et du traitement le plus élevé de la catégorie des emplois de l'État classés hors échelle, et complétée par une indemnité de fonction égale au quart de l'indemnité principale. Des dispositions réglementaires (art. RAN 162, al. 3 et RS 15, al. 3) prévoient des retenues sur l'indemnité de fonction en cas de participation insuffisante aux travaux de l'Assemblée mais, semble-t-il, sans application.

Indépendance de la nation

↘ *Pouvoirs exceptionnels*

Indivisibilité

Proclamé le 25 septembre 1792 (« la Convention nationale déclare que la République française est une et indivisible »), le principe d'indivisibilité signifie qu'il n'y a qu'une seule souveraineté (nationale), appartenant à un seul peuple, ne reconnaissant qu'une seule langue (« La langue de la République est le français », art. C. 1), sur toute l'étendue du territoire. De ce fait, aucune section du peuple ne peut s'attribuer l'exercice de la souveraineté (art. C. 3, al. 1er et 2). Mais si, en interdisant le partage de la souveraineté, le principe d'indivisibilité s'oppose à toute forme de fédéralisme, il n'interdit pas une décentralisation différenciée (aboutissant à des statuts particuliers pour telle ou telle collectivité territoriale, comme la Corse par ex.). En revanche, le principe d'indivisibilité de la République contribue à durcir le principe d'égalité devant la loi (et à restreindre corrélativement le principe de libre administration des collectivités territoriales) quand le Conseil constitutionnel juge que les conditions d'application d'une loi relative aux libertés publiques doivent être les mêmes sur l'ensemble du territoire (Cons. const., 13 janv. 1994).

➘ *État unitaire, Français, Souveraineté*

Cons. const., n° 91-290 DC, 9 mai 1991, *Rec. Cons. const.* p. 50, *GDCC* n° 11 ; n° 93-329 DC, 13 janv. 1994, *Rec. Cons. const.* p. 9.

R. Debbasch, *Le principe révolutionnaire d'unité et d'indivisibilité de la République*, Economica, 1988.

Inéligibilité

➘ *Éligibilité*

Inflation normative

Cette expression est devenue d'un usage habituel pour dénoncer l'empilement des normes, tant nationales (législatives et réglementaires) qu'européennes (règlements qui sont d'application directe et directives qui doivent être transposées en droit interne), auxquelles il faut ajouter les normes posées par les collectivités territoriales. Au-delà de la dimension quantitative d'un phénomène maintes fois dénoncé parce que facteur d'insécurité juridique, c'est surtout le crédit du droit qui est entamé. On se rappelle la mise en garde de Montesquieu : « les lois inutiles affaiblissent les lois nécessaires ».

➘ *Actes législatifs européens, Loi, Norme, Sûreté*

Conseil d'État, Rapports publics de 1991 et 2006 ; Christophe Eoche-Duval, *Un « mal français » : son é-norme production juridique ?, RD publ.*, p. 421 et s.

Initiative

Outre le sens commun de ce mot qui exprime une bonne part de l'activité du pouvoir politique en tant que le pouvoir politique est, selon l'expression de Maurice Hauriou, un pouvoir d'entreprise (alors qu'à l'inverse le juge ne se saisit pas lui-même), il y a un sens spécifique en procédure législative : l'initiative législative est le droit de proposer un texte. Dans le cas général, l'initiative est concurrente et peut être exercée par le Premier ministre (« projet de loi ») ou par les membres du Parlement (« proposition de loi ») (art. C. 39) avec, en pratique, une forte suprématie de la première autorité citée. Pour certaines lois cependant, l'initiative appartient au seul Premier ministre : il s'agit des lois de finances, des lois de financement de la Sécurité sociale, des lois d'habilitation et des lois de ratification. En excluant d'une recherche statistique ces domaines où seul le premier ministre peut déposer des projets, les propositions de loi au cours d'une année civile représentent selon les années environ un quart du total des lois adoptées (même si la proportion de propositions se rapproche d'un tiers depuis la révision constitutionnelle de 2008). Les raisons de la suprématie du gouvernement pour faire aboutir ses projets tiennent pour une part aux armes de procédure que la Constitution donne à l'exécutif, la moindre de ces armes n'étant pas la large maîtrise de l'ordre du jour des travaux parlementaires dont la révision de 2008 a modifié les modalités sans vraiment la remettre en cause (v. Ordre du jour). Mais, surtout, elle n'est pas illogique dès lors que c'est le gouvernement qui reçoit de la Constitution la charge de « déterminer et conduire la politique de la nation » (art. C. 20, 1er al.), et elle s'observe également dans d'autres régimes, notamment tous les régimes de type parlementaire.

En matière de référendum, l'initiative appartient au président de la République sur proposition du gouvernement ou des deux assemblées, ou bien encore d'un cinquième des membres du Parlement soutenus par un dixième des électeurs inscrits (art. C. 11, complété par la LO n° 2013-1114 du 6 décembre 2013), et en matière de révision de la Constitution, au président de la République sur proposition du Premier ministre et aux membres du Parlement (art. C. 89, al. 1er).

La Constitution de 1958 ne prévoit pas l'initiative populaire pure et simple que connaissent et pratiquent la Suisse, l'Italie ou certains États fédérés américains et allemands : cette procédure permet au peuple d'intervenir directement dans l'élaboration de la loi (par une pétition, dont la recevabilité suppose un minimum de signatures, demandant qu'un texte soit soumis au Parlement ou fasse l'objet d'un référendum), ou pour son abrogation (c'est la pratique italienne).

↘ *Amendement, Irrecevabilité, Ordre du jour, Projet de loi, Proposition de loi, Référendum*

Ph. Bachschmidt, « Les lois d'initiative parlementaire depuis 1995 : un succès méconnu », *RFDC*, n° 78, 2009, p. 343.

Initiative populaire

↘ *Référendum*

Injonction

Ordre, ou commandement (du latin *injungere* : enjoindre), émis par un organe envers un autre.

Si l'injonction est d'usage normal à l'intérieur d'une hiérarchie, la conception habituelle du principe de séparation des pouvoirs l'interdit en principe dans les relations entre les pouvoirs publics ainsi :

- le Parlement ne peut-il enjoindre au gouvernement de déposer un projet de loi (ce qui serait en contradiction avec le droit d'initiative législative du Premier ministre) ou un rapport (Cons. const. 21 déc. 1966) ; de même les propositions de résolution contenant des injonctions à l'égard du gouvernement sont irrecevables (art. C. 34-1) ;
- il est interdit au Parlement comme au gouvernement d'adresser des injonctions aux juridictions (Cons. const. 22 juill. 1980) ;
- le juge administratif, qui peut adresser des injonctions aux personnes privées, ne le peut pas aux personnes publiques (il ne peut que prononcer des annulations ou condamner l'administration à verser une somme d'argent). Dans ce dernier cas, une conception trop prudente (et très française) de la séparation des pouvoirs va contre l'État de droit.

↘ *Séparation des pouvoirs*

Cons. const., n° 66-7 FNR, 21 déc. 1966 ; n° 70-41 DC, 30 déc. 1970 et n° 80-119 DC, 22 juill. 1980, *GDCC* n° 7.

Inséparabilité

↘ *Constitutionnalité*

Instabilité gouvernementale

↘ *Stabilité*

Institution

Au sens le plus général, le terme d'institution désigne tout ce qui est établi et durable de manière artificielle (donc institué). Plus spécialement, elle renvoie à une forme d'organisation des collectivités humaines. En ce sens, l'État est une institution, et même la première des institutions. Au plan juridique, la notion s'est affinée, notamment grâce à la doctrine de Maurice Hauriou (1856-1929), qui a proposé de distinguer les institutions-organes et les institutions-choses.

1. Institution-organe

L'institution juridique renvoie d'abord à des personnes exerçant de fait ou de droit un pouvoir de domination dans un corps politique. Une fois reconnue, cette institution peut devenir un organe de l'État. Pour agir, l'État a besoin d'une organisation concrète, que lui procurent ses institutions-organes, et qui peuvent se subdiviser en institutions secondaires, selon un schéma plus ou moins complexe selon le degré d'évolution de la société. Telles sont les institutions politiques (présidence de la République, Parlement, gouvernement...), les institutions juridictionnelles (Conseil constitutionnel, autorité judiciaire, juridictions administratives...), les institutions administratives (autorités administratives indépendantes, établissements publics...). Ces institutions constituent les organes par lesquels s'exerce l'autorité de l'État, ce sont elles qui sont visées à l'article C. 16 qui aménage les pouvoirs exceptionnels du chef de l'État quand (notamment) les institutions de la République sont menacées « d'une manière grave et immédiate ». En outre, certaines institutions, sans être des organes de l'État, jouent un rôle majeur dans l'ordre constitutionnel : c'est surtout le cas des partis politiques qui ont en France un statut de droit privé (association).

2. Institution-chose (ou -mécanisme)

Le terme d'institution sert également à désigner des éléments juridiques qui ont pour finalité d'encadrer les comportements au sein du corps politique. En ce sens, une institution n'est plus un organe, mais se situe sur le plan des idées et des représentations intellectuelles, avant de se concrétiser par un ensemble de règles de droit qui lui donnent une traduction juridique. On en trouvera aussi bien en droit privé (par ex. l'institution du mariage) qu'en droit public (ainsi du suffrage universel, des fonctions de l'État, de la séparation des pouvoirs, de la souveraineté ou encore de l'État de droit). Les institutions-choses jouent le rôle indispensable de guide d'action pour les institutions-organes.

Les normes juridiques ne sont guère pensables sans les institutions. Un système (ou ordre) constitutionnel est peut-être avant tout un ensemble d'institutions-organes et d'institutions-choses.

➘ *État, Fonction, Ordre constitutionnel, Organe*

M. Hauriou, *Théorie de l'institution et de la fondation*, Éditions Blond et Gay, 1925 ; *Précis de droit constitutionnel* (1929), rééd. Dalloz, 2015 ; A. Le Divellec (dir.), *Des institutions et des normes*, Éd. Panthéon-Assas, 2022.

Intérêt général

➘ *Chose publique*

Intérim

Du latin *interim* : pendant ce temps-là. Désigne à la fois l'exercice d'une fonction pendant l'absence du titulaire et le temps pendant lequel cette fonction est ainsi exercée.

L'intérim est la solution française à l'interruption provisoire ou définitive de la fonction présidentielle, alors qu'aux États-Unis, cette interruption est palliée immédiatement par l'accession à la présidence du vice-président qui termine le mandat du président : le calendrier électoral est intangible.

L'intérim est prévu pour la présidence de la République en cas d'empêchement (provisoire ou définitif) ou de vacance. Les compétences dont dispose le président par intérim obéissent à une logique de continuité : ainsi peut-il recourir à l'article C. 16, alors que les articles C. 11 (référendum) et C. 12 (dissolution) sont neutralisés, ainsi que les articles C. 49 et C. 50 (responsabilité du gouvernement devant le Parlement] et C. 89 [révision de la Constitution], mais en ce qui concerne ces articles seulement en cas de vacance ou d'empêchement définitif.

On parle également d'intérim pour désigner le remplacement temporaire du Premier ministre : l'usage est que le remplacement soit assuré par le ministre premier cité dans la hiérarchie gouvernementale telle qu'elle résulte du décret de nomination du gouvernement.

➘ *Continuité, Empêchement, Suppléance, Vacance*

Interpellation

Procédure de contrôle parlementaire prenant la forme d'une question mettant le gouvernement en demeure de s'expliquer sur sa politique. Très utilisée sous la IIIe République pour faire tomber les gouvernements, l'interpellation comportait un débat suivi du vote d'un ordre du jour exprimant la position de l'assemblée. En cas de défiance, le gouvernement devait démissionner.

L'interpellation a disparu sous la Ve République (le Conseil constitutionnel l'a d'ailleurs condamnée dès 1959 : déc. des 17, 18 et 24 juin). La seule procédure à la disposition des députés s'ils veulent contraindre le gouvernement à la démission est celle de la motion de censure. La révision constitutionnelle du 23 juillet 2008 a cependant ouvert de nouvelles possibilités permettant aux assemblées de prendre position ou de provoquer des débats, mais sans que soit mise en cause la responsabilité du gouvernement (art. C. 34-1 et 50-1).

➘ *Confiance, Déclaration, Motion de censure, Résolution, Responsabilité*

Interprétation

1. Opération consistant à attribuer une signification à un énoncé textuel (par ex. un article d'une constitution écrite). Elle peut être réalisée par tout acteur du système juridique (par ex. la doctrine, qui fait figure d'interprète scientifique) mais le droit n'attache d'effets qu'à l'interprétation produite par une autorité habilitée à dire le droit : l'interprète authentique. On considérait habituellement qu'il s'agissait de l'auteur de la norme lui-même (par ex. le constituant ou le législateur) mais il peut s'agir d'un organe constitutionnel statuant en dernier ressort, notamment une juridiction suprême. Parmi différentes classifications possibles, on peut distinguer l'interprétation littérale (liée à la lettre du texte), exégétique (recherche l'intention de l'auteur du texte) ou bien téléologique (cherche la finalité du texte). Mais la doctrine juridique contemporaine se divise quant à savoir si l'interprétation est un acte de connaissance (il suffirait à l'interprète de découvrir la signification du texte) ou bien un acte de volonté (l'interprète opte toujours

entre plusieurs significations possibles).

2. Interprétation conforme (à la Constitution) : se dit, dans les pays germaniques, d'interprétations juridictionnelles permettant d'interpréter des textes de manière à déclarer leur compatibilité avec le texte de la constitution (ce qui permet d'éviter de censurer la loi). Elle s'apparente alors à la technique des « réserves d'interprétation » du Conseil constitutionnel français.

➘ *Contrôle de constitutionnalité, Jurisprudence, Norme, Réserve d'interprétation*

M. Troper, « Interprétation », in *Dictionnaire de la culture juridique*, PUF, 2003.

Investiture

1. Investiture parlementaire du gouvernement

Procédure ayant pour objet, dans certains régimes parlementaires (Suède, Allemagne, Espagne, par exemple), de subordonner la nomination du chef de gouvernement à un vote préalable de confiance du Parlement (ou du moins de sa chambre basse). En ce sens, elle codifie la "fonction élective" du Parlement. Tel était le cas sous la IVe République française (Const. de 1946, art. 45). Il s'agissait, par une sorte de contrat de confiance, de solenniser l'engagement d'une majorité de l'assemblée de soutenir le chef du gouvernement ainsi investi et le programme politique présenté. Mais dès 1947, la procédure fut faussée : sitôt sa nomination, le président du Conseil acceptait de soumettre la liste de ses ministres à un second vote de confiance de l'Assemblée (pratique de la *double investiture*), ce qui affaiblissait d'emblée sa position. À l'occasion de la révision constitutionnelle de 1954, l'investiture personnelle du chef du gouvernement fut supprimée au profit d'une investiture collective du gouvernement préalable à la nomination.

La Constitution de 1958 a supprimé la procédure d'investiture : nommé par décret du président de la République, le Premier ministre exerce immédiatement la plénitude de ses attributions, une présentation du gouvernement à l'Assemblée nationale ne pouvant être que postérieure à la nomination et, selon l'interprétation dominante, un vote de confiance n'est pas obligatoire (art. C. 49, al. 1er).

2. Investiture du chef de l'État

Cérémonie par laquelle un chef d'État endosse officiellement ses fonctions. Sous la Ve République, l'investiture se déroule en principe après la passation de pouvoirs avec son prédécesseur et après que le Conseil constitutionnel a proclamé les résultats officiels de l'élection présidentielle (cette proclamation marque le début officiel du mandat du Président). Aux États-Unis, le Président prête serment devant le *Chief Justice* lors de l'*Inauguration Day*.

3. Investiture partisane

Le terme d'investiture est également utilisé pour qualifier la décision d'un parti politique de présenter un candidat à une élection ou de lui accorder son soutien officiel.

➘ *Confiance, Fonction élective (du Parlement), Quatrième République, Régime parlementaire, Responsabilité*

Inviolabilité

➘ *Immunité*

Irrecevabilité

Vice affectant une demande et qui en interdit la discussion au fond.

Les irrecevabilités sont nombreuses dans la procédure parlementaire. Outre l'exception d'irrecevabilité, l'irrecevabilité peut être notamment opposée :

- à une initiative législative parlementaire (sous forme de proposition ou d'amendement) qui aurait pour conséquence, soit une diminution des ressources publiques, soit la création ou l'aggravation d'une charge (art. C. 40 ; on notera le passage du pluriel au singulier, ce qui rend l'irrecevabilité plus sévère pour les dépenses que pour les recettes) ;
- à une initiative législative parlementaire (sous forme de proposition ou d'amendement) qui ne serait pas du domaine de la loi, ou serait contraire à une délégation de l'article C. 38 (mais, depuis 1979, le Conseil constitutionnel n'a plus été saisi pour trancher un litige entre le gouvernement et le président de l'assemblée concernée au sujet de cette irrecevabilité) (art. C. 41) ;
- dans le cours de la procédure législative, à des amendements, soit dont le dépôt n'a pas respecté les délais fixés par les règlements des assemblées, soit qui sont sans lien avec le texte en discussion (art. C. 45, al. 1er), soit qui s'appliquent au texte élaboré par la commission mixte paritaire (art. C. 45, al. 3) ;
- à une proposition de résolution dont le gouvernement estimerait que son adoption ou son rejet serait de nature à mettre en cause sa responsabilité ou qu'elle contient des injonctions à son égard (nouvelle procédure de l'art. C. 34-1) ;
- à une proposition de résolution tendant à la création d'une commission d'enquête ayant le même objet qu'une mission d'information ou qu'une commission d'enquête antérieure de moins d'un an (art. 138 RAN).

➘ *Amendement, Commission mixte paritaire, Déclassement, Domaine de la loi, Exception d'irrecevabilité, Injonction, Résolution*

Irresponsabilité

Condition juridique traditionnelle d'un représentant de la nation qui, chargé de « vouloir au nom de la nation », n'a pas de compte à rendre des actes accomplis dans l'exercice de ses fonctions, si ce n'est, compte tenu de l'évolution des pratiques démocratiques, directement à ses électeurs, mais sans que ceux-ci aient un droit de révocation de leurs élus : le mandat ne serait plus alors un mandat représentatif mais un mandat impératif que le droit français a toujours condamné.

- S'agissant des parlementaires, l'irresponsabilité est l'une des deux immunités qui les protègent.
- L'irresponsabilité présidentielle est héritée des républiques antérieures, alors que tous les actes du président devaient être contresignés par un ministre (LO du 25 févr. 1875, art. 3) ou par le président du Conseil et un ministre (Const. du 27 oct. 1946, art. 38). Le schéma initial de la Constitution de la Ve République n'était pas contradictoire avec le droit antérieur : les décisions sans contreseing (énumérées à l'art. C. 19) que peut prendre le président de la République sont des décisions d'arbitrage, et la politique de la nation est déterminée et conduite par le gouvernement responsable devant le Parlement (art. C. 20, al. 1 et 3). Mais la pratique du présidentialisme majoritaire et le rôle du président dans la marche des affaires publiques ont fait apparaître l'irresponsabilité présidentielle comme un paradoxe. Aussi n'est-il pas étonnant qu'à l'irresponsabilité présidentielle de droit — que n'atténue pas une responsabilité constitutionnelle pour « manquement » très théorique (art. C. 68) — se soit substituée une responsabilité présidentielle électorale, soit directement (à l'occasion des élections présidentielles, ou, éventuellement d'un référendum — De Gaulle, 1969), soit indirectement lors des élections législatives. Dans cette dernière hypothèse, le président de la République n'est peut-être pas directement en cause, mais l'obligation dans laquelle il se trouve de laisser en cas de désaveu (1986, 1993, 1997) le Premier ministre diriger l'exécutif ne peut être analysée que comme une sanction que lui inflige le corps électoral.
- Mais ce régime d'irresponsabilité, à raison des opinions ou votes émis les parlementaires (art. C. 26, al. 1er) ou des actes accomplis en tant que président de la République (art. C. 67), ne vaut que dans le cadre de l'exercice des fonctions. En dehors de ce cadre, les représentants bénéficient cependant d'une immunité de procédure, l'inviolabilité, qui pour les parlementaires est prévue et organisée par la Constitution (art. C. 26, al. 2 et s. pour les parlementaires, art. C. 68 pour le chef de l'État).

↘ *Destitution, Haute trahison, Immunité, Mandat, Privilège de juridiction, Quinquennat, Régime représentatif, Représentant, Responsabilité, Septennat*

C. Émeri, « De l'irresponsabilité présidentielle », *Pouvoirs* n° 41, 1987.

J

Jacobin

Cette épithète fait référence au célèbre club des jacobins, société politique fondée en mai 1789 par des députés bretons aux États Généraux (d'où son appellation première de *club breton*). Le club suivit le transfert de l'Assemblée constituante à Paris le 6 octobre 1789 et s'installa rue Saint-Honoré dans un réfectoire appartenant à l'ordre monastique des jacobins (qui n'était autre que l'ordre des dominicains dont le premier couvent à Paris avait été installé en 1218 sur la montagne Sainte-Geneviève où une chapelle était consacrée à Saint-Jacques le Majeur). Le titre exact du club des jacobins était : « Société des amis de la Constitution, siégeant aux Jacobins ». Le club ne cessa d'être le « sanctuaire de l'ardeur révolutionnaire » (J.-J. Chevallier), ce qui explique que ses éléments modérés furent successivement supplantés par les plus radicaux, à un certain moment les Girondins, jusqu'à ce que, à leur tour, les Girondins en soient éliminés par les Montagnards en septembre 1792. Le club devient alors la « Société des Amis de la liberté et de l'égalité » et le lieu où se préparent les grandes décisions discutées ensuite à la Convention et prises par le comité de salut public (politique de la terreur, mort du roi). Mais la politique de la Convention, c'est aussi l'établissement de la République, proclamée le 22 septembre 1792 et définie comme une et indivisible, c'est la guerre aux frontières et la levée en masse, c'est une théorie du gouvernement révolutionnaire exprimée par Robespierre dans un discours célèbre du 25 septembre 1793.

Non sans excès, l'épithète de jacobin sera par la suite attribuée à toute personne partisan d'un État unitaire et centralisé, expression d'un territoire et d'une nation également indivisibles. De même est caricaturale l'opposition fréquente entre Jacobins et Girondins, au prétexte qu'après leur élimination par les Montagnards, les Girondins (également appelés *brissotins*, du nom de Brissot, député de la Gironde) se replièrent en province et lancèrent une insurrection dite fédéraliste en dénonçant la dictature parisienne.

↘ *Convention nationale*

J. Boudon, *Les Jacobins. Une traduction des principes de Jean-Jacques Rousseau*, LGDJ, 2006.

Judicial Review

↘ *Common law, Contrôle de constitutionnalité*

Juridicité (Principe de)

➘ *Légalité*

Juridiction

1. Organe institué par l'État (et non par un accord entre parties, auquel cas on parlera d'arbitre), la juridiction dit le droit (en latin : *jus dicere*) au nom du peuple français, et la sentence rendue a autorité de la chose jugée, ou encore force de vérité légale : la juridiction dit ce qui doit être tenu pour vrai, et ce qui a été jugé ne peut être ni contesté, ni méconnu. En dehors des hypothèses, définies très strictement, où il peut être demandé à une juridiction qu'elle revienne sur une décision qu'elle a elle-même rendue, un jugement ne peut être retiré par son auteur : l'autorité de chose jugée n'est pas l'autorité de chose décidée (une décision politique ou administrative peut être retirée ou abrogée), elle est « le fait que ce qui a été jugé, sous réserve des voies de recours, ne peut plus être remis en question et s'impose de façon définitive à toutes les parties en cause » (Marcel Waline). Un jugement peut seulement, dans le cadre des voies de recours prévues par les textes, être réformé ou annulé, mais par une autre juridiction. Quand les voies de recours sont épuisées, et que le jugement est ainsi définitif, la décision de justice aura « force de vérité légale » selon la formule de Gaston Jèze.

2. L'hypothèse habituelle est que la juridiction dise le droit en étant en présence de prétentions opposées : la juridiction — au sens cette fois fonctionnel et non plus organique — sera dite contentieuse. On peut donner l'exemple du contentieux des élections législatives devant le Conseil constitutionnel : il y a un demandeur, qui attaque l'élection par une requête qui invoque des moyens d'annulation, et un défendeur, le député ou le sénateur dont l'élection est contestée, et qui répond par des observations. Mais la juridiction peut être également non contentieuse. C'est le cas du contrôle de constitutionnalité des règlements des assemblées parlementaires ; contrôle obligatoire avant toute mise en application.

3. L'article C. 62 confère, sans utiliser l'expression, l'autorité de chose jugée aux décisions du Conseil constitutionnel, autorité qui s'impose aux pouvoirs publics et à toutes les autorités administratives et juridictionnelles. Si une loi, ou un traité, est déclaré par le Conseil constitutionnel, en tout ou en partie, contraire à la Constitution, la seule possibilité qui s'offre au pouvoir politique s'il ne veut pas renoncer aux dispositions censurées est d'en appeler au pouvoir de révision.

➘ *Conseil constitutionnel, Constitution, Contentieux constitutionnel, Contentieux électoral, Contrôle de constitutionnalité, Jurisprudence, Privilège de juridiction*

Cons. const., n° 92-308 DC, 9 avr. 1992 (Maastricht I) et n° 92-312 DC, 2 sept. 1992 (Maastricht II), *Rec. Cons. const.* p. 55 et 76.

Jurisprudence

La jurisprudence est « l'ensemble des solutions apportées par les décisions de justice dans l'application du droit » (G. Cornu, *Vocabulaire juridique*). En d'autres termes, le doyen Carbonnier dit la même chose : la jurisprudence, c'est « l'habitude des tribunaux », et il explique : « en présence d'une question de droit qui se reproduit fréquemment, les tribunaux prennent plus ou moins vite l'habitude de juger de semblable manière [...] Aussi peut-on conjecturer que, dans l'avenir, un tribunal, saisi de cette question, la jugera de même : il n'y est pas obligé, en droit, mais c'est une probabilité ». Dans les décisions de justice, les motifs (qui ne sont plus précédés des traditionnelles expressions « considérant que... », « attendu que... », supprimées depuis peu dans un souci de simplification formelle) seront essentiels parce qu'ils révèlent le raisonnement suivi par le juge pour établir la règle de droit qui fondera la décision (ou « dispositif »), raisonnement se limitant parfois à la simple reproduction d'un texte, mais comportant souvent une interprétation (de ce texte ou, s'il y a lieu, de plusieurs textes qu'il faut concilier) et même, quand il est nécessaire, une véritable construction. Il n'est donc pas erroné de parler d'un certain pouvoir normatif de la jurisprudence, mais en rappelant qu'à la différence d'une décision particulière qui bénéficie de l'autorité de la chose jugée dès lors que les voies de recours sont épuisées, la jurisprudence, en tant qu'ensemble des règles appliquées par les juges dans le règlement des affaires qui leur sont soumises, est toujours susceptible d'évolution : ce sont les revirements de jurisprudence.

Encore faut-il, pour qu'un droit jurisprudentiel puisse se dégager, qu'il y ait un juge. Telle a été, en droit constitutionnel français, une des grandes innovations de la Constitution de 1958, avec la création du Conseil constitutionnel dont la jurisprudence n'a cessé, depuis 1958, et surtout depuis l'extension du droit de saisine à 60 députés ou 60 sénateurs, d'enrichir le texte de la Constitution.

➘ *Conseil constitutionnel, Constitution, Constitutionnalité, Contrôle de constitutionnalité, Juridiction*

J. Carbonnier, *Droit civil*, PUF, coll. « Thémis », 26e éd., 1999, nos 142 et s. ; M. Deguergue, « Jurisprudence », in *Dictionnaire de la culture juridique*, PUF, 2003 ; *Code constitutionnel*, obs. sous l'art. C. 62.

Justice

« La justice est la seule vertu qui ait son ministère » écrit Jean Picq (dans *Il faut aimer l'État*, 1995) et il ajoute : « La justice ne procède pas de l'État, c'est l'État qui procède de la justice ». Il ne faut cependant pas s'y tromper : le juge n'est pas professeur de vertu, le juge « dit » le droit (v. juridiction), et s'il y a une exigence de justice au sens moral, c'est d'abord au législateur de l'assumer.

En dehors du Premier ministre, le ministre de la Justice (ou garde des Sceaux) est le seul membre du gouvernement à avoir une existence constitutionnelle (art. C. 65, 9e al.), et son pouvoir hiérarchique ne s'exerce que sur une partie des personnels de son ministère, les magistrats du siège bénéficiant des garanties liées à l'indépendance de l'autorité judiciaire. La proposition de soustraire les magistrats du parquet à l'autorité hiérarchique du garde des Sceaux revient cependant fréquemment dans le débat politique.

↘ *Autorité judiciaire, Juridiction*

Justice constitutionnelle

Expression devenue d'usage habituel pour désigner les organes et procédures de nature essentiellement juridictionnelle par lesquels est assurée la garantie de la Constitution. Cette fonction (en particulier la suprématie de la constitution « rigide ») ne se limite pas au contrôle de la constitutionnalité des lois, même si ce contrôle en est à la fois le symbole et la pièce essentielle. Elle peut concerner également — mais la pratique est variable selon les pays — le contrôle de constitutionnalité des traités, des actes administratifs et des décisions de justice, ou, dans les États fédéraux, le contrôle de la répartition des compétences entre la fédération et les États fédérés. De plus, d'autres compétences visant à assurer le respect des règles constitutionnelles peuvent être attribuées à des instances juridictionnelles (contentieux électoral, jugement des litiges d'interprétation de la constitution, jugement d'un gouvernant pour violation de la constitution).

L'existence d'une justice constitutionnelle ne signifie pas qu'il y ait nécessairement une juridiction constitutionnelle unique ayant un monopole pour juger des questions de constitutionnalité : la fonction de justice constitutionnelle peut être assurée par les juridictions ordinaires (comme c'est le cas aux États-Unis ou dans certains États européens).

↘ *Constitution, Constitutionnalisme, Constitutionnalité, Contrôle de constitutionnalité, Cour constitutionnelle, Cour Suprême, Litige entre organes constitutionnels*

Ch. Eisenmann, *La justice constitutionnelle et la Haute Cour constitutionnelle d'Autriche* (1928), rééd. Economica, 1986 ; M. Fromont, *Justice constitutionnelle comparée*, Dalloz, 2013 ; C. Grewe, O. Jouanjan *et al.* (dir.), *La notion de « justice constitutionnelle »*, Dalloz, 2005 ; O. Jouanjan, « Modèles et représentations de la justice constitutionnelle en France : un bilan critique », *Jus Politicum* n° 2, 2009, p. 93 ; « La justice constitutionnelle contemporaine : modèles et expérimentations », *Jus Politicum*, vol. VII, 2015 (et n° 13 en ligne) ; S. Mouton (dir.), *Le régime représentatif à l'épreuve de la justice constitutionnelle*, LGDJ, 2016.

Justice politique

L'expression peut désigner la fonction ayant pour objet de prononcer des jugements en matière politique, et l'organe chargé de cette fonction. Quel que soit le sens, fonctionnel ou organique, retenu, les deux mots, justice et politique, « jurent d'être assemblés dans la même expression ». Il y aura toujours en effet une difficulté considérable (insurmontable ?) à dire le droit — ce qui est le propre d'une juridiction — dans une matière où les préoccupations d'opportunité sont fondamentales, et à désigner le juge qui exerce cette compétence. Ainsi s'explique le caractère d'exception, et rarement satisfaisant, des juridictions instituées à cette fin, dont, en France, l'ancienne Haute Cour de justice fournissait le meilleur exemple.

La situation est évidemment différente si l'acte ou le comportement reproché est qualifiable pénalement. On quitte alors le domaine de la justice politique au sens strict pour rentrer dans celui de la justice pénale : par exemple, la procédure d'*impeachment* inventée par l'Angleterre (et reprise mais transformée en une destitution par la Constitution des États-Unis). Mais une justice pénale appliquée à des politiques n'est-elle pas encore, et pour partie, une justice politique ?

↘ *Cour de justice de la République, Destitution, Haute Cour, Haute trahison, Impeachment, Responsabilité*

M. Prélot, J. Boulouis, *Institutions politiques et droit constitutionnel*, Dalloz, 11e éd., 1990, n° 568 ; C. Guérin-Bargues, *Juger les politiques ? La Cour de justice de la République*, Dalloz, 2017.

K

Kangourou

↘ *Obstruction*

Knesset

Dénomination du Parlement israélien. Les 120 députés qui composent la *Knesset* sont élus au scrutin de liste proportionnel à la plus forte moyenne, sans panachage ni vote préférentiel, dans le cadre d'une circonscription nationale unique. Ce mode de scrutin a été choisi dès l'origine d'Israël afin que, compte tenu de l'hétérogénéité sociale du pays, des origines géographiques des Israéliens revenant au pays et des clivages qui fragmentent la population (gauche-droite, religieux-laïque, attitude par rapport à la question palestinienne), aucun courant ne soit exclu de la construction de l'État d'Israël. C'est pourquoi le seuil de représentation est resté extrêmement faible : il suffit à une liste d'obtenir 3,25 % des suffrages pour avoir un siège de député (depuis 2013 — il était initialement fixé à 1 % puis 2 %). Le multipartisme israélien est de ce fait très marqué, et la présence de plusieurs petits partis conduit nécessairement à la formation de gouvernements de coalition au soutien majoritaire aléatoire.

↘ *Coalition, Régime parlementaire, Représentation proportionnelle*

Pouvoirs n° 72, « Israël », 1995 ; C. Klein, *La démocratie d'Israël*, Le Seuil, 1997.

L

Lacune

Du latin *lacuna* : trou, manque. Point de droit sur lequel il n'existerait aucune solution explicitement fournie par les sources juridiques formelles. Pour une partie de la doctrine, cependant, les lacunes n'existent pas en matière constitutionnelle (G. Vedel). Cependant, l'idée de complétude du droit constitutionnel écrit est douteuse. À tout le moins, on repère fréquemment des silences du droit écrit. D'où l'importance des règles non écrites que les organes constitués forgent eux-mêmes et dont le statut normatif peut varier.

↘ *Interprétation*

J. Jeanneney, *Les lacunes constitutionnelles*, Dalloz, 2016.

Laïcité

Proclamée par l'article 1 de la Constitution (« La France est une République [...] laïque [...]. Elle respecte toutes les croyances »), la laïcité est le principe selon lequel une collectivité publique ne professe pas d'opinion religieuse. La collectivité publique est neutre, ce qui sera ainsi traduit par la loi de séparation des Églises et de l'État du 9 décembre 1905 : « La République ne reconnaît, ni ne subventionne aucun culte ».

La laïcité dont, paradoxalement, une des plus anciennes affirmations se trouve dans l'Évangile (« Rendez à César ce qui est à César, et à Dieu ce qui est à Dieu » Luc, 20, v. 25 ; le terme de laïc est d'ailleurs un terme du droit canon), est un élément constitutif de la conception occidentale de l'État. En tant que principe de séparation du religieux et du politique, elle est une condition de la liberté politique. Mais, si, au nom de la laïcité, l'État ne reconnaît pas les religions, au sens d'une reconnaissance officielle, il les *connaît* cependant (J. Robert) : loin d'exclure la liberté religieuse, *a fortiori* de la combattre (ce qui est le propre du laïcisme), il l'admet et la protège, ainsi que son corollaire, la liberté de conscience, au titre des droits de l'Homme. C'est ce que signifie la reconnaissance de droits inaliénables et sacrés au profit de tout homme, « sans distinction [...] de religion ni de croyance » (Pr. 1946, al. 1er), ce qui fonde, pour le Conseil constitutionnel, le principe de sauvegarde de la dignité de la personne humaine (94-343/344 DC du 27 juill. 1994).

Par le biais de la liberté religieuse, la liberté d'enseignement n'est pas sans lien avec la laïcité. Mais si la laïcité n'interdit pas le subventionnement d'établissements privés d'enseignement, alors même que la plupart de ces établissements sont confessionnels, c'est au titre de la contribution de ces établissements à une mission de service public.

Et par ailleurs, depuis la loi du 15 mars 2004, si la laïcité ne s'oppose pas à ce que des élèves manifestent une appartenance religieuse à l'intérieur d'un établissement scolaire public, c'est dans la seule mesure où le port de signes ou tenues manifestant cette appartenance ne soit pas « ostensible » (loi du 15 mars 2004). L'obligation de neutralité, jusqu'ici s'adressant exclusivement aux établissements, est ainsi étendue à l'ensemble de la population scolaire (mais non universitaire), ce qui traduit une conception assez nouvelle du concept constitutionnel de laïcité selon lequel la République « respecte toutes les croyances » (art. C. 1, al. 1), respect qui suppose que ces croyances puissent s'exprimer. C'est toute la difficulté de la conciliation du principe de laïcité avec le maintien de l'ordre public.

↘ *Liberté, République*

Cons. const., n° 77-87 DC, 23 nov. 1977, *Rec. Cons. const.* p. 42 ; n° 84-185 DC, 18 janv. 1985, *Rec. Cons. const.* p. 36 ; n° 93-329 DC, 13 janv. 1994, *Rec. Cons. const.* p. 9, *AJDA* 1994. 132, note J.-P. Costa ; CE avis du 27 nov. 1989, *RFDA* 1990. 1 et s., comm. J. Rivero ; CE 2 nov. 1992, *Kherouaa*, *RFDA* 1993. 112, concl. Kessler.

G. Calvès, *La laïcité*, La découverte, 2022 ; P. Ségur, *« Le principe constitutionnel de laïcité », Annales de l'Université des sciences sociales de Toulouse*, t. XLIV, 1996, p. 117 ; J. Rivero, « La notion juridique de laïcité », *D.* 1949, chron. 137 ; *Pouvoirs* n° 75, « La laïcité », 1995 ; *Code constitutionnel*, Lexisnexis, comm. sous l'art. C. 1.

Länder

↘ *Bundesrat, État fédéral*

Landsgemeinde

De l'allemand « commune rurale » ou « assemblée du pays », elle désigne une institution de démocratie semi-directe répandue depuis le Moyen-Âge en Suisse, aujourd'hui devenue rare au niveau cantonal (elle subsiste seulement en Appenzell-Rhodes intérieures et à Glaris mais reste en revanche davantage utilisée au niveau communal). Elle est l'assemblée de l'ensemble des citoyens d'un corps politique (commune ou canton), se réunit une fois par an pour approuver diverses nominations et les lois proposées par les magistrats.

↘ *Démocratie*

Leader

Désigne, au-delà du vocabulaire courant (un chef, un dirigeant politique), différents postes de responsabilité officiels dans les systèmes représentatifs anglo-saxons.

1. Leader du parti (*Party Leader*)

Dans les systèmes parlementaires du type de Westminster, chaque parti désigne régulièrement un

Leader. Celui du parti majoritaire à la chambre basse est, en vertu des conventions de la constitution, automatiquement appelé par le chef de l'État au poste de Premier ministre. Pour avoir perdu le leadership en 1990, Margareth Thatcher dut démissionner de son poste de Premier et fut remplacée par John Major, élu nouveau Leader du parti conservateur.

2. Leader de la Chambre (*Leader of the House*)

Dans les systèmes parlementaires du type de Westminster, il s'agit du (ou des, en cas de bicamérisme) ministre chargé des relations avec l'assemblée. Il fixe notamment l'ordre du jour et arrange la conduite des affaires au nom du gouvernement, en étroite liaison avec les *Whips*. Au Royaume-Uni, ce fut longtemps le Premier ministre lui-même qui détenait ce titre (alors officieux), manifestant le rôle directeur naturellement dévolu à l'Exécutif dans le travail parlementaire. Depuis 1942, il s'agit d'un simple ministre.

3. Leader de l'Opposition officielle

Dans les systèmes parlementaires du type de Westminster, l'opposition est reconnue par la loi (depuis 1905 au Canada, 1937 au Royaume-Uni). Le parti le plus important qui ne participe pas au gouvernement doit désigner un chef officiel qui porte le titre de *Leader of Her Majesty's Most Loyal Opposition*. Il reçoit un salaire sur le budget de l'État et jouit d'une place privilégiée dans la vie de la Chambre. Il forme un contre-gouvernement (*Shadow Cabinet*) pour contrôler le gouvernement en place et préparer l'alternance.

4. Leader de la majorité ou de la minorité

Au Congrès des États-Unis, chaque groupe parlementaire (appelé *Caucus* ou *Conference*) désigne un Leader officiel. Selon les rapports de force, on parlera de *Majority Leader* ou de *Minority Leader*.

↘ *Caucus, Groupe parlementaire, Opposition, Parti, Shadow Cabinet, Westminster (Modèle de), Whip*

Lecture

Délibération d'un texte par une assemblée, sanctionnée d'un vote qui exprime la décision de cette assemblée. Dans le cadre de la procédure législative, les textes devant être adoptés en termes identiques par les deux assemblées, peuvent faire l'objet de plusieurs lectures successives et alternées par chaque assemblée jusqu'à ce qu'elles se mettent d'accord, à moins qu'après échec de la procédure de conciliation de la commission mixte paritaire, le dernier mot soit donné à l'Assemblée nationale qui adoptera le texte en dernière lecture (v. art. C. 45).

↘ *Délibération, Navette*

Légalité

Le principe de légalité s'entend en deux sens :

1. Ce qui doit être établi par la loi

Ainsi de la détermination des crimes et délits et des peines qui leur sont applicables (art. DDH 8 : « La loi ne doit établir que des peines strictement et évidemment nécessaires, et nul ne peut être puni qu'en vertu d'une loi établie et promulguée antérieurement au délit, et légalement appliquée »). Le principe de légalité est un des principes de base de la Déclaration de 1789 (v. notamment art. 4 à 11 et 17).

2. Caractère de ce qui est conforme à la loi

Seule la loi peut déroger à la loi. Le principe de légalité signifie une exigence de conformité au droit de tout acte administratif, la légalité ne désignant pas seulement alors l'ensemble des lois mais aussi les engagements internationaux (traités, accords, conventions) et actes assimilés (actes communautaires) qui s'imposent aux lois (art. C. 55), et les principes généraux du droit dont le Conseil d'État, qui les a dégagés, impose le respect à l'administration. Tous ceux dont les intérêts sont lésés par des actes administratifs illégaux peuvent, soit par un recours direct dit « pour excès de pouvoir » (recours enfermé dans un délai strict de 2 mois), soit en soulevant ultérieurement (et sans condition de délai) une exception d'illégalité, obtenir le rétablissement de la légalité.

De ce qu'il s'agit d'obtenir le respect du droit, et pas seulement de la loi au sens strict, et la Constitution formelle étant une loi, mais d'une force particulière lorsqu'elle est rigide, des auteurs tirent argument pour intégrer la constitutionnalité dans la légalité. Le principe de légalité (parfois appelé principe de juridicité) se confond alors avec la notion de hiérarchie des normes, il en constitue l'armature.

➘ *Actes législatifs européens, Conseil d'État, Constitutionnalité (principe de), Engagement international, État de droit, Hiérarchie des normes, Principe(s)*

L. Favoreu, « Légalité et constitutionnalité », *Cah. Cons. const.* 1997. n° 3.

Légalité républicaine

Expression désignant la continuité du droit républicain au-delà des crises, d'origine interne ou externe, qui peuvent l'affecter, ou auxquelles il s'agit de faire face. Ainsi une ordonnance du 9 août 1944, en rétablissant la légalité républicaine, a-t-elle tenté d'effacer les actes pris par le régime de Vichy.

➘ *État français, République*

Légicentrisme

Terme parfois utilisé en doctrine pour caractériser la place centrale que la tradition du droit français depuis la Révolution accorde à la loi : expression de la volonté générale qui, selon Jean-Jacques Rousseau, « est toujours droite et tend toujours à l'utilité publique », la loi est incontestable. Le contrôle de sa conformité à la Constitution est, de fait sinon en droit, inconcevable, et la distribution des pouvoirs (législatif, exécutif et judiciaire) s'opère par rapport à la loi selon qu'il s'agit de l'élaborer, de l'exécuter ou de l'appliquer à la solution d'un litige.

La mise en place en 1958 d'un juge constitutionnel (le Conseil constitutionnel) et le développement, surtout depuis 1974, du contrôle de la constitutionnalité des lois valent condamnation du légicentrisme puisqu'une loi peut être censurée pour non-conformité à la Constitution : dans cette hypothèse, il est en effet implicitement admis que le législateur s'est trompé, c'est-à-dire qu'il est faillible. La procédure de la question prioritaire de constitutionnalité de l'article C. 61-1 confirme cet abandon, d'autant plus facilement que l'exception d'inconventionnalité avait elle aussi fortement entamé le légicentrisme.

↘ *Constitutionnalité, Contrôle de constitutionnalité, Loi écran, Question prioritaire de constitutionnalité*

R. Carré de Malberg, *La loi, expression de la volonté générale*, Sirey, 1931, rééd. Economica, 1984.

Législateur

Litt. : celui qui porte une loi (du latin *lex* - loi - et *lator* - qui porte). Le terme, quoiqu'ignoré du droit positif, désigne d'abord le ou les organes qui concourent à faire la loi ; il est alors synonyme de « pouvoir (organe) législatif ». Il est en outre d'usage habituel en histoire, par exemple pour rendre justice à l'auteur d'une œuvre législative qui a marqué son époque — tel le Grec Solon (640-558 av. J.-C.). Si les textes constitutionnels des régimes démocratiques désignent fréquemment le Parlement comme organe législatif (par ex. l'art. C. 24 : « Le Parlement vote la loi [...] »), en réalité, dans le déroulement de la procédure législative, les rôles sont toujours partagés : le législateur est un organe complexe associant différents acteurs (Premier ministre et ministres, Conseil d'État, assemblées parlementaires, Conseil constitutionnel). La question se pose donc de savoir, de ces acteurs, quel est celui dont la volonté (politique) finalement l'emporte. Dans les régimes parlementaires, le cabinet joue habituellement un rôle décisif dans la fabrication de la loi.

Même aux États-Unis, le président est fréquemment qualifié de *législateur en chef (Chief Legislator)*, expression signifiant que les lois votées par le Congrès proviennent très souvent de propositions formellement déposées par des membres du Congrès mais suscitées par le président et qui traduisent le programme législatif exposé dans le discours (ou message) annuel sur l'état de l'Union.

↘ *Pouvoir législatif, Projet de loi*

Législateur en chef

↘ *Législateur*

Législation déléguée

Par cette expression sont désignées différentes techniques en usage dans les États contemporains et qui ont toutes en commun de transférer la compétence législative du Parlement à l'exécutif. Il s'agit évidemment d'une entorse aux prescriptions de la doctrine de la séparation des pouvoirs, entorse qui justifie un encadrement strict. L'expression même de législation déléguée maintient la fiction d'un Parlement qui ne délègue que dans des limites qu'il détermine lui-même. Ainsi, en Italie, le Parlement doit fixer les principes et l'orientation de la délégation, et les décrets contenant des normes législatives que le gouvernement adopte dans les cas de nécessité et d'urgence doivent être présentés le jour même aux chambres. En France, le recours aux ordonnances n'est possible que dans le cadre d'une loi d'habilitation qui doit préciser le délai d'habilitation, la finalité des mesures que le gouvernement se propose de prendre, ainsi que leur domaine d'intervention (art. C. 38). En Grande-Bretagne, la législation déléguée est d'autant plus importante que la hiérarchie des normes n'est pas aussi rigide que sur le continent et il faut entendre, par législation déléguée, des pratiques qui relèveraient en France à la fois du pouvoir réglementaire classique et de la technique des ordonnances.

La législation déléguée est une pratique que connaissent également les États-Unis, alors même que la séparation des pouvoirs y est réputée plus rigide qu'ailleurs. L'inconstitutionnalité de la délégation consentie par le Congrès à Roosevelt fut d'ailleurs un des motifs retenus par la Cour Suprême en 1935 pour s'opposer à la réglementation du *New Deal*. Mais cette jurisprudence n'est plus d'actualité. La législation déléguée est admise largement en ce qui concerne le commerce international et, dans les autres matières, elle n'est inconstitutionnelle que si la délégation est imprécise, ce qui est finalement une position peu éloignée de celle du Conseil constitutionnel français.

Mais quelles que soient les applications de la législation déléguée, elles illustrent toutes la remarque de R. Capitant selon qui « gouverner, c'est légiférer » ; et si la loi est un instrument de gouvernement, il est inévitable que le gouvernement, soit contrôle le processus législatif (c'est la procédure législative normale), soit se fasse accorder par le Parlement les moyens de faire lui-même le travail législatif.

➘ *Décret-loi, Domaine de la loi, Habilitation, Législateur, Loi, Ordonnance, Pouvoir réglementaire, Veto*

Législature

1. Définition usuelle

La législature désigne couramment, en particulier en Europe continentale, la durée du mandat d'une assemblée parlementaire. C'est la loi organique qui, en France, fixe la durée des pouvoirs de l'Assemblée nationale. Ainsi l'article LO 121 du Code électoral dispose-t-il (depuis 2001) que :

« Les pouvoirs de l'Assemblée nationale expirent le troisième mardi de juin de la cinquième année qui suit son élection. » (Alors que le Sénat est une assemblée permanente, les sénateurs étant élus pour 6 ans avec renouvellement de l'assemblée par moitié tous les 3 ans, loi organique du 30 juillet 2003, art. LO 275 et 276 C. élect.).

2. Sens particulier

Dénomination habituellement usitée dans la doctrine anglo-saxonne pour désigner une assemblée parlementaire. On parle ainsi, par exemple, de la législature de l'État de Virginie ou du Texas.

3. Gouvernement de législature

Gouvernement qui demeure en fonction aussi longtemps que l'assemblée dont il est l'émanation : la stabilité gouvernementale est assurée. Le gouvernement de législature est, sauf exception, une caractéristique en même temps qu'un produit naturel du parlementarisme majoritaire. Par différentes techniques, le parlementarisme rationalisé s'efforce, pas toujours avec succès, d'aboutir au même résultat.

➘ *Assemblée, Gouvernement, Parlementarisme majoritaire, Parlementarisme rationalisé*

Légitimité

Mot ignoré par le droit constitutionnel « positif », et pour cause : la question posée par la notion de légitimité est d'ordre métajuridique, elle porte sur les raisons de l'obligation politique, en d'autres termes, de l'obéissance au pouvoir. La légitimité pourra être ainsi définie : qualité du pouvoir qui fonde l'obéissance qu'il exige, conformité de ce pouvoir aux croyances des gouvernés quant à son origine et à ses formes. La légitimité permet donc d'aller au-delà de l'effectivité du pouvoir, et de réfléchir sur sa justice.

Encore faut-il avoir un instrument de mesure de la légitimité. La démocratie présuppose généralement que la légitimité résulte de l'expression libre du suffrage universel, ce qui garantit la validité des décisions prises par les organes du pouvoir ainsi désigné : en temps normal, la légitimité et la légalité se recouvrent (c'est une condition indispensable de la sécurité juridique). Mais le propre des périodes révolutionnaires, ou de guerre avec occupation du sol national, est d'être justement des périodes de rupture entre la légitimité et la légalité. Dans le discours de Bayeux (16 juin 1946), le général de Gaulle célèbre ainsi le triomphe de la légitimité sur la légalité de Vichy : « Partout où paraissait la croix de Lorraine, s'écroulait l'échafaudage d'une autorité qui n'était que fictive bien qu'elle fût en apparence constitutionnellement fondée ». On peut enfin considérer, avec Pierre Rosanvallon, que dans les démocraties libérales contemporaines, les attentes des citoyens vont au-delà du seul titre légitime à gouverner, procuré par l'élection (directe ou indirecte) ; et que la conduite d'un pouvoir doit être sans cesse évaluée et mise à l'épreuve par le contrôle et la responsabilité. Autrement dit que la légitimité élective doit être prolongée par une légitimité d'exercice.

↘ *Démocratie, État français, Légalité, Révolution*

M. Weber, *Le savant et le politique*, Plon, coll. « Agora », 1959 ; B. Daugeron, *La notion d'élection en droit constitutionnel*, Dalloz, coll. « Nouv. bibl. des thèses », 2011 ; P. Rosanvallon, *Le bon gouvernement*, Le Seuil, 2015.

Lettre de créance

↘ *Accréditation*

Lettre rectificative

Document apportant des modifications à un projet de loi déjà déposé. Le procédé de la lettre rectificative est purement coutumier. Il est une modalité, théoriquement exceptionnelle, du droit d'initiative législative du Premier ministre et non du droit d'amendement et il est donc soumis à la procédure de l'article C. 39.

Liberté, libertés publiques

1. Un principe d'autodétermination de l'individu

Premier des droits de l'Homme dans l'énumération qu'en donne l'article DDH 2, et premier terme de la devise républicaine (art. C. 2, al. 4), la liberté, en tant que faculté d'autodétermination, est un principe, au sens étymologique (ce qui vient en premier, à l'origine). De ce fait, le champ d'application de la liberté ne peut être *a priori* circonscrit et les limites à la liberté sont des exceptions qui seront d'interprétation stricte.

Naturellement, la liberté n'aura pas le même contenu selon que sont en cause les relations entre particuliers (l'emportera l'autonomie de la volonté, principe de base du droit privé), ou les relations de particuliers avec une collectivité publique (il s'agira plus ici de liberté-participation). Mais cette distinction ne doit pas conduire à qualifier les manifestations de la liberté dans le premier domaine de libertés privées : toutes les libertés ont vocation à bénéficier de la protection de la loi. Seront ainsi qualifiées de « libertés publiques », les libertés reconnues et garanties par la collectivité publique, ou encore : « Les libertés publiques sont des pouvoirs d'autodétermination consacrés par le droit positif » (J. Rivero).

2. Les types de libertés

Les libertés publiques peuvent être classées selon différents critères qui privilégient, soit leur titulaire (personne physique, personne morale de droit privé ou de droit public), soit leur objet (liberté d'association, liberté de la presse...), soit leur mode d'exercice (libertés individuelles ou libertés collectives). Mais ces modes de classification peuvent être recoupés. Ainsi J. Rivero distingue-t-il :

- les libertés de la personne physique (liberté de disposition de sa personne physique, liberté de la circulation) ;
- les libertés de la personne intellectuelle et morale (ou libertés de la pensée : liberté d'opinion, liberté d'expression, liberté de conscience...) ;
- les libertés sociales et économiques (la liberté du commerce et de l'industrie, le droit de propriété, la liberté syndicale...).

Mais, parmi ces différentes libertés, J. Rivero souligne l'importance de deux libertés qu'il considère comme des protections générales parce qu'elles « assurent la défense avancée tant des libertés de la personne physique que des libertés de la pensée » (*Les libertés publiques*, p. 31) : la sûreté (ou sécurité juridique de chacun vis-à-vis du pouvoir) et la liberté de la vie privée (droit à l'intimité de la vie privée, protection du domicile).

3. Les garanties des libertés

– Il y a d'abord la garantie constitutionnelle. La plupart des constitutions françaises ont consacré les principales libertés publiques, le plus souvent dans le cadre d'une déclaration des droits ou d'un préambule, exceptionnellement dans le texte même de la Constitution (Charte du 4 juin 1814 par ex.). Mais en l'absence d'une juridiction constitutionnelle, la constitutionnalité des libertés publiques pouvait apparaître platonique. La création du Conseil constitutionnel en 1958 a permis à cette constitutionnalité de s'affirmer pleinement, et les libertés publiques sont une des matières qui ont le plus bénéficié du processus de constitutionnalisation du droit engendré par la jurisprudence du Conseil. Or, constitutionnaliser une matière, c'est élever les principes qui la commandent au rang le plus élevé de la hiérarchie des normes et définir la compétence du seul pouvoir constituant pour modifier ces principes.

– Il y a ensuite la garantie législative. Si l'article C. 34 qui place dans le domaine de la loi les règles concernant « [...] les garanties fondamentales accordées aux citoyens pour l'exercice des libertés publiques », la compétence du législateur est strictement encadrée par la jurisprudence constitutionnelle. C'est ainsi que :

- le législateur doit exercer totalement la compétence que la Constitution lui attribue, il ne peut s'en décharger sur le pouvoir réglementaire : c'est la jurisprudence dite de l'*incompétence négative*. Sont par exemple non conformes à la Constitution, pour méconnaissance par le législateur de sa compétence, les dispositions d'une loi posant des règles insuffisantes ou imprécises pour limiter les concentrations susceptibles de porter atteinte au pluralisme, ou abandonnant au pouvoir réglementaire la détermination du champ d'application d'une règle qu'elle pose (n° 86-217, 18 sept. 1986) ;

- le législateur ne peut réglementer l'exercice d'une liberté fondamentale qu'en vue de le rendre plus effectif (ainsi des dispositions ne permettant pas d'assurer un caractère effectif à la protection du pluralisme de la presse sont contraires à la Constitution : n° 86-210 DC, 29 juill. 1986), ou bien parce qu'il faut concilier cette liberté avec d'autres libertés (par ex. la liberté de communication avec le respect de la liberté d'autrui), avec la sauvegarde de l'ordre public, ou tout simplement parce qu'il y a des contraintes inhérentes à telle ou telle matière (peuvent être citées les contraintes techniques propres aux moyens de la communication audiovisuelle qui justifient que les services de communication audiovisuelle soient soumis à un régime d'autorisation préalable, alors qu'un tel régime ne peut être institué en matière de liberté de la presse, v. *infra*) ;
- le législateur ne peut abroger, modifier, ou déroger à une loi antérieure, que si les dispositions nouvelles qu'il envisage d'adopter comportent des garanties équivalentes à celles qu'il veut supprimer. Cette jurisprudence a pu être qualifiée un temps par la doctrine de *jurisprudence du cliquet* (L. Favoreu). La formule en réalité ne correspond plus à la jurisprudence du Conseil constitutionnel : il n'y a pas de règle générale de non-retour en arrière, et le seuil à ne pas franchir est que l'exercice du pouvoir du législateur « ne saurait aboutir à priver de garanties légales des exigences de caractère constitutionnel ».

– Et il y a enfin la garantie juridictionnelle qui n'est pas moins importante que la garantie législative :

- il s'agit d'abord de la protection qu'apporte aux libertés publiques le respect de la hiérarchie des normes par les contrôles institués à cet effet : contrôle de légalité, contrôle de conventionnalité et contrôle de constitutionnalité ;
- c'est ensuite le choix du régime répressif : la liberté étant le principe, seule la transgression des limites posées par la loi donne lieu à sanction prononcée par le juge. À l'inverse, l'intervention préventive de l'autorité publique devra répondre à des cas de nécessité ;
- ce sont, enfin, les modalités de l'intervention du juge dans un sens supposé le plus protecteur des libertés : c'est le sens de l'article C. 66 : « Nul ne peut être arbitrairement détenu. L'autorité judiciaire, gardienne de la

liberté individuelle, assure le respect de ce principe dans les conditions prévues par la loi. »

↘ *Constitutionnalisation, Contrôle de constitutionnalité, Déclaration des droits de l'Homme, Droits de l'Homme, Habeas corpus, Hiérarchie des normes, Incompétence négative, Liberté d'association, Liberté-égalité-fraternité, Objectif de valeur constitutionnelle, Ordre public, Principe(s)*

GDCC, v. particulièrement les décisions 29 à 48.

J. Rivero, H. Moutouh, *Libertés publiques*, PUF, 9e éd., 2003 ; J. Andriantsimbazovina *et al.* (dir.), *Dictionnaire des droits de l'Homme*, PUF, 2008 ; D. Chagnollaud, G. Drago (dir.), *Dictionnaire des droits fondamentaux*, Dalloz, 2010 ; P. Mbongo, *Liberté et droits fondamentaux*, Berger-Levrault, 2015 ; *Jus Politicum* n° 5, « Mutation ou crépuscule des libertés publiques ? », 2010 ; F. Sureau, *Sans la liberté*, Gallimard, 2019.

Liberté d'association

De toutes les libertés publiques dont la Constitution fournit le socle juridique, la liberté d'association mérite d'être distinguée pour le caractère exemplaire de la décision du 16 juillet 1971 par laquelle le Conseil constitutionnel l'a établie comme principe fondamental reconnu par les lois de la République.

Le Conseil constitutionnel était saisi d'une loi dont un article instituait une procédure selon laquelle l'acquisition de la capacité juridique des associations déclarées pourrait être subordonnée à un contrôle préalable par l'autorité judiciaire de leur conformité à la loi. Or, pour le Conseil constitutionnel, le principe de la liberté d'association est le principe en vertu duquel « les associations se constituent librement et peuvent être rendues publiques sous la seule réserve du dépôt d'une déclaration préalable ». Est donc contraire à la Constitution tout dispositif visant à soumettre la constitution d'associations à l'intervention préalable de l'autorité administrative « ou même de l'autorité judiciaire ».

Ainsi comprise, la liberté d'association reçoit du Conseil la consécration constitutionnelle. Deux raisons permettent de comprendre le retentissement de la décision du 16 juillet 1971 :

- pour la première fois depuis 1958, le Conseil constitutionnel censurait, dans une de ses dispositions essentielles, un texte voulu par le gouvernement et voté par la majorité de l'Assemblée nationale (mais refusé par le Sénat, ce qui explique que ce soit le président du Sénat qui ait saisi le Conseil, la saisine par 60 députés ou 60 sénateurs n'existant pas encore) ;
- le texte de la Constitution ne mentionne pas la liberté d'association. Le Conseil constitutionnel fonde son argumentation sur le 1er alinéa du Préambule de 1946 (auquel renvoie le Préambule de 1958) qui réaffirme solennellement, dans sa dernière phrase, « les principes fondamentaux reconnus par les lois

de la République ». En l'espèce, il s'agit de la loi du 1er juillet 1901 relative au contrat d'association.

La décision du 16 juillet est ainsi une décision fondatrice du contrôle de constitutionnalité en France, en même temps qu'elle amorce le processus de constitutionnalisation du droit.

Il faut ajouter qu'en ce qui concerne le droit des libertés publiques, la décision du 16 juillet consacre la tradition libérale selon laquelle la liberté est le principe, le contrôle de l'usage fait de la liberté ne pouvant avoir lieu qu'*a posteriori*, c'est-à-dire relever du régime répressif qui est de la compétence du juge, alors que le contrôle préventif — que des contraintes techniques peuvent rendre nécessaire, par exemple en matière de communication audiovisuelle — relève de la compétence de l'autorité administrative (ce qui n'exclut pas que le juge soit saisi ultérieurement).

↘ *Contrôle de constitutionnalité, Déclaration des droits de l'Homme, Liberté, Préambule, Principe(s)*

Cons. const., n° 71-44 DC, 16 juill. 1971, *AJDA* 1971. 537, comm. J. Rivero ; *GDCC* n° 29.

Liberté de communication

↘ *Objectif*

Liberté d'enseignement

↘ *Laïcité*

Liberté de la presse

↘ *Objectif*

Liberté-égalité-fraternité

Ainsi est formulée à l'article 2 de la Constitution du 4 octobre 1958 la devise de la République. La première Constitution à l'avoir adoptée est celle du 4 novembre 1848 dont le 4e paragraphe du Préambule était ainsi rédigé : (La République) « a pour principe la Liberté, l'Égalité et la Fraternité. Elle a pour base la Famille, le Travail, la Propriété, l'Ordre public ». Mais avant cette consécration, les trois mots composant la formule avaient fait l'objet, dans l'ordre qui devait être définitivement retenu ou dans un ordre différent, de nombreuses invocations, proclamations ou inscriptions, au frontispice des monuments publics ou sur les drapeaux.

Outre les différentes influences qui expliquent la genèse de la formule (en particulier l'influence maçonnique), il faut souligner celle de J.-J. Rousseau : d'abord parce que cet auteur établit un lien essentiel entre la liberté et l'égalité (v. sur ce point les travaux de R. Capitant) ; ensuite par l'importance qu'il accorde à l'idée de patrie (*Discours sur l'économie politique*, 1755). La patrie doit être la « mère commune des citoyens ». Ainsi les citoyens apprendront « à se chérir mutuellement comme des frères, *à ne vouloir jamais* que ce que veut la société [...] et à devenir un jour les défenseurs et les pères de la patrie dont ils auront été si longtemps les enfants ». Or il ne peut y avoir de patrie que là où les citoyens sont libres et participent en tant qu'égaux à l'expression de la volonté générale. L'idée de patrie sera ensuite relayée, et en même temps sublimée, par celle de nation, dont M. Borgetto écrit : « À la fois instrument de réalisation et traduction politique et juridique de la patrie, l'idée de nation joue de ce fait, dans l'émergence de la triade républicaine, un rôle capital et ce, à trois égards au moins ; d'abord, par ce qu'elle implique : à savoir la liberté et l'égalité et, par voie de conséquence, la patrie et la fraternité ; ensuite par ce qu'elle est : à savoir, en dernière analyse, la projection institutionnelle de la patrie ; enfin, par ce qu'elle postule : à savoir [...] l'union et l'unité. »

↘ *Égalité, Fraternité, Liberté, Nation*

M. Borgetto, *La devise liberté, égalité, fraternité*, PUF, coll. « Que sais-je ? » n° 3196, 1997.

Liberté individuelle

↘ *Sûreté*

Liberté religieuse

↘ *Laïcité*

Liberum veto

Du latin : je m'oppose librement. Faculté juridiquement reconnue à tout membre de la Diète du Royaume de Pologne, jusqu'au XVIIIe siècle, d'empêcher — même contre le vœu unanime de tous les autres députés — une décision de cette assemblée parlementaire et de la contraindre à cesser ses travaux. Elle est donc un instrument au service du principe d'unanimité, par opposition au principe de majorité.

J.-P. Feldman, « Le *Liberum veto* », *Droits* n° 49, 2009, p. 243.

Libre administration

↘ *Décentralisation*

Lien (Jurisprudence du)

↘ *Amendement*

Liste électorale

Liste alphabétique des électeurs. Cette liste est permanente, révisable annuellement et établie par commune (par arrondissement à Paris, Lyon et Marseille). L'inscription sur une liste électorale est obligatoire pour que l'électeur puisse exercer son droit de vote mais, jusqu'à une loi du 10 novembre 1997, cette inscription supposait une demande explicite de ceux qui ont acquis le droit de vote (en satisfaisant aux conditions de majorité ou de nationalité), ou qui l'ont recouvré après en avoir été privé (condamnés réhabilités ou amnistiés), ou qui ont été radiés d'une liste après un changement de domicile ou de résidence (C. élect., art. L. 9 et s.).

Désormais (C. élect., art. L. 11), l'inscription sur la liste électorale est faite d'office pour les personnes remplissant la condition d'âge pour être électeur à la date d'un scrutin (ou lorsque le mode scrutin permet un second tour à la date à laquelle ce second tour a vocation à être organisé), et pour les personnes qui viennent d'acquérir la nationalité française.

↘ *Suffrage universel*

Litige entre organes constitutionnels

Mécanisme permettant à un organe constitutionnel (ou à la minorité d'un organe collectif) de saisir la juridiction constitutionnelle en cas de différend avec un autre organe constitutionnel quant à l'interprétation de la Constitution, notamment quant à l'étendue de ses propres privilèges et compétences garantis par celle-ci. Un tel mécanisme n'existe pas dans tout pays doté d'une Cour constitutionnelle. Il est institué notamment en Allemagne (art. LF 93-I-1°) devant la Cour constitutionnelle fédérale, en Italie (art. C. 134), en Espagne (art. 59-1-c de la LO sur le Tribunal constitutionnel), en Pologne (art. C. 189 et 199) et en Afrique du Sud (art. C. 167-4) où le juge constitutionnel apparaît comme un véritable « gardien de la Constitution ». Il n'est pas prévu de manière générale en droit constitutionnel français (notamment en raison de la jurisprudence du Conseil d'État sur les actes de gouvernement), mais uniquement dans des cas ponctuels (par ex. art. C. 41).

↘ *Actes de gouvernement, Gardien de la constitution*

E. Carpentier, *La résolution juridictionnelle des conflits entre organes constitutionnels*, LGDJ, 2006 ; A. Le Divellec, « Le mécanisme des "litiges entre organes" devant la Cour constitutionnelle fédérale d'Allemagne », *in* J. Hummel (dir.), *Les conflits constitutionnels*, Presses Universitaires de Rennes, 2010, p. 99.

Lobbying

↘ *Groupe de pression, Parti politique*

Loi

« L'intelligence sans les passions aveugles » pour Aristote, expression de la volonté générale qui, selon J.-J. Rousseau, « est toujours droite et tend toujours à l'utilité publique », la loi se définissait avant 1958 comme tout acte voté par le Parlement et promulgué par le président de la République, l'élection des parlementaires au suffrage universel suffisant à la placer sous la protection de la souveraineté nationale et à la rendre, de ce fait, incontestable (le droit constitutionnel antérieur à 1958 ignorait, et même plus, ne voulait pas connaître le contrôle juridictionnel de constitutionnalité des lois).

1. La loi dans la Constitution de la Ve République

Dans la Constitution de 1958, la loi demeure essentiellement un acte voté par le Parlement (art. C. 34, al. 1er), même si, occasionnellement, il peut être adopté par le corps électoral (par référendum, art. C. 11) et, plus exceptionnellement encore par le président de la République dans le cadre de l'art.

C. 16 (v. Pouvoirs exceptionnels). Mais ce critère organique est doublé d'un critère matériel dont l'essentiel se trouve moins dans une énumération de matières (donnée principalement par l'art. C. 34, al. 2 et s.) que dans la limitation de la compétence législative à la fixation des règles et principes fondamentaux dans ces matières, tout ce qui n'est pas du domaine législatif étant remis à la compétence du pouvoir réglementaire (art. C. 37). Ainsi la loi est-elle supposée retrouver une généralité qui fait partie de sa nature. Mais, outre que la définition précise de ce qui constitue une règle ou un principe fondamental procède bien souvent plus de l'esprit de finesse que de l'esprit de géométrie, le dispositif prévu par le constituant pour veiller à ce que le Parlement reste dans son domaine est à la disposition du gouvernement : le gouvernement est en effet libre d'opposer l'irrecevabilité aux initiatives parlementaires qui débordent du domaine de la loi, (compétence étendue au président de l'Assemblée saisie par la révision de 2008, art. C. 41), et il peut toujours reprendre sa compétence que le Parlement a temporairement usurpée (art. C. 37, al. 2), ce dont le Conseil constitutionnel a pris acte dans une décision du 30 juillet 1982. C'est ainsi que le critère organique n'a rien perdu de sa force, et on peut admettre avec J. Rivero que, si les articles C. 34 et C. 37 paraissaient annoncer une révolution dans la définition de la loi, finalement cette révolution n'a pas eu lieu (ou en tout cas a été largement neutralisée).

Mais une autre révolution, beaucoup plus importante, s'est produite. La création du Conseil constitutionnel, la compétence qui lui est attribuée par l'article C. 61, alinéa 2 (ainsi que, depuis 2008, par l'art. C. 61-1) de se prononcer sur la conformité à la Constitution des lois ordinaires, l'extension (en 1974) du droit de saisine du Conseil à 60 députés ou 60 sénateurs et la confirmation par le Conseil de la pleine constitutionnalité du Préambule de la Constitution, ont eu pour résultat de soumettre la loi à la Constitution, ce que le Conseil exprimera dans un « considérant » d'une décision souvent citée du 23 août 1985 : « La loi votée [...] n'exprime la volonté générale que dans le respect de la Constitution ».

2. Loi et valeur législative

La valeur d'un texte est ce qui définit la place de ce texte dans la hiérarchie des normes, et par voie de conséquence les recours qui peuvent être exercés contre lui. Ainsi la valeur législative d'un texte est-elle conférée, sauf dispositions particulières de la Constitution (loi référendaire, décisions du président de la République dans le cadre de l'art. C. 16, ordonnances budgétaires de l'art. 47), par l'intervention du Parlement. Tel est le cas de l'ordonnance (art. C. 38) prise sur habilitation parlementaire, et qui n'aura la valeur législative qu'après la ratification, nécessairement expresse depuis 2008, votée par ce même Parlement. Une fois ratifiée, l'ordonnance a donc la même valeur que la loi.

3. Loi et politique législative

En dépit des intentions — louables — du constituant de 1958 de mettre un terme à l'inflation législative et au « déclin du droit » (G. Ripert) qui en est l'inéluctable conséquence, l'idée que l'on gouverne par la loi est toujours dominante. Certes, « gouverner, c'est légiférer » (R. Capitant)... à condition de garder la mesure. Régulièrement les grands corps de l'État (le Conseil d'État encore en 2006 dans son rapport public) dénoncent les méfaits d'un recours excessif et désordonné à la technique législative.

➘ *Constitutionnalité, Contrôle de constitutionnalité, Déclassement, Domaine de la loi, Hiérarchie des normes, Incompétence négative, Irrecevabilité, Légalité (Principe de), Non-rétroactivité, Norme, Ordonnance, Pouvoir réglementaire*

Cons. const., n° 85-197 DC, 23 août 1985, *Rec. Cons. const.* p. 70.

D. Baranger, *Penser la loi. Essai sur le législateur des temps modernes*, Gallimard, 2018 ; J.-C. Bécane, M. Couderc, *La loi*, Dalloz, 1994 ; Carré de Malberg, *La loi, expression de la volonté générale* (1931), rééd. Economica, 1984 ; B. Mathieu, *La loi*, Dalloz, 3ᵉ éd., 2009 ; J. Rivero, *Le domaine de la loi et du règlement, rapport de synthèse du colloque d'Aix-en-Provence*, Economica, 2ᵉ éd., 1981.

Loi-cadre

Technique législative parfois utilisée sous la IVᵉ République, dont l'objet était de limiter le contenu de la loi à l'énonciation de principes et d'objectifs qu'il appartenait ensuite au gouvernement de mettre en œuvre par décrets. Cette technique n'a plus le même intérêt dès lors que la répartition des compétences entre le pouvoir législatif et le pouvoir réglementaire est faite par la Constitution.

Loi constitutionnelle

Loi établissant une nouvelle Constitution ou portant révision de la Constitution en vigueur (ainsi de la loi constitutionnelle du 3 juin 1958 à l'origine du passage de la IVᵉ à la Vᵉ République). S'agissant d'une nouvelle Constitution, l'expression de loi constitutionnelle est cependant rare (il y a cependant l'exemple des lois constitutionnelles de 1875 faisant office de Constitution de la IIIᵉ République).

➘ *Constitution, Pouvoir constituant originaire, Pouvoir constituant de révision*

Loi d'habilitation

➘ *Habilitation*

Loi de pleins pouvoirs

➘ *Décret-loi*

Loi de programmation

Type de loi mentionné (depuis 2008) aux articles C. 34 et C. 70. Elles ont notamment pour but de déterminer les objectifs de l'action de l'État ainsi que de définir les orientations pluriannuelles des finances publiques, autrement dit de rendre visibles la cohérence et l'ambition, sur plusieurs années, d'une politique gouvernementale dans un domaine donné. En pratique, les lois de programmation portent sur les sujets les plus différents (cohésion sociale, équipement militaire, recherche...) et pour des durées différentes : si la programmation militaire est faite pour une durée de 5 ans, la loi n° 2009-135 du 9 février 2009 donne les orientations pluriannuelles des finances publiques pour les années 2009 à 2012. Cependant, comme pour les lois de programme que les lois de programmation ont remplacées, ces orientations n'ont pas de valeur juridique autre qu'indicative.

➘ *Loi*

Loi de ratification

➘ *Ratification*

Loi du pays

Catégorie spéciale de norme générale en droit français, limitée aux deux collectivités que sont la Nouvelle-Calédonie (LO n° 99-209 du 19 mars 1999 relative à la Nouvelle-Calédonie, art. 99 et s.) d'une part, et la Polynésie française (LO n° 2004-192 du 27 février 2004 portant statut d'autonomie de la Polynésie française, art. 139 et s.) d'autre part. Destinées à manifester l'autonomie spécifique de ces collectivités, les lois du pays sont en quelque sorte des lois régionales, même si elles demeurent des actes administratifs. Adoptées par l'assemblée délibérante de la collectivité (Congrès de Nouvelle-Calédonie, Assemblée de Polynésie), leur application est limitée à chacune de ces collectivités. Les domaines dans lesquelles elles peuvent être adoptées sont circonscrits (par ex. impôts, droit du travail et syndical, statut civil coutumier, régimes matrimoniaux) ; les modalités d'adoption comportent également des particularités, notamment la consultation obligatoire de divers organismes publics. Elles peuvent, avant leur promulgation par le représentant de l'État dans la collectivité ou bien après, faire l'objet d'un contrôle de constitutionnalité par le Conseil constitutionnel (Nouvelle-Calédonie) ou le Conseil d'État (Polynésie).

Loi écran

Jurisprudence selon laquelle le juge ordinaire ne peut refuser l'application d'une loi au motif de son inconstitutionnalité : la loi « fait écran » entre la Constitution et les actes administratifs. Avec la force grandissante du principe de constitutionnalité, cette jurisprudence paraît cependant sur le déclin : si le pouvoir réglementaire a reçu de la loi la mission de prendre un certain nombre de mesures sans que lui soient données d'indications sur leur contenu, l'écran sera dit transparent, et l'obligation de respecter la Constitution s'impose absolument au pouvoir réglementaire (CE., 17 mai 1991, *Quintin*, *RD publ.* 1991. 1429). En outre, depuis l'introduction de la question prioritaire de constitutionnalité en 2008, le juge ordinaire a l'obligation d'examiner la demande d'une partie concernant la conformité de la loi applicable aux droits et libertés constitutionnellement garantis.

En revanche, la loi ne fait plus « écran » à l'égard des normes internationales : par application de l'art. C. 55, ces dernières priment les lois, même postérieures, si bien que le juge ordinaire peut écarter l'application de la loi nationale à l'occasion d'un procès (Cass. 24 mai 1975, *Jacques Vabre* ; CE 20 oct. 1989, *Nicolo*). Ce contrôle de conventionnalité est particulièrement important depuis le développement du droit communautaire.

↘ *Constitutionnalité (principe de), Contrôle de conventionnalité, Question prioritaire de constitutionnalité*

J.-C. Vénézia, « La loi, le juge et la Constitution », in *Mélanges Boulouis*, Dalloz, 1991.

Loi fondamentale

1. Nom générique parfois donné à une constitution formelle (ainsi pour le Royaume du Hanovre en 1840, celui du Danemark en 1866 ou encore la Norvège depuis 1814). C'est également le cas pour la République fédérale d'Allemagne depuis 1949. Cette appellation avait, à l'époque, été retenue par préférence à « constitution » pour marquer le caractère provisoire du nouvel État (l'Allemagne de l'Ouest), en attendant la réunification avec la partie orientale de l'Allemagne, alors sous tutelle soviétique. Lorsque cette réunification a eu lieu, en 1990, le texte et son titre ont néanmoins été conservés.

   En Israël, les principaux textes organisant les pouvoirs publics adoptés à partir de 1958 portent chacun le nom de « loi fondamentale » (ainsi par ex., la loi fondamentale sur la *Knesset* de 1958), et font office de constitution écrite pour cet État.

2. Les « Lois fondamentales » désignaient jadis les règles constitutionnelles essentielles de certains corps politiques. Elles pouvaient être partiellement écrites, comme dans le Saint-Empire germanique (notamment avec la « Bulle d'or » de 1356), ou bien non écrites comme dans le Royaume de France jusqu'en 1789.

↘ *Constitution*

Loi fondamentale du Royaume

↘ *Ancien Régime, Constitution*

Loi organique

Loi qui, à la demande explicite du constituant, complète et précise la Constitution. Adoptée selon une procédure en principe intermédiaire entre la procédure de révision constitutionnelle et la procédure législative ordinaire, mais en fait à peine plus exigeante que cette dernière (il faut surtout remarquer le caractère obligatoire du contrôle de constitutionnalité et le droit de veto du Sénat quand il s'agit de lois organiques relatives au Sénat, v. art. C. 46), la loi organique permet d'alléger la Constitution de dispositions accessoires et de faciliter des adaptations généralement non substantielles de l'organisation des pouvoirs publics. C'est ainsi que la très importante révision constitutionnelle du 23 juillet 2008 requérait l'adoption de pas moins de dix lois organiques (dont la dernière, celle permettant la mise en œuvre du référendum d'initiative n'a été promulguée que le 6 décembre 2013).

J.-P. Camby, « La loi organique dans la Constitution de 1958 », *RD publ.* 1989. 1401 ; F. Luchaire, « Les lois organiques devant le Conseil constitutionnel », *RD publ.* 1992. 389.

Loi référendaire

Loi adoptée par référendum.

Le régime juridique de la loi référendaire est, en France tout au moins, paradoxal :

- d'une part, elle ne fait pas l'objet d'un contrôle de constitutionnalité, au motif (principal) qu'une telle loi « est l'expression directe de la souveraineté nationale » (Cons. const., 6 nov. 1962 et 23 sept. 1992), ce qui revient en pratique à dispenser la loi référendaire du respect de la Constitution, donc à permettre d'y recourir pour réviser la Constitution (exemple célèbre du référendum du 28 oct. 1962). Mais ce qui, de fait, est possible n'est peut-être pas pour autant politiquement recommandable et reste juridiquement, en doctrine du moins, contestable ;
- mais d'autre part, et sous réserve qu'elle porte sur une matière qui soit de la compétence législative ordinaire du Parlement, elle peut être modifiée par une loi parlementaire votée selon la procédure législative habituelle, avec, dans ce cas, le contrôle possible du Conseil constitutionnel.

↘ *Référendum*

Cons. const., n° 62-20 DC, 6 nov. 1962, *GDCC* n° 14 ; 9 janv. 1990, *Rec. Cons. const.* p. 12 ; n° 92-313 DC, 23 sept. 1992, *Rec. Cons. const.* p. 94 ; Décis. n° 2005-31 REF du 24 mars 2005.

Loi Tréveneuc

Loi du 15 février 1872 qui, au cas où l'Assemblée nationale serait illégalement dissoute ou serait empêchée, organise sa suppléance par une assemblée de délégués des conseils généraux. Cette loi n'a jamais été abrogée, mais l'hypothèse de sa mise en œuvre serait bien théorique, compte tenu des pouvoirs exceptionnels prévus par l'article 16 de la Constitution de 1958, et ceci indépendamment de la question de savoir si précisément cette Constitution n'a pas pour effet d'abroger tacitement ladite loi...

Lois de financement de la Sécurité sociale

Nouvelle catégorie de loi instituée par la loi constitutionnelle du 22 février 1996 (art. C. 34, al. 6), les lois de financement de la Sécurité sociale ont pour objet de déterminer les conditions générales de l'équilibre financier de la Sécurité sociale et, compte tenu de prévisions de recettes, de fixer des objectifs de dépenses. Comme les lois de finances, elles obéissent au principe d'annualité, mais à la différence de ces mêmes lois de finances, ce ne sont pas des lois d'autorisation, mais plutôt des lois de régulation financière.

Code constitutionnel, Annexe n° 5. B.

Lois de finances

Selon l'article 1 de la loi organique n° 2001-692 du 1er août 2001 relative aux lois de finances (qui a remplacé l'ordonnance du 2 janvier 1959), « Les lois de finances déterminent pour un exercice, la nature, le montant et l'affectation des ressources et des charges de l'État, ainsi que l'équilibre budgétaire et financier qui en résulte. Elles tiennent compte d'un équilibre économique défini, ainsi que des objectifs et des résultats des programmes qu'elles déterminent ». Les lois de finances sont de trois sortes (même article) :

- la loi de finances de l'année (dite souvent loi de finances initiale) qui prévoit et autorise pour chaque année civile l'ensemble des ressources et des charges de l'État ainsi que les lois de finances rectificatives (anciennement appelées collectifs budgétaires) qui, seules, peuvent en cours d'année modifier les dispositions de la loi de finances initiale ; les expressions de « charges publiques » et de « ressources publiques » doivent s'entendre au sens large (c'est ainsi qu'il appartient à la loi de finances d'autoriser les collectivités locales à percevoir leurs impôts) ;
- la loi de règlement qui arrête, approuve et régularise les opérations financières de l'année considérée ;
- les lois de finances spéciales permettant au gouvernement d'assurer la continuité nationale en demandant au Parlement les autorisations nécessaires (si le projet de loi de finances initiale n'a pas été déposé en temps utile, ou bien si la loi de finances a été déclarée non conforme à la Constitution, Cons. const. 24 et 30 déc. 1979).

La loi de finances, au sens générique de l'expression, doit être distinguée du budget : la loi de finances est l'acte juridique qui autorise les ressources et les charges de l'État, et c'est pourquoi la promulgation de la loi de finances initiale doit intervenir avant le début de l'exercice d'exécution, alors que le budget est l'acte comptable qui les décrit.

Il y a, pour le vote des lois de finances initiale et rectificative, une procédure particulière (v. art. C. 47), caractérisée notamment par la priorité d'examen de l'Assemblée nationale, un calendrier très strict imposé aux deux assemblées et un mécanisme de mise en vigueur des dispositions du projet de loi par ordonnance au cas où le Parlement ne s'est pas prononcé dans le délai imparti (de 70 jours).

Le droit qui régit les finances de l'État est un droit spécifique qui est gouverné par les principes d'annualité, d'unité, de spécialité, d'universalité, d'équilibre économique et financier et de sincérité. Ces principes ne sont pas définis par la Constitution mais, comme la loi organique relative aux lois de finances est une réponse à une habilitation du constituant (art. C. 34, 5e al. et C. 47), le Conseil constitutionnel veille au respect de ses dispositions. On peut parler dans ce cas de constitutionnalité indirecte.

Code constitutionnel, Lexisnexis, Annexe n° 5. A ; H.M. Crucis, « Les finances publiques générales » et « Les finances publiques spéciales », *in* M. de Villiers et T. De Berranger (dir.), *Droit public général*, Lexisnexis, nos 890 et s.

M

Magistrat

↘ *Autorité judiciaire, Conseil supérieur de la magistrature*

Magna Charta

↘ *Charte*

Majorité

Technique de prise de décision au sein d'un groupe (assemblée, corps électoral) qui fait prévaloir la volonté du plus grand nombre (ou pluralité).

La majorité peut se calculer, soit par rapport à un effectif théorique (inscrits sur une liste électorale, membres d'une assemblée : on dit alors « majorité des membres composant l'assemblée »), soit par rapport aux votants, soit par rapport aux suffrages exprimés (total obtenu en retirant du total des bulletins des votants les bulletins blancs ou nuls, décomptés séparément en France depuis une loi de 2014, art. L. 65 du Code électoral). La majorité exigée peut être simple (l'écart des voix, quel qu'il soit, exprime la décision ; cette majorité est encore dite relative), ou qualifiée. Est *qualifiée* une majorité qui répond à une exigence particulière : majorité absolue (plus de la moitié, v. procédure de la motion de censure, art. C. 49, al. 2 et 3, ou élection du président de la République, art. C. 6), des trois cinquièmes (v. art. C. 89, al. 3 : approbation d'une révision de la Constitution par le Congrès), des deux tiers (majorité requise pour que soit brisé par le Congrès des États-Unis un veto présidentiel). Enfin le vote peut comporter un ou plusieurs tours (avec d'abord une exigence de majorité absolue, puis, si elle n'est pas atteinte, la majorité simplement relative ; mais pour l'élection présidentielle, la majorité est obligatoirement absolue, au premier comme au deuxième tour, art. C. 6).

Technique pour dégager une décision collective au sein d'un groupe, la majorité est aussi un principe de légitimité démocratique. C'est le principe selon lequel la décision prise par la partie la plus nombreuse du groupe vaut comme décision du groupe tout entier. Cependant, le seul effet du nombre ne suffit pas à établir la valeur intrinsèque d'une décision majoritaire (la démocratie compte les voix, elle ne les pèse pas), et si le principe de majorité est un principe qui oblige, le fondement de ce principe est d'ordre conventionnel, « une convention admise par chacun dans l'intérêt de la vie sociale », écrit G. Burdeau, qui ajoute « c'est parce qu'elle clôt un débat que la majorité est respectable ; c'est la discussion qui la valorise ».

↘ *Alternance, Démocratie, Majorité parlementaire, Majorité présidentielle, Opposition, Scrutin*

P. Favre, *La décision de majorité*, Presses de la FNSP, 1976.

Majorité électorale

↘ *Suffrage universel*

Majorité parlementaire

1. Dans son sens le plus élémentaire, la majorité parlementaire désigne l'ensemble des membres d'une assemblée politique victorieux lors d'un scrutin particulier au sein de celle-ci. À ce compte, la majorité est par définition instantanée et fugitive. Elle se redessine différemment à chaque scrutin, selon les sujets.
2. De façon plus durable, à l'ère des partis politiques modernes, organisés et (relativement) disciplinés, elle désigne les députés de même sensibilité partisane, volontairement et consciemment réunis dans un ou plusieurs groupes politiques au sein d'une assemblée parlementaire. Idéalement, la majorité parlementaire représente le prolongement, au sein du Parlement, de la majorité électorale issue des urnes. Concrètement, elle joue un rôle essentiel dans le fonctionnement des régimes parlementaires modernes, en portant au pouvoir une équipe gouvernementale chargée de diriger le pouvoir exécutif et d'animer le travail parlementaire. Sa cohésion et sa stabilité permettent de parler de « parlementarisme majoritaire » (réalisé notamment en Grande-Bretagne, en Allemagne depuis 1949 et en France sous la Ve République), par opposition à un parlementarisme instable (dont les IIIe et IVe Républiques françaises ont fourni une illustration notable). En tant qu'entité organisée, la majorité parlementaire n'est que rarement reconnue de façon formelle par le droit constitutionnel et le droit parlementaire, sinon de façon marginale, parce qu'elle relève fondamentalement d'une logique de comportement qui ne se laisse que très difficilement enfermer dans des normes juridiques.

↘ *Fait majoritaire*

J.-M. Denquin, « Recherches sur la notion de majorité sous la Ve République », *RD publ.* 1993. 949.

Majorité présidentielle

Notion ambiguë employée dans le vocabulaire politique courant sous la Ve République. En toute rigueur, la majorité présidentielle devrait seulement désigner les électeurs qui ont apporté leur voix au candidat élu à l'issue du second tour de l'élection présidentielle. Mais cette masse est anonyme par définition (le vote étant secret !) et disparaît au lendemain de l'élection. Elle est pourtant utilisée par projection et désigne habituellement les forces politiques qui soutiennent le président de la République dans la logique du « présidentialisme » à la française. Il peut s'agir d'élus, notamment de parlementaires (en ce cas, il serait plus logique de parler de : « majorité parlementaire présidentielle »), mais aussi de personnalités sans mandat parlementaire et non affiliées à un parti politique, faisant allégeance au chef de l'État (ainsi de certains ministres issus de la « société civile »).

↘ *Présidentialisme*

Mandat

1. Alors qu'en droit privé le mandat est « l'acte par lequel une personne donne à une autre le pouvoir de faire quelque chose pour le mandant et en son nom [...] » (C. civ., art. 1984), en droit constitutionnel, le mandat désigne la mission que les électeurs confient à certains d'entre eux de participer à l'exercice du pouvoir. Un mandat se définit donc par :
   - ses modalités d'attribution (suffrage universel direct ou indirect, mode de scrutin) ;
   - sa durée. On notera, par exemple, que les mandats sont en France d'une durée le plus souvent supérieure à ce qu'elle est dans la plupart des démocraties contemporaines (mais en voie de réduction cependant : en 2000, le quinquennat a remplacé le septennat pour le chef de l'État, et le mandat sénatorial a été ramené de 9 à 6 ans en 2003). La fin d'un mandat signifiant l'obligation de le remettre à la disposition des électeurs, sa durée n'est pas sans signification sur la conception qu'elle traduit de la démocratie ;
   - la nature juridique de la relation entre le mandant (les électeurs) et le mandataire (l'élu). La tradition a longtemps attribué la qualité de représentant au seul Parlement (ce qu'exprimait encore P. Reynaud à l'Assemblée nationale, le 4 oct. 1962, alors que le général de Gaulle venait d'annoncer son intention d'organiser un référendum sur l'élection du président de la République au suffrage universel direct : « Je vous dis que pour nous, républicains, la France est ici et non ailleurs »), mais l'élection du président de la République au suffrage universel direct depuis la révision constitutionnelle de 1962, et les importantes compétences qu'il exerce au nom de la nation, font également du chef de l'État un représentant, et même peut-on dire, le premier représentant de la nation.
2. Le droit positif français consacre depuis la Révolution une théorie du mandat selon laquelle le mandat est donné par la Nation à l'organe qui la représente. Appliquée aux parlementaires, cette théorie du mandat implique que chaque parlementaire représente la nation tout entière : le mandat parlementaire est donc nécessairement un mandat représentatif qui confère à l'élu de la nation une indépendance

absolue, lui permettant d'exprimer librement opinions et votes dans l'exercice de ses fonctions et justifie les protections (immunités) qui lui sont accordées.

Le mandat représentatif s'oppose au mandat impératif. Le mandat impératif, qui se fonde sur le caractère inaliénable de la volonté générale selon l'analyse célèbre de Rousseau dans le *Contrat social*, met l'élu dans la dépendance de ses électeurs, l'oblige à se conformer à ses instructions, et peut aller jusqu'à une possibilité de révocation (procédure du *recall*, au demeurant peu utilisée, dans certains États fédérés aux États-Unis). Le mandat impératif a toujours été prohibé, explicitement ou implicitement, par les constitutions françaises (Constitution de 1958, art. C. 27) et, d'une manière générale, par les Constitutions occidentales.

3. Il faut cependant convenir que, si le statut juridique du représentant consacre cette conception du mandat représentatif, la pratique généralisée du suffrage universel et l'importance prise par les partis politiques ont considérablement modifié les relations entre les électeurs et les élus dans le sens d'une plus grande dépendance politique des seconds vis-à-vis des premiers. Les élus recherchent d'ailleurs cette dépendance en invoquant l'existence d'un « contrat de confiance » passé au moment des élections avec les électeurs. Démarche qui n'est pas sans danger car le propre d'un contrat est de pouvoir être dénoncé ! À quoi s'ajoute dans le cadre de la Ve République, l'emprise de l'élection présidentielle sur les élections législatives que le calendrier électoral engendre mécaniquement.

↘ *Cinquième République, Commune de Paris, Démocratie, États généraux, Immunité, Irresponsabilité, Quinquennat, Régime représentatif, Représentant, Septennat, Soviet, Vérification des pouvoirs, Vote personnel*

Ph. Braud, *Le suffrage universel contre la démocratie*, PUF, 1980 ; J. Laferrière, *Manuel de droit constitutionnel*, Domat, 2e éd., 1947, notamment p. 394.

Mandat d'arrêt

Ordre donné par un juge à la force publique de rechercher un prévenu ou un mis en examen et de le conduire à la maison d'arrêt indiquée sur le mandat. Il s'agit donc d'un acte essentiel en procédure pénale, notamment au regard de la liberté individuelle, et qui met en œuvre la souveraineté de l'État sur son territoire. C'est pourquoi il a fallu une révision constitutionnelle (sans qu'il ait été jugé nécessaire de saisir préalablement le Conseil constitutionnel) pour l'introduction en droit français du mandat d'arrêt européen (loi constitutionnelle du 25 mars 2003 qui ajoute un alinéa à l'article C. 88-2).

Mandat impératif

↘ *Mandat*

Manquement

Nouvelle notion introduite à l'article 68 de la Constitution française, par la révision du 23 février 2007, instituant une procédure permettant de destituer le président de la République pour « manquement à ses devoirs manifestement incompatible avec l'exercice de son mandat ». Elle remplace celle de *Haute trahison* retenue par les Constitutions des IIIe et IVe Républiques. Comme cette dernière, la notion de manquement n'est pas — et ne gagnerait rien à être — définie par les textes : il s'agit d'une sorte de soupape de sûreté permettant de justifier une destitution du président par le Parlement réuni en Haute Cour pour des motifs politiques non prévisibles — qui pourraient ne relever en rien d'une infraction pénale mais sans cependant l'exclure — et à l'égard desquelles le président bénéficie d'une immunité tant qu'il est en fonctions : un comportement scandaleux en public, par exemple. C'est donc aux parlementaires — et non à des magistrats — qu'il incombe d'apprécier si le président a, par son attitude, ses actes, ses propos publics, commis un manquement qui serait, de façon évidente pour l'opinion commune, incompatible avec l'exercice de la fonction présidentielle, qui suppose une certaine dignité.

➘ *Destitution, Haute Cour, Haute trahison, Responsabilité*

Rapport de la Commission de réflexion sur le statut pénal du président de la République remis le 12 décembre 2002 au président de la République (Rapport de la Commission Avril).

Marbury c/Madison

➘ *Contrôle de constitutionnalité, Cour suprême, Exception d'inconstitutionnalité*

Marseillaise

Ce chant écrit par Rouget de Lisle en 1792 pour l'Armée du Rhin à la suite de la déclaration de guerre de la France à l'Autriche a été adopté comme hymne national français le 14 juillet 1795. Il est mentionné par la Constitution en 1946 et 1958 (art. C. 2, al. 3).

G. Lenotre, *La Révolution française*, Grasset, coll. « Les Cahiers Rouges », 2010, p. 31.

Médiateur de la République

➘ *Défenseur des droits*

Message

1. Dans la pratique constitutionnelle, le message est une communication du chef de l'État aux assemblées parlementaires. Aux États-Unis, le « message (ou discours) sur l'état de l'Union » est un véritable programme politique et législatif que le président va chaque année (vers le 20 janv.) exposer au Congrès, et qui manifeste concrètement le rôle d'initiative que remplit le chef de l'Exécutif dans le régime dit présidentiel. Dans les régimes parlementaires, il s'agit généralement d'une transposition

du Discours du Trône pratiquée dans la monarchie britannique (discours écrit par le Premier ministre mais lu par le Monarque).

2. En France, les messages du président français n'ont pas de périodicité établie et, jusqu'en 2008, ne pouvaient pas être lus par leur auteur lui-même (la règle étant que le chef de l'État n'a pas accès aux assemblées, contrairement aux chefs d'État étrangers qui, selon une pratique récente, peuvent être invités). Les messages présidentiels ne sont, en France, pas contresignés et ne donnent lieu à aucun débat (art. C. 18). L'importance des messages présidentiels tient à l'occasion qui les provoque : ainsi du message de bienvenue adressé par le président de la République le 8 avril 1986 à l'Assemblée nationale qui venait d'être élue, et dans lequel il exposait sa conception du fonctionnement des institutions en période de cohabitation.

3. Le caractère finalement très formel de l'exercice explique pour une part l'innovation de la révision constitutionnelle du 23 juillet 2008 qui ouvre la possibilité pour le président de pouvoir être personnellement entendu par les assemblées spécialement réunies en Congrès (art. C. 18, al. 2, v. Déclaration présidentielle).

4. L'article C. 16 (al. 2) prévoit que le président de la République adresse un message à la nation pour l'informer de sa décision de mettre en œuvre les pouvoirs de crise prévus par cet article. La forme de ce message est laissée à l'initiative du chef de l'État.

↘ *Congrès, Déclaration présidentielle, Discours du Trône, Discours sur l'état de l'Union, Pouvoirs exceptionnels*

Mesure

↘ *Pouvoir exceptionnel*

Ministère

Ce terme est utilisé en deux sens différents :

- en un premier sens, peu usité aujourd'hui mais qui était d'usage habituel sous la IIIe République, il désigne l'ensemble des membres du gouvernement ;
- le second sens, plus courant, est administratif : un ministère est un ensemble de services de l'État placé sous l'autorité d'un ministre, et auquel des crédits sont attribués par la loi de finances. Le regroupement des services en ministères est fixé par les textes mettant en place le gouvernement : le décret du président de la République nommant, sur la proposition du Premier ministre, les membres du gouvernement, et les décrets d'attribution fixant, en tant que de besoin, les attributions des ministres. Si la nomination d'un nouveau gouvernement s'accompagne presque rituellement d'une modification des structures ministérielles, par regroupement ou éclatement de ministères exis-

tants, (notamment dans les domaines de l'action économique et sociale), il y a un fond de stabilité où se retrouvent les ministères les plus anciens : ce sont les ministères qui gèrent les fonctions « régaliennes » de l'État : affaires étrangères, défense, justice...

Les services ministériels ne sont pas tous regroupés dans la capitale. Certains sont localisés en province : on parlera alors de déconcentration, ou de services déconcentrés, par opposition à l'administration centrale.

↘ *Administration, Déconcentration, Gouvernement, Ministre*

J. Fournier, *Le travail gouvernemental*, Dalloz et Presses de la FNSP, 1987.

Ministre

Étymologiquement, ministre vient du latin *minister*, serviteur. Un ministre est une personne chargée d'une mission, ce qui implique une relation, sinon de subordination au sens strict, du moins de discipline. La terminologie prend acte de cette position en parlant de fonction ministérielle et non de mandat. En droit public, un ministre est un agent supérieur du pouvoir dit exécutif, généralement placé à la tête d'un ministère ou d'un département ministériel.

Au sens habituel, en France, est *ministre* tout membre du gouvernement, nommé par le président de la République sur proposition du Premier ministre (art. C. 8, al. 2), et à qui il est donné autorité sur un ensemble de services de l'État. Mais un ministre peut ne pas avoir de responsabilité administrative : c'est le ministre dit « sans portefeuille » que l'on trouvait parfois dans les gouvernements des IIIe et IVe Républiques. Si la Ve République ne recourt plus à cette possibilité, elle connaît la pratique du *ministre délégué* qui n'exerce de compétences que dans le cadre d'une délégation dont le décret de délégation définit l'étendue (en d'autres termes les services sur lesquels le ministre délégué aura autorité). Le secrétaire d'État est dans une situation voisine, à cette différence près que, sauf convocation particulière, il ne participe pas au conseil des ministres. Fait cependant exception la situation, rare, d'un secrétaire d'État dit « autonome » qui est un ministre... sans le titre et le crédit politique qui est attaché à la participation hebdomadaire au conseil des ministres. Enfin, l'appellation de *ministre d'État* a pour objet d'honorer un membre du gouvernement à raison, soit de son passé (par ex. un ancien Premier ministre qui revient au gouvernement), soit de son poids politique, soit de l'importance des fonctions ministérielles qui lui sont confiées, ce qui justifie à son profit une préséance sur les autres ministres. Il y a ainsi dans tout gouvernement, au-delà de la collégialité de ses membres, une hiérarchie subtile qui prend en compte le titre, l'ancienneté du ministère, l'indépendance ou la situation de rattachement, l'importance des responsabilités (exprimée en nombre de fonctionnaires et en crédits budgétaires), la plus ou moins grande proximité avec le chef de l'État, tous facteurs qu'illustre l'ordre protocolaire du décret de nomination.

Quelle que soit sa position, le choix des ministres par le président et le Premier ministre est discrétionnaire. S'ils sont choisis au sein de l'une ou l'autre des deux assemblées, ils sont soumis à l'incompatibilité de l'article C. 23 : un mois après la nomination, et sauf renonciation au bénéfice de celle-ci, le parlementaire nommé ministre est remplacé dans son mandat par le suppléant qui a été élu avec lui (ou par le premier non élu de la liste quand l'élection s'est faite à la proportionnelle, ce qui est le cas pour les élections sénatoriales dans les départements qui élisent trois sénateurs ou plus, C. élect., art. L. 295). Depuis 2009, ce remplacement n'est que temporaire (art. C. 25 et LO du 13 janv. 2009) et le ministre remercié (ou démissionnaire) reprend l'exercice de son mandat parlementaire (à moins qu'il y renonce et, dans cette hypothèse, il y a lieu à élection partielle).

Politiquement, le ministre est solidaire des autres membres du gouvernement : même si la pratique de la collégialité se limite à un conseil des ministres hebdomadaire et si, au sein du gouvernement, le Premier ministre est un chef qui décide, la politique du gouvernement, une fois arrêtée, devient celle de chacun des membres qui le composent ; en cas de désaccord, la démission individuelle s'impose… ou devrait s'imposer (en sens inverse, la révocation d'un ministre est possible par décret contresigné du président de la République). Et si le Premier ministre est invité (par le chef de l'État), ou contraint (par l'Assemblée nationale, v. art. C. 49 et 50) à donner sa démission, cette démission entraîne celle de tous les membres du gouvernement.

Administrativement, le ministre est le chef hiérarchique de l'administration placée sous son autorité. S'il ne dispose pas du pouvoir réglementaire général, il intervient dans l'exercice du pouvoir réglementaire du Premier ministre par le contreseing et s'est vu reconnaître par la jurisprudence le pouvoir réglementaire nécessaire à l'organisation de ses services (CE 7 févr. 1936, *Jamart*). Financièrement, le ministre est ordonnateur principal des dépenses : c'est lui qui, dans les limites des crédits budgétaires attribués à son ministère, ordonne les dépenses. La Constitution distingue par ailleurs le « ministre responsable » (art. C. 18) du « ministre chargé de l'exécution » (art. C. 22) selon la portée du contreseing du ministre au bas d'un acte du président de la République ou du Premier ministre (v. contreseing).

Pénalement, il est responsable des actes accomplis dans l'exercice de ses fonctions et qualifiés crimes ou délits au moment où ils ont été commis ; il est alors jugé par la Cour de justice de la République (art. C. 68-1).

↘ *Administration, Collégialité, Conseil des ministres, Contreseing, Garde des Sceaux, Gouvernement, Incompatibilité, Ministère, Premier ministre, Responsabilité*

CE 7 févr. 1936, *Jamart*, *GAJA* n° 44.

Pouvoirs n° 36, « Le ministre », 1986.

Ministre d'État

↘ *Ministre*

Ministre délégué

↘ *Ministre*

Mission d'information

Organe temporaire de contrôle parlementaire ayant pour objet de réunir des éléments d'information sur un sujet déterminé. Mises en place par une ou plusieurs commissions permanentes, les missions ont une durée et un effectif précisés au cas par cas. Leur travail donne lieu normalement à la publication d'un rapport (art. RAN 145 et RS 21).

Mode de scrutin

Technique d'organisation du vote, de décompte des suffrages et de proclamation des résultats, le mode de scrutin a une signification politique essentielle en démocratie. En effet, dans ce gouvernement, « il est aussi important d'y régler comment, par qui, à qui, sur quoi, les suffrages doivent être donnés, qu'il l'est dans une monarchie de savoir quel est le monarque, et de quelle manière il doit gouverner » (Montesquieu).

1. Sur le plan technique

Un mode de scrutin est la résultante de différents choix qui portent sur :

- la circonscription ;
- le nombre de sièges à pourvoir dans chaque circonscription ;
- le nombre de tours que comportera le scrutin ;
- la règle d'attribution du ou des sièges entre les candidats.

Pour certaines élections, l'objet de l'élection limite l'éventail des choix possibles. Ainsi le scrutin uninominal majoritaire dans un cadre national s'impose-t-il pour l'élection présidentielle. En revanche, le nombre de tours et l'exigence de majorité peuvent donner lieu à discussion, ce qui est en cause étant l'autorité du futur président. De ce point de vue, la Ve République organise l'élection présidentielle de façon à ce que l'autorité présidentielle comme représentant de la nation soit indiscutée (exigence de majorité absolue, et limitation de la concurrence à l'éventuel deuxième tour aux deux candidats arrivés en tête au premier, art. C. 7). On remarquera cependant qu'aux États-Unis, le président est en droit issu d'un scrutin de liste puisque les électeurs votent, au scrutin majoritaire à un tour et dans le cadre de chaque État fédéré, pour une liste de grands électeurs, grands électeurs qui voteront ensuite pour le candidat à l'élection présidentielle sur le nom duquel ils se sont présentés. En pratique, la fidélité des grands électeurs au mandat quasi-impératif qu'ils ont reçu des électeurs fait de l'élection du président des États-Unis une élection au suffrage direct.

Pour les élections à une assemblée législative, le choix est en revanche plus ouvert, sans être pour autant infini : il y a une exigence de cohérence entre les réponses à apporter aux différentes questions posées. Si est d'abord choisie, ce qui est habituel, la règle de partage des sièges (soit le scrutin majoritaire ou le scrutin proportionnel), on évitera difficilement un choix entre trois systèmes : le scrutin proportionnel de liste à un tour dans une circonscription plus ou moins vaste, le scrutin majoritaire uninominal dans une petite circonscription (avec une variante possible selon que le scrutin est à un tour — modalité anglaise — ou à deux tours — modalité française —), et enfin un scrutin combinant les deux techniques précédentes, comme en Allemagne.

2. Du point de vue politique

Le choix d'un mode de scrutin dépend du type de représentation que l'on veut privilégier : recenser des opinions ou dégager une majorité de gouvernement ? Mais s'il est vrai que chaque grand mode de scrutin a sa logique qui favorisera, soit le multipartisme (pour la proportionnelle), soit le bipartisme (pour le scrutin uninominal majoritaire à un tour), soit la bipolarisation (pour le scrutin uninominal majoritaire à deux tours), ces enseignements doivent être nuancés. L'aménagement d'un mode de scrutin est au moins aussi important que son principe : ainsi du découpage électoral pour le scrutin uninominal, alors que la proportionnelle est susceptible de correctifs majoritaires efficaces. D'ailleurs, dans les pays de l'Union européenne, la stabilité gouvernementale est dans l'ensemble obtenue alors que la quasi-totalité d'entre eux sont proportionnalistes (seules font exception à la proportionnelle la France et la Grande-Bretagne).

↘ *Bipartisme, Bipolarisation, Circonscription, Élection, Majorité, Multipartisme, Représentation proportionnelle, Scrutin majoritaire*

J. Cadart (dir.), *Les modes de scrutin des dix-huit pays libres de l'Europe occidentale : leurs résultats et leurs effets comparés : élections nationales et européennes*, PUF, 1983 ; J.-M. Cotteret, C. Émeri, *Les systèmes électoraux*, PUF, coll. « Que sais-je ? » n° 1382, 7e éd., 1999 ; P. Martin, *Les systèmes électoraux et les modes de scrutin*, Montchrestien, 3e éd., 2006.

Monarchie

1. Si la monarchie est le gouvernement d'un État par un seul, l'histoire des monarchies rattache ce régime politique au principe de la transmission héréditaire du pouvoir suprême, alors qu'à l'inverse la République exclut l'hérédité. Cependant, la Monarchie capétienne a été dans ses tout débuts une monarchie élective, jusqu'à ce que l'usage s'établisse, et passe en force de « loi fondamentale du Royaume » que la fonction royale ne peut se transmettre que de mâle en mâle par ordre de primogéniture. Le sacre fera de cette accession au pouvoir une élection divine : *omni potestas a Deo*.

2. Monarchie absolue et monarchie constitutionnelle. Dans son acception française correspondant à l'Ancien Régime, la monarchie absolue signifie que le roi est seul à détenir et à exercer l'autorité : il est le souverain, « empereur en son royaume », et toute idée de partage, notamment avec une institution parlementaire nationale permanente, est subversive. Même la justice lui est rattachée : « toute justice émane du roi », le Roi est « fontaine de justice ». Monarchie absolue ne signifie point cependant pouvoir absolu. Lois fondamentales du Royaume, Parlements (et notamment celui de Paris), corps intermédiaires, privilèges et coutumes, limitent sérieusement le pouvoir royal.

L'expression de monarchie constitutionnelle est, en toute rigueur, tautologique puisque, dès lors qu'elle est constituée, une monarchie a nécessairement une constitution aux sens descriptif et matériel, c'est-à-dire une certaine organisation politique et certaines règles de droit. On parle néanmoins de monarchie constitutionnelle pour désigner un régime plus ou moins libéral dans lequel le pouvoir royal est censé s'exercer conformément à des règles constitutionnelles limitant son activité. L'avènement des constitutions écrites au XIXe siècle a progressivement transformé les monarchies en régimes libéraux, fondés sur la séparation et la balance des pouvoirs. Les compétences du monarque ont d'abord été ramenées au pouvoir exécutif dans l'analyse qu'en donne Montesquieu ainsi qu'à une participation au pouvoir législatif (on parle alors de « monarchie limitée »), puis ont évolué pratiquement sous l'effet du mouvement vers le régime parlementaire dualiste (le monarque devait peu à peu partager l'exercice de ses compétences avec le gouvernement responsable devant les assemblées), puis se sont limitées finalement à une mission essentiellement symbolique de gardien de l'État et parfois à un pouvoir d'influence (cas du régime parlementaire moniste). Au stade ultime de cette évolution, et à partir du moment où la légitimité démocratique est devenue prédominante, les monarchies constitutionnelles sont en réalité des « démocraties couronnées » (P. Lauvaux). Tel est le cas de plusieurs États de l'Union européenne aujourd'hui (Royaume-Uni, Pays-Bas, Suède, Belgique, Danemark, Espagne, Luxembourg).

3. Le terme de monarchie est également utilisé pour qualifier l'esprit d'un régime, qui peut être par ailleurs républicain par sa forme, et démocratique par ses procédures d'accès au pouvoir. En ce sens, la Vᵉ République a été appelée « monarchie républicaine » (expression forgée par Michel Debré en 1944, lequel a pu envisager à cette époque un président de la République élu pour 12 ans), monarchie qui n'est pas sans évoquer la monarchie absolue dans l'analyse qu'en donne le général de Gaulle dans la célèbre conférence de presse du 31 janvier 1964 (« Il doit être évidemment entendu que l'autorité indivisible de l'État est confiée tout entière au président par le peuple qui l'a élu, qu'il n'en existe aucune autre, ni ministérielle, ni civile, ni militaire, ni judiciaire, qui ne soit conférée et maintenue par lui »), et se rapproche de la monarchie parlementaire en temps de cohabitation.

↘ *Ancien Régime, République, Séparation des pouvoirs*

G. Antonetti, *La monarchie constitutionnelle*, Montchrestien, 1998 ; M. Duverger, *La monarchie républicaine*, A. Michel, 1974 ; E. Le Roy Ladurie (dir.), *Les Monarchies*, PUF, 1986 ; *Pouvoirs* n° 78, « Les monarchies », 1996.

Monarchie de Juillet

Nom donné couramment au régime politique de la France entre 1830 et 1848. Instaurée par une révolution (les « trois glorieuses », 27-29 juillet 1830), elle a pour fondement constitutionnel la Charte du 14 août 1830 (qui n'était qu'une révision de la Charte de 1814), adoptée par les chambres et à laquelle le duc d'Orléans a préalablement prêté serment, avant d'être couronné roi sous le nom de Louis-Philippe Iᵉʳ. Les institutions typiques d'une monarchie constitutionnelle libérale sont conservées et vont permettre de confirmer la pratique du gouvernement parlementaire dualiste, dans lequel le roi gouverne avec le concours de ministres politiquement responsables devant les chambres. Les revendications insatisfaites pour élargir le suffrage censitaire vont aboutir, en février 1848, à une nouvelle révolution et la proclamation de la IIᵉ République.

↘ *Dualisme, Régime parlementaire, Restauration*

G. Antonetti, *La monarchie constitutionnelle*, Montchrestien, 1998 ; G. de Broglie, *La monarchie de Juillet*, Fayard, 2011 ; J.-J. Chevallier, *Histoire des institutions et des régimes politiques de la France de 1789 à 1958*, Dalloz, 9ᵉ éd., 2009, livre II, chap. III à V ; A. Laquièze, *Les origines du régime parlementaire en France (1814-1848)*, PUF, « Léviathan », 2002.

Monarchie républicaine

↘ *Monarchie*

Monisme

1. Équilibre interne à certains régimes parlementaires résultant de l'effacement en fait ou en droit du chef de l'État (surtout dans un régime monarchique) au profit du gouvernement, émanation de la majorité parlementaire : la légitimité du suffrage universel direct l'emporte sur celle du suffrage indirect (comme on a pu le constater sous la IIIe République à l'occasion de la dissolution de 1877) ou celle de l'hérédité (Grande-Bretagne ou autres monarchies parlementaires). La plupart des régimes parlementaires contemporains sont essentiellement monistes, ce qui n'empêche pas que le chef de l'État puisse jouer à l'occasion le rôle de « correctif », selon ses prérogatives juridiques et son autorité politique.
2. Terme utilisé pour affirmer l'unité de l'ordre juridique. Le monisme peut être au profit du droit interne (la primauté de la Constitution est absolue) ou du droit international (position plus fréquemment défendue en doctrine). En droit positif (notamment en France), les solutions sont moins tranchées.

↘ *Dualisme, Hiérarchie des normes, Régime parlementaire, Troisième République*

Monocamérisme

Parlement composé d'une seule chambre. En France, le choix du monocamérisme a une évidente tonalité révolutionnaire (1791, 1793, 1848) ou alors il est imposé par les circonstances (c'est le cas des périodes constituantes : 1789-1791, 1871-1875 et 1945-1946). Il exprime idéologiquement, dans la logique des analyses de Rousseau, une conception très forte de la volonté générale, alors que le bicamérisme est recommandé par Montesquieu pour ses vertus modératrices. Il n'est pas indifférent que deux des trois référendums négatifs de l'histoire constitutionnelle française aient eu pour point commun de remettre en cause le bicamérisme, soit en le supprimant (référendum du 5 mai 1946 portant sur un premier projet de Constitution pour la IVe République), soit en le transformant profondément (référendum du 27 avr. 1969).

Dans l'Union européenne, aujourd'hui, une petite majorité d'États (15 sur 27) ont un Parlement monocaméral (notamment le Danemark, la Finlande, la Grèce, la Hongrie, le Portugal et la Suède).

↘ *Bicamérisme, Parlement*

Monocratie

↘ *Démocratie*

Motif

↘ *Considérant*

Motion

Acte non législatif d'une assemblée parlementaire concernant, soit le déroulement d'une procédure, soit adressé à une autre institution (cas d'une demande d'organisation d'un référendum). En droit parlementaire français, les motions, à la différence des résolutions, ne sont pas préalablement examinées en commission.

Les principales motions rentrant dans la première catégorie sont la motion de censure (v. rubrique suivante), *l'exception d'irrecevabilité* (qui en cas d'adoption vaut rejet du texte en discussion parce qu'il est considéré comme contraire à la Constitution), la *question préalable* (qui a le même effet que la précédente, mais c'est l'opportunité du texte qui est cette fois contestée), et enfin la *motion de renvoi en commission* (dont l'objet est de renvoyer un texte en commission pour examen complémentaire). L'Assemblée nationale a fusionné en 2009 l'exception d'irrecevabilité et la question préalable au profit d'une *motion de rejet préalable*. Soumises au vote des parlementaires de l'une ou l'autre assemblée en cours ou à la fin de la discussion générale, ces motions de procédure sont rarement adoptées, mais elles permettent à l'opposition de développer ses arguments et ont pour effet de ralentir le cours de la procédure (à l'extrême, de « faire de l'obstruction »).

La *motion référendaire* se distingue des précédentes en ce que, proposant de soumettre à référendum un projet de loi soumis à délibération parlementaire (le président de la République étant seul maître de la suite à donner à cette proposition, art. C. 11), elle doit être adoptée par les deux assemblées, ce qui ne s'est jamais produit sous la Ve République.

➘ *Discussion générale, Exception d'irrecevabilité, Motion de censure, Obstruction, Procédure, Référendum, Résolution*

P. Avril, J. et J.-E. Gicquel, *Droit parlementaire*, Montchrestien, 6e éd., 2021.

Motion de censure

Catégorie particulièrement importante de motion, la motion de censure (parfois dite aussi : de défiance) est l'instrument de mise en jeu explicite de la responsabilité politique du gouvernement par une assemblée dans un régime parlementaire. Son usage peut être plus ou moins encadré par le droit, selon les pays.

1. Tel est notamment le cas en France sous la Ve République. Comportant des motifs et un dispositif (l'Assemblée nationale, considérant que..., censure le gouvernement), elle doit être signée par un dixième des membres de l'Assemblée pour être recevable, et obtenir les suffrages de plus de la moitié de l'Assemblée (soit la majorité absolue des membres composant l'Assemblée) pour être adoptée, le vote ne pouvant intervenir qu'au terme d'un délai 48 heures après le dépôt de la motion. L'article C. 49, al. 2 et 3, distingue les deux

hypothèses de la motion de censure :

- la motion de censure dite *spontanée* (al. 2) dont l'Assemblée (en pratique l'opposition) prend l'initiative ;
- la motion de censure dite *provoquée* (al. 3) : lorsque le gouvernement a engagé officiellement sa responsabilité sur le vote d'un texte (ou d'une partie de texte), l'Assemblée peut répondre par le dépôt, dans un délai de 24 heures, d'une motion de censure. L'originalité de ce dernier mécanisme est de lier le sort du gouvernement à l'adoption de ce texte. L'Assemblée ne peut donc empêcher son adoption qu'en votant la censure, ce qui obligerait le gouvernement à démissionner et ferait courir aux parlementaires audacieux le risque de la dissolution. Aussi bien ne s'y sont-ils jamais risqués et ce 3ᵉ alinéa de l'art. 49 s'est-il révélé une redoutable arme de gouvernement, d'une efficacité absolue depuis les débuts de la Vᵉ République. C'est donc un risque qu'a pris le constituant qui, en 2008, a réduit les hypothèses de recours à cette procédure aux projets de loi de finances et de financement de la sécurité sociale ainsi que pour un autre projet de loi (ou une proposition) par session.

Il reste que depuis 1958 une seule motion de censure a été votée (au titre du 49, al. 2, le 5 oct. 1962), et fut d'ailleurs suivie d'une dissolution de l'Assemblée nationale. Les élections législatives qui suivirent marquèrent les débuts du parlementarisme majoritaire, jamais démenti depuis, même s'il a connu des périodes de fragilité.

Le vote d'une motion de censure oblige le Premier ministre à remettre au président de la République la démission de son gouvernement (art. C. 50).

2. La Loi fondamentale allemande prévoit dans son article 67 une modalité particulière de motion de censure dite « motion de défiance constructive » : le texte soumis au vote des membres du *Bundestag* (Chambre des députés), en même temps qu'il exprime la défiance envers le chancelier, doit indiquer le nom de son successeur (que le Président fédéral a l'obligation de nommer). La motion doit être votée à la majorité absolue des membres du *Bundestag*. L'objectif est d'obliger la Diète fédérale à ne tenter de censurer le Cabinet que pour autant qu'une majorité est capable de s'entendre simultanément sur le nom du prochain Chancelier. Ce mécanisme a été repris par divers États (Espagne, Hongrie notamment).

↘ *Confiance, Parlementarisme rationalisé, Quarante-neuf al. 3 (49 al. 3), Question de confiance, Responsabilité*

Moyen(s)

Raison(s) développée(s) par l'auteur d'une demande en justice et justifiant selon lui qu'il soit fait droit à sa demande. Les saisines parlementaires du Conseil constitutionnel contiennent habituellement l'exposé argumenté des raisons pour lesquelles telle ou telle disposition d'une loi devrait être déclarée contraire à la Constitution. Cet exposé est facultatif, et le Conseil constitutionnel peut soulever d'office la violation de dispositions constitutionnelles autres que celles contenues dans la saisine : en effet, en contentieux constitutionnel, « tous les moyens tirés de l'inconstitutionnalité d'une loi sont d'ordre public et peuvent être soulevés d'office par lui » (Auby et Drago).

↘ *Conclusions, Contrôle de constitutionnalité, Saisine*

J.-M. Auby, R. Drago, *Traité des recours en matière administrative*, Litec, 1992, n° 203.

Multipartisme

Toute opinion publique est potentiellement multipartisane. Mais les modalités de la compétition électorale (et notamment la variable essentielle qu'est le mode de scrutin) peuvent ouvrir plus ou moins la représentation au sein du Parlement. Dès lors que le nombre de partis représentés est supérieur à deux, le système peut être dit multipartisan, et s'impose alors, à défaut d'un parti dominant, la nécessité de coalitions entre deux ou plusieurs partis pour former le gouvernement. Le multipartisme est de ce fait un système de partis qui favorise l'instabilité gouvernementale, mais cette responsabilité peut être atténuée, et même effacée si un regroupement suffisamment stable des forces politiques peut s'opérer autour d'un parti en situation de domination (en d'autres termes d'un parti régulièrement et nettement en tête aux élections et ayant une vocation gouvernementale incontestable).

↘ *Bipartisme, Mode de scrutin, Parti politique, Représentation proportionnelle, Stabilité gouvernementale*

Mutation constitutionnelle

Terme inventé par le juriste allemand Georg Jellinek en 1906. Peut se dire (par opposition à une révision constitutionnelle formelle) d'une révision informelle de la constitution d'un pays, c'est-à-dire d'un changement de sens ou de portée d'une disposition textuelle sans que celle-ci ne soit formellement modifiée. La mutation peut être produite soit par un autre texte de valeur moindre (loi ordinaire, règlement d'un organe constitutionnel…), par la jurisprudence des tribunaux (par ex., la décision du Conseil constitutionnel du 16 juillet 1971), soit par des pratiques institutionnelles suffisamment suivies et reconnues (notamment des conventions de la constitution).

↘ *Convention de la constitution, Pouvoir de révision*

M. Altwegg-Boussac, *Les changements constitutionnels informels*, Institut Universitaire Varenne, 2013 ; Société de législation comparée, *Les mutations constitutionnelles*, 2013.

N

Nation

Au sens le plus général, le terme de nation désigne le groupe humain qui, à côté du territoire et d'une organisation politique, conditionne le plus souvent l'existence de l'État.

1. Diversité des conceptions

Toute nation est singulière, ce qui rend problématique d'en préciser la définition. Les éléments objectifs privilégiés par l'école historique allemande (langue, religion, race…) ont une valeur relative. Dans sa conception française, l'essentiel est ce « plébiscite de tous les jours » (E. Renan) où se rejoignent une histoire commune et un « rêve d'avenir partagé » (G. Burdeau). Une nation est donc inséparable de son histoire, et s'il n'y a pas d'État sans groupement humain, inversement les nations ont été pour une bonne part construites par les États avec, à tel ou tel moment, des poussées de nationalisme. Il faut enfin ajouter que s'il y a des nations sans État qui leur soit propre (exemple de la nation kurde), il y a des États qui font coexister plusieurs nations (la forme fédérale est alors habituellement pratiquée).

2. Nation et État dans la conception française

Le lien historique très fort qui existe entre la nation et l'État s'est traduit depuis la Révolution française dans une théorie de légitimation de l'État, théorie dite de l'État-nation selon laquelle, et par construction, la volonté de la nation est exprimée par les organes de l'État institués à cet effet : l'État est la personnification de la nation. Cette théorie, qui est liée historiquement au principe de souveraineté nationale, a durablement marqué la tradition française du droit public en renforçant les caractères d'unité et d'indivisibilité, et de la nation, et de l'État. Elle n'est évidemment pas sans danger en ce qu'elle passe sous silence que l'État est au service de la nation et ne se confond pas avec elle.

3. Souveraineté nationale dans la conception française

À la suite des premiers choix faits dès 1789, les concepts de nation et de peuple ont été distingués, pour ne pas dire artificiellement opposés, alors que simplement ils ne se situent pas sur le même plan. En fait, en 1789, les concepts de nation et de peuple sont peu différenciés (le Préambule du titre III de la Constitution de 1791 dispose ainsi : « La souveraineté est une, indivisible, inaliénable et imprescriptible. Elle appartient à la nation :

aucune section du peuple, ni aucun individu ne peut s'en attribuer l'exercice »). Si le terme de nation s'est imposé, c'est parce que sous l'Ancien Régime la nation était constituée d'ordres, et que la Révolution consiste précisément pour le Tiers État à affirmer sa volonté souveraine au nom de la nation qui, selon l'analyse de Sieyès dans sa célèbre brochure *Qu'est-ce que le Tiers État ?*, englobe le peuple et le roi. L'Assemblée nationale constituante organisant ensuite un suffrage censitaire procédant d'une certaine condescendance vis-à-vis du peuple (au sens de multitude), il en a été déduit que la souveraineté nationale était liée au suffrage censitaire, alors que le suffrage universel correspondrait à la souveraineté populaire. Mais il ne s'agit là que d'une liaison historique et la formule selon laquelle « la souveraineté nationale appartient au peuple » (art. C. 3) exprime bien l'idée que c'est au nom de la nation, communauté humaine transcendant les générations, que s'exprime le peuple, c'est-à-dire ceux qui remplissent les conditions, et notamment la condition de nationalité, pour être électeur.

↘ *État, Fraternité, Indivisibilité, Nationalité, Peuple, Pouvoir constituant, Souveraineté*

A. Finkielkraut (dir.), *Qu'est-ce que la France ?*, Stock, 2007 ; E. Renan, *Qu'est-ce qu'une nation ?*, 1869 ; N. Rouland, *L'État français et le pluralisme*, O. Jacob, 1995 ; Sieyès, *Qu'est-ce que le Tiers État ?* (1789), rééd. PUF, 1982.

Nationalité

Lien juridique de rattachement à l'État, qui confère au national la citoyenneté et, par voie de conséquence, l'électorat et l'éligibilité. Il est établi soit de plein droit, soit par acquisition. En France, la nationalité peut s'obtenir de différentes façons : notamment par filiation (est français, l'enfant dont l'un des deux parents au moins est français, C. civ., art. 18), soit par la naissance en France, dont le « double droit du sol » (est Français, l'enfant né en France lorsque l'un de ses parents au moins y est lui-même né, *ibid.*, art. 19-3), soit (mais sous conditions) par mariage, soit enfin par d'autres voies. Outre les droits politiques qui lui sont conférés, le national bénéficie de la protection diplomatique de l'État auquel il appartient. Sous certaines conditions (v. notamment l'art. 25 du Code civil), un individu peut être déchu de sa nationalité par décret pris après avis conforme du Conseil d'État, sauf si cette déchéance conduit à le rendre apatride.

↘ *Citoyen, Nation, Peuple*

Cons. const., n° 2014-439 QPC, 23 janv. 2015, *GDCC* n° 43.

Rapport de la Commission de la nationalité, *Être français aujourd'hui et demain*, présenté par M. Marceau Long, La Documentation française, 1988 ; Y. Lequette, « Réflexions sur la nationalité française », *Cah. Cons. const.*, n° 23, 2008 ; P. Weil, *Qu'est-ce qu'un Français ? Histoire de la nationalité depuis la révolution*, Gallimard, 2005 ; *Pouvoirs* n° 160, « La nationalité », 2017.

Navette

Va-et-vient d'un texte entre les deux chambres du Parlement dès lors qu'à l'issue d'une première lecture par chaque assemblée, le texte n'a pas été adopté en termes identiques (art. C. 45).

Le déroulement de la navette est sous l'autorité du gouvernement qui en règle le rythme par la maîtrise de l'ordre du jour des travaux parlementaires et qui peut, en cas d'opposition entre les deux assemblées après une ou deux lectures dans chaque assemblée (selon que la procédure accélérée, appelée avant la révision de 2008 procédure d'urgence, a été ou non engagée), en décider l'interruption par la réunion d'une commission mixte paritaire, ce qui lui permettra ensuite, si cette procédure ne réussit pas, de donner le dernier mot à l'Assemblée nationale (al. 4).

Le gouvernement est également en mesure d'agir sur le contenu des textes soumis aux assemblées tout au long de la navette puisque l'exercice du droit d'amendement sur le texte élaboré par la commission mixte paritaire est soumis à son contrôle (al. 3). En revanche, le Conseil constitutionnel n'admet après la commission mixte paritaire des amendements à des dispositions déjà votées en termes identiques que s'il s'agit d'amendements de coordination, ou en relation directe avec le texte en discussion, ou tendant à faire respecter la Constitution.

➘ *Amendement, Article, Bicamérisme, Commission mixte paritaire, Lecture, Procédure accélérée, Urgence*

Nécessité

➘ *Non-rétroactivité*

Nomination

1. Acte par lequel une institution désigne le titulaire d'une fonction ou d'un emploi déterminé. Au plan constitutionnel comme au plan administratif, la compétence de nomination peut juridiquement être soit totalement libre (on parle alors de compétence discrétionnaire) soit, à des degrés divers, conditionnée, notamment lorsqu'elle requiert l'approbation d'une ou de plusieurs autres autorités ou institutions. En matière constitutionnelle, il est fréquent qu'une compétence de nomination soit juridiquement et/ou politiquement conditionnée (à l'extrême, on parlera de compétence liée). C'est classiquement le cas dans des régimes de type parlementaire moderne, lorsque le chef de l'État détient encore en droit strict la compétence de nomination du chef du gouvernement : selon les pays et les situations politiques, elle peut être liée à un vote d'approbation préalable (ainsi en Allemagne, en Irlande, en Finlande, en Hongrie ou, sous la forme d'une investiture, sous la IVe République) ou un vote de confiance

postérieur mais obligatoire (cas de l'Italie) émanant du Parlement. Au Royaume-Uni, la Reine exerce son pouvoir de nomination, formellement libre, du Premier ministre selon une convention de la Constitution (norme non écrite) qui l'oblige depuis le milieu du XIXe siècle, à désigner le Leader du parti majoritaire à la Chambre des Communes. Ensuite, et de façon plus générale, le pouvoir de nomination requiert le plus souvent le contreseing d'un membre du gouvernement. Dans la logique du gouvernement parlementaire moniste, le pouvoir de nomination du chef de l'État est donc le plus souvent purement formel, surtout si un parti ou une coalition solide au Parlement est mené par une personnalité identifiée. En tout état de cause, il y a lieu de distinguer entre l'existence d'une compétence juridique de nomination et le problème de son exercice effectif. Ce dernier dépend de multiples contraintes juridiques et politiques.

2. Dans la Constitution de la Ve République, le pouvoir de nomination aux emplois civils et militaires appartient en principe au président de la République (art. C. 13), et à titre subsidiaire au Premier ministre (art. C. 21). Certaines nominations particulièrement importantes sont effectuées en conseil des ministres avec contreseing du Premier ministre (par exemple pour les préfets, les ambassadeurs et les officiers généraux) D'autres autorités administratives (ministres, préfets, présidents d'établissements publics...) détiennent également des compétences de nomination conférées en propre par des textes juridiques ou par délégation.

3. La révision constitutionnelle de 2008 a introduit un mécanisme original de veto parlementaire sur les principales nominations présidentielles, « en raison de leur importance pour la garantie des droits et libertés, ou la vie économique et sociale de la Nation » (art. C. 13, al. 5). Dans chaque assemblée parlementaire, la commission permanente compétente peut émettre un avis public — le cas échéant après audition de la personnalité désignée. Le président ne pourra procéder à la nomination envisagée si l'addition des votes négatifs dans chaque commission représente au moins trois cinquièmes des suffrages exprimés au sein des deux commissions. Ce mécanisme est destiné à limiter les risques de nominations considérées comme purement arbitraires. Son efficacité est surtout dissuasive ; le veto ne joue explicitement que pour autant qu'une partie des parlementaires de la majorité accepte de soutenir l'opposition pour bloquer la proposition de nomination. Le mécanisme s'applique également à la désignation du Défenseur des droits (art. C. 71-1, al. 4), des neuf membres ordinaires du Conseil constitutionnel (art. C. 56,

al. 1er) ainsi que des six personnalités qualifiées pour le Conseil supérieur de la magistrature (art. C. 65, al. 2), y compris les nominations effectuées par les présidents des assemblées (dans ce cas, le veto est exercé par l'une des commissions permanentes compétentes de l'assemblée dont relève le président en question).

↘ *Commission parlementaire, Conseil constitutionnel, Contreseing, Défenseur des droits, Fonction élective (du Parlement), Investiture, Veto*

Art. 13, *in* Luchaire, Conac, Prétot, *La Constitution de la République française*, Economica, 3e éd., 2009 ; *Code constitutionnel*, obs. sous art. C. 13 et annexe 2 ; L. Sponchiado, *La compétence de nomination du président de la Cinquième République*, Dalloz, 2017.

Non-rétroactivité

Principe constitutionnel posé par l'article DDH 8 pour les seules lois répressives plus sévères. Le principe de non-rétroactivité de la loi civile posé par l'article 2 du Code civil n'a en effet que la seule valeur législative — le législateur peut donc y faire exception — et c'est de ce même article 2 que découle le principe général du droit de non-rétroactivité des actes administratifs.

Le principe de non-rétroactivité de la loi pénale plus sévère est fondé sur une exigence de sûreté. En revanche la loi répressive moins sévère est d'application immédiate, c'est une conséquence du principe de nécessité des peines défini par le même article DDH 8 : la loi ne doit établir que des peines « strictement et évidemment nécessaires ». Si le législateur estime nécessaire d'adoucir la répression, c'est respecter sa volonté que d'appliquer immédiatement la loi plus douce.

↘ *Sûreté*

Code constitutionnel, jurisprudence citée sous l'art. DDH 8.

Norme

1. « Type concret ou formulation abstraite de ce qui doit être, en tout ce qui admet un jugement de valeur : idéal, règle, but, modèle suivant le cas. » Cette citation du *Vocabulaire technique et critique de la philosophie* d'A. Lalande n'est pas transposable sans précaution en droit, mais elle exprime cependant une dimension essentielle de la règle de droit : la règle de droit prescrit, habilite, permet ou abroge (Kelsen) et la norme est le contenu de la prescription, de l'habilitation, etc. « La loi ordonne, permet ou interdit » écrivait Portalis. L'expression de « hiérarchie des normes », d'utilisation très générale chez les juristes, doit donc s'entendre comme désignant une hiérarchie d'actes normatifs (Constitution, traité, etc.).

La qualité de la norme est une des conditions essentielles de la sécurité juridique. Or cette qualité est loin d'être toujours évidente. Dans son rapport public pour 1991, mais toujours d'actualité, le Conseil d'État analyse les causes et manifestations de la « dégradation de la norme », se traduisant par « un droit mou, un droit flou, un droit à l'état gazeux ». Et le Conseil constitutionnel, après avoir défini l'objectif de clarté et d'intelligibilité de la loi dont il serait bien audacieux de prétendre qu'elles sont toujours satisfaites (n° 2001-455 DC du 12 janv. 2002), fait de la normativité de la loi une exigence constitutionnelle (déc. n° 3004-500 DC du 29 juillet 2004).

2. Norme de référence : expression d'usage habituel en doctrine, mais aussi en jurisprudence (v. Cons. const., n° 92-308 DC du 9 avr. 1992, Maastricht 1), pour désigner les dispositions constitutionnelles qui serviront de fondement au contrôle de constitutionnalité.

↘ *Délibération, État de droit, Exigence constitutionnelle, Hiérarchie des normes, Interprétation, Objectif à valeur constitutionnelle*

Conseil d'État, rapports publics pour 1991 et 2006, La Documentation française ; M. Troper, « Normativisme », in *Dictionnaire constitutionnel*, PUF, 1992, p. 666 ; O. Pfersmann, « Norme », in *Dictionnaire de la culture juridique*, PUF, 2003.

O

Objectif de valeur constitutionnelle

Terme qui constitutionnalise un but à atteindre. À côté des règles ou principes de valeur constitutionnelle, le Conseil constitutionnel utilise parfois le terme d'objectif pour décliner les différentes facettes d'une liberté ou d'un droit fondamental. Un bon exemple est fourni par la liberté de la presse. Pour le Conseil constitutionnel, la libre communication des pensées et des opinions doit être effective, mais elle ne le sera que si le public auquel s'adressent les quotidiens d'information est à même « de disposer d'un nombre suffisant de publications de tendances et de caractères différents » afin que les lecteurs qui sont au nombre des destinataires de la liberté de communication « soient à même d'exercer leur libre choix sans que ni les intérêts privés ni les pouvoirs publics puissent y substituer leurs propres décisions ni qu'on puisse en faire l'objet d'un marché ». Ainsi sera atteint l'objectif de valeur constitutionnelle qu'est l'exigence de pluralisme des quotidiens d'information politique et générale (déc. des 10-11 oct. 1984). Un autre exemple est celui du droit au logement. Le Conseil constitutionnel a jugé que, sur le fondement des 10e et 11e alinéas du Préambule de 1946, la possibilité pour toute personne de disposer d'un logement décent est un objectif de valeur constitutionnelle (déc. du 18 mars 2009). Ou encore l'objectif de protection de la santé, fondé sur le 11e alinéa du même Préambule, et invoqué par le Conseil constitutionnel quand il a été saisi de la loi instituant le passe vaccinal dans le cadre de la lutte contre la pandémie du covid 19 (déc. du 21 janv. 2022).

Le recours à la notion d'objectif de valeur constitutionnelle (parfois aussi celle d'exigence constitutionnelle) permet :

- d'enrichir la norme constitutionnelle en précisant l'application de telle ou telle de ses dispositions à une matière déterminée ;
- d'éviter de conférer un caractère absolu à d'autres objectifs d'égale valeur constitutionnelle (la sauvegarde de l'ordre public, le respect de la liberté d'autrui…) par la technique de la conciliation ;
- d'imposer des contraintes au législateur (qui ne pourra par ex. abroger des dispositions législatives apportant des garanties à des droits et libertés constitutionnellement protégés sans les

remplacer par des garanties équivalentes).

- Le Conseil constitutionnel va parfois plus loin en inventant un objectif sans base textuelle sérieuse (même s'il prétend qu'il découle de tel ou tel article) : ainsi de l'accessibilité et de l'intelligibilité de la loi (déc. n° 2004-500 DC du 29 juillet 2004). Encore cet objectif n'est-il pas jusqu'à présent invocable dans une QPC.

En Allemagne, on parle de « but de l'État » (*Staatsziel*).

➘ *Bloc de constitutionnalité, Exigence constitutionnelle, Liberté, Principes(s), Transparence*

Cons. const., n° 84-181 DC, 10-11 oct. 1984, *GDCC* n° 33 ; n° 2009-578 DC, 18 mars 2009, *Cah. Cons. const.* n° 26, *GDCC* n° 52.

F. Luchaire, « L'objectif de valeur constitutionnelle », *RFDC*, n° 64, 2005, p. 675 ; P. de Montalivet, *Les objectifs de valeur constitutionnelle*, Dalloz, 2006.

Obstruction

Ensemble de pratiques et comportements parlementaires dont l'objet est de faire obstacle à la progression de la délibération vers son terme qui est la décision majoritaire. Les spécialistes de l'obstruction sont habituellement (et presque nécessairement) de fins procéduriers, experts dans le dépôt de motions de procédure ou d'amendements répétitifs, les demandes de vérifications de quorum ou de vote public, les rappels au règlement ou l'utilisation systématique du temps de parole.

L'obstruction (aux États-Unis, *filibustering*) n'est pas en soi condamnable s'il s'agit de ralentir une procédure menée au pas de charge par le gouvernement. Elle le devient si son but est d'empêcher la majorité démocratiquement élue de décider. Lutter contre l'obstruction est dans ce cas une nécessité, les moyens les plus utilisés étant le recours à la procédure accélérée (art. C. 45, al. 2) ou au temps législatif programmé (art. RAN 49 et 55), l'utilisation systématique des irrecevabilités, la procédure du vote bloqué (art. C. 44, al. 3) et, à l'Assemblée nationale seulement, l'engagement de responsabilité sur le texte en discussion (art. C. 49, al. 3) qui présente l'avantage décisif d'interrompre le débat législatif et de le remplacer, en cas de dépôt d'une motion de censure, par un débat pour ou contre le gouvernement. Au Sénat, la procédure de la question préalable a pu également être utilisée pour lutter contre l'obstruction.

À la Chambre des Communes, peut être appliquée la procédure de la *guillotine* qui consiste, en cas d'urgence, à limiter le temps consacré à la discussion d'un texte. La procédure dite du « kangourou » (*Kangaroo*) permet au *Speaker* ou à un président de commission de sélectionner les amendements les plus représentatifs des opinions exprimées par les députés dans le débat.

↘ *Amendement, Délibération, Guillotine, Irrecevabilité, Motion, Motion de censure, Parole, Procédure accélérée, Quorum, Rappel au règlement, Temps législatif programmé, Urgence, Vote de la loi*

Cons. const., n° 95-370 DC, 30 déc. 1995.

Y. Colmou, « *Vade-mecum* du député obstructeur », *Pouvoirs* n° 34, 1985 ; C. Geynet-Dussauze, *L'obstruction parlementaire sous la Ve République*, Institut francophone pour la justice et la démocratie, 2020.

Office parlementaire d'évaluation

↘ *Délégation parlementaire*

Ombudsman

« Porte-parole des griefs », en Suède où il fut imaginé dès 1713 et développé surtout à partir de 1809, l'*Ombudsman* est le terme désignant une institution publique indépendante du gouvernement, du Parlement ou des tribunaux, chargée essentiellement d'examiner les plaintes des citoyens à l'encontre d'organismes gouvernementaux ou d'autres organismes publics ou privés, en dehors d'une procédure juridictionnelle. L'exemple suédois a inspiré de nombreux pays qui ont créé, des institutions voisines tout au long du XXe siècle, sous différents noms (le *Defensor del Pueblo* dans les pays hispaniques, médiateur en France et dans l'Union européenne et dans l'ONU, *Bundesvolksanwälte* en Autriche, par ex.), et avec des pouvoirs variables. L'*Ombudsman* a généralement pour mission d'enquêter sur les dysfonctionnements de l'administration, de formuler des recommandations pour les résoudre et remet annuellement un rapport public. En France, le médiateur de la République, créé par une loi en 1973, se rattache à ce type d'institution. Il a été remplacé à partir du 1er mai 2011 par le Défenseur des droits.

↘ *Défenseur des droits*

Opérations électorales

↘ *Contentieux électoral*

Opinion dissidente

Faculté reconnue aux juges de certaines cours de justice, en particulier de cours constitutionnelles, de faire connaître publiquement leur désaccord sur la sentence rendue par la cour à laquelle ils appartiennent (lorsque la décision a été adoptée à la majorité des juges). Les juges de la Cour Suprême des États-Unis peuvent émettre une opinion dissidente (*dissenting opinion*) contestant la solution adoptée par la majorité, ou bien une opinion concurrente (*concurring opinion*) approuvant la solution mais non pas ses motifs. Cette faculté existe également dans de nombreuses cours constitutionnelles européennes (Allemagne, Espagne notamment), mais non en Italie ni en France (au nom du principe du secret du délibéré). Les opinions dissidentes illustrent le fait qu'une décision de justice n'est jamais une opération mécanique et purement « logique », mais est produite par la volonté des juges. Elle n'exprime donc pas une « vérité » absolue mais une décision qui, si elle est certes revêtue d'une autorité juridique particulière, est dans le fond relative et donc discutable. Une décision de justice est « toujours respectable et toujours discutable » a pu écrire Maurice Duverger.

Dossier « les opinions dissidentes », *Cah. Cons. const.*, 2000, n° 8.

Opposition

L'opposition est une posture d'hostilité qui peut se manifester sur trois plans différents.

Il y a d'abord l'opposition au régime, qui suppose le refus des valeurs sur lesquelles le régime est fondé, par exemple le refus de la démocratie pluraliste, et comporte en général une dimension idéologique.

Il peut s'agir ensuite d'une opposition à l'ensemble des forces politiques se partageant habituellement le pouvoir (opposition hors-système, ou opposition que les mécanismes électoraux ne permettent pas de représenter au Parlement).

Et il y a enfin l'opposition au sens traditionnel, qui est l'opposition, sur les plans électoral et parlementaire, à la majorité qui est au pouvoir.

1. L'opposition au gouvernement

L'opposition caractérise la situation du ou des partis qui, étant minoritaires au terme d'élections générales, se trouvent exclus du pouvoir exécutif. Selon la structure de ce pouvoir, l'exclusion est, soit totale (c'est le cas dans un régime parlementaire moniste où n'existent que les élections législatives, la composition de l'exécutif suivant celle du Parlement), soit partielle quand coexistent deux expressions qui divergent du suffrage populaire. C'est l'hypothèse de la cohabitation que permet la Constitution de 1958 (dans ce cas de figure, le président de la République peut apparaître comme le chef de l'opposition, ce qui n'est pas commun !), et que connaissent régulièrement les États-Unis, mais dans le cadre institutionnel du régime présidentiel qui en neutralise largement les effets pervers.

2. Sur le plan parlementaire

L'opposition désigne les parlementaires qui, par leurs votes, se retrouvent régulièrement dans la minorité de l'assemblée. Le régime parlementaire, avec ses procédures d'engagement de responsabilité (question de confiance — motion de censure), permet en principe d'identifier facilement l'opposition — pour peu que la structure du système partisan s'y prête (et que la discipline de vote soit réelle), ce qui n'a pas toujours été le cas de la France sous les IIIe et IVe Républiques — alors que cette identification est plus difficile quand il n'y a pas la nécessité de soutenir un gouvernement (exemple du régime présidentiel américain où les majorités sont fréquemment des majorités d'idées).

3. Le problème de la reconnaissance juridique

Les vicissitudes de la vie politique et la liberté formelle du mandat représentatif rendent difficile de « saisir » l'opposition par le droit, même dans les régimes parlementaires. L'opposition est indirectement favorisée lorsque des droits spécifiques sont accordés à une minorité. Il en va ainsi de la possibilité donnée en France à un dixième des membres de l'Assemblée nationale de déposer une motion de censure (art. C. 49, al. 2 et 3), ou à 60 députés ou 60 sénateurs de saisir le Conseil constitutionnel (art. C. 54 et 61, al. 2). Certains pays, en particulier ceux qui se rattachent au « modèle de Westminster », reconnaissent ouvertement l'opposition (on parle volontiers d'un « statut de l'opposition ») : son Leader officiel est salarié par l'État et elle bénéficie de privilèges dans la procédure parlementaire (par ex. l'ordre du jour), cet exemple est difficile à imiter en cas de multipartisme.

La Constitution française reconnaît cependant explicitement, depuis 2008, la notion de « groupe [parlementaire] d'opposition » (art. C. 48, al. 5, art. C. 51-1), l'intérêt de cette mention étant de permettre de conférer des droits spécifiques à de tels groupes par les textes d'application, en particulier par les règlements des assemblées.

↘ *Contrôle parlementaire, Groupe minoritaire, Leader, Motion de censure, Ordre du jour, Responsabilité, Shadow Cabinet, Westminster (Modèle de)*

Pouvoirs n° 108, « L'opposition », 2004 ; art. C. 51-1, *in* Luchaire, Conac, Prétot, *La Constitution de la République française*, Economica, 3e éd., 2009 ; J.-Ph. Derosier (dir.), *L'opposition politique*, Lexisnexis, 2016 ; A. Fourmont, *L'opposition parlementaire en droit constitutionnel*, LGDJ, 2019 ; O. Rozenberg, E. Thiers (dir.), *L'opposition parlementaire*, La Documentation française, 2013.

Ordonnance

Du latin *ordinare* : donner un ordre, mettre en ordre. Hérité de l'Ancien Régime où il désignait des décisions royales, ce terme a refait son apparition à des époques où l'absence de pouvoir législatif (1944-1945), ou sa mise entre parenthèses (1958 après le vote de la loi de pleins pouvoirs du 3 juin), conduisent à la confusion des compétences législative et réglementaire au profit du pouvoir exécutif.

Dans la Constitution de la Ve République, la procédure des ordonnances a d'abord servi pendant la période de mise en place des institutions (art. C. 92 abrogé en 1995). Mais elle a surtout permis de « constitutionnaliser » la procédure antérieure des décrets-lois. Organisée par l'article C. 38, elle permet au gouvernement, selon l'analyse du

Conseil constitutionnel (déc. du 12 janvier 1977), de faire face à des circonstances imprévues ou à des situations requérant des mesures d'urgence comme la crise sanitaire du printemps 2020 en a fourni la démonstration : entre le 15 mars et le 31 décembre 2020, quatre-vingt-dix habilitations à recourir à la procédure des ordonnances ont été votées dont soixante-quatre liées à la seule loi établissant l'état d'urgence sanitaire. L'ordonnance est alors un acte pris par le gouvernement sur habilitation du Parlement et signé par le président de la République après délibération du conseil des ministres. Bien que permettant au gouvernement d'intervenir dans le domaine de la loi, l'ordonnance est, du fait de son auteur, un acte administratif, donc attaquable devant le Conseil d'État dans les conditions habituelles, jusqu'à ce que le Parlement lui donne valeur législative par la ratification. Cependant, par une décision étrange (n° 2020 QPC, 28 mai 2020), le Conseil constitutionnel a pu juger que les ordonnances doivent être regardées comme des dispositions législatives dès l'expiration du délai de dépôt du projet de loi d'habilitation alors que, depuis la révision constitutionnelle de 2008, l'art. C. 38 exige que la ratification soit expresse.

L'ordonnance peut encore désigner, sous la Ve République, l'acte par lequel le gouvernement pourrait mettre en vigueur le projet de loi de finances si le Parlement ne l'a pas adopté dans les délais prévus par la Constitution (art. C. 47) ; et enfin, la loi référendaire du 13 avril 1962 avait autorisé le président de la République à prendre par ordonnances toutes mesures législatives nécessaires à l'application des accords d'Évian (c'est l'une des ordonnances prises à ce titre qui sera annulée par le Conseil d'État, au motif qu'elle excédait les limites de l'habilitation référendaire : arrêt *Canal*, 19 oct. 1962).

↘ *Décret-loi, Habilitation, Hiérarchie des normes, Ratification*

Cons. const., n° 76-72 DC, 12 janv. 1977, *D.* 1979. 181, note L. Hamon ; n° 86-207 DC, 26 juin 1986, *GDCC* n° 18 ; n° 2020-843 QPC, 28 mai 2020.

H. Portelli, « Les ordonnances : les raisons d'une dérive », *Droits* n° 44, 2007 ; M. Verpeaux, « Les ordonnances de l'article 38 ou les fluctuations contrôlées de la répartition des compétences entre la loi et le règlement », *Cah. Cons. const.* n° 19, 2006.

Ordre constitutionnel

Notion complexe mais nécessaire, qui renvoie aux mêmes difficultés sémantiques que le mot « constitution » ou encore que le syntagme « ordre juridique ». L'ordre constitutionnel peut en effet être défini de manière très différente : formelle ou matérielle, exclusivement normativiste ou non, étroitement juridique ou non. Son usage, quoique rarement précis, est courant dans la doctrine française comme étrangère (*Constitutional Order,*

Verfassungsordnung, Ordinamento costituzionale). De même dans la jurisprudence, il est même explicitement employé par certains textes normatifs (ainsi la Loi fondamentale d'Allemagne, les Constitutions tchèque et russe ou celle de Saint-Marin).

Dans un sens restreint, l'ordre constitutionnel peut désigner l'ensemble des règles et principes de droit constitutionnel positif applicables à tel corps politique. Dans un sens plus large, il inclut des règles et principes non écrits, l'apport de la jurisprudence, voire les pratiques institutionnelles stables et reconnues telles les conventions de la constitution.

Mais surtout, la notion d'ordre constitutionnel est doublement pertinente : elle permet d'une part d'exprimer que les normes juridiques, loin d'être simplement juxtaposées, ne peuvent être utilement abordées que de manière relationnelle et combinée. D'autre part, elle permet d'inclure des éléments inhérents à la vie du droit mais qui ne sont pas réductibles à des normes juridiques formelles (institutions, représentations intellectuelles, conventions). Enfin, elle permet de traduire cette donnée élémentaire mais essentielle que les normes sont conçues pour influer sur des situations de la vie réelle, une communauté humaine, un espace ou un champ dans lequel interviennent les sujets de droit. En d'autres termes, le droit doit être pensé de manière systémique.

↘ *Bloc de constitutionnalité, Constitution, Institution, Norme, Régime politique, Système politique*

J.-M. Blanquer, « Bloc de constitutionnalité ou ordre constitutionnel ? », *in Mélanges J. Robert*, LGDJ, 1998 ; A. Le Divellec, « L'ordre-cadre normatif », *Jus Politicum* n° 4, 2010.

Ordre de juridiction

↘ *Cour Suprême*

Ordre du jour

1. Ordre du jour des assemblées

Plan de travail d'une assemblée, l'ordre du jour est la liste établie séance par séance des textes (projets et propositions de loi, propositions de résolution) et des procédures (engagement de responsabilité, déclarations du gouvernement suivies d'un débat, questions...) que l'assemblée aura à discuter ou à mettre en œuvre. Traditionnellement dévolue à l'assemblée elle-même au nom de son autonomie propre, la fixation de l'ordre du jour se heurte, en régime parlementaire, à la nécessité logique de permettre le rôle moteur sinon directeur du gouvernement. C'est ainsi qu'au Royaume-Uni, il est reconnu depuis longtemps que le Cabinet détermine une part importante de l'ordre du jour des chambres.

En France, la souveraineté parlementaire fit longtemps obstacle à une pratique analogue : les assemblées étaient totalement maîtresses de leur ordre du jour (notons que sous la IIIe République, le terme « ordre du jour » désignait aussi la motion qu'une chambre pouvait adopter pour conclure un débat, ce qui était un moyen habituel de faire savoir au gouvernement, à l'issue d'une interpellation, ce que l'assemblée pensait de sa politique, éventuellement de le conduire à la démission).

La rupture intervint en 1958 : le droit de priorité accordé au gouvernement dans l'organisation des travaux législatifs (art. C. 48, al. 1er) fut un des éléments majeurs du parlementarisme rationalisé voulu par le constituant de 1958. Le fait majoritaire apparu en 1962 ne dissuada pas le gouvernement d'user et d'abuser de cette priorité, si bien que la majeure partie de l'ordre du jour échappait presque entièrement aux assemblées, la conférence des présidents ne pouvant inscrire des textes qu'en complément de ces priorités, et pour autant qu'il restât des séances disponibles, ce qui était rare. Cet état de fait étant très critiqué, la révision constitutionnelle du 4 août 1995 garantit à chaque assemblée la détermination des semaines de séance (art. C. 28, al. 2) et, surtout, la libre disposition d'une séance par mois (art. C. 48, al. 3). La même révision a ouvert la possibilité qu'il y ait plus d'une séance par semaine réservée aux questions des membres du Parlement (al. 2). Devant le peu d'effet de ces réformes, la révision constitutionnelle de 2008 a profondément modifié les règles de fixation de l'ordre du jour.

Est rétabli le principe selon lequel chaque assemblée, sauf exception, fixe son ordre du jour (l'organe compétent est la conférence des présidents). Les exceptions sont toutefois nombreuses : 1) le gouvernement conserve la priorité pour deux semaines sur quatre. 2) En outre, il détient la priorité pour inscrire à l'ordre du jour l'examen des projets de loi de finances, des projets de financement de la Sécurité sociale, des textes transmis par l'autre assemblée (*i.e.* en navette) depuis plus de six semaines, des projets relatifs aux états de crise (état d'urgence, état de siège) et enfin des demandes d'autorisation d'engagement des forces armées (art. C. 35). L'assemblée doit ensuite respecter désormais d'autres contraintes :

a) une semaine de séance sur quatre est censée être réservée au contrôle de l'action du gouvernement et à l'évaluation des politiques publiques (l'idée étant que les parlementaires ne négligent pas la fonction de contrôle au profit de la fonction législative) ; l'assemblée peut toutefois renoncer à cette priorité ;

b) une séance par mois est réservée aux initiatives des groupes d'opposition et des groupes minoritaires ;

c) une séance par semaine au moins doit être consacrée aux questions au gouvernement. En somme, ce réaménagement au profit du Parlement des modalités de fixation de l'ordre du jour des travaux parlementaires ne remet pas en cause la traditionnelle primauté gouvernementale : l'Exécutif conserve ici, comme il est logique dans un système parlementaire, son rôle moteur.

2. Ordre du jour du conseil des ministres

Préparé par les services du Premier ministre (le Secrétariat général du gouvernement), l'ordre du jour du conseil des ministres est signé par le seul président de la République qui a ainsi un droit de regard qui, sous la Ve République, est tout sauf formel sur le programme des délibérations du conseil. Le Premier ministre ne peut d'ailleurs présider un conseil des ministres que sur « un ordre du jour déterminé » (par le président, art. C. 21, al. 4).

➘ *Conférence des Présidents, Interpellation, Parlementarisme rationalisé, Séance publique, Session*

J.-P. Camby, *Le travail parlementaire sous la Ve République*, Montchrestien, 6e éd. 2021 ; A. Le Divellec, « Le gouvernement, portion dirigeante du Parlement », *Jus Politicum* n° 1, 2008, p. 185.

Ordre juridique

➘ *Hiérarchie des normes*

Ordre public

1. Sans doute parce qu'il est une notion plastique, aux contours bien peu nets, l'ordre public est utilisé de façon large et variée en droit. Il est évoqué par deux textes constitutionnels majeurs : aux termes de l'art. 10 de la DDHC, « l'ordre public établi par la loi » constitue une limite aux manifestations de la liberté d'opinion, tandis que l'art. C. 73, al. 4, exclut « la sécurité et l'ordre publics » du champ de compétence normative propre des collectivités d'outre-mer. Il constitue ainsi une référence majeure en matière de police administrative générale, incluant la sécurité, la tranquillité et la salubrité publiques (Cons. const. du 13 mars 2003). À ce titre, la préservation de l'ordre public est considérée comme un objectif à valeur constitutionnelle (déc. n° 94-352 DC du 18 janv. 1995), que le législateur doit concilier avec l'exercice des libertés (déc. n° 76-75 DC du 12 janv. 1977).

Mais la notion est également envisagée de manière plus large. Inspiré du droit romain, l'art. 6 du Code civil dispose que l'« on ne peut déroger, par des conventions particulières, aux lois qui intéressent l'ordre public et les bonnes mœurs ». Il tend alors à renvoyer à « un socle minimal d'exigences réciproques et de garanties essentielles de la vie en société qui, comme par ex. le pluralisme, sont à ce point fondamentales qu'elles (...) imposent d'écarter, si nécessaire, les effets de certains actes guidés par la volonté individuelle » (CE, avis, 30 mars 2010). C'est à ce titre, aussi large qu'imprécis, que le juge lui rattache notamment le respect de la dignité de la personne humaine (CE, ass., 27 oct. 1995, *Commune de Morsang-sur-Orge*).

2. Règles (ou moyens) d'ordre public : règles d'une telle importance pour le maintien de l'ordonnancement juridique (par ex., les règles de compétence) que nul ne peut y déroger. Ainsi dans un procès, le juge doit-il soulever d'office les manquements à ces règles. Il s'agit là d'un aspect important de l'État de droit.

↘ *Compétence, État de droit, Moyen(s)*

P. Deumier et T. Revet, « Ordre public », in *Dictionnaire de la culture juridique*, PUF, 2003, p. 1119. *Archives de philosophie du droit*, « L'ordre public », t. 58, 2015.

Organe

Institution secondaire d'une institution juridique principale telle que l'État, une organisation locale ou internationale, un organe constitutionnel est une partie de cet organisme principal (comme les organes dans le corps humain). Plutôt que le mot imprécis de « pouvoir » (qui peut également désigner la fonction), on désigne par « organe » l'institution qui exerce des fonctions juridiques. Ainsi, par exemple, le principal organe délibératif d'un système constitutionnel est généralement appelé le Parlement, tandis que le gouvernement est le principal organe chargé d'exercer le pouvoir exécutif.

↘ *Autorité, Fonction, Institution, Pouvoir, Séparation des pouvoirs*

Orléanisme

↘ *Dualisme*

P

Panachage

Modalité du scrutin de liste permettant à l'électeur de composer sa liste en choisissant des candidats sur les différentes listes en compétition.

➘ *Représentation proportionnelle*

Parité

Ressemblance entre des objets de même nature ou égalité entre des personnes ? Le vocabulaire politique a clairement choisi la deuxième acception du terme, sans que, cependant, le droit constitutionnel l'ait explicitement consacrée. C'est en effet un principe d'égal accès des femmes et des hommes aux mandats électoraux et fonctions électives (art. C. 1er, al. 2), principe dont la mise en œuvre est confiée aux partis politiques (art. C. 4, al. 2, qui renvoie à la loi), que la révision constitutionnelle de 1999 a retenu. Mais il s'agit d'une égalité spécifique qui obéit à la logique des discriminations positives puisqu'elle a fondé des mesures soit contraignantes (dans la composition des listes quand le mode de scrutin est un scrutin de liste), soit incitatives (sous forme de sanctions financières v. L. n° 88-227, 11 mars 1988) dans les autres cas.

Depuis la loi constitutionnelle du 23 juillet 2008, les responsabilités professionnelles et sociales sont un nouveau domaine d'application du principe d'égal accès des femmes et des hommes.

➘ *Droits de l'Homme, Discrimination positive, Égalité*

Cons. const., n° 2000-429 DC, 30 mai 2000, *LPA* 17 oct. 2000, p. 20, comm. B. Mathieu et M. Verpeaux.

Conseil d'État, *Rapport public pour 1996. Sur le principe d'égalité*, La Documentation française, 1997 ; R. Sénac-Slawinski, *La parité*, PUF, 2008.

Parlement

1. Une institution représentative et délibérative

Le Parlement est une institution représentative et délibérative, représentative par sa composition, délibérative par son mode de travail.

C'est en assurant la représentation de la population que le Parlement s'est progressivement imposé dans les institutions politiques. Évolution très contrastée d'un pays à l'autre : ainsi le Parlement s'affirme-t-il, dans sa structure bicamérale, dès le XIIIe siècle en Angleterre (même s'il faut noter que, juridiquement, dans la conception britannique, le Parlement comprend non seulement les deux chambres mais également la Couronne). En revanche, il faut attendre 1789 pour voir apparaître la première assemblée parlementaire française quand les États Généraux se transforment en Assemblée nationale constituante (les Parlements d'Ancien Régime étaient des institutions principalement judiciaires). Et le bicamérisme ne s'imposera vraiment — et non sans tentatives pour le remettre en cause, en 1946 et en 1969 — qu'en 1875, avec le Sénat, « grand conseil des communes de France » selon la célèbre formule de Gambetta.

La qualité représentative du Parlement commande à son tour le procédé de la délibération comme méthode de travail, qu'il s'agisse de consentir à l'impôt, de discuter et voter la loi ou de contrôler l'exécutif. Pour être ordonnée — la minutie des règlements d'assemblée en témoigne — cette délibération n'en présente pas moins des caractéristiques, notamment de liberté de la parole et de publicité des débats, qui ont pour objet de permettre l'expression de la souveraineté et, à ceux des citoyens qui s'intéressent à la chose publique, de suivre les débats parlementaires.

2. L'institution parlementaire a joué un rôle décisif dans la démocratisation des régimes politiques

En Europe, c'est l'institution parlementaire qui a permis à l'exécutif de s'affranchir de la tutelle du pouvoir royal, d'où est résulté progressivement le régime parlementaire. Ce qu'on appelle parfois *l'âge d'or* du Parlement a été précisément cette époque où l'essentiel de la vie politique s'organisait autour du Parlement. Les pratiques électorales modernes ont remis en cause cette suprématie du Parlement : de plus en plus, par le jeu des partis, l'organisation de l'exécutif est connue dès le résultat des élections, ce qui veut dire que l'exécutif bénéficie directement de la légitimité du suffrage universel. En outre, et ce n'est pas un des moindres paradoxes qu'offre le droit comparé que de constater que le Parlement est, en un sens, plus puissant dans le régime présidentiel américain que dans les différents régimes parlementaires européens : n'ayant pas à soutenir un gouvernement, et soustrait à la menace de la dissolution, le congrès américain peut consacrer tous ses moyens (qui sont considérables) à faire valoir une puissance parlementaire dont le président éprouve constamment, et souvent à ses dépens, la vigueur. Ce constat amène parfois certains à souhaiter que la Ve République devienne un « vrai » régime présidentiel, croyant y voir un remède à l'affaiblissement de l'institution parlementaire. En dépit de l'autorité de certains de ses partisans (comme l'ancien Premier ministre E. Balladur), cette thèse, peu réaliste en vérité, n'a rencontré jusqu'ici qu'un faible écho et c'est au contraire le pari d'une restauration du Parlement par le moyen d'une modernisation des procédures qu'a tenté le constituant avec la révision du 23 juillet 2008.

➘ *Assemblée, Assemblée nationale, Bicamérisme, Chambre basse et haute, Cinquième République, Congrès, Délibération, Immunité, Monocamérisme, Opposition, Quatrième République, Régime parlementaire, Régime représentatif, Représentant, Sénat, Troisième République*

P. Avril, *Les Français et leur Parlement*, Casterman, 1972 ; J.-M. Belorgey, *Le Parlement à refaire*, Gallimard, 1991 ; P. Blachèr, *Le Parlement en France*, LGDJ, 2012 ; *Pouvoirs* n° 64, « Le Parlement », 1993 ; J. Garrigues (dir.), *Histoire du Parlement de 1789 à nos jours*, A. Colin, 2007 ; P. Lauvaux, A. Le Divellec, *Les grandes démocraties contemporaines*, PUF, 4e éd., 2015 ; A. Le Divellec, « Le Parlement en droit constitutionnel », *in* O. Rozenberg, E. Thiers (dir.), *Traité d'études parlementaires*, Bruylant, 2018, p. 139-164 ; Y. Mény, Y. Surel, *Politique comparée*, Montchrestien, 2009, chap. V.

Parlement européen

Dénomination de l'assemblée représentant les peuples des États réunis dans l'Union européenne, et dont les membres sont élus au suffrage universel direct depuis 1979. Les révisions successives des traités constitutifs (Acte unique européen en 1986, Maastricht en 1992, Amsterdam en 1997, Nice en 2001 et Lisbonne en 2007) ont conduit à une montée en puissance de cette institution : « Le Parlement européen exerce, conjointement avec le Conseil, les fonctions législative et budgétaire. Il exerce des fonctions de contrôle politique et des fonctions consultatives conformément aux conditions prévues par les traités. Il élit le président de la Commission » (art. 14, § 1 TUE 14).

➘ *Codécision, Conseil (de l'Union européenne)*

M. Gaillard, *L'Union européenne. Institutions et politiques*, La Documentation française, 2018.

Parlementaire

➘ *Assemblée nationale, Député, Représentant, Sénat*

Parlementaire en mission

Parlementaire de l'une ou l'autre assemblée que le gouvernement charge d'une mission temporaire. Il n'y a pas de texte général définissant ce que peut être une telle mission qui sera donc définie par le décret de nomination. La mission ne peut normalement dépasser la durée de 6 mois (C. élect., art. LO 144). Elle peut cependant être prolongée au-delà de cette durée, ce qui, par application des dispositions relatives à l'incompatibilité entre le mandat parlementaire et l'exercice d'une fonction publique non élective (C. élect, art. LO 142), entraîne la cessation du mandat.

➘ *Incompatibilité*

Parlementaire non inscrit

↘ *Groupe parlementaire*

Parlementarisme

Mot souvent utilisé comme synonyme de régime parlementaire, mais qu'il est préférable de réserver pour désigner un certain mode d'organisation et de fonctionnement de ce régime selon la place théorique et le rôle effectif du Parlement comme lieu d'échanges, de dialogue et de confrontation entre la représentation nationale et le gouvernement et entre la majorité et l'opposition. L'usage de ce mot ne fait que traduire la très grande variété des régimes parlementaires (à l'inverse, le mot présidentialisme revêt un tout autre sens que l'expression de régime présidentiel).

Ainsi peut-on historiquement opposer un parlementarisme à l'anglaise qui, fondé sur la compétition de deux partis pour le pouvoir, permet au leader du parti vainqueur des élections de diriger un exécutif que la puissance parlementaire ne peut pas, sauf exception, remettre en cause — elle peut tout au plus le limiter, le Parlement étant la tribune de l'opposition —, au parlementarisme à la française des IIIe et IVe Républiques : l'incapacité du système électoral (organisation partisane et modes de scrutin réunis) à dégager de véritables majorités de gouvernement, stables et cohérentes, a eu pour résultat de produire des exécutifs faibles, et de développer à l'excès la puissance parlementaire, plus souvent occupée à détruire qu'à construire. Le premier type de parlementarisme, qui fournit le meilleur exemple de parlementarisme majoritaire, a pu être appelé par Carré de Malberg : parlementarisme relatif, et le second : parlementarisme absolu. Le Parlement étant une institution représentative, le parlementarisme absolu correspond à ce que le doyen Vedel a analysé comme étant le régime ultra-représentatif : la souveraineté de l'électeur est captée par les représentants.

↘ *Parlementarisme majoritaire, Parlementarisme rationalisé, Régime parlementaire*

Parlementarisme de couloir

L'expression désigne aux États-Unis un ensemble d'usages et de comportements qui permettent à l'exécutif d'exercer sur les membres du Congrès l'influence nécessaire à la réalisation du programme législatif du président. La séparation des pouvoirs, tout autant que la structure de l'exécutif (il n'y a pas de gouvernement au sens parlementaire de l'expression, et donc pas de Premier ministre), interdisent la pratique de la collaboration telle qu'elle s'établit à l'intérieur de l'enceinte parlementaire dans un régime parlementaire. C'est donc dans « les couloirs », et de façon informelle, que s'opèrent les transactions et marchandages permettant de rapprocher les points de vue et d'obtenir le vote des textes.

↘ *Régime parlementaire, Régime présidentiel, Séparation des pouvoirs*

Parlementarisme majoritaire

Mode de fonctionnement du régime parlementaire caractérisé par l'existence d'un fait majoritaire, c'est-à-dire d'une majorité qui soutient le gouvernement pendant toute la législature, que cette majorité soit formée d'un seul parti ou de plusieurs qui ont conclu une alliance électorale. Le parlementarisme majoritaire permet à l'exécutif de s'affirmer et de durer, donc de gouverner, puisqu'il est assuré, sauf accident, d'obtenir du Parlement le vote des moyens, législatifs et financiers, de sa politique.

Il est en même temps une contrainte pour les parlementaires de la majorité car il leur devient difficile de se désolidariser d'un gouvernement qu'ils ont soutenu de leurs votes et qui, en outre, est maître des élections (par la maîtrise du calendrier — s'il peut recourir à la dissolution — et la distribution des investitures).

L'idéal est évidemment que le parlementarisme majoritaire soit une réalité électorale, en d'autres termes que ce soit les électeurs qui, à l'occasion des élections législatives, fassent le choix d'une majorité. À défaut, le fait majoritaire pourra résulter d'accords passés entre partis à l'issue des élections, mais l'histoire politique française des IIIe et IVe Républiques a montré la fragilité de ces coalitions que le peuple n'a pas eu à connaître. Sous la Ve République, le parlementarisme majoritaire a été une donnée permanente de la vie politique depuis les élections législatives de 1962 (suite à la dissolution de l'Assemblée nationale décidée par le général de Gaulle après que l'Assemblée eut censuré le Gouvernement Pompidou pour avoir proposé un référendum constitutionnel au chef de l'État). Ce parlementarisme majoritaire s'est ensuite affirmé, soit au soutien du président de la République (hypothèse la plus fréquente de l'harmonie entre lui et la majorité parlementaire), soit en opposition au président (hypothèse inverse de la cohabitation). Les élections de 2022 sont à cet égard inédites.

↘ *Cinquième République, Cohabitation, Fait majoritaire, Groupe parlementaire, Législature, Majorité parlementaire, Parlementarisme rationalisé, Régime parlementaire*

Parlementarisme rationalisé

Se dit d'un régime parlementaire dont les principaux mécanismes de fonctionnement font l'objet d'une réglementation par le droit écrit. Cette « rationalisation » (le terme a été utilisé par le juriste Boris Mirkine-Guetzévitch en 1928) du parlementarisme s'entend comme un ensemble de techniques juridiques ayant pour objet, par une réglementation minutieuse et contraignante des rapports entre le gouvernement et le Parlement, de « rendre rationnel » le fonctionnement du gouvernement parlementaire, autrement dit, en premier lieu, de « codifier » ses règles. Jusque-là en effet, le gouvernement parlementaire reposait sur des pratiques politiques dans le cadre d'un régime (le plus souvent monarchique) de balance des pouvoirs, qui maintenait en droit une forte indépendance organique du gouvernement vis-à-vis du Parlement : son principe cardinal, la responsabilité politique du cabinet devant le Parlement, n'était pas fixé par le droit écrit mais reposait sur une convention, bref, une règle purement politique. La IIIe République française fut l'une des premières à mentionner explicitement ce principe de responsabilité politique (art. 6 de la loi du 25 févr. 1875), mais sans préciser plus avant ses implications concrètes. Ce sont les constitutions écrites de pays sans vrai passé parlementaire (Allemagne de Weimar, pays d'Europe centrale) au lendemain de la Première Guerre mondiale qui ont commencé à préciser exactement la principale implication de la responsabilité politique du cabinet : « le Chancelier et les ministres ont besoin de la confiance du Parlement dans l'accomplissement de leurs fonctions. Chacun d'eux doit démissionner lorsque le Parlement leur retire sa confiance par un vote exprès » (art. 54 C. de Weimar de 1919). Ainsi était codifiée la conséquence institutionnelle de la responsabilité : l'obligation juridique (et non plus simplement politique, comme dans les régimes non rationalisés, tels le Royaume-Uni ou les Pays-Bas) pour le gouvernement de démissionner.

Dans le même sens, certaines constitutions vont jusqu'à tenter de rationaliser le principe de la variante dite moniste du régime parlementaire : en instituant une obligation constitutionnelle pour le cabinet de solliciter un vote de confiance au moment de sa nomination (cas de l'Italie depuis 1947), ou bien un vote d'investiture (cas de la IVe République française), ou même une procédure visant à faire élire par le Parlement les membres du cabinet ou tout au moins son chef, le premier ministre (par exemple, la Constitution du Japon de 1946, art. 67). Est ainsi rationalisée la « fonction élective » que l'essayiste anglais Bagehot avait identifiée dès 1865 comme étant (implicitement) la première fonction de la Chambre des Communes britannique.

Réunissant ces deux principes, la Loi fondamentale allemande de 1949 prévoit non seulement l'élection du Chancelier par la Diète fédérale (art. 63) mais aussi que les députés ne peuvent obliger celui-ci à quitter ses fonctions qu'en adoptant une motion de censure constructive, qui contient simultanément l'expression de leur défiance envers lui et le nom de son successeur (art. 67).

La rationalisation peut concerner des points de détail des procédures. Ainsi par exemple des conditions exactes d'adoption d'une motion de censure (nombre minimum de signatures pour le dépôt, délai de réflexion entre le dépôt et le vote, seuil de majorité exigé pour son adoption), ou bien encore les conditions dans lesquelles l'exécutif peut dissoudre une chambre du Parlement.

D'autres mécanismes du gouvernement parlementaire peuvent enfin faire l'objet de réglementation encore plus précise. Parfois, les techniques du parlementarisme rationalisé ont visé à conforter la stabilité du gouvernement (par ex. le droit pour le gouvernement de bénéficier d'une délégation du pouvoir de faire la loi ou encore prendre des mesures à la place du Parlement en cas de crise) : il s'agit alors de tenter d'obtenir par des artifices de procédure ce qui en Angleterre résulte de la pratique électorale et du bipartisme.

La IVe République a eu recours, mais sans grand résultat, au parlementarisme rationalisé, alors que la Constitution de 1958 a multiplié les dispositions, en particulier en ce qui concerne l'organisation interne des assemblées (par ex. le nombre des commissions) et le rôle du gouvernement dans la procédure parlementaire. L'usage qu'en a fait la Ve République s'est révélé d'une particulière efficacité : l'irrecevabilité financière opposée aux initiatives législatives parlementaires (art. C. 40), le vote bloqué (art. C. 44, al. 3), la maîtrise gouvernementale de la navette (art. C. 45), l'ordre du jour prioritaire (art. C. 48, al. 1er) et les procédures de la motion de censure (art. C. 49, al. 2) et surtout de l'adoption d'un texte sans vote (art. C. 49, al. 3) en fournissent — liste non limitative — de bons exemples. Il est vrai que le constituant de 1958 redoutait l'absence d'une majorité cohérente à l'Assemblée et ses conséquences sur la stabilité gouvernementale. Or, le fait majoritaire s'est « invité » à partir des élections législatives de 1962. Le parlementarisme majoritaire ajouté au parlementarisme rationalisé, c'est peut-être beaucoup, mais quand la majorité parlementaire donne des signes de faiblesse (1978-1981), est très étroite (1986-1988), ou devient relative (1988-1993), ou alors, ce qui peut paraître paradoxal, est trop importante (1981-1986, 2002-2007), les vertus de la rationalisation sont vite redécouvertes ! Quoi qu'il en soit, elle ne peut durablement compenser l'absence complète de majorité au Parlement. La stabilité gouvernementale est une question avant tout politique.

↘ *Fonction élective (du Parlement), Irrecevabilité, Motion de censure, Navette, Quarante-neuf al. 3 (49 al. 3), Question de confiance, Régime parlementaire, Ordre du jour, Vote de la loi*

P. Avril, « Le parlementarisme rationalisé », *RD publ.* 1998. 1507 ; « Un nouveau droit parlementaire », *RD publ.* 2010, n° 1, p. 121 ; J.-F. de Bujadoux, « Des rationalisations du parlementarisme en France », *Droits*, n° 71, 2020, p. 173 ; P. Lauvaux, *Le parlementarisme*, PUF, coll. « Que sais-je ? » n° 2343, 1997 ; A. Le Divellec, *Le gouvernement parlementaire en Allemagne*, LGDJ, 2004 ; « Les types d'écriture (à prétention) normative du système parlementaire de gouvernement », *Mélanges Ph. Lauvaux*, Éd. Panthéon-Assas, 2021, p. 597 ; C. Vintzel, *Les armes du gouvernement dans la procédure législative*, Dalloz, 2011 ; *Jus Politicum*, « Le Parlement français et le nouveau droit parlementaire », vol. Hors série, 2012.

Parole

Si, dans son contenu, la parole parlementaire est libre, la prise de parole est soumise à la décision du président de séance qui, cependant, dans certains cas (en particulier quand c'est un ministre qui la demande), ne peut la refuser. Il y a par ailleurs des règles pour la répartition du temps de parole quand le débat est organisé. Cette répartition est de la compétence de la conférence des présidents.

↘ *Conférence des Présidents, Délibération, Immunité, Irresponsabilité, Représentant*

Parrainage

Formalité substantielle requise par le droit constitutionnel français depuis 1962 pour tout candidat à la présidence de la République (art. 3-I LO n° 62-1292 du 6 nov. 1962) : afin d'éviter les candidatures fantaisistes, il est exigé de chaque candidat qu'il soit présenté par un nombre minimum de titulaires d'un mandat électif en France parmi les députés, les sénateurs, les députés français au Parlement européen, les conseillers régionaux, conseilleurs généraux (et mandats correspondants outre-mer), les maires et présidents des organes délibérants des structures intercommunales. Initialement fixé à 100, il a été porté à 500 en 1976. Ces « parrains » doivent provenir d'au moins 30 départements différents (sans que plus d'un dixième d'entre eux ne puissent émaner d'un même département). Le Conseil constitutionnel est chargé de contrôler la régularité des listes de parrainage et en assure la publicité (Cons. const. 21 févr. 2012, n° 2012-233 QPC).

Parti dominant

Le concept de parti dominant a été dégagé par la science politique. Selon l'analyse de Jean-Claude Colliard, un parti dominant est un parti qui, sur la longueur de trois ou quatre législatures, arrive régulièrement en tête des élections, précède le second parti d'au moins 10 % des suffrages et voit reconnue sa vocation à diriger le gouvernement.

↘ *Multipartisme*

J.-Cl. Colliard, « Parti dominant », in *Dictionnaire constitutionnel*, PUF, 1992, p. 717.

Parti politique

1. Les raisons d'être des partis

Forme organisée et durable de participation à la vie politique, un parti est un rassemblement de citoyens qui se proposent, par la recherche du soutien populaire, de conquérir et d'exercer le pouvoir. Cet objectif, qui suppose une activité sur les deux plans de l'élaboration de programmes et de la sélection de candidats aux élections, distingue clairement le parti d'autres formes de groupements comme le groupe de pression.

Si l'origine des partis est historiquement liée au développement des assemblées dont le mode de travail conduit, par la généralisation du vote, à la formation de groupes parlementaires, la généralisation du phénomène partisan a été une conséquence de l'institution du suffrage universel, à partir par conséquent de la seconde moitié du XIXe siècle. À côté de l'histoire, la forme de l'État (unitaire ou fédéral) et du gouvernement (parlementaire ou présidentiel), les règles électorales, l'existence d'autres modes d'organisation de la vie sociale (comme le syndicalisme), expliquent que chaque pays ait son système de partis, et chaque parti sa structure (parti de cadres — ou de notables —, parti de masse, parti d'électeurs...).

2. Les partis et le droit français

À l'égard des partis, la Constitution de 1958 est paradoxale : elle définit leur rôle, et c'est la première fois, en des termes restrictifs (art. C. 4 : « Les partis [...] concourent à l'expression du suffrage [...] »), mais en même temps elle élargit leur terrain d'action en multipliant les consultations du suffrage universel. L'élection présidentielle au suffrage universel direct a été en particulier un facteur décisif de l'évolution du système partisan français.

Si, juridiquement, les partis sont des associations de droit privé, il résulte de la loi du 11 mars 1988 relative à la transparence financière de la vie politique que les partis disposent en tant que tels, donc sans déclaration préalable, de la personnalité morale et du droit d'ester en justice, et qu'un financement public leur est assuré sur crédits inscrits dans la loi de finances de l'année ce financement comprend deux fractions, l'une destinée aux partis qui ont présenté des candidats ayant obtenu chacun au moins un pour cent des suffrages exprimés dans au moins cinquante circonscriptions lors du plus récent renouvellement de l'Assemblée nationale, l'autre destinée aux partis représentés au Parlement bénéficiaires de la première fraction mais cette fois en pourcentage du nombre de parlementaires qui ont déclaré s'y être rattachés.

↘ *Bipartisme, Groupe de pression, Multipartisme, Quatrième République, Transparence*

P. Avril, *Essai sur les partis*, Payot, 1991 ; J. Benetti et *alii* (dir.), *Le droit interne des partis politiques*, Mare & Martin, 2017 ; *Code électoral*, commenté par M. de Villiers, F. Potier et M. de Vendeuil, Lexisnexis, annexe 7 ; M. Duverger, *Les partis politiques*, Le Seuil, 10e éd., 1976 ; J. Hummel (dir.), *Les partis politiques et l'ordre constitutionnel*, Mare & Martin, 2018 ; M. Ostrogorski, *La démocratie et les partis politiques*, Fayard, 1993 ; Y. Poirmeur, D. Rosenberg, *Droit des partis politiques*, Ellipses, 2008.

Patrie

↘ *Liberté-égalité-fraternité*

Personne morale

↘ *Collectivité territoriale, État*

Pétition

En droit parlementaire, demande écrite et signée adressée au président d'une assemblée pour formuler plaintes ou suggestions, la pétition est envoyée à la commission des lois qui décide de la suite à lui donner. Le droit de pétition, qui a joué un certain rôle dans le développement du contrôle parlementaire, est tombé en désuétude, même si c'est une pétition du président de l'association française des hémophiles qui devait conduire le Sénat à voter une résolution mettant en accusation des membres du gouvernement le 10 décembre 1992.

La révision constitutionnelle relative à l'organisation décentralisée de la République prévoit la possibilité pour les électeurs d'une collectivité territoriale de demander par pétition l'inscription à l'ordre du jour de l'assemblée délibérante de cette collectivité d'une question relevant de sa compétence (art. C. 72-1). Quant à la révision du 23 juillet 2008, elle a également ouvert le droit de pétition auprès du Conseil économique, social et environnemental (art. C. 69, al. 3).

Faut-il encore faire mention de l'appui donné par un dixième des électeurs inscrits à une demande de référendum formulée par un cinquième des membres du parlement (art. C. 11, al. 3) ? Les procédures ne manquent pas, leur utilisation, si...

Peuple

Au sens habituel, le peuple, c'est la population recensable vivant sur le territoire de l'État. Il est parfois fait référence à cette conception du peuple, ainsi quand le Code électoral dispose, dans son article L. 125 : « Il est procédé à la révision des limites des circonscriptions en fonction de l'évolution démographique après le deuxième recensement général de la population suivant la dernière délimitation ».

Mais au sens constitutionnel, le peuple est l'ensemble des citoyens, c'est-à-dire des personnes rattachées à l'État par la nationalité : le peuple a rejoint la nation. À partir de cet ensemble, les conditions de majorité, de jouissance des droits civils et politiques et d'inscription sur les listes électorales délimitent le corps électoral qui exerce le pouvoir de suffrage (art. C. 3).

Si le peuple est sociologiquement divers, il est « un » dans sa volonté puisqu'il exprime la souveraineté nationale : de celle-ci, aucune section du peuple ni aucun individu ne peut s'attribuer l'exercice (art. C. 3, al. 2). C'est le principe d'unicité du peuple. Dans sa décision du 9 mai 1991, le Conseil constitutionnel a rappelé que la Constitution du 4 octobre 1958 « ne connaît que le peuple français, composé de tous les citoyens français sans distinction d'origine, de race ou de religion » (le Conseil était saisi d'une loi dont l'article 1er était ainsi rédigé : « La République française garantit à la communauté historique et culturelle vivante que constitue le peuple corse, composante du peuple français, les droits à la préservation de son identité culturelle [...] »). Ce principe d'unicité du peuple a été rappelé dans la décision du Conseil constitutionnel du 15 juin 1999 relative à la Charte européenne des langues régionales et minoritaires. Et si la Constitution reconnaît les populations d'outre-mer « dans un idéal commun de liberté, d'égalité et de fraternité », c'est « au sein du peuple français » (art. C. 72-3).

↘ *Citoyen, Français, Indivisibilité, Nation, Suffrage universel*

Cons. const., n° 91-290 DC, 9 mai 1991, *GDCC* n° 11.

Plébiscite

1. À Rome, décision votée par la plèbe (c'est-à-dire les masses populaires — le *populus* — par opposition aux patriciens). Dans les démocraties contemporaines, le plébiscite est un procédé par lequel le peuple est invité à exprimer sa confiance au chef de l'exécutif, l'approbation éventuelle d'un texte n'étant qu'un support de la confiance demandée. Cette déviation plébiscitaire a été une caractéristique des différents référendums organisés au XIXe siècle par Bonaparte, puis par son neveu Louis-Napoléon Bonaparte. Le même reproche, plus ou moins fondé, a été adressé aux référendums organisés par le général de Gaulle.
2. En droit international, le plébiscite est une consultation populaire ayant pour objet de permettre à la population d'un territoire de choisir l'État dont elle veut relever (ex. : le rattachement de Nice et de la Savoie à la France en 1860).

↘ *Césarisme démocratique, Référendum*

J.-M. Denquin, « Référendum et plébiscite », in *Dictionnaire de la culture juridique*, PUF, 2003.

Plein droit

↘ *Session*

Pleins pouvoirs

↘ *Habilitation*

Pluralisme

Issu du latin (*pluralis*, pluriel), le mot dit la chose et qualifie une démocratie adossée à un système de libertés publiques proclamées et garanties dont la Déclaration de 1789 dans son article 11 énonce le fondement : « La libre communication des pensées et des opinions est un des droits les plus précieux de l'homme... ». Ainsi l'article C. 4 reconnaît l'existence des partis et groupements politiques, qui se forment et exercent leur activité librement (ce qui exclut le monopole - de droit ou de fait - d'un parti unique au service d'une idéologie officielle) et attribue compétence au législateur pour garantir « les expressions pluralistes des opinions et la participation équitable des partis et groupements politiques à la vie démocratique de la Nation » (3e al.).

↘ *Démocratie, Liberté, libertés publiques, Parti politique*

L. Fontaine (dir.), *Droit et pluralisme*, Bruylant, 2008.

Poket veto

↘ *Veto*

Politique

Activité caractéristique de toute société humaine organisée (l'homme est par nature, selon Aristote, un animal politique), la politique est « ce par quoi les sociétés cherchent à conjurer leur mort » (R. Rémond). Plus précisément la politique est le mode de régulation de la société, ayant pour objet de définir ce qui est bien pour elle (le bien commun), et dont la pratique engendre une relation de commandement et d'obéissance entre les gouvernants et les gouvernés. Elle recourt à des moyens au premier rang desquels il y a la contrainte qui en est, selon Max Weber, le moyen « spécifique ». Cependant la contrainte serait pure violence si son emploi n'obéissait pas à des règles de droit qui limitent le pouvoir de domination. Sous ce rapport, le constitutionnalisme moderne est étroitement lié à l'État de droit. Le droit constitutionnel est cette branche du droit qui assure « l'encadrement juridique des phénomènes politiques » (A. Hauriou) mais il entretient une relation complexe avec la politique, si bien que l'on peut le qualifier de « droit politique ».

↘ *Constitution, Droit constitutionnel, État, État de droit, Hiérarchie des normes, Pouvoir*

Aristote, *Politique*, présentation R. Weil, A. Colin ; R. Aron, *Démocratie et totalitarisme*, Gallimard, 1965 ; J. Freund, *L'essence du politique*, Sirey, 1966, rééd. Dalloz, 2004 ; S. Goyard-Fabre, *Éléments de philosophie politique*, A. Colin, 1996 ; A. Hauriou, *Droit constitutionnel et institutions politiques*, Montchrestien, 1972 ; R. Rémond, *La politique est-elle intelligible ?*, Complexe, 1999 ; *Jus Politicum* n° 2, « Droit, politique et justice constitutionnelle », 2009.

Pouvoir

Du latin *potestas* : capacité d'agir, qui implique une idée de puissance et donc présuppose un acte de volonté (v. *Vocabulaire technique et critique de la philosophie* de Lalande). Appliqué à la matière politique, le pouvoir est un phénomène de commandement et d'obéissance, faisant naître une relation inégalitaire (asymétrique) entre les gouvernants et les gouvernés. Il peut être analysé sur trois plans, étroitement complémentaires mais d'inégale importance selon les régimes : la force (ou capacité de contrainte), le droit (la soumission de la force au droit est une bonne façon de définir l'état de droit), et la légitimité qui introduit la notion de consentement dans le pouvoir.

Mais le mot de pouvoir est également utilisé dans le sens de fonction s'exprimant par un ensemble de compétences, et dans celui d'organe auquel est attribuée cette fonction.

Le chapitre 6 du livre XI de *De l'Esprit des Lois* fournit une illustration de ces différents sens. Dans le célèbre passage : « Il y a dans chaque État trois sortes de pouvoirs : la puissance législative, la puissance exécutrice des choses qui dépendent du droit des gens, et la puissance exécutrice de celles qui dépendent du droit civil. [...] Tout serait perdu si le même homme, ou le même corps des principaux, ou des nobles, ou du peuple, exerçaient ces trois pouvoirs : celui de faire des lois, celui d'exécuter les résolutions publiques, et celui de juger les crimes ou les différends des particuliers », Montesquieu se réfère successivement au pouvoir-puissance (« Il y a dans chaque État trois sortes de pouvoirs : la puissance législative [...] »), au pouvoir-organe (« tout serait perdu si le même homme, ou le même corps [...] ») et au pouvoir-fonction ([...] exerçaient ces trois pouvoirs : celui de faire les lois [...]).

↘ *Autorité, Compétence, Fonction, Organe, Politique, Pouvoir constituant, Pouvoir exécutif, Pouvoir judiciaire, Pouvoir législatif, Pouvoirs publics, Séparation des pouvoirs*

Ph. Braud, « Du pouvoir en général au pouvoir politique », *in* M. Grawitz, J. Leca, *Traité de science politique*, PUF, 1985, vol. 1, p. 335 et s. ; A. Passerin d'Entrèves, *La notion de l'État*, Sirey, 1969.

Pouvoir constituant

1. L'auteur juridique d'une constitution écrite

Le pouvoir constituant est juridiquement le pouvoir d'adoption des règles constitutionnelles écrites. L'adoption est nécessairement précédée par un travail d'élaboration et d'écriture. Il peut se faire que ce soit le même organe qui élabore et qui vote (exemple des lois constitutionnelles de la IIIe République). Mais il est plus fréquent à l'époque récente que les opérations d'élaboration et d'adoption ne soient pas confiées aux mêmes organes (en particulier lorsqu'est admis le principe de la souveraineté du peuple). C'est ainsi que la Constitution de la IVe République a été élaborée par une assemblée constituante et celle de la Ve par le gouvernement du général de Gaulle, mais dans les deux cas, c'est le peuple qui a adopté la Constitution par référendum : c'est donc à lui et à lui seul, en tant qu'auteur juridique de la Constitution, que doit être attribuée la qualité de pouvoir constituant.

2. Pouvoir constituant originaire et pouvoir constituant de révision

La distinction entre *pouvoir constituant originaire* et *pouvoir constituant de révision* (s'agissant de ce dernier, on utilise également les expressions de pouvoir constituant dérivé, ou institué, ou encore constitué) remonte aux réflexions des Américains et aux travaux de Sieyès, réflexions et travaux qui ont précédé et accompagné la rédaction des premières constitutions écrites. Le pouvoir constituant originaire est celui d'édicter une première, ou nouvelle, Constitution. Il suppose donc une rupture de l'ordre constitutionnel antérieur à la suite d'une révolution, d'un coup d'État, d'une guerre avec occupation du sol national, ou tout simplement d'une décision de bâtir autre chose (ex. de la Convention de Philadelphie qui donne une Constitution fédérale aux États-Unis en 1787). Le pouvoir constituant originaire est, par définition, souverain, c'est-à-dire qu'il n'est assujetti à aucune limitation juridique. Le pouvoir constituant de révision (dit aussi plus simplement « pouvoir de révision ») est le pouvoir de modifier une constitution (nécessairement rigide) en vigueur. C'est un pouvoir constituant par son objet, mais il est constitué par la procédure que lui impose la Constitution (v. art. C. 89). Cependant la distinction entre ces deux modalités du pouvoir constituant est parfois effacée par la pratique. Ainsi le processus constituant qui a abouti à la Constitution du 4 octobre 1958 a-t-il été d'abord un processus de révision de la Constitution du 27 octobre 1946.

Surtout : est très controversée en doctrine la question de savoir si le pouvoir constituant dérivé est de même nature que le pouvoir constituant originaire. En effet, s'il est exercé par des organes constitués (créés par la constitution écrite), il est logiquement soumis à certaines contraintes (de procédure ou éventuellement de fond). C'est pourquoi certains auteurs préfèrent parler de « pouvoir de révision ». Par sa décision du 26 mars 2003 (n° 2003-469 DC), le Conseil constitutionnel a refusé de reconnaître sa compétence pour statuer sur la constitutionnalité d'une loi de révision de la Constitution adoptée par le Congrès (art. C. 89, al. 3). Dès lors, il fait implicitement sienne la conception selon laquelle le pouvoir de révision est juridiquement illimité. La solution inverse prévaut en Allemagne.

3. Mutations et continuités constitutionnelles

Un changement de Constitution ne signifie pas nécessairement un changement dans les pratiques politiques. La Constitution du 27 octobre 1946 avait été voulue par ses rédacteurs comme fondant une nouvelle République, le peuple ayant lors du référendum du 21 octobre 1945 refusé par 96 % des suffrages exprimés le retour aux lois constitutionnelles de 1875. Et pourtant la IVe République connut les mêmes perversions que sa devancière. À l'inverse, le cadre général des institutions politiques américaines est resté inchangé depuis 1787 et, cependant, la pratique contemporaine de ces institutions a profondément évolué depuis les fondations du régime. C'est que « au-dessous des institutions, des chartes, des droits écrits, de l'almanach officiel, il y a les idées, les habitudes, le caractère, la condition des classes, leur position respective, leurs sentiments réciproques, bref un écheveau ramifié des profondes racines invisibles sous le tronc et le feuillage visibles. Ce sont elles qui nourrissent et soutiennent l'arbre » (H. Taine, *Notes sur l'Angleterre*, 1876).

↘ *Cinquième République, Constitution, Droit positif, Loi constitutionnelle, Pouvoir de révision, Souveraineté*

Cons. const., n° 92-312 DC, 2 sept. 1992 ; n° 2003-469 DC, 26 mars 2003, *RFDA* 2003. 792, note L. Favoreu.

P. Bastid, *L'idée de Constitution*, Economica, 1985 ; O. Beaud, *La puissance de l'État*, PUF, 1994 ; P. Branchet, *Les révisions constitutionnelles sous la Ve République*, LGDJ, 1994 ; B. Genevois, « Les limites d'ordre juridique à l'intervention du pouvoir constituant », *RFDA* 1998. 909 ; C. Klein, *Théorie et pratique du pouvoir constituant*, PUF, 1996 ; *Pouvoirs* n° 50, « Histoire constitutionnelle 1789-1989 », 1989 et n° 67, « La souveraineté », 1993 (v. le débat entre L. Favoreu et G. Vedel, « Souveraineté et supraconstitutionnalité »).

Pouvoir d'État

1. Historiquement, appellation officielle par les textes constitutionnels de l'ex-Union soviétique du pouvoir que le peuple exerçait par l'intermédiaire des « soviets des députés du peuple », par opposition à l'administration d'État (le gouvernement). Cette distinction entre pouvoir d'État et administration d'État recoupait la distinction traditionnelle dans les régimes politiques occidentaux entre les fonctions législative et exécutive, mais dans le cadre radicalement différent de l'affirmation d'un seul pouvoir, celui du peuple.
2. Dans un tout autre contexte, l'expression de pouvoir d'État a pu être également utilisée en France aux origines de la Ve République, notamment par G. Burdeau, pour qualifier le pouvoir du chef de l'État investi de la mission d'assurer « par son arbitrage le fonctionnement régulier des pouvoirs publics ainsi que la continuité de l'État » et de garantir « l'indépendance nationale, l'intégrité du territoire et le respect des traités » (art. C. 5), par opposition au pouvoir plus partisan s'exerçant à partir du Parlement.

↘ *Arbitrage, Discours de Bayeux, Gardien de la Constitution, Soviet*

G. Burdeau, « La conception du pouvoir selon la Constitution du 4 octobre 1958 », *RF sc. pol.*, vol. IX, 1959. 1 (rééd. 1990) ; J.-M. Denquin, « Georges Burdeau et le pouvoir d'État dans la Constitution de 1958 », *Droits* n° 14, 1991, p. 141 ; J.-L. Quermonne, « La notion de pouvoir d'État et le pouvoir présidentiel sous la Ve République », in *Itinéraires. Études en l'honneur de L. Hamon*, Economica, 1982.

Pouvoir de révision

Désigne le pouvoir de réviser une constitution formelle rigide. (On peut dire parfois également « pouvoir constituant de révision. ») Ce terme est plus approprié que celui de « pouvoir constituant dérivé » car le ou les organes compétents pour opérer la révision sont des instances créées par la constitution elle-même et ne sauraient, logiquement, prétendre au caractère souverain du pouvoir constituant originel. Il est dès lors explicable que certaines constitutions fixent des limites matérielles à la révision (par ex., l'art. 79, al. 3 de la Loi fondamentale d'Allemagne). Dans certains États, néanmoins, il est admis que le pouvoir de révision est juridiquement illimité ou, du moins, n'est pas assujetti à un contrôle externe (ainsi en France).

↘ *Pouvoir constituant*

Pouvoir discrétionnaire

↘ *Compétence*

Pouvoir exécutif

1. Dans son sens le plus traditionnel, l'expression de pouvoir exécutif désigne la fonction d'exécution des lois et l'organe chargé de cette fonction.

   La fonction d'exécution des lois, qui est en même temps une obligation, commence avec l'acte de promulgation. Elle concerne toutes les lois et est ainsi une composante essentielle de l'ordre public. Comme toute fonction, elle se traduit par l'exercice de compétences, notamment la compétence réglementaire et la compétence de nomination aux emplois civils et militaires de l'État. La compétence réglementaire est particulièrement importante pour la compréhension de ce qu'est le pouvoir exécutif puisqu'elle permet de prendre des règlements qui sont des décisions exécutoires (c'est pourquoi Hauriou considérait le pouvoir exécutif comme le premier des pouvoirs).

2. Or la décision exécutoire représente « la quintessence de l'acte administratif unilatéral » (G. Vedel et P. Delvolvé), susceptible, dans certaines conditions, de faire l'objet d'une procédure d'exécution forcée.

3. L'expression de pouvoir exécutif sert également à désigner les organes de ce pouvoir. Ainsi est-il attribué au président de la République par la loi du 25 février 1875 (art. C. 3), au président du Conseil par la Constitution du 27 octobre 1946 (art. C. 47), au Premier ministre par celle de la Ve République (art. C. 21), mais il faut également tenir compte des règles relatives à

la signature des actes : le contreseing systématique de tous les actes du président sous la IIIᵉ République lui retire la réalité du pouvoir exécutif, alors que sous la Vᵉ, l'attribution au président de compétences propres fait de sa signature des ordonnances et décrets délibérés en Conseil des ministres tout autre chose qu'une simple formalité.

4. Si la définition traditionnelle du pouvoir exécutif conserve toute sa valeur, l'idée de subordination que l'expression implique ne correspond plus aux pratiques politiques et administratives modernes, et, de ce point de vue, sont caractéristiques les deux premiers alinéas de l'article C. 20 : « Le gouvernement détermine et conduit la politique de la nation. Il dispose de l'administration et de la force armée » : l'exécutif apparaît ici dans ses différentes dimensions d'initiative, de conception, de prévision et, enfin, d'exécution. C'est pourquoi on a pu préférer parler de « fonction gouvernementale » (G. Burdeau). Dans le cas spécifique de la Vᵉ République, la situation est encore plus complexe du fait de la présidence de la République, qui exerce, hors cohabitation, une véritable domination politique sur le gouvernement. Quoi qu'il en soit, le rôle constitutionnel des organes du pouvoir exécutif reste rétif à une définition brève ; c'est peut-être surtout par les actes juridiques, très divers, qu'ils sont habilités à accomplir que l'on peut cerner juridiquement ce « pouvoir ».

5. C'est au Premier ministre que la Constitution de 1958 attribue la mission d'assurer l'exécution des lois (art. C. 21). À ce titre, il dispose du pouvoir réglementaire et du pouvoir de nomination aux emplois civils et militaires (sous réserve de l'art. C. 13 qui dispose que les ordonnances et décrets délibérés en conseil des ministres sont signés par le président de la République). Le refus du Premier ministre de prendre le texte nécessaire à l'application d'une loi peut être sanctionné au contentieux. Si le délai fixé par la loi pour prendre un décret d'application est considéré par la jurisprudence comme purement indicatif, le Conseil d'État n'en précise pas moins que le gouvernement a l'obligation de prendre les décrets « dans un délai raisonnable ».

↘ *Compétence, Contreseing, Gouvernement, Prérogative, Promulgation, Pouvoir réglementaire, Séparation des pouvoirs*

CE 24 juin 1992, Soulat, *RFDA* 1992. 70 ; 23 oct. 1992, *M. Diemert*, *AJDA* 1992. 833, chron. Ch. Maugüé et R. Schwartz.

G. Burdeau, « La fonction gouvernementale », *Revue politique et parlementaire*, déc. 1946. 208 ; F. Hamon, M. Troper, *Droit constitutionnel*, LGDJ, 39ᵉ éd., 2018, n° 114 et s. ; M. Hauriou, *Précis de droit constitutionnel* (1929), rééd. Dalloz, 2015, p. 376 et s. ; B. Montay, *L'autorité perdue. Pour une théorie des fonctions de l'Exécutif*, PUF, "Léviathan", 2021.

Pouvoir judiciaire

1. Dénomination donnée par certaines constitutions (par ex. la Constitution du 3 sept. 1791, ou bien la Constitution des États-Unis) aux tribunaux qu'elles instituent à l'effet de dire le droit en réglant les litiges dont ils sont saisis.

La notion d'un pouvoir judiciaire exprimant la souveraineté dans son domaine de compétence, à l'égal des pouvoirs législatif et exécutif, procède d'une lecture hâtive de Montesquieu. En effet, dans le chapitre VI du livre XI de *De l'Esprit des Lois*, Montesquieu définit bien un pouvoir qui est la puissance de juger, mais c'est pour ajouter que cette « puissance de juger ne doit pas être donnée à un sénat permanent, mais exercée par des personnes tirées du corps du peuple [...] pour former un tribunal qui ne dure qu'autant que la nécessité le requiert. De cette façon, la puissance de juger, si terrible parmi les hommes, n'étant attachée ni à un certain état, ni à une certaine profession, devient, pour ainsi dire, invisible et nulle », ce qui est très exactement exclure que les tribunaux constituent et ne relèvent que d'organes professionnels. D'ailleurs, un peu plus loin, Montesquieu ajoute : « Des trois puissances dont nous avons parlé, celle de juger est, en quelque façon nulle. Il n'en reste que deux ».

L'expression de pouvoir judiciaire est de toute façon équivoque, et donc malheureuse, parce qu'elle ne peut avoir la même signification organique que celles de pouvoir législatif et de pouvoir exécutif : les plans ne sont pas identiques et, en aucun cas, les magistrats ne peuvent être considérés comme des représentants du peuple au sens de l'article C. 3 (« La souveraineté nationale appartient au peuple qui l'exerce par ses représentants [...] »).

2. La Constitution de la Ve République retient la dénomination d'autorité judiciaire pour désigner l'ensemble des magistrats du siège et du parquet, et fait de son indépendance un principe constitutionnel dont le président de la République, assisté par le Conseil supérieur de la magistrature, est le garant. En ce qui concerne les juridictions administratives, l'indépendance est également une exigence constitutionnelle que le Conseil constitutionnel a tirée d'un principe fondamental reconnu par les lois de la République (déc. n° 80-119 DC, 22 juill. 1980).

➘ *Autorité judiciaire, Conseil supérieur de la magistrature, État de droit, Gouvernement des juges, Juridiction, Pouvoir juridictionnel, Représentant*

R. Badinter, « Justice », in *Dictionnaire constitutionnel*, PUF, 1992 ; *Pouvoirs* n° 74, « Les juges », 1995.

Pouvoir juridictionnel

Expression parfois utilisée par la doctrine pour désigner, faute de la reconnaissance par la Constitution de 1958 d'un pouvoir judiciaire, l'ensemble des juridictions, tant de droit privé que de droit public, afin de souligner qu'elles ont compétence pour dire le droit par des décisions qui ont force de vérité légale selon l'expression de Gaston Jèze, et qui donnent lieu à l'exercice de la puissance de contrainte étatique.

↘ *Autorité judiciaire, Juridiction, Pouvoir judiciaire*

T. Renoux, « L'apport du Conseil constitutionnel à la théorie de la séparation des pouvoirs en France », *D.* 1991, chron. p. 169.

Pouvoir législatif

Le pouvoir législatif est le pouvoir de faire les lois. Il désigne donc avant tout une fonction de l'État. En revanche, au sens organique, il désigne la ou les institutions qui exerce(nt) ce pouvoir. Dans le vocabulaire courant, on qualifie souvent, mais à tort, le Parlement de « pouvoir législatif », au motif que dans les démocraties libérales contemporaines, il est bien l'organe qui, par un acte de volonté, adopte la loi (art. C. 24, al. 1er : « Le Parlement vote la loi »), tandis que le chef de l'État et le gouvernement ont perdu leur faculté juridique de contrecarrer cette volonté : l'ancien pouvoir de sanction des lois (et le veto qu'il permettait) a fait place à un devoir de promulgation en principe sans exception. Cependant, cette qualification ne rend pas vraiment compte de la réalité du pouvoir législatif :

- d'une part, la procédure législative est complexe et fait intervenir également les organes dits exécutifs. Ainsi, en France, le président de la République (notamment par la promulgation, qui reste indispensable pour l'entrée en vigueur d'un texte de loi), le Premier ministre (qui dispose de l'initiative législative au nom du gouvernement, même si les projets de loi sont élaborés sous la responsabilité des ministres) et, selon des modalités propres à chacun, les Conseils (Conseil d'État et Conseil constitutionnel). Il en est de même dans toutes les démocraties libérales, que le régime soit présidentiel ou parlementaire.
- d'autre part, la loi peut être votée directement par le peuple. C'est notamment le cas en France (art. C. 3, al. 1er et C. 11), et dans cette hypothèse du référendum, le pouvoir législatif est le pouvoir du peuple. On remarquera cependant qu'il n'y a eu, au titre de l'article 11, que six lois référendaires adoptées depuis 1959 (dont cinq lois ordinaires et celle adoptée par le référendum du 28 octobre 1962 portant révision de la Constitution) alors que le Parlement adopte en moyenne une centaine de lois par an. Par ailleurs, au titre des mesures « exigées par les circonstances » que prend le président de la République dans le cadre des pouvoirs exceptionnels de l'article C. 16, celui-ci peut se substituer au Parlement. En revanche,

et d'un strict point de vue juridique, la procédure des ordonnances de l'article C. 38 ne dessaisit pas le Parlement puisque seule la ratification parlementaire peut donner la valeur législative aux ordonnances prises par le gouvernement.

Il faut ajouter que, dans l'exercice de ce pouvoir législatif, la volonté que le Parlement exprime en votant la loi est souvent contrainte. Une loi peut même être adoptée sans être positivement votée par les assemblées : il suffit qu'en cas d'échec de la procédure de la commission mixte paritaire, le dernier mot soit donné à l'Assemblée nationale devant laquelle le Premier ministre engage la responsabilité de son gouvernement (art. C. 45, al. 4 et C. 49, al. 3).

C'est une constatation générale, du moins dans les régimes parlementaires : les Parlements contemporains expriment moins une volonté propre qu'ils n'acquiescent, en les amendant certes, aux programmes législatifs des gouvernements : « gouverner, c'est légiférer » (R. Capitant).

↘ *Conseil d'État, Conseil constitutionnel, Contrôle de constitutionnalité, Législateur, Loi, Ordonnance, Parlementarisme rationalisé, Pouvoirs exceptionnels, Projet de loi, Proposition de loi, Référendum*

G. Burdeau, « Remarques sur la classification des fonctions étatiques », *RD publ.* 1945. 202 et s.

Pouvoir personnel

Cette expression désigne l'ascendant qu'un chef d'exécutif peut exercer sur les autres organes de l'État, tant par son style et sa façon de gouverner qu'en raison de la marginalisation, voire de l'ignorance, dans lesquelles sont tenues les procédures de délibération collégiale. Il s'agit presque toujours d'un reproche, si ce n'est d'une accusation, s'inscrivant dans un contexte polémique tel que celui illustré par le livre de F. Mitterrand, « Le coup d'État permanent ». Mais il peut se faire que des dispositions constitutionnelles organisent un tel pouvoir personnel (c'est semble-t-il le cas de la Constitution russe du 12 décembre 1993).

F. Mitterrand, *Le coup d'État permanent* (1964), rééd. Plon, 1993.

Pouvoir réglementaire

Le pouvoir réglementaire est le pouvoir dévolu à des autorités administratives de prendre des décisions exécutoires de caractère général et impersonnel.

1. Au plan national

Ce pouvoir réglementaire est, en France, attribué au Premier ministre, sous réserve de la signature par le président de la République des décrets délibérés en conseil des ministres (art. C. 21 et C. 13).

Quant à son objet, le pouvoir réglementaire gouvernemental organisé par la Constitution de 1958 a ceci de particulier que, tout en étant comme par le passé un pouvoir réglementaire pour l'exécution des lois, il se voit attribuer un domaine qui lui est réservé (art. C. 37, al. 1er), et qui se définit par soustraction de la liste des matières attribuées au législateur (art. C. 34) : pouvoir réglementaire dit « autonome ». Les compétences législative et réglementaire seraient donc exclusives l'une de l'autre et, si le pouvoir législatif empiète sur le domaine du pouvoir réglementaire, le gouvernement peut, pour retrouver sa compétence, recourir à la procédure du déclassement (art. C. 37, al. 2). Cette notion d'un pouvoir réglementaire autonome doit, au vu de la jurisprudence tant du Conseil constitutionnel que du Conseil d'État, être fortement relativisée (L. Favoreu, au terme d'une démonstration convaincante, va jusqu'à conclure à l'inexistence des règlements autonomes). En effet, les matières exclusivement réglementaires sont peu nombreuses (l'organisation de l'État, la procédure civile, la procédure administrative et la détermination des contraventions et des peines qui leur sont applicables), et dans ces matières mêmes, l'intervention du législateur n'est pas exclue (s'il s'agit par exemple de donner une portée rétroactive à une disposition, ce que le pouvoir réglementaire ne peut absolument pas faire). En outre, et depuis la décision « blocage des prix et revenus » du 30 juillet 1982 (*GDCC* n° 17), le Conseil constitutionnel ne considère pas comme une inconstitutionnalité une incursion du législateur dans une matière réglementaire. L'expression de pouvoir réglementaire autonome doit donc être ramenée à sa signification minimale et ne désigne rien d'autre qu'un dispositif qui permet au gouvernement d'intervenir à titre initial dans certaines matières et de se défendre si, dans ces matières, le législateur est venu le concurrencer.

2. Cas spécifiques

On parlera également de pouvoir réglementaire :

- en cas d'habilitation donnée par le Parlement au gouvernement de prendre par ordonnances des mesures qui sont normalement du domaine de la loi (art. C. 38) : jusqu'à ratification parlementaire, ces ordonnances ont la valeur d'actes réglementaires ;
- pour désigner le pouvoir réglementaire que le législateur peut confier à une autorité autre que le Premier ministre : ministres et autorités administratives indépendantes ;
- et également pour désigner le pouvoir réglementaire que la jurisprudence reconnaît à tout chef de service afin d'en organiser le bon fonctionnement (CE, jurisprudence *Jamart*, 1936).

3. Au plan local

Il existe également un pouvoir réglementaire local. C'est le cas en particulier du pouvoir réglementaire des autorités décentralisées, qui est une conséquence du principe constitutionnel de la décentralisation selon lequel les collectivités territoriales « s'administrent librement par des conseils élus et disposent d'un pouvoir réglementaire pour l'exercice de leurs compétences » (art. C. 72, al. 3). Ce même article 72 permet aux collectivités territoriales de déroger, sous certaines conditions, à des dispositions réglementaires nationales.

↘ *Arrêté, Autorité administrative indépendante, Déclassement, Décret, Domaine de la loi, Loi, Ordonnance, Ordre public*

L. Favoreu, « Les règlements autonomes n'existent pas », *RFDA* 1987. 871 ; A. Haquet, *La loi et le règlement*, LGDJ, 2007 ; E. Quinart, *L'émancipation du pouvoir réglementaire (1914-1958)*, Dalloz, 2021.

Pouvoir réglementaire autonome

↘ *Domaine de la loi, Pouvoir réglementaire*

Pouvoirs de guerre

↘ *Déclaration de guerre*

Pouvoirs exceptionnels

Sont ainsi appelés par l'article C. 16 (al. 5), les pouvoirs que la Constitution commande au chef de l'État d'exercer « lorsque les institutions de la République, l'indépendance de la Nation, l'intégrité du territoire ou l'exécution de ses engagements internationaux sont menacées d'une manière grave et immédiate et que le fonctionnement régulier des pouvoirs publics constitutionnels est interrompu ». Par ces pouvoirs, le chef de l'État se substitue pour le règlement de la crise au gouvernement et au Parlement et prend les « mesures exigées par ces circonstances ». Se manifeste par là et sur le mode dramatique, une version extrême de la fonction de « gardien de la Constitution » dévolue au président de la Ve République, qui fait songer à la dictature au sens de l'antique république de Rome. Comme il s'agit cependant « d'assurer aux pouvoirs publics constitutionnels, dans les moindres délais, les moyens d'accomplir leur mission », les pouvoirs exceptionnels ne permettent pas au président de réviser la Constitution (Cons. const., déc. du 2 sept. 1992, considérant n° 19).

Si l'exercice des pouvoirs exceptionnels par le président n'est guère contrôlé, la révision constitutionnelle de 2008 a apporté quelques nouveautés : après 30 jours d'exercice de ces pouvoirs, le Conseil constitutionnel peut être saisi par le président de l'une ou l'autre des deux assemblées ou bien par 60 députés ou 60 sénateurs afin d'examiner si les conditions d'exercice des pouvoirs exceptionnels demeurent réunies. Il procède de plein droit à cet examen au terme de 60 jours de leur usage. Son avis est public et s'il ne lie pas juridiquement le président, il est de nature à délégitimer aux yeux de l'opinion publique un exercice manifestement abusif des pouvoirs exceptionnels par le chef de l'État.

Ces pouvoirs exceptionnels représentent le degré extrême des dispositifs prévus par le droit français pour faire face à des situations de crise. C'est notamment la raison pour laquelle la Constitution révisée en 2008 accorde la priorité au gouvernement pour inscrire à l'ordre du jour des travaux parlementaires des « projets relatifs aux états de crise » cette priorité s'appliquant également aux projets de loi relatifs à l'établissement des états d'urgence (art. C. 48, al. 3).

Ne doit pas être confondue avec les pouvoirs exceptionnels tels que prévus par l'art. C. 16 la construction jurisprudentielle des « circonstances exceptionnelles » (CE 28 juin 1918, *Heyriès*, 25 févr. 1919, *Dames Dol et Laurent*) qui relève cependant de la même problématique : « à circonstances de crise, droit de crise » (J.Y. Vincent), ce qui veut dire que l'administration est en tout ou en partie déliée de ses obligations juridiques, cela sous le contrôle du juge.

➘ *État de siège, État d'urgence, Gardien de la Constitution, Pouvoirs publics*

Art. 16, *in* Luchaire, Conac, Prétot, *La Constitution de la République française*, Economica, 3e éd., 2009.

Pouvoirs propres

Depuis les débuts de la Ve République, on qualifie de pouvoirs (ou compétences) propres les pouvoirs présidentiels qui se traduisent par des actes que le président de la République est seul à signer (dispense de contreseing), afin de favoriser la mission d'arbitrage que lui assigne l'article C 5. Énumérés par l'article C. 19, ces pouvoirs sont ceux de nomination du Premier ministre et d'acceptation de sa démission, d'organisation d'un référendum, de dissolution de l'Assemblée nationale, de recours aux pouvoirs exceptionnels de l'article 16, de communication avec les assemblées par des messages, de nomination de 3 membres du Conseil constitutionnel — dont le président — et, enfin, de saisine de ce même Conseil d'une loi ou d'un traité. La qualification de pouvoirs propres ne doit pas cependant induire en erreur quant à la liberté du président d'y recourir :

- certains sont soumis à une proposition préalable (démission du Premier ministre, organisation d'un référendum) ;
- le président ne peut s'abstraire du rapport des forces politiques, rapport qui, dans certaines circonstances (cohabitation) s'impose à lui ;
- et enfin, ce ne sont pas des pouvoirs de gouvernement, lesquels sont attribués au premier ministre.

Si les pouvoirs propres donnent au chef de l'État un rôle essentiel à certains moments de la vie politique, c'est ailleurs qu'il faut chercher les raisons du présidentialisme majoritaire, notamment dans l'autorité politique que le président parvient à exercer dans les faits vis-à-vis de la majorité parlementaire et du gouvernement, si bien qu'il capte les ressorts du parlementarisme majoritaire.

↘ *Arbitrage, Cohabitation, Compétence, Contreseing, Dissolution, Message, Pouvoirs exceptionnels, Premier ministre, Présidentialisme, Référendum*

Pouvoirs publics

Expression susceptible de recevoir un sens plus ou moins extensif selon que seront considérés les seuls pouvoirs publics constitutionnels, tels qu'ils sont institués par la Constitution, ou bien les pouvoirs publics en général, c'est-à-dire l'ensemble des organes qui, au nom d'une collectivité publique, exercent l'autorité en recourant a des prérogatives de puissance publique. La distinction est importante dans la mesure où seule l'interruption des pouvoirs publics constitutionnels justifie que le président de la République mette en œuvre la « dictature » temporaire prévue par l'article C. 16. Dans la réalité des choses, la distinction est moins évidente. Le président tient en effet de l'article C. 5 la mission d'assurer « par son arbitrage, le fonctionnement régulier des pouvoirs publics ainsi que la continuité de l'État », continuité que pourrait rapidement affecter une paralysie de l'administration. Il faut ajouter que le principe de continuité des services publics a le caractère d'un principe à valeur constitutionnelle.

↘ *Pouvoirs exceptionnels*

Cons. const., n° 79-105 DC, 25 juill. 1979.

Pratique

La pratique est ce qui fait la vie d'un régime politique : élections, comportements des gouvernants, jeu des procédures, rapports entre les organes des pouvoirs publics. Elle est, en réponse à une situation politique donnée (une crise à régler, une réforme à entreprendre...), une synthèse des différentes contraintes imposées ou facilités permises par le texte constitutionnel et le rapport des forces politiques. Un même texte constitutionnel peut autoriser plusieurs pratiques (la Constitution de la Ve République en est un bon exemple, notamment par la « captation présidentielle » qui n'est pas imposée par des normes formelles et cesse en situation de cohabitation), ce qui montre le caractère artificiel de la démarche opposant théorie (supposée porteuse d'orthodoxie) à pratique (alors, à l'inverse, qu'une théorie peut être élaborée à partir de la pratique constatée).

La répétition d'une pratique peut bénéficier de l'accord des acteurs du jeu politique (on parlera de convention) et, franchissant un degré supplémentaire, dans certaines conditions, engendrer une coutume.

↘ *Captation présidentielle, Constitution, Conventions de la constitution, Coutume, Interprétation*

Préambule

Document déclaratif placé en tête de la Constitution, en introduction aux dispositions organisant les pouvoirs publics. Le contenu des préambules est très divers : rappels historiques, principes de civilisation et énoncé de droits fondamentaux s'y rencontrent en des proportions variables, et le style en est plutôt littéraire. Ainsi, les articles de la Loi fondamentale de la République fédérale d'Allemagne du 23 mai 1949 sont précédés d'un texte assez court qui, dans la version initialement adoptée, est pour l'essentiel un appel à la réunification puisque le peuple allemand est convié « à parfaire, en disposant librement de lui-même, l'unité et la liberté de l'Allemagne », et c'est dans le corps même de la Constitution que sont définis les droits fondamentaux. Le préambule de la Constitution des États-Unis est également célèbre pour sa brièveté : « Nous, peuple des États-Unis, en vue de former une union plus parfaite... ordonnons et établissons la présente Constitution pour les États-Unis d'Amérique ».

Le constituant français de 1958 s'est limité à deux brefs paragraphes dont le premier renvoie à la Déclaration de 1789, au Préambule de la Constitution de 1946 et à la Charte de l'environnement de 2004 (révision constitutionnelle du 1er mars 2005). C'est ce renvoi qui a permis au Conseil constitutionnel de se fonder sur les dispositions de ces textes pour contrôler la conformité des lois à la Constitution (déc. fondatrice du 16 juill. 1971).

Le Préambule de 1946 est, à l'inverse de celui de 1958, un document substantiel qui, après l'affirmation solennelle que tout être humain, « sans distinction [...] de race, de religion ni de croyance, possède des droits inaliénables et sacrés » (affirmation d'où le Conseil constitutionnel a déduit le principe de « sauvegarde de la dignité de la personne humaine contre toute forme d'asservissement et de dégradation », déc. du 27 juill. 1994), réaffirme les droits proclamés en 1789, les principes fondamentaux reconnus par les lois de la République, et proclame des principes politiques, économiques et sociaux comme « particulièrement nécessaires à notre temps ».

↘ *Bloc de constitutionnalité, Charte de l'environnement, Constitution, Contrôle de constitutionnalité, Déclaration des droits de l'Homme et du citoyen, Principe(s)*

Cons. const., n° 71-44 DC, 16 juill. 1971, *Rec. Cons. const.* p. 29, *GDCC* n° 29.

Y. Gaudemet (dir.), *Le Préambule de la Constitution de 1946*, Éditions Panthéon-Assas, 2008.

Précédent (Règle du)

↘ *Common law*

Première République

La République a été proclamée la première fois le 22 septembre 1792. Elle connaîtra trois Constitutions (datées des 24 juin 1793, 22 août 1795 et 13 décembre 1799). Elle s'efface, de fait, avec le *senatus-consulte* du 18 mai 1804 qui confie le gouvernement de la République à un empereur héréditaire. La fonction de président de la République ne fera son apparition qu'avec la Constitution du 4 novembre 1848 (Deuxième République).

J.-J. Chevallier, *Histoire des institutions et des régimes politiques de la France de 1789 à 1958*, Dalloz, 9e éd., 2009.

Premier ministre

Titre porté par le chef du gouvernement, en Grande-Bretagne depuis les XVIIe et, surtout, XVIIIe siècles (la fonction est quasi officielle avec Walpole, en 1721), et adopté en France par la Constitution de 1958. Avant 1958, le chef du gouvernement s'appelait le président du Conseil, mais ce n'est que la Constitution du 27 octobre 1946 qui consacra ce titre, en même temps d'ailleurs que l'institution qu'il désigne. Le chef de gouvernement s'appelle également président du Conseil en Italie, mais Chancelier en Allemagne.

La fonction de Premier ministre est très ancienne et connaîtra en France ses premières applications avec Richelieu et Mazarin (on parlait plutôt de « principal ministre »), mais sa reconnaissance comme chef d'un ensemble collégial et solidaire de ministres responsables devant le Parlement, est un trait caractéristique du régime parlementaire. Par là est établie, à l'inverse de la solution retenue par le régime présidentiel, la dualité de l'exécutif. Généralement, l'histoire a effacé le contenu politique de cette dualité, n'en conservant que l'apparence. Mais il arrive qu'elle lui redonne vie : c'est le choix de la Ve République. La Constitution du 4 octobre 1958 ne précise pas que le Premier ministre est le chef du gouvernement, mais la réalité de cette fonction n'est pas douteuse et résulte de ce que :

- c'est sur la proposition du Premier ministre que sont nommés et révoqués les ministres (art. C. 8, al. 1er) ;
- c'est au Premier ministre que sont confiés les instruments du gouvernement, notamment le pouvoir réglementaire (art. C. 21) et l'initiative de la loi (art. C. 39) ; à ce titre il est maître du calendrier et de l'orientation des travaux du gouvernement et rend des arbitrages qui sont des décisions ;
- c'est également au Premier ministre qu'il revient, après délibération du conseil des ministres, d'engager la responsabilité du gouvernement, soit sur son

programme (art. C. 49, al. 1er), soit sur un texte (même article, al. 3) ;

- enfin, seul il peut suppléer le président de la République pour la présidence d'un conseil des ministres, sur une délégation expresse du président et pour un ordre du jour déterminé (art. C. 21, al. 4).

La formule « Le Premier ministre dirige l'action du gouvernement » (art. C. 21, 1re phrase) doit être bien comprise. Elle ne doit pas être surestimée : si le Premier ministre a les moyens de cette direction, et si c'est à lui qu'il revient d'en appeler à la majorité parlementaire (dont il est le chef en tant que Premier ministre), il n'est le plus souvent que le second du président de la République qui le nomme, subordination que l'instauration du quinquennat présidentiel (loi constitutionnelle du 2 octobre 2000) a renforcée. Certes, la cohabitation permet au Premier ministre de s'émanciper de la tutelle présidentielle, mais il ne faut pas s'y tromper : cette émancipation est un combat.

La formule de l'art. C. 21 ne doit pas être non plus sous-estimée : en France, et quel que soit le rapport de forces politiques, c'est à partir de l'hôtel Matignon — résidence du Premier ministre et siège de ses services — que l'on gouverne.

↘ *Chancelier, Cohabitation, Dualisme, Gouvernement, Loi, Pouvoir exécutif, Quatrième République, Régime parlementaire*

Ph. Ardant, *Le Premier ministre en France*, Montchrestien, 1991 ; *Pouvoirs* n° 83, « Le Premier ministre », 1997 ; S. Rials, *Le Premier ministre*, PUF, coll. « Que sais-je ? » n° 1972, 1981.

Prérogative

1. Privilège ou faculté exclusive attribuée à un organe constitutionnel

En ce sens, la prérogative est essentiellement synonyme de compétence particulière. Ainsi, par exemple, sous la Ve République française, le gouvernement jouit de nombreuses prérogatives pour conduire le travail parlementaire (priorité à l'ordre du jour, vote bloqué, notamment).

2. Dans le droit constitutionnel britannique

La prérogative désigne la plupart des compétences juridiques dont jouit traditionnellement la Couronne et qui ne sont pas dérivées d'une loi formelle mais reposent sur la *Common law* ou des coutumes (par exemple, le pouvoir de nommer les membres du gouvernement, de convoquer, de proroger et dissoudre le Parlement, signer les traités). Dans la logique du gouvernement parlementaire, et en vertu des conventions de la Constitution, les pouvoirs de la prérogative sont exercés en réalité conformément aux vœux du cabinet conduit par le Premier ministre politiquement responsable devant le Parlement.

↘ *Compétence, Couronne*

Prérogatives de puissance publique

↘ *Chose publique, État*

Préséances

Ordre dans lequel les autorités et les membres des corps constitués prennent rang quand ils assistent à des cérémonies publiques. Fixé par le décret du 13 septembre 1989, il comporte soixante-trois positions dont les quatre premières sont : 1. Le président de la République 2. Le Premier ministre 3. Le président du Sénat 4. Le président de l'Assemblée nationale.

B. Moreau, *Protocole et cérémonial parlementaire*, L'Harmattan, 1998.

Président d'assemblée

L'élection par les membres d'une assemblée parlementaire de la personne chargée de convoquer et de présider ses réunions, de veiller à sa sûreté et, avec l'assistance du Bureau, d'en régler les délibérations et d'en diriger les services (selon l'énumération donnée par les art. RAN 13 et 14), est l'affirmation de l'indépendance de l'institution parlementaire vis-à-vis du pouvoir exécutif.

Le président de l'Assemblée nationale est élu au début de la législature pour la durée de celle-ci. Le président du Sénat est soumis à réélection après chaque renouvellement de cette assemblée par moitié, donc tous les trois ans. Le mode de scrutin est identique : scrutin secret, majorité absolue aux deux premiers tours, majorité relative au troisième. Tous les deux sont, outre leurs compétences de présidence et d'administration, donneurs d'avis (art. C. 12 et C. 16) et autorités de nomination (notamment de trois membres chacun du Conseil constitutionnel).

Dans l'ordre des préséances, le président du Sénat devance le président de l'Assemblée nationale, et c'est à lui que revient d'assurer l'intérim en cas d'empêchement ou de vacance de la présidence de la République.

Un président d'assemblée doit être respecté et impartial, qualités traditionnellement illustrées, dans la longue histoire des Parlements nationaux, par le président de la Chambre des Communes, le *Speaker*. Le *Speaker* est élu en début de législature, mais avec l'accord de l'opposition, usage qu'ignorent les assemblées françaises. C'est à lui que s'adressent les députés, lesquels parlent debout, de leur place, et sont censés ne pas lire le texte de leurs interventions mais, sur ce point, le règlement ne semble guère plus respecté en Grande-Bretagne qu'en France.

↘ *Bureau, Conférence des Présidents, Intérim, Parlement, Règlement d'assemblée*

Président de la République

1. Le chef d'État républicain

Dénomination en régime républicain de la fonction de chef de l'État… quand elle est prévue. Il y a en effet une tradition constitutionnelle, minoritaire mais vivace, qui s'oppose à ce que la République ait un chef, au profit d'un exécutif collégial dont un membre est élu par roulement pour représenter l'État (c'est par ex. la solution retenue en Suisse). En France, ce n'est qu'en 1848 que la présidence de la République a été instituée par la Constitution de la IIe République, et non sans débat. Ce premier président est élu pour 4 ans, et au suffrage universel. Après la longue parenthèse du second Empire, la présidence est rétablie en 1871 (L. Rivet du 31 août), puis le septennat est établi, au profit du maréchal de Mac-Mahon d'abord (L. du 20 nov. 1873), et de façon impersonnelle ensuite par la loi relative aux pouvoirs publics du 25 février 1875 qui fait du président un élu de l'Assemblée nationale (dénomination sous la IIIe République de la réunion des deux chambres).

2. Diversité de l'expérience constitutionnelle française

D'un régime politique à l'autre, la fonction présidentielle peut présenter un visage très différent. Qu'y a-t-il de commun en France entre :

- le président de la IIe République, élu pour quatre ans au suffrage universel direct, qui se voit déléguer le pouvoir exécutif par le peuple français, nomme et révoque librement les ministres, est responsable des actes du gouvernement (sans qu'il soit précisé devant qui, et comment, joue cette responsabilité), mais ne peut dissoudre l'Assemblée nationale ;
- le président des IIIe et IVe Républiques, élu pour sept ans par les assemblées, irresponsable sauf le cas de haute trahison, et dont tous les actes doivent être contresignés par un ou plusieurs membres du gouvernement ;
- et, enfin, le président de la Ve République : ce président n'est plus le président sans grand pouvoir — mais non sans influence — des Républiques précédentes. De Gaulle le voulait comme un arbitre national « qui fasse valoir la continuité au milieu des combinaisons », mission évoquée par le discours de Bayeux et confirmée par l'article C. 5. Mais, s'il ne possède pas les moyens du gouvernement (qui sont attribués au Premier ministre), le président, par la légitimité que lui donne le suffrage universel direct (révision constitutionnelle de 1962), les compétences qu'il exerce sans contreseing (les compétences « propres »), et sa participation aux compétences gouvernementales (les compétences « partagées ») est en mesure de contrôler très largement le pouvoir exécutif. On peut parler de

« captation » (A. Le Divellec) des ressorts du parlementarisme majoritaire par le président. L'instauration du quinquennat en 2000 n'a fait que prendre acte de ce développement de la fonction présidentielle, développement qui ne peut être enrayé que par l'élection d'une Assemblée nationale majoritairement hostile. Dans cette hypothèse, c'est encore un autre rôle, inédit dans l'histoire constitutionnelle française, qu'il peut être appelé à jouer (ou qu'il peut décider de jouer) : celui de chef de l'opposition !

3. Diversité des expériences constitutionnelles étrangères

La diversité est aussi grande ailleurs qu'en France. Dans l'Union européenne, il y a vingt et une républiques. Dans vingt de ces Républiques (la vingt et unième étant la France), le président joue, comme les monarques des huit autres pays, le rôle traditionnel du chef d'État parlementaire (et ne participe jamais aux sessions du Conseil européen, à l'exception du président de la République de Chypre ainsi que du président de la République de Finlande quand est à l'ordre du jour une question touchant les politiques européennes de sécurité et de défense) et cela, alors même que quatre de ces présidents (les présidents d'Autriche, de Finlande, d'Irlande et du Portugal) sont, comme le président français, élus au suffrage universel.

Toute autre est la fonction présidentielle américaine. Le président des États-Unis n'a pas à ses côtés une équipe gouvernementale formant un ensemble collégial et solidaire de ministres dirigé par un Premier ministre : le président est l'exécutif. Sous réserve de ce que certains services sont organisés en Agences, dotées de statuts garantissant leur indépendance de l'exécutif comme d'ailleurs du législatif (le *Federal Reserve Board* est l'un des plus célèbres), l'autorité du président sur l'administration n'est pas contestée, quelle que soit la majorité qui domine le Congrès. En revanche, le président américain ne dispose pas vis-à-vis du Congrès des deux armes dont dispose le président français (pour la première) et le Premier ministre (pour la seconde) vis-à-vis de l'Assemblée nationale : la dissolution et l'engagement de responsabilité, armes qui donnent au président français quand les majorités coïncident une puissance considérable, justifiant que, dans ce cas de figure — mais dans ce cas de figure seulement — la Ve République puisse être qualifiée d'ultraprésidentielle.

C'est encore un autre cas de figure que celui du régime russe institué par la Constitution de la Fédération de Russie du 12 décembre 1993. Les compétences du président russe sont à la fois celles du président américain et celles du président français, parfois, elles vont même au-delà. Comme le président américain, le président russe, élu au suffrage universel pour 4 ans, définit la politique de la Fédération, forme et dirige le Conseil de sécurité, dispose du droit de message à l'assemblée fédérale, et peut opposer son veto aux lois votées par l'assemblée, veto qui ne peut être brisé qu'à la majorité des deux tiers. Comme le président français, il nomme le président du gouvernement de la Fédération, peut dissoudre la *Douma*, et organiser un référendum. Mais il peut aussi destituer le gouvernement sans démission de celui-ci et déposer des projets de loi (ce que ni le président américain, ni le président français, ne peuvent faire), proclamer la loi martiale et instaurer l'état d'urgence. Il est même compétent pour décider des questions de citoyenneté et accorder l'asile. De toutes ces compétences présidentielles, et compte tenu de la situation partisane anarchique de la Russie — fort compréhensible au demeurant —, il résulte que le régime russe ne peut s'analyser en termes d'équilibre des pouvoirs, et que la référence à la séparation des pouvoirs (Const., art. 10) relève, au mieux de l'incantation, au pire, de l'hypocrisie.

↘ *Arbitrage, Chef de l'État, Captation présidentielle, Chef des armées, Cinquième République, Douma, Dualisme, Dyarchie, Présidentialisme, Régime parlementaire, Régime présidentiel, Régime semi-présidentiel, Veto*

B. Lacroix, J. Lagroye (dir.), *Le président de la République*, Presses de la FNSP, 1992 ; « Président des États-Unis », in *Dictionnaire constitutionnel*, PUF, 1992 ; A. Le Divellec, « Le prince inapprivoisé », *Droits* n° 44, 2007 ; J. Massot, *Chef de l'État et chef du gouvernement : la dyarchie hiérarchisée*, La Documentation française, 2008 ; *Pouvoirs* n° 41, « Le président », 1987 et n° 68, « Qui gouverne la France ? » (1994).

Président du Conseil

↘ *Premier ministre*

Présidentialisme

Alors que le parlementarisme renvoie directement au régime parlementaire, au point que les deux expressions sont souvent utilisées l'une pour l'autre, le présidentialisme ne renvoie au régime présidentiel (des États-Unis) que pour mieux souligner ce qui, irréductiblement, les sépare : le présidentialisme, qui ne fait d'ailleurs l'objet d'aucune définition précise, serait, ou bien une application déformée du régime présidentiel (cas des différents présidentialismes d'Amérique du Sud), ou bien une appellation commode pour désigner les régimes dans lesquels, à partir d'un schéma institutionnel mixte (que M. Duverger a proposé d'appeler semi-présidentiel), le président exerce une prépondérance de fait, au détriment du Premier ministre, instrumentalisé, et du Parlement, affaibli. Qualifié de majoritaire, le présidentialisme est également utilisé par des auteurs (G. Vedel notamment) pour caractériser le fonctionnement de la Ve République quand le président est politiquement en harmonie avec une majorité parlementaire. Mais on peut lui préférer la formule du « parlementarisme à captation présidentielle » (A. Le Divellec), qui met l'accent sur le mode juridiquement peu formalisé par lequel s'exerce effectivement l'autorité du président, qui capte les ressorts d'un système qui demeure foncièrement parlementaire.

↘ *Captation présidentielle, Dualisme, Président de la République, Régime semi-présidentiel*

G. Conac, « Présidentialisme », in *Dictionnaire constitutionnel*, PUF, 1992, p. 812 ; P. Lauvaux, *Destins du présidentialisme*, PUF, 2002.

Primaire

1. Technique de choix par le suffrage universel des candidats aux élections. Cette technique est utilisée dans la majorité des États américains (trente et un pour le parti républicain, vingt-six pour le parti démocrate) pour désigner les délégués à la convention nationale du parti (républicain ou démocrate) qui aura à désigner les candidats à la présidence et à la vice-présidence (le *ticket*). L'organisation des élections primaires dépend de la législation de chaque État, et les modalités sont variables d'un État à l'autre, la principale distinction étant entre les primaires fermées (les électeurs participent à la primaire du parti auquel ils ont déclaré adhérer) et les primaires ouvertes (jusqu'au dernier moment, les électeurs ont le choix de la primaire).

   Procédé de démocratisation du processus électoral dans sa phase préparatoire, les primaires américaines souffrent cependant d'un absentéisme important (souvent plus de 75 %). Elles jouent cependant parfois un rôle décisif quand elles permettent à des candidats au départ peu connus (l'exemple de J. Carter en 1976 est resté célèbre) d'imposer progressivement leur candidature (les primaires se succèdent sur une période d'environ quatre mois, de février à juin de l'année présidentielle). Le procédé est également utilisé pour la désignation des candidats à la Chambre des représentants, au Sénat, et à de nombreuses autres fonctions électives.

2. Le mot de primaire est également souvent utilisé dans la vie politique française pour définir l'enjeu du premier tour des élections qui se font au scrutin uninominal majoritaire à deux tours, selon l'adage bien connu : au premier tour, on choisit ; au deuxième tour, on élimine. Et par extension, sont aussi appelées primaires les compétitions internes par lesquelles les partis désignent leurs candidats

aux élections, particulièrement à l'élection présidentielle (exemple de la primaire décidée par le parti socialiste en vue de l'élection présidentielle en 2012 et 2017 et que le parti « les Républicains » (anciennement l'UMP) a également inscrite dans ses statuts et pratiquée en 2016).

↘ *Caucus, Convention, Scrutin majoritaire*

J.-L. Seurin, « Primaires », in *Dictionnaire constitutionnel*, PUF, 1992 ; *Pouvoirs* n° 154, « Les primaires », 2015.

Principe(s)

Un principe est « ce qui vient en premier, à l'origine », du latin *principium* (*Vocabulaire juridique* de G. Cornu). En ce sens, l'article DDH 3 dispose que : « Le principe de toute souveraineté réside essentiellement dans la nation » : désigner le titulaire de la souveraineté c'est identifier la source du pouvoir, et dans la Constitution de 1958, le titre « De la souveraineté » vient avant tous les autres.

L'usage de ce mot en droit constitutionnel s'écarte cependant le plus souvent de ce sens étymologique pour désigner, parmi les règles de droit, certaines qui, par leur ancienneté, les valeurs qu'elles expriment et l'étendue de leur domaine d'application, sont fondamentales, soit en général (ce sera par ex. le cas du principe d'égalité), soit au regard d'une matière déterminée (ainsi parlera-t-on des principes fondamentaux de la Sécurité sociale).

Le vocabulaire utilisé, tant par le constituant que par les juridictions (Conseil constitutionnel et Conseil d'État), oblige à faire état de trois catégories dont les principes qui les composent n'ont pas la même valeur juridique dans la hiérarchie de l'ordre juridique.

1. Les principes qui ont une valeur constitutionnelle

- les principes fondamentaux reconnus par les lois de la République auxquels renvoie le 1er alinéa du Préambule de 1946 : il s'agit de principes posés par des lois républicaines antérieures à 1946, mais que, sans les énumérer (la tâche revenant — principalement ou exclusivement, c'est une question disputée — au juge constitutionnel), le constituant de 1946, et à sa suite celui de 1958, ont promu au rang de norme constitutionnelle en raison d'une « mise en œuvre sans discontinuité ni contradiction » (G. Vedel). Par définition, il ne saurait y avoir de liste limitative de ces principes fondamentaux. Ont été consacrés principes fondamentaux par le Conseil constitutionnel : la liberté d'association (déc. du 16 juill. 1971), les droits de la défense (v. notamment déc. du 13 août 1993), la liberté individuelle (déc. du 12 janv. 1977), la liberté de l'enseignement (déc. du 23 nov. 1977), la liberté de conscience (même déc.), l'indépendance des professeurs de l'enseignement supérieur (déc. du 20 janv. 1984), l'indépendance de la juridiction administrative (déc. du 22 juill. 1980), la réserve de compétence au profit de la juridiction administrative du contentieux de l'annulation ou de la réformation des décisions prises dans l'exercice des prérogatives de puissance publique par les autorités exerçant le pouvoir exécutif (déc. du 23 janv. 1987), la compétence de la juridiction judiciaire en matière de protection de la propriété immobilière (déc. du 25 juill. 1989), l'atténuation de la responsabilité des mineurs en fonction de l'âge et la nécessité de rechercher le relèvement éducatif et moral des enfants délinquants par des mesures adaptées à leur âge et à leur personnalité, prononcées par une juridiction spécialisée ou selon des procédures appropriées, (déc. du 29 août 2002), et enfin un onzième principe relatif au droit local propre au Bas-Rhin, au Haut-Rhin et à la Moselle (déc. du 5 août 2011). De son côté, le Conseil d'État a dégagé le principe selon lequel l'État doit refuser l'extradition d'un étranger lorsqu'elle est demandée dans un but politique (3 juill. 1996, *Moussa Koné*), mais ce principe n'a pas reçu la consécration constitutionnelle que peut seul donner le Conseil constitutionnel ;

- les principes politiques, économiques et sociaux particulièrement nécessaires à notre temps (Préambule de 1946), ceux-ci cette fois énumérés : égalité des sexes, droit d'asile, droit syndical, droit de grève, engagement de se conformer aux règles du droit public international...
- et enfin, d'une manière générale, tous les « principes à valeur constitutionnelle », principes parfois repris du texte de la Constitution (liberté de communication — art. DDH 11 —, dignité de la personne humaine — Pr. 46, al. 1er —, liberté individuelle — art. C. 66...), parfois explicités à partir du rapprochement entre plusieurs principes (ainsi du principe de continuité du service public). Encore constate-t-on que le Conseil constitutionnel n'emploie pas toujours un vocabulaire précis et parle parfois d'exigence ou d'objectif constitutionnel dont il impose le respect au législateur.

2. Les principes à valeur simplement législative

Ce sont les principes fondamentaux de l'article C. 34. Cette expression circonscrit la compétence du législateur dans certaines des matières énumérées par l'article. Ainsi la loi « détermine les principes fondamentaux [...] de la libre administration des collectivités locales [...] ». Il ressort de la jurisprudence que la compétence législative s'impose dès lors que ces principes sont en cause, et que sont des principes les dispositions que le législateur estime être tels, sous le contrôle du juge constitutionnel. La distinction dont fait état l'article C. 34 entre « règles » et « principes fondamentaux » n'a pas été vraiment ratifiée par la jurisprudence.

3. Les principes généraux du droit

Sont enfin appelés principes généraux du droit des principes formulés par le juge administratif, soit à partir de textes — comme le Préambule de la Constitution, ou des textes de loi ordinaire —, soit même sans texte, et dont il impose le respect à l'administration. Sont de tels principes : la liberté du commerce et de l'industrie, la non-rétroactivité des actes administratifs, les droits de la défense, le principe d'égalité... et bien d'autres. Seule la loi pouvant déroger à ces principes, ils ont implicitement une valeur supra réglementaire, sous réserve de ce que le juge constitutionnel peut, en leur reconnaissant la valeur constitutionnelle, les promouvoir au rang de principes à valeur constitutionnelle, s'imposant dès lors au législateur (ex. des droits de la défense).

Tout principe demande donc que soit précisément identifiée sa source dont dépendra sa valeur.

↘ *Bloc de constitutionnalité, Constitution, Exigence constitutionnelle, Hiérarchie des normes, Objectif de valeur constitutionnelle, Préambule, Séparation des autorités administratives et judiciaires*

Cons. const., n° 71-44 DC, 16 juill. 1971, *GDCC* n° 29 ; n° 81-132 DC, 16 janv. 1982 (notamment le considérant 18), *GDCC* n° 32 ; n° 84-181 DC, 10-11 oct. 1984, *GDCC* n° 33 ; CE 3 juill. 1996, *Moussa Koné*, *RFDA* 1996. 870 et s.

Code constitutionnel, Lexisnexis, 8e éd., 2017, commentaire du Préambule de 1946, alinéa 1er ; J. Rivero, « Le juge administratif, un juge qui gouverne ? », *D.* 1951, chron. p. 21 et s. ; « Les principes fondamentaux reconnus par les lois de la République : une nouvelle catégorie constitutionnelle ? », *D.* 1972. 265 ; D. Baranger, « Comprendre le "Bloc de constitutionnalité" », *Jus Politicum* n° 21, 2018 ; V. Champeil-Desplats, *Les principes fondamentaux reconnus par les lois de la République*, Economica, 2001 ; P. Morvan, « Principes », in *Dictionnaire de la culture juridique*, PUF, 2003, p. 1201.

Priorité d'examen

Les projets de loi peuvent être déposés devant l'une ou l'autre des deux assemblées, à l'exception des projets de loi de finances (art. C. 47) et de loi de financement de la sécurité sociale (art. C. 47-1) soumis prioritairement à l'Assemblée nationale, et des projets de loi ayant pour principal objet l'organisation des collectivités territoriales pour lesquels la priorité d'examen est accordée au Sénat (art. C. 39, al. 2).

↘ *Ordre du jour, Proposition de loi, Projet de loi*

Privilège de juridiction

Droit reconnu à titre dérogatoire au titulaire d'un mandat de ne pas être jugé par la juridiction ordinaire mais par une juridiction spéciale. En considérant, dans sa décision du 22 janvier 1999, que le président de la République ne pouvait voir sa responsabilité pénale engagée que devant la Haute Cour de justice qui existait alors, le Conseil constitutionnel lui avait reconnu un tel privilège de juridiction. La révision de 2007 a remplacé ce privilège par une immunité temporaire (art. C. 67).

↘ *Haute Cour, Immunité, Irresponsabilité, Responsabilité*

Cons. const., n° 98-408 DC, 22 janv. 1999, *RFDA* 1999. 297, comm. et obs. B. Genevois et P. Avril.

Privilège de l'Exécutif

Faculté pour le président des États-Unis d'Amérique de garder certains documents à son seul usage et de refuser de les livrer au Congrès ou à un tribunal dans le cadre d'une procédure judiciaire. Ce privilège a été consacré en principe par la Cour Suprême dans son arrêt *United States c. Nixon* (1974) mais il est loin de revêtir une portée absolue et doit être mis en balance avec le principe de la *Rule of Law*, tout particulièrement en matière pénale.

E. Zoller, *Les grands arrêts de la Cour Suprême des États-Unis*, Dalloz, 2010, n° 30.

Procédure

1. Au sens général une procédure (du latin *procedere*, s'avancer) est une succession d'actes qui doivent être accomplis pour aboutir à une décision. L'institution d'une procédure suppose qu'il y ait plusieurs acteurs qui se partagent le pouvoir de décision, ou qui interviennent à d'autres titres, par exemple à titre consultatif. Si l'objet d'une procédure est de progresser vers un résultat, les opérations qu'elle organise et les garanties qu'elle comporte peuvent être autant d'occasions de ralentissement… C'est ainsi que le mot « procédurier » aura un sens plutôt péjoratif.

S'agissant de la fonction législative, le constituant de 1958 a été particulièrement attentif aux questions de procédure, avec une préoccupation majeure : garantir l'autorité gouvernementale et lui donner les moyens de s'exercer. Il en est ainsi de la procédure de mise en place et de cessation de fonctions du gouvernement (art. C. 8), ou de la procédure législative : une des caractéristiques du parlementarisme rationalisé mis en œuvre dans la Constitution de 1958 est d'avoir donné au gouvernement des armes particulièrement efficaces pour conduire la procédure législative à bonne fin.

Le respect des procédures prévues par la Constitution est une des composantes de l'État de droit (l'absence de règles de procédure, ou leur non-respect systématique, est à l'inverse une caractéristique de tout régime dictatorial). Et la recherche des éventuels vices de procédure qui ont pu affecter la fabrication de la loi est une démarche habituelle au Conseil constitutionnel.

2. Le mot de procédure a également en matière juridictionnelle un sens plus spécifique, et en même temps plus traditionnel, qui désigne les règles d'organisation et de déroulement des procès (ou du moins d'un certain type de procès). Il y a ainsi une procédure du contrôle de la conformité des lois devant le Conseil constitutionnel, qui est différente de la procédure suivie devant la même juridiction en contentieux électoral.

↘ *Navette, Obstruction, Ordre du jour, Parlementarisme rationalisé, Responsabilité, Vote bloqué*

J.-P. Bonhoure, P. Brillant, *Les principales étapes de la procédure législative*, Publications de l'Assemblée nationale, 1997.

Procédure accélérée

Nouvelle appellation depuis la révision constitutionnelle du 23 juillet 2008 de l'ancienne procédure d'urgence, la *procédure accélérée* (art. C. 45, al. 2) permet au gouvernement de supprimer une lecture devant chaque assemblée avant de convoquer la réunion de la commission mixte paritaire. L'effet direct est bien d'accélérer la procédure mais il y a aussi un effet indirect qui est de porter atteinte aux prérogatives de l'assemblée saisie en second (dont les amendements ne pourront pas, de ce fait, être soumis à la première assemblée, sauf s'ils sont repris par la commission mixte paritaire) et, plus généralement, d'introduire la précipitation dans l'organisation des débats parlementaires, précipitation d'autant plus mal accueillie par les assemblées que, bien souvent, une fois la loi votée et promulguée, les décrets d'application se font attendre. Où est alors l'urgence ? Le constituant de 2008 a pris en compte le mécontentement parlementaire en donnant aux conférences des présidents des deux assemblées le droit de s'opposer conjointement à l'engagement de cette procédure. Mais, en pratique, elles ne le font guère, si bien que la procédure accélérée est presque devenue systématique depuis 2012.

De la procédure accélérée doit être distinguée la *procédure d'examen simplifiée* prévue par le Règlement de la seule Assemblée nationale (art. RAN 103 à 107). Cette procédure peut être décidée par la conférence des présidents et elle permet que soient seuls appelés en discussion les articles sur lesquels des amendements ont été déposés. En l'absence d'amendement(s), l'ensemble du texte est directement mis aux voix.

Programme

↘ *Déclaration de politique générale, Habilitation, Temps législatif programmé*

Projet de loi

Texte proposé par le Premier ministre au titre de l'initiative législative (art. C. 39). Tout projet de loi comporte un exposé des motifs et une partie normative — le dispositif — comportant un ou plusieurs articles. Il doit être soumis pour avis au Conseil d'État avant d'être inscrit à l'ordre du jour du conseil des ministres et déposé sur le bureau de l'une ou l'autre assemblée (le choix de l'assemblée appartenant au Premier ministre, à l'exception des projets de loi de finances et des projets de loi de financement de la Sécurité sociale qui sont soumis en premier lieu à l'Assemblée nationale, et les projets de loi relatifs à l'organisation des collectivités territoriales d'abord soumis au Sénat). Le décret de présentation du texte indique le ministre chargé de soutenir la discussion du texte devant les assemblées.

Depuis la révision constitutionnelle du 23 juillet 2008, les projets de loi doivent faire l'objet d'une étude d'impact dont l'objet est de définir les objectifs poursuivis par le projet de loi, recenser les options possibles en dehors de l'intervention de règles de droit nouvelles et exposer les motifs du recours à une nouvelle législation (LO n° 2009-403 du 15 avr. 2009, art. 8). Il appartient à la conférence des présidents de refuser l'inscription à l'ordre du jour si ces prescriptions ont été méconnues. En cas de désaccord avec le gouvernement, le Conseil constitutionnel peut être saisi (art. C. 39, al. 3 à 6). Une autre innovation de la révision de 2008 est que le texte du projet de loi qui sera examiné par l'assemblée en séance publique est le texte adopté (et le plus souvent modifié) par la commission et non le texte du gouvernement (art. C. 42, 1er al.).

↘ *Article, Conférence des Présidents, Conseil d'État, Initiative, Lettre rectificative, Norme, Ordre du jour, Parlementarisme rationalisé, Priorité d'examen, Proposition de loi*

Code constitutionnel, Lexisnexis, obs. sous l'art. C. 39 ; Y. Jégouzo, « L'étude d'impact : formalité ou garantie de la qualité des lois ? », *AJDA*, 2012, n° 26, p. 1425.

Promulgation

L'étymologie est ici trompeuse. Promulgation vient du verbe latin *promulgare*, porter à la connaissance du public. Or cette dernière opération est assurée par la publication (notamment par le moyen de l'insertion au *Journal officiel*). La publication suffit pour les actes réglementaires de l'exécutif, c'est-à-dire pour des actes dont l'exécutif est l'auteur. Pour la loi dont l'auteur est le Parlement (ou le peuple en cas de référendum), il faut, avant la publication, la promulgation, opération par laquelle le président de la République atteste que la loi a été régulièrement délibérée et votée et donne l'ordre de l'exécuter (art. C. 10). La Constitution française ne reconnaît pas au chef de l'État un droit de veto, mais lui permet (avec le contreseing du Premier ministre) de demander au Parlement, dans le délai de promulgation de quinze jours, une nouvelle délibération de la loi ou de certains de ses articles. Dans le même délai, la loi peut être déférée au Conseil constitutionnel. Indépendamment de ces deux possibilités, et compte tenu du résultat obtenu si elles sont exercées, la compétence de promulgation est une compétence liée.

À l'inverse de la loi parlementaire, la loi référendaire ne peut évidemment faire l'objet d'une demande de nouvelle délibération, et si le Conseil constitutionnel est saisi, il se déclare incompétent pour statuer sur sa conformité à la Constitution (déc. du 6 nov. 1962 et du 23 sept. 1992).

La promulgation se distingue de la *sanction législative*, en usage principalement dans les régimes parlementaires monarchiques. Mais alors que la sanction était une prérogative effective du monarque à une époque où la réalité du pouvoir exécutif lui appartenait, et qui lui permettait de s'opposer à un texte voté par les assemblées, il est admis à l'époque contemporaine que la sanction est automatique (en Grande-Bretagne, le dernier refus royal de sanctionner une loi remonte à 1707).

↘ *Compétence, Contreseing, Délibération, Saisine, Veto*

Cons. const., n° 85-197 DC, 23 août 1985, *Rec. Cons. const.* p. 70.

Proportionnalité

↘ *Constitutionnalité*

Proposition de loi

Texte proposé par un ou plusieurs membres du Parlement au titre de l'initiative législative (art. C. 39). Soumise aux mêmes exigences de forme que le projet (exposé des motifs et dispositif), la proposition de loi se heurte à deux obstacles : l'irrecevabilité financière (art. C. 40) et l'inscription à l'ordre du jour (art. C. 48). Toutefois, après que la loi constitutionnelle du 4 août 1995 ait prévu qu'une séance par mois serait réservée par priorité à l'ordre du jour fixé par chaque assemblée, la loi constitutionnelle du 23 juillet 2008 a étendu la maîtrise parlementaire sur l'ordre du jour à deux semaines sur quatre. Et, statistiquement, l'initiative législative parlementaire est loin d'être négligeable : année après année, et si on ne tient pas compte des lois qui concernent des domaines où le gouvernement a l'exclusivité de l'initiative (lois de finances et de financement de la Sécurité sociale, autorisant le recours aux ordonnances et portant ratification des ordonnances, autorisant la ratification ou l'approbation d'engagements internationaux), les lois provenant d'une initiative parlementaire représentent environ 25 % du total des lois votées.

↘ *Initiative, Irrecevabilité, Ordre du jour, Projet de loi*

Ph. Bachschmidt, « Les lois d'initiative parlementaire depuis 1995 : un succès méconnu », *RFDC*, n° 78, 2009, p. 343.

Propriété

Le droit de propriété est un des droits naturels et imprescriptibles de l'homme dont la conservation est le but de toute association politique (art. DDH 2). Deux siècles après cette proclamation, le caractère fondamental de droit de propriété reste entier, comme l'a rappelé le Conseil constitutionnel dans sa décision « nationalisations » du 16 janvier 1982. Le Conseil constitutionnel n'en constate pas moins dans cette décision que « les finalités et les conditions d'exercice du droit de propriété ont subi une évolution caractérisée à la fois par une notable extension de son champ d'application à des domaines individuels nouveaux et par des limitations exigées par l'intérêt général ». S'agissant de son domaine, il ne s'agit plus seulement de la propriété foncière et immobilière, mais aussi de la propriété mobilière (par ex. les actions des sociétés cotées en Bourse). Et si c'est d'abord la propriété privée qui est protégée, la propriété publique l'est également, mais les transferts de biens et d'entreprises du secteur privé au secteur public ne doivent pas restreindre le champ de la propriété privée au point de méconnaître les dispositions de la Déclaration de 1789 (même décision). Enfin toute atteinte au droit de propriété doit faire l'objet d'une réparation adéquate, et s'il s'agit d'une atteinte avec dépossession, il faut respecter la double condition posée par l'article DDH 17, de la constatation de sa nécessité publique et d'une indemnisation juste et préalable.

➘ *Constitution, Contrôle de constitutionnalité, Déclaration des droits de l'Homme, Droits de l'Homme*

Cons. const., n° 81-132 DC, 16 janv. 1982, et n° 82-139 DC, 11 févr. 1982, *Rec. Cons. const.* p. 18 et 31, *GDCC* n° 32 ; n° 86-207 DC, 25-26 juin 1986, *Rec. Cons. const.* p. 61, *GDCC* n° 18.

M. Fromont, « Le droit de propriété et la Constitution en France et en Allemagne », in *Mélanges Péquignot*, CERA, 1984, t. 1, p. 267.

Prorogation

1. Acte par lequel il est mis fin avant terme à une session du Parlement autrement que par une dissolution. Sa principale incidence est en principe de mettre fin à tous les travaux en cours des assemblées (contrairement à l'ajournement). Le pouvoir de proroger le Parlement relève, dans les monarchies constitutionnelles classiques, de la prérogative du Roi (elle s'exerce aujourd'hui sur proposition du Premier ministre). Elle reste usitée au Canada. Au Royaume-Uni, son usage fut jugé abusif par la Cour suprême en 2019.
2. Acte par lequel est prolongée une situation au-delà de la durée initiale. Ainsi, l'état de siège et l'état d'urgence décrétés en Conseil des

ministres ne peuvent excéder une durée de douze jours sauf prorogation par une loi formelle.

➘ *Ajournement, Dissolution, État de siège, État d'urgence*

Publication

➘ *Promulgation*

Publicité (des débats parlementaires)

➘ *Délibération*

Puissance

➘ *Pouvoir*

Q

Quarante-neuf al. 3 (49 al. 3)

Une des plus célèbres des dispositions de la Constitution de 1958 (que l'usage a consacrée sous l'appellation formellement inexacte de 49-3). On peut la qualifier de question de confiance liée à un texte législatif. Ce dispositif, chef-d'œuvre de parlementarisme rationalisé, permet au Premier ministre de lier le sort du gouvernement, dont il engage solennellement la responsabilité après délibération du Conseil des ministres, à l'adoption d'un texte (projet ou proposition de loi) de telle sorte que l'Assemblée nationale se trouve devant une alternative : soit s'abstenir de réagir dans un délai de 24 heures, auquel cas, de ce seul fait, le texte est automatiquement « considéré comme adopté » et le gouvernement reste en place ; soit déposer (dans les 24 heures) une motion de censure (dans les mêmes conditions qu'à l'art. C. 49, al. 2) — on dit alors que la motion de censure est *provoquée ;* dans ce cas, à l'issue d'un nouveau délai de 48 heures et d'un débat public, un scrutin est organisé à l'Assemblée : soit la motion recueille la majorité absolue des députés et dès lors, le texte de loi est repoussé et le gouvernement obligé de démissionner (art. C. 50) ; soit la motion est repoussée et le gouvernement sauvé en même temps que son texte. Conçu pour obliger les députés réticents (en fait surtout ceux de la majorité) à accorder au gouvernement les moyens de mener sa politique, ce mécanisme a parfois été utilisé pour contourner l'obstruction de l'opposition. Souvent (excessivement) critiqué, il a été considérablement diminué par la révision de 2008 qui limite son usage aux projets de loi de finances et de financement de la sécurité sociale ainsi qu'à un seul autre projet de loi (ou une proposition) par session (mais il peut être alors utilisé au cours de chaque lecture).

↘ *Motion de censure, Parlementarisme rationalisé, Question de confiance, Responsabilité*

P. Avril, J. Gicquel, « Memento sur l'article 49-3 », *LPA* 3 mars 2015.

Quatrième République

1. Chronologiquement, le fil de la continuité républicaine est renoué par l'ordonnance du 9 août 1944 (prise par le gouvernement provisoire de la République que préside le général de Gaulle). Cette ordonnance rétablit la légalité républicaine (« La forme du gouvernement de la France est et demeure

la République, en droit celle-ci n'a jamais cessé d'exister ») et comporte des dispositions relatives à la nullité des actes pris par le gouvernement de Vichy. Les lois constitutionnelles de 1875 auraient pu cependant être à nouveau appliquées si, consulté par référendum le 21 octobre 1945, le corps électoral (étendu aux femmes par l'ord. du 21 avr. 1944) n'avait pas décidé que l'assemblée élue ce même jour serait constituante.

Le projet de Constitution élaboré par l'assemblée constituante (connu sous l'appellation de « projet d'avril » et instituant un régime d'assemblée se présentant comme tel) fut repoussé par référendum le 5 mai 1946. La Constitution de la IVe République sera donc élaborée par une deuxième assemblée constituante, adoptée par le peuple le 13 octobre, et promulguée le 27. Entre-temps, le 16 juin, à Bayeux, le général de Gaulle avait fait connaître sa conception des institutions qu'il fallait à la France.

2. La Constitution de 1946 est fondée sur le principe de la délégation par le peuple de la souveraineté nationale aux seuls députés à l'Assemblée nationale. Outre des magistratures d'influence (président de la République, conseil de la République), l'essentiel de la Constitution se trouve dans les mécanismes du parlementarisme rationalisé :
   - le chef du gouvernement (président du Conseil) ne peut être nommé qu'après avoir obtenu l'investiture de l'Assemblée nationale à la majorité absolue des députés composant l'Assemblée ;
   - le cabinet formé par le président du Conseil ne peut être renversé qu'à la même majorité absolue ;
   - la dissolution ne peut être décidée en conseil des ministres que si, passée une première période de 18 mois, 2 crises gouvernementales se produisent dans une même période de 18 mois dans les conditions prévues par la Constitution.

   Dans l'esprit des constituants, ces mécanismes sont supposés lier le chef du gouvernement à la majorité qui l'investit, l'investiture valant contrat pour la durée de la législature, et la dissolution étant la sanction en cas de rupture du contrat.

3. L'échec tient dans les chiffres. D'une part, de la fin de la période de mise en place des institutions de la IVe République (22 janv. 1947) à l'intronisation du général de Gaulle comme président de la Ve République, 23 présidents du Conseil seront investis par l'Assemblée nationale (mais sur ces vingt-trois, deux ne réussiront pas à constituer un gouvernement, et deux autres, ayant constitué leur gouvernement, seront immédiatement renversés par l'Assemblée). Et d'autre part, entre gouvernements successifs, la IVe République connaîtra 250 jours d'expédition des affaires courantes. Le constituant de 1946 pensait, par les mécanismes du parlementarisme

rationalisé, maîtriser le jeu des partis, mais les partis — dont l'augmentation du nombre est favorisée par la représentation proportionnelle — apprendront rapidement à détourner à leur profit les procédures. Les pratiques de la double investiture (le président du Conseil revient demander un vote de confiance à l'Assemblée nationale après avoir formé son gouvernement) et du calibrage des votes (l'Assemblée refuse de voter les textes sur lesquels le gouvernement pose la question de confiance en faisant en sorte que le refus ne soit pas exprimé à la majorité absolue : ainsi le gouvernement n'est pas constitutionnellement contraint à la démission, et les conditions requises pour que puisse jouer le droit de dissolution ne sont pas réunies) révèlent la situation de faiblesse de l'exécutif devant le Parlement. C'est un régime de souveraineté parlementaire de fait, que consacre l'absence d'un véritable contrôle de constitutionnalité des lois et du référendum législatif. C'est aussi un régime *ultra-représentatif* (G. Vedel), c'est-à-dire un régime dans lequel le corps électoral se sent dépossédé de son pouvoir de suffrage au profit des partis qui se partagent les places, ce que De Gaulle appellera le « régime des partis ». Il faut dire qu'après la rupture, le 5 mai 1947, du tripartisme (alliance du parti communiste, des socialistes de la SFIO — Section française de l'internationale ouvrière — et des démocrates chrétiens du mouvement républicain populaire qui est à l'origine des institutions de la IVe République), et de l'avènement ultérieur de la troisième force (alliance des partis du centre, du centre gauche au centre droit, contre les extrêmes), le multipartisme s'installe en maître.

4. Ni la loi électorale du 9 mai 1951 (introduisant le système des apparentements), ni la révision constitutionnelle de 1954 (qui oblige le président du Conseil désigné à se présenter devant l'Assemblée avec ses ministres, ce qui rend inutile la double investiture, et qui rétablit la navette entre les deux assemblées), ni la dissolution du 2 décembre 1955, n'ont d'effet significatif sur la pratique du régime, et c'est finalement le général de Gaulle qui, appelé au pouvoir à l'occasion d'événements liés à la guerre d'Algérie, sera le syndic de faillite d'un régime qui s'achève officiellement avec la promulgation, le 4 octobre 1958, de la Constitution de la Ve République. Le droit constitutionnel de la Ve ne tourne cependant pas entièrement le dos à celui de la IVe République puisque, par l'effet du renvoi du Préambule de la Constitution et de la jurisprudence du Conseil constitutionnel, le Préambule de 1946 est devenu partie intégrante de la Constitution de 1958.

➘ *Affaires courantes, Apparentement, Cinquième République, Dissolution, Investi-*

ture, Législature, Parlementarisme rationalisé, Préambule, Question de confiance, Régime d'assemblée, Régime parlementaire, Régime représentatif, Troisième République

Actes du colloque de Nice, *La IVe République*, LGDJ, 1978 ; J. Basso, *La IVe République*, Montchrestien, 1997 ; *Pouvoirs* n° 76, « La IVe République », 1996.

Questeur

Les questeurs (3 à l'Assemblée nationale, 3 au Sénat) sont des parlementaires élus pour diriger les services financiers et administratifs de leur assemblée.

↘ *Bureau*

Question(s)

Procédure traditionnelle de contrôle de l'exécutif par les membres du Parlement en régime parlementaire (elle ne peut exister en régime présidentiel, les ministres n'ayant pas accès aux chambres).

Les parlementaires peuvent poser :

- soit des questions écrites (sans limitation de nombre) adressée à un ministre qui répond par la voie du *Journal officiel* ;
- soit des questions orales (avec ou sans débat) qui permettent d'interroger un ministre publiquement et en séance après inscription à un ordre du jour ;
- soit — en France, depuis 1974 — des « questions au gouvernement » (actuellement une séance hebdomadaire tant à l'Assemblée nationale qu'au Sénat). Cette procédure permet aux parlementaires d'interroger le gouvernement, mais dans le cadre d'une répartition de la durée de la séance entre les groupes parlementaires (depuis 2019, deux tiers pour les groupes d'opposition), et sans que le texte des questions soit — théoriquement — communiqué à l'avance aux ministres. Un chronométrage public permet de s'assurer du respect du temps de parole (2 minutes 30 pour la question et autant pour la réponse), mais il n'y a pas de droit de réplique du parlementaire à la réponse qui a été apportée à sa question.

Les assemblées sont libres de prévoir dans leur règlement ou hors cadre réglementaire d'autres formules de questions (exemple des questions à un ministre à l'Assemblée nationale et des questions cribles thématiques au Sénat).

En Grande-Bretagne, une heure est réservée chaque jour de séance aux questions orales : c'est le *question time*.

↘ *Contrôle parlementaire, Opposition*

P. Avril, J. et J.-E. Gicquel, *Droit parlementaire*, Montchrestien, 2021, n° 529-536.

Question de confiance

Procédure par laquelle, en régime parlementaire, le chef du gouvernement engage devant les parlementaires élus au suffrage universel la responsabilité politique (c'est-à-dire l'existence) de son gouvernement. Sous la Ve République, elle peut jouer sur son programme, une déclaration de politique générale, ou sur un texte en discussion (projet ou proposition de loi). La question de confiance permet au chef du gouvernement de s'assurer qu'il est suivi par sa majorité, éventuellement de faire pression sur elle.

La question de confiance était minutieusement réglementée par la Constitution de 1946, si minutieusement que la procédure fut contournée par les parlementaires, et que les gouvernements furent le plus souvent contraints à la démission en dehors de sa mise en œuvre. Le constituant de 1958, qui n'a pas repris l'expression de question de confiance, a tiré les leçons de cet échec en organisant l'engagement de responsabilité de telle sorte que le gouvernement soit en position de force dans ses relations avec l'Assemblée nationale.

D'une part l'exigence de confiance avant la nomination du gouvernement — procédure dite de « l'investiture » — est supprimée (art. C. 8, al. 1er et C. 49, al. 1er), et remplacée, à la seule initiative du gouvernement et s'il le juge utile, par un engagement de sa responsabilité sur son programme ou sur une déclaration de politique générale, la confiance étant accordée par un vote à la majorité simple (art. C. 49, al. 1er).

D'autre part, la confiance se déduit du refus de l'Assemblée nationale de voter une motion de censure, que ce soit une motion de censure *spontanée* (art. C. 49, al. 2) ou *provoquée* (même article, al. 3), la motion de censure devant être votée à la majorité absolue des députés. La logique de cet alinéa est d'interdire à l'Assemblée de refuser au gouvernement les moyens de sa politique si elle ne veut pas le renverser.

↘ *Censure, Confiance, Motion de censure, Parlementarisme rationalisé, Quarante-neuf al. 3 (49 al. 3), Responsabilité*

Question préalable

↘ *Motion*

Question prioritaire de constitutionnalité

1. Le principe

Reprenant, pour l'essentiel, un projet ancien imaginé par l'ancien garde des Sceaux, Robert Badinter, en 1990, mais qui avait été repoussé par le Sénat, fut repris par le Comité Vedel en 1993 puis le Comité Balladur en 2007, la révision constitutionnelle du 23 juillet 2008 a introduit la question prioritaire de constitutionnalité (QPC) dans le droit français. Ce nouveau et très important mécanisme, en vigueur depuis le 1er mars 2010, permet, au cours d'une instance en cours devant une juridiction, de soutenir qu'une disposition législative porte atteinte aux droits et libertés que la Constitution garantit. Le Conseil constitutionnel pourra être saisi de cette question sur renvoi du Conseil d'État ou de la Cour de cassation (art. C. 61-1).

Ce mécanisme permet, sous certaines conditions, aux justiciables (et seulement eux) de contester la conformité de la loi à la Constitution formelle. Cette question ne sera pas (sauf exceptions) tranchée par le premier juge saisi, lequel devra renvoyer la résolution de la question à la juridiction suprême de son ordre. Il ne s'agit donc pas d'un mécanisme identique à celui qui a cours aux États-Unis d'Amérique (et dans les systèmes assimilés), notamment parce qu'il se combine avec le caractère relativement concentré, autour du Conseil constitutionnel, du contrôle de constitutionnalité des lois en France.

La question est prioritaire car elle prime tout examen, en particulier de conventionnalité de la loi contestée (art. 23-2, al. 2 et 23-5, al. 2 de l'ord. organique relative au Conseil constitutionnel).

2. Les modalités

Les modalités de la QPC sont précisées pour l'essentiel par une loi organique intégrée dans l'ordonnance organique relative au Conseil constitutionnel (chap. II-*bis*).

- Par qui ? Tout justiciable partie à un procès. La question ne pourra pas être soulevée d'office, c'est-à-dire de la propre initiative du juge lui-même.
- Sur quoi ? Une disposition législative entrée en vigueur (en ce sens, le contrôle de la loi sera *a posteriori*) qui violerait les droits et libertés garantis par le bloc de constitutionnalité (est exclue l'invocation d'une violation des conditions procédurales d'adoption de la loi). Il doit s'agir d'une disposition législative qui n'a pas été déjà déclarée conforme à la Constitution par le Conseil constitutionnel, à moins d'un changement de circonstances de droit ou de fait. Il se peut d'ailleurs que la loi contestée soit antérieure à 1958. Le contrôle demeure essentiellement abstrait (la loi est examinée *in abstracto* et non dans ses implications concrètes à l'affaire qui l'a déclenchée). Cependant, selon le Conseil constitutionnel, le contrôle peut porter non seulement sur la norme constitutionnelle mais aussi sur « la portée effective qu'une interprétation jurisprudentielle constante confère à cette disposition » (Cons. const., déc. 2010-52 QPC du 14 oct. 2010), bref sur l'interprétation de la norme. Ce dernier point est accepté par le Conseil d'État mais contesté par la Cour de cassation (Cass., QPC, n° 09-83.328, 12019 du 19 mai 2010).
- Où ? Devant toute juridiction relevant de l'ordre judiciaire (à l'exception de la Cour d'assises) ou administratif.

- Quand ? À tout moment d'une instance. Mais ce moyen peut être soulevé également pour la première fois en cause d'appel ou bien même devant l'instance de cassation.
- Comment ? La demande doit être présentée par écrit et de manière distincte.
- Le rôle du premier juge saisi

La première juridiction saisie de la question doit statuer « sans délai » (c'est-à-dire le plus rapidement possible) sur la demande de transmission de la QPC à la cour suprême dont elle relève (Conseil d'État pour une juridiction administrative, Cour de cassation pour une juridiction judiciaire). Le renvoi est en principe obligatoire, le juge ne disposant guère de marge d'appréciation : la disposition contestée doit être applicable au litige ou à la procédure, ou constituer le fondement des poursuites ; la demande doit ne pas être dépourvue de caractère sérieux. Si le juge considère que ces conditions sont remplies, il doit renvoyer l'appréciation de la question à la cour suprême et donc surseoir à statuer (sauf cas particuliers) jusqu'à réception de la réponse de la cour, voire du Conseil constitutionnel si celui-ci vient à être saisi. Il est à noter que le refus de renvoyer la question à la cour suprême n'est pas susceptible de recours durant l'instance elle-même (il faudra attendre un procès en appel ou en cassation pour la contester).

- Le rôle des cours suprêmes

S'ils sont saisis, le Conseil d'État ou la Cour de cassation disposent d'un délai de 3 mois pour décider d'un renvoi de la question de constitutionnalité au Conseil constitutionnel ou non. Ces deux cours disposent d'un pouvoir d'appréciation assez étendu en pratique : elles réexaminent les conditions de recevabilité posées devant le premier juge saisi : que la disposition soit applicable au litige et qu'elle n'ait pas déjà été déclarée conforme à la Constitution par le Conseil constitutionnel. S'ajoute une troisième condition, sous forme alternative : la nouveauté de la question ou bien son caractère sérieux. Cela laisse donc à ces deux cours suprêmes une certaine latitude. Il n'est pas rare qu'elles en usent, rendant ainsi, lorsqu'elles refusent de transmettre la QPC au Conseil constitutionnel, de véritables jugements de constitutionnalité de la loi. En raison de ce rôle des cours suprêmes, le contrôle de constitutionnalité de l'art. C. 61-1 est moins concentré que le contrôle classique de l'art. C. 61 sans qu'il perde cependant pour l'essentiel ce caractère.

- Le rôle du Conseil constitutionnel

Si la QPC lui est renvoyée, le Conseil doit se prononcer dans un délai déterminé (3 mois), après audition publique des parties. Le président de la République, le Premier ministre et les présidents des assemblées peuvent présenter des observations sur le fond de la question. Le Conseil conserve le monopole de la déclaration d'inconstitutionnalité de la loi. En cela, le contrôle à la française demeure *relativement* concentré.

- Les effets

Une fois obtenue la réponse du Conseil constitutionnel (ou des cours suprêmes si elles ont refusé de transmettre la question au Conseil), le procès reprend son cours. Une disposition déclarée inconstitutionnelle sur ce fondement est abrogée à compter de la publication de la décision du Conseil constitutionnel ou d'une date ultérieure fixée par cette décision. Le Conseil détermine lui-même la très délicate question des effets d'une déclaration d'inconstitutionnalité, notamment dans quelle mesure ceux que la disposition a produits sont susceptibles d'être remis en cause (art. C. 62).

Depuis sa mise en œuvre, le mécanisme de la QPC a été beaucoup utilisé : 413 décisions à la date du 30 juin 2015. Dans environ 20 % des cas, il a prononcé l'inconstitutionnalité de la disposition contestée.

Reste à apprécier, sur le long terme, les effets que la QPC est susceptible d'apporter sur l'ordre constitutionnel français. Le contrôle de constitutionnalité n'est plus uniquement *a priori*, ni exclusivement par voie d'action. Son caractère abstrait demeure toutefois pour l'essentiel ; il reste un contentieux essentiellement objectif, dans l'intérêt du droit. La QPC introduit un certain lien entre la justice constitutionnelle et la justice ordinaire. Est-ce à dire qu'il va véritablement rapprocher le citoyen de la loi fondamentale ? Ce serait faire bon marché du caractère très instrumental du mécanisme de la QPC, avec le risque d'accentuer encore la tendance à l'instrumentalisation de la constitution elle-même.

➘ *Constitutionnalité (Principe de), Contrôle de constitutionnalité, Exception d'inconstitutionnalité*

Code constitutionnel, Lexisnexis, obs. sous l'art. C. 61-1 et 62 et annexe 7 ; G. Carcassonne, O. Duhamel, *La QPC*, Dalloz, coll. « À savoir », 2011 ; X. Magnon et alii (dir.), *La question prioritaire de constitutionnalité*, LexisNexis, 2013 ; O. Pfersmann, « Le renvoi préjudiciel sur exception d'inconstitutionnalité », *LPA* n° 254, 19 déc. 2008, p. 103 ; D. Rousseau (dir.), *La question prioritaire de constitutionnalité*, Lextenso-Gazette du Palais, 2e éd., 2012.

Questions politiques (Doctrine des)

Évoquée implicitement dans son célèbre arrêt *Marbury c. Madison* (1803), la doctrine des questions politiques (*Political Question Doctrine*) de la Cour Suprême des États-Unis d'Amérique vise à justifier que celle-ci refuse de statuer sur certains recours qui lui sont soumis mais dont les questions soulevées, à forte teneur politique, ne lui paraissent pas justiciables, c'est-à-dire impropres à être résolues par la voie juridictionnelle (par ex. en matière de pouvoir diplomatique). L'arrêt *Baker c. Carr* de 1962 a précisé les contours de cette doctrine, assez souple et évolutive.

E. Zoller, *Les grands arrêts de la Cour Suprême des États-Unis*, Dalloz, 2010, n° 1, 22, 26, 30, 33, 34, 37.

Quinquennat

Se dit d'un mandat dont la durée est fixée à 5 ans.

Curieusement, le terme est utilisé en France pour désigner, non la durée du mandat des députés à l'Assemblée nationale, effectivement fixée à 5 ans (C. élect., art. LO 121), mais celle, longtemps souhaitée (une première tentative avait été faite à l'initiative du Président Pompidou à l'automne 1973), ardemment discutée, et finalement « extorquée » à un corps électoral peu convaincu (la loi constitutionnelle du 2 octobre 2000 n'a été votée que par 17,7 % des inscrits) du mandat présidentiel (art. C. 6, al. 1er). La révision constitutionnelle de 2008 interdit à une même personne d'accomplir plus de 2 mandats quinquennaux consécutifs (al. 2). Ainsi — théoriquement — un ancien Président pourrait se représenter une troisième fois après un « intermède » accompli par un autre. Pour beaucoup d'acteurs et d'observateurs de la vie politique, le septennat qui avait sa logique dans l'hypothèse d'une présidence arbitrale (mais l'expérience a montré l'ambiguïté de la notion d'arbitrage), n'était pas accordé à la pratique d'une présidence active, alors même que le Président est juridiquement irresponsable sauf le cas de haute trahison (incrimination remplacée en 2007 par celle de « manquement à ses devoirs manifestement incompatible avec l'exercice de son mandat », art. C. 68). La justification du quinquennat était donc de réconcilier pouvoir et responsabilité, de simplifier le calendrier électoral, de diminuer le risque que survienne une situation de cohabitation et, finalement, de consacrer l'autorité du chef de l'État comme chef de l'exécutif... sans pour autant basculer dans le régime présidentiel (c'est-à-dire en gardant les mécanismes du régime parlementaire qui consacrent le rôle du Premier ministre). L'expérience depuis vingt ans montre en tout cas que les présidents ont accentué encore leur emprise sur les rouages gouvernementaux et parlementaires (la « captation présidentielle »).

↘ *Captation présidentielle, Cohabitation, Responsabilité, Septennat*

Ch. Boutin, F. Rouvillois, *Quinquennat ou septennat*, Flammarion, 2000 ; G. Carcassonne, *La Constitution*, Le Seuil, 11e éd., 2013, comm. de l'art. C. 6 ; D. Chagnollaud, *Un président peut en cacher un autre*, Flammarion, 2000 ; Comité Vedel, *Rapport du comité pour la révision de la Constitution*, in *Code constitutionnel*, Annexe 14-E. 1 ; O. Duhamel, *Le quinquennat*, Presses de la FNSP, 2000.

Quorum

Nombre de membres présents exigés dans un organisme délibérant pour que les votes soient valables. Le principe dans les assemblées parlementaires françaises est que les assemblées sont toujours en nombre pour délibérer, et que les votes sont donc valables, sauf si une demande de vérification de quorum n'a pas permis de constater la présence dans l'enceinte du Palais de la majorité des membres de l'assemblée. Dans ce cas, la séance est suspendue ou levée et le scrutin reporté d'au moins 15 minutes (v. art. RAN 61) ou d'au moins une heure (v. art. RS 51).

Quotient électoral

↘ *Représentation proportionnelle*

R

Rappel à l'ordre

Mesure disciplinaire prise par le président d'une assemblée délibérative à l'encontre d'un parlementaire qui a troublé l'ordre de la séance. En France, il peut être simple ou comporter l'inscription au procès-verbal de la séance ; il s'accompagne alors de la privation du quart de l'indemnité parlementaire (art. RAN 72). Le rappel à l'ordre est également prévu par le règlement du Sénat (art. RS 92).

Raison d'État

Justification de pratiques transgressives, notamment des règles de droit, au nom du salut de l'État. Inévitablement seront invoqués les enseignements de Machiavel : « Il faut donc qu'un prince qui veut se maintenir apprenne à ne pas être toujours bon, et à en user bien ou mal, selon la nécessité » (*Le Prince,* ch. XV). Par définition, la raison d'État ne saurait avoir sa place dans une constitution libérale. Dans les faits, c'est autre chose...

Y.C. Zarka, « Raison d'État », in *Dictionnaire de philosophie politique*, PUF, 2003.

Rappel au règlement

Procédure ayant pour objet de permettre à tout parlementaire de demander l'application des dispositions du règlement. Un rappel au règlement a toujours la priorité sur la question principale, et la parole est accordée au parlementaire qui la demande soit sur le champ, soit, si un orateur a la parole, à la fin de son intervention. La priorité du rappel au règlement rend la procédure très efficace comme instrument de diversion, voire d'obstruction, et retirer la parole à un parlementaire qui fait une intervention sans aucun rapport avec la procédure — ce qui est théoriquement possible, article RAN 58, alinéa 2 — est très difficile...

➘ *Obstruction, Règlement d'assemblée*

Rapporteur

Parlementaire élu par une commission pour élaborer et présenter à l'assemblée un rapport sur un texte (projet ou proposition de loi, proposition de résolution) renvoyé à la commission après son dépôt sur le bureau de l'assemblée. Ce rapport fait état des travaux de la commission, formule des conclusions (d'adoption ou de rejet) et, habituellement, propose des amendements. Présenté oralement en début de discussion générale, après l'intervention du gouvernement, le rapport fait l'objet d'un document écrit qui doit être normalement distribué avant que ne s'engage le débat parlementaire.

Les commissions d'enquête et les missions d'information désignent également pour chaque sujet abordé un rapporteur.

Enfin, les commissions des finances des deux assemblées ont le privilège de désigner un rapporteur général permanent qui rapporte sur tous les projets de loi de finances, intervient dans les procédures d'irrecevabilité financière et fait partie de la conférence des présidents.

➘ *Commission, Conférence des Présidents, Discussion générale*

Ratification

Procédure de confirmation d'un acte, qui lui donne sa plénitude juridique. La portée de la ratification varie cependant selon l'acte soumis à ratification.

1. Ratification d'engagements internationaux

La ratification n'est engagée que pour les traités, ou engagements internationaux à procédure de conclusion longue (art. C. 52, al. 1er). La distinction entre les traités et les accords internationaux non soumis à ratification (art. C. 52, al. 2) n'obéit pas à un critère matériel (ou de contenu), mais résulte de la pratique des autorités de l'État : la ratification, qui intègre dans l'ordre juridique interne les stipulations du traité, vaudra pour les engagements jugés suffisamment importants pour placer la négociation sous l'autorité du chef de l'État, lequel pourrait, une fois le traité signé, ne pas ratifier (la compétence de ratification est une compétence discrétionnaire).

Pour toute une série de traités dont la liste est donnée par l'article C. 53, la ratification (ou l'approbation pour les accords non soumis à ratification) est subordonnée à une autorisation donnée par le Parlement. Dans cette hypothèse, la compétence du Parlement se limite à donner (ou refuser) l'autorisation, sans pouvoir amender le traité.

Enfin, l'autorisation de ratification peut être demandée au peuple pour les traités qui, sans être contraires à la Constitution, auraient des incidences sur le fonctionnement des institutions (procédure prévue par l'art. C. 11 avec application en 1972 — traité d'élargissement de la Communauté européenne — 1992 — traité sur l'Union européenne — et 2005 — traité établissant une Constitution pour l'Europe).

2. Ratification des ordonnances

La ratification prévue à l'article C. 38, alinéa 2, a pour objet de donner la valeur législative à une ordonnance qui est déjà entrée en vigueur. L'exigence constitutionnelle est satisfaite par le simple dépôt d'un projet de loi de ratification dans le délai fixé par la loi d'habilitation. La ratification résultera ensuite du vote des assemblées (qui disposent du droit d'amendement). La ratification résultera ensuite du vote des assemblées (qui disposent du droit d'amendement), ratification qui, depuis la révision constitutionnelle de 2008, doit être expresse et exclut une ratification implicite par simple renvoi. L'absence de dépôt du projet de loi de ratification, comme le refus de ratification du Parlement, entraîne la caducité des ordonnances. Le Conseil constitutionnel a cependant jugé par une décision surprenante du 28 mai 2020 (n° 2020-843 QPC) qu'une ordonnance acquiert la valeur législative dès l'expiration du délai de dépôt du projet de loi de ratification.

↘ *Engagement international, Habilitation, Hiérarchie des normes, Ordonnance, Traité*

CE 28 mai 1971, *Barrat*, *AJDA* 1971. 400, chron. *Cabannes et Labetoulle*, p. 488, note Fournier ; Cons. const., n° 92-308 DC, 9 avr. 1992, *Rec. Cons. const.* p. 55 ; *Le Figaro*, 14 juin 2020, chron. J.-E. Schoettl et J.-P. Camby.

Rationalisation du parlementarisme

↘ *Parlementarisme rationalisé*

Recall

↘ *Destitution, Mandat*

Rechtsstaat

↘ *État de droit, Rule of Law*

Référendum

Le référendum, c'est le peuple législateur, ainsi que l'expose J.-J. Rousseau : « Toute loi que le peuple en personne n'a pas ratifiée est nulle, ce n'est pas une loi ». Introduit dans la pratique constitutionnelle française par la Convention (premier référendum en juillet 1793 pour adopter la Constitution dite « montagnarde », et deuxième deux ans plus tard pour adopter celle du régime du Directoire), le référendum fera ensuite l'objet d'une utilisation plébiscitaire par les deux Bonaparte. Après une longue éclipse, De Gaulle le rétablira, d'abord en 1945 (référendum constituant du 21 oct., qui sera suivi de deux autres — De Gaulle étant parti — les 5 mai et 13 oct. 1946), puis en 1958 (référendum du 28 sept. pour adopter la Constitution de la Ve République et depuis, neuf autres, huit au titre de l'art. C. 11 et un dans le cadre de l'art. C. 89).

Le référendum ne correspond pas à un modèle unique :

- selon la procédure, il peut être d'initiative populaire (Italie : 500 000 signatures ; Suisse : 50 000), d'initiative parlementaire (France, art. C. 11, jusqu'ici sans succès), ou d'initiative gouvernementale, le président de la République ayant l'exclusivité de la décision d'organisation — et en pratique l'initiative elle-même — (tous les référendums organisés sous la Ve République) ; la révision de 2008 ouvre, de façon originale, la voie à un référendum d'initiative jumelée, à la fois parlementaire et populaire : la proposition déposée par un cinquième des membres du Parlement doit être soutenue par un dixième des électeurs inscrits (art. C. 11, al. 3 à 6) ;

- selon l'objet, le référendum peut être constituant (1945, 1946, 1958, oct. 1962, 1969, 2000, avec beaucoup de contestations pour ceux d'oct. 1962 et 1969 en raison du choix de la procédure) ou législatif (en ce qui concerne les autres référendums de la Ve République) ;
- selon le caractère du recours au référendum, il sera dit obligatoire ou facultatif (ainsi est obligatoire le référendum prévu à l'art. C. 53, al. 3 : « Nulle cession, nul échange, nulle adjonction de territoire n'est valable sans le consentement des populations intéressées », mais, dans cette hypothèse, il ne s'agit pas d'un référendum national) ;
- selon la portée du vote, le référendum peut être, d'une part, national ou local (États fédérés américains ou Cantons suisses ainsi que les collectivités territoriales françaises, art. C. 72-1, al. 2) ; et, d'autre part, décisionnel ou consultatif : dans le premier cas, il s'agira, soit d'abroger une loi en vigueur (Italie), soit de faire adopter un projet de loi (art. C. 11) et dans le second cas, de donner un avis dont le gouvernement fera l'usage qu'il jugera bon.

Le référendum permet au peuple de décider lui-même. Lorsqu'une Constitution accorde une place à la procédure référendaire parallèlement à l'élection de représentants, la démocratie pourra être qualifiée de semi-directe.

↘ *Césarisme démocratique, Démocratie, Plébiscite, Régime représentatif*

J.-M. Denquin, « Référendum et plébiscite », in *Dictionnaire de la culture juridique*, PUF, 2003 ; M. Guillaume-Hofnung, *Le référendum*, PUF, coll. « Que sais-je ? » n° 2329, 1987 ; F. Hamon, *Le référendum, étude comparative*, LGDJ, 2e éd., 2012 ; *Théorie et pratique du référendum*, Société de législation comparée, Collection Colloques n° 17, 2012.

Régalien

↘ *État*

Régime d'assemblée

Si l'expression dit bien la chose : l'assemblée monopolise le pouvoir, les hypothèses qualifiées de régime d'assemblée sont tellement diverses qu'il est difficile d'y voir une catégorie juridiquement consistante :

- soit, dans une période de vide constitutionnel, une assemblée qui vient d'être élue dispose de la plénitude de compétence pour élaborer une nouvelle Constitution et, en attendant l'adoption du texte, pourvoir au gouvernement, ce qui se fait par la mise en place d'un gouvernement qu'elle s'efforce de contrôler strictement : régime d'assemblée provisoire comme la France en a connu plusieurs dans son histoire constitutionnelle mouvementée, mais selon des modalités variables. Ainsi les pouvoirs de l'Assemblée constituante élue le 21 octobre 1945 étaient limités par une loi relative à l'organisation des pouvoirs publics pendant la période préconstitutionnelle, si bien qu'elle n'était pas toute-puissante ;

- soit l'assemblée est appelée à gouverner parce que le constituant l'a voulu. C'est l'exemple du régime conventionnel institué par la Constitution de 1793, si cette Constitution avait été appliquée : régime d'assemblée « d'intention » dans la terminologie de G. Burdeau, régime fortement marqué par l'influence de J.-J. Rousseau et qui servit de modèle idéal pour l'extrême-gauche et les démocraties dites populaires ;
- soit l'assemblée contrôle le gouvernement à un point tel que celui-ci perd, en pratique, très largement toute autonomie : ce régime d'assemblée « de fait » (G. Burdeau) peut se produire en régime parlementaire quand les rivalités entre de multiples partis paralysent l'établissement d'une majorité durable. La France a connu sous les IIIe et IVe Républiques cette déviation du régime parlementaire qualifiée par Carré de Malberg de « parlementarisme absolu » ou par M. Prélot d'« ultraparlementarisme ».

En dernière analyse cependant, la catégorie « régime d'assemblée » manque de consistance au plan juridique et se révèle surtout une notion polémique.

↘ *Convention, Parlementarisme, Régime directorial, Régime parlementaire*

P. Bastid, *Le gouvernement d'assemblée*, Cujas, 1956 ; A. Le Pillouer, « La notion de "régime d'assemblée" et les origines de la classification des régimes politiques », *RFDC*, n° 58, 2004, p. 305.

Régime conventionnel

↘ *Convention, Régime d'assemblée*

Régime des partis

↘ *Quatrième République*

Régime directorial

Organisation constitutionnelle faisant référence à la Constitution de l'an III (1795). Cette Constitution attribuait le pouvoir exécutif à un directoire de 5 membres nommés par le corps législatif et renouvelable par cinquième tous les ans. Sorte de chef d'État collégial, le Directoire nommait et révoquait les ministres.

La différence entre cet exécutif et l'exécutif prévu par la Constitution de 1793 tenait en ce que, dans ce dernier cas, le « Conseil exécutif », composé de 24 membres choisis par la Convention, était responsable devant celle-ci et pouvait être entendu à chaque fois qu'il avait un compte à rendre, ou que la Convention le jugeait convenable ; cette claire suprématie de l'assemblée sur l'exécutif était étrangère à la Constitution de l'An III.

L'exécutif collégial suisse se rapproche du Directoire : composé de 7 membres élus séparément par l'Assemblée fédérale, dont chacun dirige un département ministériel (et dont l'un est nommé pour un an président de la Confédération helvétique), ce « Conseil fédéral » possède un mandat fixe et les conventions du régime interdisent à l'Assemblée fédérale de le renverser.

↘ *Convention*

Pouvoirs n° 43, « La Suisse », 1987 ; P. Lauvaux, A. Le Divellec, *Les grandes démocraties contemporaines*, PUF, 4e éd., 2015.

Régime parlementaire

1. Origines

Le régime parlementaire (appelé également « gouvernement parlementaire » ou « gouvernement de cabinet ») s'inscrit dans une longue évolution dont l'origine est, en Angleterre, le développement des prérogatives du Parlement, prérogatives arrachées de haute lutte au monarque à l'occasion de crises successives sur plusieurs siècles (XIIIe-XVIIe siècles) : c'est la monarchie limitée, qui débouche peu à peu sur un système de balance des pouvoirs. Mais au Parlement il faut un bras exécutif : l'effacement progressif du monarque conduit, en quelque sorte par compensation, à l'affirmation du pouvoir ministériel. Si l'histoire constitutionnelle anglaise échappe aux césures trop nettes (car simplistes), on peut néanmoins considérer que le précédent que constitue la première démission collégiale d'un cabinet, celui de Lord North, en 1782, marque une étape capitale pour l'épanouissement du principe de la responsabilité politique du gouvernement devant le Parlement, même s'il faudra encore du temps pour que toutes ses implications apparaissent clairement.

Montesquieu a visité l'Angleterre en 1729-1731, précisément à l'époque où s'annonçait cette transformation. Mais la Constitution qu'il analyse dans le célèbre chapitre VI du titre XI de *De l'Esprit des Lois* est bien celle de la monarchie limitée, en passe de disparaître quand l'ouvrage est publié en 1748. Et ce sont les constituants américains réunis à Philadelphie qui recueilleront l'héritage du publiciste français et l'inscriront dans la Constitution de 1787. Ainsi s'explique que sera défini comme un régime de séparation accentuée (on dit souvent, de façon exagérée, « rigide ») des pouvoirs le régime américain (plus tard qualifié de présidentiel), alors que le régime parlementaire renvoie à une conception beaucoup plus souple de la même séparation (ou plutôt la balance) des pouvoirs, au point qu'il est plus juste de parler de fusion des pouvoirs, celle-ci s'accentuant encore pratiquement lorsqu'est atteinte la symbiose politique entre cabinet et la majorité parlementaire.

2. Agencement statique

Les réalisations contemporaines du régime parlementaire sont multiples. Aussi sa définition peut varier en fonction des éléments que l'on veut privilégier.

La définition juridique traditionnelle consiste, après le rappel d'un cadre institutionnel pratiquement immuable (comportant — sauf exception — un chef d'État, un gouvernement et un Parlement — bicaméral ou monocaméral), à montrer que le régime parlementaire est un régime de collaboration et de dépendance réciproque entre le gouvernement et le Parlement sous l'arbitrage plus ou moins formel du chef de l'État. La collaboration s'exprime dans le fait que les ministres sont généralement choisis au sein du Parlement et participent au travail parlementaire : dépôt de projets de loi, droit de parole, droit d'amendement, débats de politique générale, séances de questions orales... La dépendance réciproque se traduit par des procédures de révocabilité mutuelle : mise en jeu de la responsabilité du gouvernement par les procédures de la question de confiance et de la motion de censure, et, le plus souvent (mais pas toujours), droit de dissolution de la chambre élue par l'exécutif.

3. Logique institutionnelle du régime parlementaire

Cette définition, juridique et procédurale, du régime parlementaire, qui est fondée sur un certain type de rapports entre les organes du pouvoir, doit, à l'époque contemporaine, être complétée en y ajoutant la dimension électorale et le jeu des partis politiques. Le régime parlementaire apparaît alors comme le régime dans lequel les seules élections législatives pourvoient de manière décisive à la désignation du personnel parlementaire et gouvernemental : dans un premier temps, élection des députés dont la majorité, dans un second temps, se saisit du gouvernement : la majorité gouverne. C'était d'ailleurs la définition du régime parlementaire donnée par Boris Mirkine-Guetzévitch (« Le fait que cette majorité a le droit de choisir "son" ministère responsable devant elle »), en quoi il confirmait l'analyse de l'Anglais Walter Bagehot qui parlait du gouvernement de cabinet comme système dans lequel le Parlement désigne le premier ministre, autrement dit exerce une fonction élective. Les différences entre les régimes parlementaires tiennent alors à la plus ou moins grande aptitude du système des partis à dégager une telle majorité.

En fonction de cette aptitude, les procédures juridiques du régime parlementaire n'ont plus la même signification. Ainsi la responsabilité du gouvernement devant le Parlement n'est qu'une simple procédure de vérification de l'accord entre le Parlement et le cabinet. Si cet accord existe, elle ne joue pas, ou alors de façon purement formelle (en Grande-Bretagne, un seul gouvernement, le gouvernement Callaghan en 1979, a été renversé par la Chambre des Communes depuis 1921). Et si l'accord n'existe pas, ou n'existe que difficilement, la mise en jeu répétée de la responsabilité du gouvernement traduit plutôt la crise du régime parlementaire que son bon fonctionnement (ainsi des IIIe et IVe Républiques qui sont devenues au fil du temps des régimes d'assemblée de fait).

4. De multiples variantes

Les classifications des régimes parlementaires expriment ce renouvellement de l'analyse. Là où, d'un point de vue historique, on avait l'habitude de distinguer entre régime parlementaire dualiste et régime parlementaire moniste (selon que le gouvernement avait ou n'avait pas de compte à rendre au chef de l'État), la distinction la plus pertinente s'établit aujourd'hui entre les régimes parlementaires qui obéissent à la logique majoritaire sortie des urnes et ceux qui, rebelles à cette logique, n'ont pas réglé le problème de la stabilité gouvernementale. Ainsi s'explique que ces derniers fassent avec plus ou moins de bonheur l'expérience des différents moyens recommandés par la science constitutionnelle pour obtenir cette stabilité tant recherchée. Ce pourra être le parlementarisme rationalisé (depuis une soixantaine d'années dans beaucoup de constitutions européennes), l'élection du chef de l'État au suffrage universel direct (Autriche, Finlande, France, Irlande, Portugal, Pologne, Slovaquie, République Tchèque, Lituanie…), le recours au scrutin majoritaire (Italie, de 1994 à 2005), ou les trois à la fois. Tel a été le choix du constituant français en 1958-1962. Mais si la France de la Ve République peut être classée formellement dans la catégorie des régimes parlementaires, c'est sous la réserve que la variante dualiste qu'elle pratique tend à aboutir à un leadership présidentiel sans équivalent ailleurs et en partie contradictoire avec le principe de l'exécutif responsable devant le Parlement.

↘ *Cinquième République, Dissolution, Dualisme, Fonction élective (du Parlement), Fusion des pouvoirs, Gouvernement, Monarchie, Orléanisme, Parlementarisme, Parlementarisme majoritaire, Parlementarisme rationalisé, Question de confiance, Régime d'assemblée, Régime présidentiel, Responsabilité, Séparation des pouvoirs*

D. Baranger, *Parlementarisme des origines*, PUF, 1999 ; D. Baranger, A. Le Divellec, « Régime parlementaire », *TIDC*, t. 2, 2012 ; R. Capitant, « Régimes parlementaires », in *Écrits constitutionnels*, CNRS, 1982, p. 235 et s. ; J.-C. Colliard, *Les régimes parlementaires européens*, Presses de la FNSP, 1978 ; P. Lauvaux, A. Le Divellec, *Les grandes démocraties contemporaines*, PUF, 4e éd., 2015 ; A. Le Divellec, *Le gouvernement parlementaire en Allemagne. Contribution à une théorie générale*, LGDJ, 2004.

Régime politique

Par régime politique, on entend le plus souvent tous les éléments de droit et de fait qui permettent de rendre compte du mode d'organisation et de fonctionnement du pouvoir politique dans une société déterminée.

Le premier de ces éléments est bien entendu la structure juridique, telle que dessinée par la constitution matérielle et en particulier la constitution formelle, là du moins où le constitutionnalisme libéral est solidement enraciné. Cependant, toutes les règles juridiques ne sont pas dans la constitution formelle, et il faut ajouter, selon les cas, la loi électorale, les règlements des assemblées et la jurisprudence constitutionnelle.

Ces éléments de droit s'accompagnent de pratiques sur différents plans : pratiques partisanes, pratiques gouvernementales, pratiques parlementaires.

Tous ces éléments s'ajustent les uns aux autres dans une synthèse qui, en assumant une tradition, forment l'identité d'un régime *ut singuli*, que l'on peut également qualifier de système politique ou de constitution réelle. On parlera ainsi du régime politique britannique, du régime politique américain...

Les expressions de régime parlementaire ou de régime présidentiel ont une signification plus théorique : elles s'appliquent, dans une perspective de classement (et de comparaison) à un ou plusieurs pays dont l'organisation constitutionnelle présente suffisamment de traits distinctifs pour qu'il soit permis de le(s) faire rentrer dans une catégorie (ce qui ne veut pas dire que ces catégories correspondent à des modèles indépassables, il s'agit plutôt d'hypothèses de travail).

↘ *Constitution, Système de gouvernement, Système politique*

A. Le Divellec, « Constitution juridique, système de gouvernement et système politique », in *Mélanges H. Portelli*, Dalloz, 2018 ; Ph. Bénéton, *Les régimes politiques*, PUF, coll. « Que sais-je ? » n° 289, 1996 ; *Dictionnaire constitutionnel*, PUF, 1992, p. 887 ; P. Lauvaux, A. Le Divellec, *Les grandes démocraties contemporaines*, PUF, 4e éd., 2015 ; Y. Mény, Y. Surel, *Politique comparée*, Montchrestien, 2009.

Régime présidentiel

Appellation relativement récente, ayant remplacé entre les deux guerres celle de gouvernement présidentiel, et, bien que trompeuse, ne s'appliquant rigoureusement qu'au seul régime politique des États-Unis. Il faut ajouter que la théorie du régime présidentiel n'a été faite que bien après que la Constitution de 1787 qui, selon les termes mêmes employés par John Quincy Adams, « fut extorquée sous l'empire de la nécessité à une nation récalcitrante », ait été adoptée.

Dégagé de sa relation au fédéralisme, et en laissant de côté le rôle si important cependant de la Cour Suprême, le principe mis en œuvre par la Constitution de 1787, qui est une transposition républicaine de la monarchie limitée, est que le président ne peut agir si un accord n'est pas trouvé entre trois organes élus distinctement, pour des durées différentes (le président pour 4 ans, les représentants pour 2 ans, et les sénateurs pour 6 ans), et entre lesquels n'existent pas de procédures de révocabilité mutuelle : l'exécutif n'est pas responsable devant le législatif, qui ne peut être dissous. En d'autres termes, il y a contrairement à la plupart des régimes parlementaires, deux expressions de la souveraineté, données par les élections présidentielles et les élections législatives (et même trois si on distingue les élections à la chambre des représentants et les élections au Sénat). L'exécutif n'est donc pas l'émanation du Parlement, et la séparation ainsi établie est complétée par une règle d'incompatibilité absolue qui interdit à tout agent de l'exécutif d'être membre du Congrès. Mais parce que le président ne peut gouverner si le Congrès ne lui en donne pas les moyens (notamment financiers), et que les lois votées par le Congrès ne peuvent être appliquées si le président leur oppose son veto, ils sont obligés de s'entendre, ce qui finit toujours par se produire. Montesquieu, définissant sa constitution idéale (devant comporter un roi, une chambre haute et une chambre basse) avait lumineusement anticipé cette logique du régime présidentiel : « ces trois puissances devraient former un repos ou une inaction, mais comme, par le mouvement nécessaire des choses, elles sont contraintes d'aller, elles iront de concert » (*De l'Esprit des Lois*, livre XI, chap. VI). Il est donc paradoxal que la fonction présidentielle ait été retenue pour qualifier le régime américain, alors que c'est beaucoup plus sûrement un régime de négociation permanente entre le président et le Congrès, ou encore, selon une formule classique, un régime de « freins et contrepoids » (*checks and balances*).

➘ *Alternance, Checks and balances, Cohabitation, État fédéral, Impeachment, Impoundment, Monarchie, Présidentialisme, Régime parlementaire, Régime semi-présidentiel, Séparation des pouvoirs, Veto*

A. Hamilton, J. Jay, G. Madison, *Le Fédéraliste*, rééd. 1988 ; D. Lacorne, *L'invention de la République : le modèle américain*, Hachette, 1991 ; *Les États-Unis*, Fayard, 2006 ; P. Lauvaux, A. Le Divellec, *Les grandes démocraties contemporaines*, PUF, 4e éd., 2015 ; P. Lauvaux, C.-M. Pimentel, « Régimes non parlementaires », *TIDC*, t. 2, 2012 ; A. de Tocqueville, *De la démocratie en Amérique* (1835 et 1840), rééd. R. Laffont, 1986 ; M.-F. Toinet, *Le système politique des États-Unis*, PUF, 2e éd., 1990 ; E. Zoller, *Histoire du gouvernement présidentiel aux États-Unis*, Dalloz, 2011.

Régime représentatif

Alors que les expressions de régime parlementaire, ou de régime présidentiel, définissent un mode d'organisation et de fonctionnement des pouvoirs exécutif et législatif, celle de régime représentatif définit un mode d'exercice de la souveraineté : mode d'exercice par des représentants que le souverain se donne. Dans le prolongement de l'article DDH 3 (« Le principe de toute souveraineté réside essentiellement dans la Nation. Nul corps, nul individu ne peut exercer d'autorité qui n'en émane expressément »), la première application du régime représentatif a été faite par la Constitution du 3 septembre 1791 : « La Nation, de qui seule émanent tous les pouvoirs, ne peut les exercer que par délégation. — La Constitution française est représentative : les représentants sont le Corps législatif et le Roi » (titre III, art. 2). Dans un passage célèbre de *De l'Esprit des Lois* (1748), Montesquieu avait justifié par avance ce régime représentatif institué quelque 50 ans plus tard par la révolution commençante (en même temps qu'elle proclamait le principe de souveraineté nationale) : « Il faut que le peuple fasse par ses représentants tout ce qu'il ne peut faire par lui-même [...]. Le grand avantage des représentants, c'est qu'ils sont capables de discuter les affaires. Le peuple n'y est point du tout propre, ce qui forme un des grands inconvénients de la démocratie ». À quoi Rousseau devait répondre dans *Du Contrat social* : « La souveraineté ne peut être représentée [...]. Les députés du peuple ne sont donc ni ne peuvent être ses représentants, ils ne sont que ses commissaires ; ils ne peuvent rien conclure définitivement. Toute loi que le peuple en personne n'a pas ratifiée est nulle ; ce n'est point une loi. »

En 1791, le régime représentatif est lié au principe de souveraineté nationale et au suffrage censitaire. Il donne naissance à un statut du représentant qui s'est maintenu jusqu'à aujourd'hui : le représentant n'est pas le député d'une circonscription, mais un député de la nation élu dans une circonscription ; son mandat est représentatif et non impératif, et ne peut être individuellement abrégé ; il est protégé par des immunités ; la volonté que l'institution parlementaire dont il est membre exprime est, par construction, celle de la nation.

Cependant la revendication démocratique a conduit à l'abandon du suffrage censitaire. Avec l'avènement du suffrage universel, le régime représentatif s'est incarné dans la démocratie : on parlera de démocratie représentative, puis de démocratie semi-représentative dans la mesure où, à statut juridique identique, le comportement politique du représentant a changé : les partis ont pris une importance croissante, le retour devant l'électeur vaut compte rendu de mandat, l'alternance au pouvoir signifie révocation d'une majorité. En bref, les pratiques électorales contemporaines remettent en cause la présomption selon laquelle la volonté des représentants est toujours celle de leurs électeurs.

↘ *Démocratie, Immunité, Mandat, Référendum, Représentant*

Droits n° 6, « La représentation », 1987 ; B. Daugeron, *La notion d'élection en droit constitutionnel*, Dalloz, coll. « Nouv. bibl. des thèses », 2011 ; S. Mouton (dir.), *Le régime représentatif à l'épreuve de la justice constitutionnelle*, LGDJ, 2016.

Régime semi-présidentiel

Expression proposée par le constitutionnaliste Maurice Duverger pour désigner les régimes dans lesquels coexistent un chef de l'État élu au suffrage universel et un gouvernement responsable devant le Parlement. De tels régimes sont effectivement assez nombreux. Peuvent être cités, en se limitant à l'Europe : l'Autriche, la Finlande, la France depuis 1958-1962, l'Irlande, l'Islande et le Portugal, sans compter des tentatives d'imitation dans tel ou tel pays d'Europe centrale après l'effondrement des régimes socialistes (Pologne, Roumanie, Croatie et Bulgarie notamment).

La qualification de semi-présidentiel de ces régimes est contestable et a été souvent contestée, dans la mesure où elle donne à entendre que le président de ces pays serait comparable au président américain, mais sur le mode mineur. Or la réalité est toute différente. Dans tous les cas de figure, le président d'une République dite « semi-présidentielle » n'a pas, pour une large part, les mêmes compétences que celles du président américain. C'est ainsi que, par exemple, il nomme le chef du gouvernement (mais parfois avec l'approbation requise du Parlement) et qu'il peut dissoudre la chambre des députés. En revanche, il ne dispose pas du droit de veto sur les lois votées par le Parlement. À partir de là, ou bien le président est en mesure d'exercer pleinement les compétences que lui accorde la Constitution, voire exerce une autorité politique sur la majorité parlementaire, et il devient rapidement prépondérant : on parlera alors plutôt de présidentialisme (ou de parlementarisme à « captation présidentielle »), ce qui est indiquer une tendance de la pratique politique, et non définir une catégorie de régime constitutionnel. Ou bien, il n'est pas en mesure de faire un usage personnel de ces compétences, et le régime semi-présidentiel n'est rien d'autre qu'une modalité de régime parlementaire.

La Constitution de Russie, adoptée en 1993, est une autre illustration de ce que l'association d'un chef de l'État élu au suffrage universel et d'un gouvernement que la *Douma* d'État peut renverser, non sans difficulté d'ailleurs, ne signifie pas un régime intermédiaire qui participerait des deux logiques, présidentielle et parlementaire. Dans cette Constitution, tout ce qui concerne le président est rédigé en des termes larges et imprécis, et tout ce qui concerne le Parlement en des termes précis et restrictifs : c'est plutôt de l'ultra-présidentialisme.

Présidentialisme, Régime parlementaire, Régime présidentiel

O. Duhamel, « Remarques sur la notion de régime semi-présidentiel », in *Mélanges M. Duverger*, PUF, 1987 ; M. Duverger, *Échec au roi*, A. Michel, 1978 ; P. Lauvaux, *Destins du présidentialisme*, PUF, coll. « Béhémoth », 2002 ; A. Le Divellec, « Maurice Duverger et la notion de régime semi-présidentiel. Une analyse critique », *in* D. Bourmaud, P. Claret (dir.), *Maurice Duverger. L'héritage résistant d'un mal-aimé*, Garnier, 2021, p. 317 ; Les semi-présidentialismes, *Pouvoirs*, n° 184, 2023.

Règlement

Pouvoir réglementaire

Règlement communautaire

Actes législatifs européens

Règlement d'assemblée

Mesure d'ordre intérieur qu'une assemblée adopte sous la forme d'une résolution pour organiser son fonctionnement et sa discipline internes. Il appartient à chaque assemblée, qui exprime par là son autonomie, d'adopter son règlement. Dans les assemblées des pays marqués par la culture institutionnelle britannique (Système de Westminster), l'équivalent du règlement porte le nom de *Standing Orders*.

Une innovation de la Constitution de la Ve République a été de soumettre les règlements des assemblées à un contrôle obligatoire de constitutionnalité par le Conseil constitutionnel (art. C. 61, al. 1er ; ce contrôle s'impose également à chaque fois que le règlement est modifié). Dans les différentes décisions qu'il a rendues à ce titre, le Conseil a imposé une lecture stricte de la Constitution, ce qui a pu conduire parfois les assemblées à innover en marge des textes (ainsi de la procédure des questions au gouvernement). Mais rappeler cet exemple c'est également souligner que si un règlement d'assemblée est, dans le prolongement de la Constitution formelle et des lois organiques, la principale source écrite du droit parlementaire, les usages en forment une source conventionnelle qui, dans la pratique quotidienne des parlements, n'est pas loin d'être aussi importante.

Contrôle de constitutionnalité, Convention de la constitution, Droit parlementaire, Pratique, Questions au gouvernement, Résolution

P. Avril et J. et J.-E. Gicquel, *Droit parlementaire*, Montchrestien, 6e éd., 2021 ; *Code constitutionnel*, Annexe 4.

Régularité

La régularité est l'exigence à laquelle doivent satisfaire les opérations électorales, et particulièrement l'élection du président de la République (art. C. 58), celle des députés et sénateurs (art. C. 59), ainsi que les opérations de référendum (art. C. 60). Par irrégularité, il faut entendre tout acte ou comportement qui a pu avoir pour effet de porter atteinte à la liberté et à la sincérité du scrutin. Il ne s'agit donc pas pour le juge électoral de sanctionner par principe toutes les irrégularités (le juge électoral n'est pas un juge pénal), mais de rechercher celles qui sont susceptibles d'avoir exercé une influence déterminante sur le résultat de l'élection. En d'autres termes, le résultat de l'opération électorale doit correspondre à ce qu'a voulu le corps électoral dans l'expression de sa souveraineté.

➘ *Contentieux électoral*

Code électoral, commenté et annoté par M. de Villiers, F. Potier, M. de Vendeuil, Lexisnexis.

Renvoi en commission

➘ *Motion*

Représentant

1. Selon la célèbre définition de Barnave, député à l'Assemblée nationale constituante, le représentant est celui qui a compétence pour « vouloir pour la nation ». Plus récemment, le Conseil constitutionnel a précisé que la souveraineté définie à l'article C. 3 ne pouvait être que nationale et que « seuls peuvent être regardés comme participant à l'exercice de cette souveraineté les représentants du peuple français élus dans le cadre des institutions de la République » (déc. des 29 et 30 déc. 1976). Ne peuvent donc être considérés comme représentants de la nation les personnes participant à l'autorité de l'État mais qui ont été nommées (ministres, membres du Conseil constitutionnel), et les députés européens (le Parlement européen n'appartenant pas à l'ordre institutionnel de la République).
2. Ainsi sont appelés les membres de la chambre qui, au sein du Congrès américain, représente la population des États américains, le nombre des représentants étant proportionnel à la population de chaque État (alors que le Sénat est composé uniformément de deux sénateurs par État). Les représentants sont élus pour 2 ans au scrutin uninominal majoritaire à un tour.

➘ *Immunité, Irresponsabilité, Mandat, Régime représentatif*

Cons. const., n° 76-71 DC, 30 déc. 1976, *Cah. dr. eur.*, 1977. 458, note J. Boulouis.

B. Daugeron, *La notion d'élection en droit constitutionnel*, Dalloz, coll. « Nouv. bibl. des thèses », 2011.

Représentation

➘ *Mandat*

Représentation proportionnelle

Mode de scrutin de liste dont le principe est de répartir les sièges d'une assemblée au prorata des suffrages obtenus par application du quotient électoral (total des suffrages exprimés divisé par le nombre des sièges à pourvoir) et, pour la répartition des sièges restants, d'une méthode complémentaire privilégiant, soit la plus forte moyenne de suffrages par siège (méthode dite de la plus forte moyenne ; la méthode d'Hondt donne les mêmes résultats), soit le nombre de suffrages non utilisés après le jeu du quotient.

La représentation proportionnelle s'est largement imposée en Europe au début du XXe siècle, dans le prolongement de la généralisation du suffrage universel : elle est apparue comme le mode de scrutin permettant d'obtenir la représentation la plus fidèle des tendances d'un corps électoral élargi aux dimensions du peuple tout entier. Son application dans certains pays à la vie politique peu structurée (Italie ou France de la IVe République par ex.) lui a cependant fait imputer une responsabilité dans le multipartisme que ces pays ont pu connaître, et l'instabilité gouvernementale qui en est résultée. Historiquement, l'observation n'est guère discutable, mais il ne faut pas sous-estimer les effets de l'aménagement concret de la représentation proportionnelle : la représentation proportionnelle dans une grande circonscription, utilisant la méthode du plus fort reste pour la répartition des sièges, et sans seuil minimal de représentativité, sera très favorable aux petites formations, alors que la représentation proportionnelle dans des circonscriptions moyennes, avec la méthode de la plus forte moyenne et seuil minimum de représentativité (par ex. : 5 % minimum des voix) aura un effet nettement majoritaire, favorisant les grands partis. Mais il s'agit là d'une opposition théorique, entre cas extrêmes. De plus en plus, le législateur cherche à éviter les inconvénients de tout mode de scrutin en panachant les différentes techniques.

La représentation proportionnelle personnalisée, utilisée pour l'élection des députés au *Bundestag* en Allemagne fédérale, est un cas original. Son principe est de faire élire les députés, pour moitié au scrutin uninominal majoritaire à un tour, et pour l'autre moitié à la représentation proportionnelle de listes régionales. L'électeur dispose donc de deux voix, l'une pour voter pour un candidat dans une circonscription, l'autre pour voter pour une liste dans le cadre du *Land* (État fédéré). Mais ce mode de scrutin n'est pas exactement « mixte » pour autant : les deux types de voix sont interdépendants. Le dépouillement des suffrages obtenus au scrutin de liste (proportionnel) détermine globalement le nombre de sièges auquel chaque parti a droit au niveau national (sous réserve d'obtenir un minimum de 5 % des suffrages au niveau d'un *Land* ou bien trois élus au scrutin uninominal). De ce total sont soustraits les sièges obtenus au scrutin uninominal (majoritaire), tandis que les sièges restants sont pourvus à partir des listes en prenant les candidats dans l'ordre de présentation. Le caractère proportionnel demeure donc déterminant, même si la part de désignation uninominale permet à l'électeur de « personnaliser » son vote.

➘ *D'Hondt (système), Knesset, Mode de scrutin, Multipartisme, Scrutin majoritaire, Vote transférable*

J.-M. Cotteret, C. Émeri, *Les systèmes électoraux*, PUF, coll. « Que sais-je ? » n° 1382, 7e éd., 1999 ; *Dictionnaire constitutionnel*, PUF, 1992, p. 917 ; I. Greilsammer, « Réflexions sur le système électoral israélien », *Pouvoirs* n° 72, 1995.

Représentativité

Concept plus sociologique que juridique, qui exprime l'exigence de fidélité d'une assemblée aux tendances de l'électorat. Toute la difficulté est de savoir jusqu'où pousser cette exigence, au risque d'oublier qu'une élection doit aussi dégager une majorité : la Chambre des Communes n'est pas moins représentative que le *Bundestag* mais, en raison notamment du mode de scrutin choisi, elle l'est différemment. Afin d'atténuer les effets d'une trop grande dispersion des suffrages, il est assez fréquent que la loi électorale fixe des seuils de représentativité (par exemple obtenir un pourcentage minimum de suffrages, calculé par rapport aux inscrits ou par rapport aux suffrages exprimés, pour pouvoir participer au 2e tour d'une élection ou à la répartition des sièges).

Mais la représentativité d'une assemblée dépend aussi de la régularité du processus électoral et, à cet égard, il est essentiel qu'il y ait un juge pour statuer sur les irrégularités ayant pu fausser les résultats.

➘ *Bundestag, Chambre des Communes, Contentieux électoral, Modes de scrutin*

République

1. Définitions

En un premier sens : l'objet même du gouvernement, du latin *res publica*, la chose publique, la chose de tous, c'est-à-dire du peuple, entendu comme l'ensemble de la population. Ce sens se retrouve dans le terme grec *politeia*, titre du livre de Platon (en français : la république).

En un deuxième sens : l'État lui-même. Ainsi, dans *Les six livres de la République* (1576), J. Bodin définit la République comme « un droit gouvernement de plusieurs ménages et de ce qui leur est commun, avec puissance souveraine ».

En un troisième sens : si la République est la chose de tous, elle ne peut être celle d'un seul. La République sera donc une forme d'organisation de l'État : proclamer la République est en réalité proclamer que l'État prend la forme républicaine (ce qui conduit parfois à utiliser l'un pour l'autre les termes d'État et de République). Cette forme républicaine exclut la transmission héréditaire du pouvoir : république s'oppose directement à monarchie. Mais plus généralement, c'est toute forme d'appropriation du pouvoir par un seul, ou par quelques-uns, qui est exclue… Ces évidences ont cependant parfois du mal à s'accommoder des circonstances historiques. Le pouvoir dont se rend maître Bonaparte le 18 brumaire an VIII et qu'il réorganise à son goût avec la Constitution du 22 frimaire (13 déc. 1799) est un pouvoir très personnel. Quant au sénatus-consulte du 18 mai 1804 qui institue l'Empire, il comporte cette formule ambiguë : « le gouvernement de la République est confié à un empereur ».

2. Expériences françaises

En France, la monarchie a été abolie le 21 septembre 1792 et l'an I de la République inauguré le lendemain. Trois Constitutions républicaines se sont succédé : 24 juin 1793, 22 août 1795 et 13 décembre 1799.

La République est proclamée pour la seconde fois le 24 février 1848 et durera jusqu'au rétablissement de la dignité impériale à la suite du plébiscite des 21 et 22 novembre 1852. Deux Constitutions ont successivement organisé cette seconde République : les Constitutions des 4 novembre 1848 et 14 janvier 1852.

La République renaît pour la troisième fois sous la forme d'un gouvernement provisoire le 4 septembre 1870, mais les lois constitutionnelles ne seront votées que les 24 et 25 février et 16 juillet 1875. La loi constitutionnelle du 10 juillet 1940 met fin *de facto* à la IIIe République en donnant tout pouvoir au gouvernement de la République (présidé par le maréchal Pétain) pour promulguer une nouvelle Constitution de l'État français.

L'ordonnance du 9 août 1944 rétablit la légalité républicaine, ce qui signifie qu'en droit, la République n'a pas cessé d'exister depuis 1940. La Constitution de la IVe République est promulguée le 27 octobre 1946 et celle de la Ve République, le 4 octobre 1958.

Au total, s'il y a eu cinq Républiques, il y a eu huit Constitutions républicaines. Encore faut-il préciser la portée de cette numérotation des Républiques. Ces numéros n'ont aucune valeur juridique. C'est toujours la même République, et M. Agulhon préfère parler d'avatars numérotés, dont la succession est commandée par des évènements majeurs et toujours dramatiques : révolutions, coups d'État ou guerres précèdent et provoquent le changement de régime.

3. République et Constitution

Au carrefour des différentes définitions de la République et de cette rapide chronologie, on peut comprendre que le constituant s'efforce de protéger la République. Ainsi s'explique la formule du 5e alinéa de l'article C. 89 : « La forme républicaine du gouvernement ne peut faire l'objet d'une révision ». Mais en quel sens faut-il entendre l'expression forme républicaine ? S'agit-il seulement du refus de la transmission héréditaire du pouvoir ? Ou la forme s'étend-elle aux principes et valeurs qui sont indissociables de l'histoire de la République (tels qu'ils sont énumérés par l'article C. 1 : « La France est une République indivisible, laïque, démocratique et sociale », ainsi que par le Préambule et les « principes fondamentaux reconnus par les lois de la République ») ? Et si, par République, il faut comprendre l'État en tant que puissance souveraine, n'y a-t-il pas là un barrage à certaines orientations de la construction européenne ?

En sens inverse, que vaut la protection que représente cet alinéa 5 s'il prenait envie au pouvoir constituant de révision de le supprimer ?

↘ *Chose publique, Cinquième République, Constitution, Deuxième République, Empire, État, État français, Monarchie, Pouvoir constituant, Première République, Quatrième République, Souveraineté, Troisième République*

M. Agulhon, *La République, 1880 à nos jours, Histoire de France*, Hachette, 1990 ; O. Beaud, « La souveraineté de l'État, le pouvoir constituant et le traité de Maastricht, remarques sur la méconnaissance de la limitation de la révision constitutionnelle », *RFDA* 1993. 1045 ; S. Bernstein, O. Rudelle (dir.), *Le modèle républicain*, PUF, 1992 ; B. Mathieu, M. Verpeaux (dir.), *La République en droit français*, Economica, 1996 ; C. Nicolet, *L'idée républicaine en France*, Gallimard, 1982 ; P. Nora, « République », *in* F. Furet, M. Ozouf (dir.), *Le Dictionnaire critique de la Révolution française*, Flammarion, 1988 ; G. Vedel, « Souveraineté et supra-constitutionnalité », *Pouvoirs* n° 67, 1993 ; C. Vimbert, *La tradition républicaine en droit français*, LGDJ, 1992.

Réserve d'examen parlementaire

Obligation pour le gouvernement de surseoir à défendre une position définitive au sein du Conseil (des ministres) de l'Union européenne tant que son Parlement national n'a pas achevé l'examen d'un projet de texte normatif en cours de négociation. Consacrée à des degrés divers au Danemark, en Italie ou au Royaume-Uni notamment, elle l'est également en France : en vertu de plusieurs circulaires du Premier ministre (en particulier celle du 19 juillet 1994 et celle du 21 juin 2010 relative à la participation du Parlement national au processus décisionnel européen), le Gouvernement doit respecter un délai minimum (en règle générale d'un mois) à compter de la transmission au Parlement d'un projet ou d'une proposition d'acte communautaire. Le cas échéant, les assemblées pourront alors adopter une résolution sur ce projet de texte.

↘ *Résolution*

Réserve d'interprétation

Technique utilisée par le Conseil constitutionnel en contrôle de la constitutionnalité des lois, qui lui permet d'éviter de déclarer l'inconstitutionnalité d'une disposition, soit en éliminant une interprétation possible qui serait contraire à la Constitution (réserve dite « neutralisante »), soit en donnant l'interprétation qui permet de déclarer la conformité à la Constitution (réserve dite « constructive »). Le Conseil constitutionnel formule parfois également des réserves « directives » : le juge rappelle aux autorités chargées d'appliquer la loi le respect des exigences constitutionnelles.

↘ *Constitutionnalité, Contrôle de constitutionnalité*

Cons. const., n° 84-181 DC, 10-11 oct. 1984, *Rec. Cons. const.* p. 73, *GDCC* n° 33.

A. Viala, *Les réserves d'interprétation dans la jurisprudence du Conseil constitutionnel*, LGDJ, 1999.

Réserve de discussion

Alors que les articles d'un texte sont discutés par une assemblée dans l'ordre de la numérotation, la réserve permet, pour des raisons de cohérence... ou d'opportunité, de reporter à un stade ultérieur du débat, la discussion d'une disposition qui peut paraître subordonnée à une autre disposition venant plus tard dans le texte.

↘ *Vote de la loi*

Réserve de la loi

↘ *Incompétence négative*

Réserve de vote

Conséquence automatique de la mise en œuvre par le gouvernement de la procédure du vote bloqué.

↘ *Vote de la loi*

Résistance à l'oppression

La résistance à l'oppression fait partie avec la liberté, la propriété et la sûreté des droits naturels et imprescriptibles de l'homme énumérés par l'article 2 de la Déclaration de 1789. Consacrée par le Conseil constitutionnel (déc. du 16 janv. 1982), elle inscrit « au cœur du droit l'acceptation de la faillibilité du droit » (F. Benoit-Rhomer et P. Wachsmann). Mais elle se heurte à un autre article de la même Déclaration, l'article 7, qui dispose : « tout citoyen appelé ou saisi en vertu de la loi doit obéir à l'instant : il se rend coupable par la résistance ». La contradiction entre ces deux articles ne peut se résoudre que par le renvoi aux prescriptions d'un droit naturel supposées supérieures à celles du droit positif. L'objection de conscience est la reconnaissance dans certains cas de cette antinomie.

F. Benoit-Rhomer, P. Wachsmann, « La résistance à l'oppression dans la

Déclaration », *Droits* n° 8, 1988, p. 92 ; E. Desmons, « Droit de résistance », in *Dictionnaire de la culture juridique*, PUF, 2003.

Résolution

Acte non législatif voté par une assemblée (exceptionnellement par deux assemblées, par ex. dans le cas français, pour la convocation de la Haute Cour, art. C. 68) à la suite d'une proposition et préalablement examinée en commission. Avant 1958 en France, leur domaine était indéterminé. Pour contribuer à faire produire tous ses effets au dispositif visant à discipliner les assemblées, le Conseil constitutionnel, dans une interprétation excessivement sévère, décida en 1959 (déc. DC 59-2 et 59-3) que les résolutions ne sauraient tendre à orienter ou à contrôler l'action gouvernementale et que, dès lors, elles ne pourraient, en dehors des cas expressément prévus par la Constitution et les lois organiques, avoir qu'un objet intérieur à l'assemblée elle-même. Dès lors, les résolutions concernèrent longtemps uniquement soit l'organisation ou le fonctionnement de l'assemblée : modification du règlement, création d'une commission d'enquête, demande de suspension de détention ou de mesures privatives ou restrictives de liberté dont un parlementaire fait l'objet. Mais cet étroit domaine a fait l'objet d'un double élargissement.

- D'une part, depuis 1992, chaque assemblée peut voter une résolution sur les projets d'actes législatifs européens ainsi que sur les autres projets ou propositions d'actes de l'Union européenne, la transmission de ces textes aux assemblées étant à la charge du gouvernement et obligatoire. De telles résolutions ne lient toutefois pas juridiquement le gouvernement, si bien qu'elles s'apparentent ici à de simples avis (art. C. 88-4).
- La révision constitutionnelle de 2008 est allée encore plus loin et a restauré presque entièrement le champ des résolutions antérieur à 1958 : le nouvel article C. 34-1 rétablit le principe selon lequel les assemblées ont la faculté de voter des résolutions. Il prend néanmoins soin de préciser (al. 2) que sont irrecevables et ne peuvent être inscrites à l'ordre du jour les propositions de résolution dont le gouvernement craint qu'elles ne fragilisent sa position (en lui adressant des injonctions ou en mettant directement en cause sa responsabilité politique). En d'autres termes, les chambres du Parlement ne peuvent user de leur compétence qu'avec l'accord de l'exécutif ! Dans une telle logique de « parlementarisme négatif », il est à craindre que les résolutions soient rares ou insipides.

L'utilité, toutefois, de ces résolutions générales sera probablement de permettre aux assemblées d'exprimer une position officielle sur des sujets non législatifs et d'éviter ainsi de surcharger les textes de lois de formules purement déclaratives.

↘ *Actes législatifs européens, Motion*

P. Avril, J. et J.-E. Gicquel, *Droit parlementaire*, Montchrestien, 6e éd., 2021.

Responsabilité

Du latin *respondere*, répondre, se porter garant. La responsabilité est l'obligation de répondre d'un acte ou d'une activité et d'en assumer les conséquences. Elle existe sous des formes diverses dans toutes les branches du droit. En droit constitutionnel, c'est la responsabilité dite politique qui joue un rôle fondamental. La responsabilité politique est l'obligation pour un gouvernant, même en dehors de toute faute, de quitter le pouvoir s'il n'a plus la confiance de celui ou de ceux qui l'ont investi (ce peut être le chef de l'État, le Parlement ou bien les gouvernés). Elle peut donc jouer au sein de l'exécutif, au plan parlementaire ou devant le corps électoral. À côté de la responsabilité politique peut exister une responsabilité liée à une faute pénale ou constitutionnelle.

1. Les types de responsabilité politique

Est ainsi traditionnellement visée la relation constitutionnelle entre le gouvernement et le Parlement, et plus particulièrement les mécanismes (en général organisés, à l'époque moderne, par une procédure spécifique) de mise en jeu de cette responsabilité du premier devant le second (qui représente le peuple) dans le cadre du régime parlementaire. Le caractère irréductiblement politique de cette relation explique qu'elle puisse jouer en dehors d'une procédure formalisée. Elle s'applique à l'ensemble collégial des ministres, (d'où l'expression un peu ancienne et encore parfois utilisée de responsabilité ministérielle), en tant que la confiance parlementaire les a investis de la mission d'exécuter les lois et, plus généralement, de conduire la politique de la nation. Le régime présidentiel ne connaît pas, pour cause d'indépendance organique des pouvoirs exécutif et parlementaire, cette forme de responsabilité.

Il peut exister une responsabilité politique au sein même du pouvoir exécutif : du Premier ministre devant le chef de l'État (comme sous les monarchies constitutionnelles d'antan ou bien, par convention, sous la Ve République), des ministres devant le chef du gouvernement (cas en principe dans les régimes parlementaires) ou le chef de l'État (États-Unis). Le droit de révocation, qui permet de faire jouer cette responsabilité, peut être explicite ou implicite.

Il y a en revanche une forme de responsabilité politique qui est commune à toutes les démocraties dès lors que le pouvoir procède du suffrage universel, c'est la responsabilité électorale, dont la réalité est cependant à analyser en fonction de la durée des mandats, des modes d'élection, et des possibilités de retour par anticipation devant les électeurs (ainsi, par exemple, dans la Constitution d'Autriche : le Parlement peut déclencher un référendum populaire sur le maintien au pouvoir du président fédéral). Au-delà du droit strict, le général de Gaulle s'estimait responsable devant les électeurs, ce qui explique qu'il se soit retiré en avril 1969 après la victoire du « non » à un référendum qu'il avait initié sur un projet de régionalisation.

2. Les types de responsabilité fautive : pénale ou constitutionnelle

La responsabilité politique du gouvernement n'exclut pas que les ministres soient « pénalement responsables des actes accomplis dans l'exercice de leurs fonctions et qualifiés crimes ou délits au moment où ils ont été commis » : c'est l'hypothèse de la responsabilité pénale prévue par l'article C. 68-1. Le ou les ministres poursuivis sont alors jugés par la Cour de justice de la République. On notera par ailleurs qu'il ne peut y avoir de responsabilité pénale des parlementaires à raison des actes accomplis dans l'exercice de leur fonction puisque ces actes — et eux seuls : opinions et votes — ont exclusivement pour objet de représenter la nation.

Une autre catégorie de responsabilité existe, rarement perçue convenablement, et qui concerne plus spécifiquement les chefs d'État dans les républiques démocratiques. La haute trahison dont pouvait être accusé le président de la République avant la révision constitutionnelle de 2007, comme le « manquement à ses devoirs manifestement incompatible avec l'exercice de son mandat » qui l'a remplacée (art. C. 68) fait clairement sortir du cadre strict du droit pénal puisqu'il appartient à la Haute Cour (anciennement de justice), sur accusation votée par les deux assemblées, d'en définir le contenu : cette responsabilité du chef de l'État n'est pas soumise au principe de légalité des infractions et des peines. Il en est de même dans de nombreux pays dont les constitutions prévoient un mécanisme de destitution du président pour différents types de fautes non qualifiables pénalement : « violation de la constitution » ou des lois notamment (ainsi, par exemple, en Allemagne, art. 61 de la Loi fondamentale, ou bien encore l'*impeachment* aux États-Unis). Il s'agit d'une responsabilité essentiellement politique mais liée à l'idée de faute. L'instance qui statue peut varier : il s'agit soit des assemblées parlementaires (ainsi en Irlande ou aux États-Unis), soit d'une cour constitutionnelle (ainsi en Allemagne), ou bien encore d'une instance mixte, composée de magistrats et de parlementaires (par ex. en Finlande).

↘ *Confiance, Destitution, Haute Cour, Haute trahison, Immunité, Impeachment, Irresponsabilité, Mandat, Manquement, Motion de censure, Privilège de juridiction, Question de confiance, Régime parlementaire*

P. Avril, « Pouvoir et responsabilité », in *Mélanges G. Burdeau*, LGDJ, 1977 ; C. Bigaut, *La responsabilité pénale des hommes politiques*, LGDJ, 1996 ; R. Capitant, *Écrits constitutionnels*, CNRS, 1982 ; C. Guettier, A. Le Divellec (dir.), *La responsabilité pénale du président de la République*, L'Harmattan, 2003 ; O. Beaud, J.-M. Blanquer (dir.), *La responsabilité des gouvernants*, Descartes, 1999.

Ressources publiques

↘ *Lois de finances*

Restauration

Est ainsi désignée la période 1814-1815 (première Restauration avant le retour de Napoléon pour l'épisode dit des Cent-Jours) et 1815-1830 (seconde Restauration) qui, la monarchie ayant été rétablie à la chute de l'Empire, voit la France revenir vers le constitutionnalisme libéral avec un régime de balance des pouvoirs (malgré l'affirmation de la souveraineté monarchique) et, progressivement s'engager, de façon très pragmatique, et non sans convulsion quand Charles X succède en 1824 à Louis XVIII, sur la voie du régime parlementaire. La Charte octroyée par Louis XVIII était un exemple de constitution formelle souple. La Révolution de juillet 1830 mit fin à la Restauration. La Monarchie de Juillet lui succéda.

↘ *Charte, Monarchie, Monarchie de Juillet, Régime parlementaire*

G. Antonetti, *La monarchie constitutionnelle*, Montchrestien, 1998 ; J.-J. Chevallier, *Histoire des institutions et des régimes politiques de la France de 1789 à 1958*, Dalloz, 9ᵉ éd., 2009, livre II, chap. I et II ; « La Charte constitutionnelle du 4 juin 1814. Réflexions pour un bicentenaire », *Jus Politicum*, Dalloz, vol. VII, 2015 (en ligne : n° 13, 2014).

Réunion de plein droit

↘ *Session*

Révision constitutionnelle

↘ *Pouvoir constituant, Pouvoir de révision*

Révocation

↘ *Irresponsabilité*

Révolution

Ensemble d'événements provoquant un changement brusque et habituellement violent de l'ordre politique (toujours), économique et social (souvent).

Le juriste ne peut ignorer le phénomène révolutionnaire qui est historiquement à l'origine de nombreuses nouvelles constitutions, mais il lui est difficile de l'analyser sur le plan juridique parce que c'est un processus de rupture et de fondation : l'ancienne légalité n'est plus, et la nouvelle n'exprime sur le moment que la loi du plus fort. Elle ne peut prouver sa légitimité qu'une fois la violence disparue.

Dans leurs effets, les révolutions ne produisent pas toujours les changements irréversibles escomptés. L'origine latine du mot de révolution (*revolvere*, ramener en arrière) ne doit pas être oubliée, et moins encore les enseignements de Tocqueville dans *L'Ancien Régime et la Révolution*, comme par exemple : « Nous avons vu nous-mêmes en France, depuis 89, plusieurs révolutions qui ont changé de fond en comble toute la structure du gouvernement. La plupart ont été très soudaines et se sont accomplies par la force, en violation ouverte des lois existantes. Néanmoins le désordre qu'elles ont fait naître n'a jamais été ni long ni général ; à peine ont-elles été ressenties par la plus grande partie de la nation, quelquefois à peine aperçues. C'est que, depuis 89, la constitution administrative est toujours restée debout au milieu des ruines des constitutions politiques [...]. »

➘ *Constitution, Convention, Coup d'État, Légitimité, Pouvoir constituant*

G. Burdeau, *Droit constitutionnel et institutions politiques*, LGDJ, 14e éd., 1969, p. 42 ; A. de Tocqueville, *L'Ancien Régime et la Révolution* (1856), rééd. Gallimard, 1952.

Révolution nationale

➘ *État français*

Rule of law

Expression anglaise traditionnelle signifiant la prééminence du droit, exigence qui se retrouve dans l'expression française État de droit (en allemand : *Rechtsstaat*). Son origine remonte aux grands textes du droit constitutionnel anglais (Grande Charte, 1215 ; *Bill of Rights*, 1689) et est inséparable de la primauté de la *Common law* dans le mode de formation du droit britannique qui doit tant à l'œuvre des juridictions. Dicey en fera la théorie dans *Introduction to the Study of Law of the Constitution* (1885). Mais la *Common law* subit à l'époque contemporaine la concurrence du *statute law* (droit légiféré). C'est pourquoi le développement du contrôle de constitutionnalité des lois (*judicial review*), inauguré aux États-Unis avec la célèbre décision *Marbury c/Madison* (1803), donne à la *rule of law* un prolongement logique dans les pays de Constitution écrite.

E. Zoller, « *Rule of Law* », in *Dictionnaire de la culture juridique*, PUF, 2003 ; L. Heuschling, *État de droit, Rechtsstaat, Rule of Law*, Dalloz, 2002.

S

Saisine

Acte ayant pour objet de solliciter l'intervention d'une institution et, plus spécifiquement, acte de procédure déclenchant l'intervention d'une juridiction.

1. Au titre du contrôle de constitutionnalité des lois ordinaires de l'art. C. 61, al. 2, la saisine du Conseil constitutionnel se définit par :
   - son caractère facultatif (alors qu'elle est obligatoire pour les lois organiques, art. C. 61, al. 1) ;
   - les autorités qui peuvent en prendre l'initiative, à savoir : le président de la République, le Premier ministre, les présidents des deux assemblées, 60 députés ou 60 sénateurs ;
   - le délai dans lequel elle est possible, et qui est le délai de promulgation de la loi (art. C. 10) ;
   - sa forme : une simple lettre adressée au président du Conseil constitutionnel suffit ;
   - son contenu : si les saisines — surtout les saisines parlementaires — sont presque toujours motivées, il n'y a pas là obligation ; les autorités de saisine ne sont pas tenues de formuler conclusions et moyens, en d'autres termes d'indiquer les dispositions du texte dont elles contestent la constitutionnalité, et les moyens pour lesquels il y aurait inconstitutionnalité. Saisi, le Conseil constitutionnel l'est de la totalité du texte, et il peut, en ce qui le concerne, soulever d'office conclusions et moyens (ce qu'il ne faut pas confondre avec une autosaisine qui serait le droit, pour le Conseil, de se saisir d'un texte qu'aucune autorité ne lui déférerait).

   Ces modalités de saisine de la juridiction constitutionnelle dépendent du type de contrôle de constitutionnalité de la loi choisi. Le contrôle de constitutionnalité institué à l'origine par la Constitution de 1958 est un contrôle purement abstrait et *a priori* : la question de la conformité de la loi à la Constitution est posée au Conseil, indépendamment de toute application à un cas d'espèce et avant que la loi soit promulguée. Valablement saisi, le juge constitutionnel l'est pleinement, quitte à ce qu'il refuse de se déclarer compétent (exemple des lois référendaires, Cons. const., 6 nov. 1962).

2. Là où, au contraire, le contrôle de constitutionnalité comporte une possibilité de contrôle concret, c'est-à-dire à l'occasion d'un procès devant le juge ordinaire, les modalités de saisine obéissent à d'autres règles qui permettent aux

particuliers d'intervenir, soit directement, comme cela se passe aux États-Unis, soit indirectement comme le permet désormais la Constitution française avec le mécanisme de la question prioritaire de constitutionnalité dans le cadre du nouvel article C. 61-1 : le Conseil constitutionnel est saisi par les juridictions suprêmes, Conseil d'État ou Cour de cassation, dans les trois mois de la réception de la décision de transmission du juge *a quo*, la saisine devant dans cette procédure être obligatoirement motivée.

↘ *Autosaisine, Contrôle de constitutionnalité, Désistement, Exception d'inconstitutionnalité, Question prioritaire de constitutionnalité*

Cons. const., n° 96-386 DC, 30 déc. 1996.

G. Vedel, « Excès de pouvoir administratif et excès de pouvoir législatif », *Cah. Cons. const.* 1996-1997, n°s 1 et 2.

Sanction législative

↘ *Promulgation*

Scrutin

Ensemble des opérations de vote permettant aux membres d'une collectivité (nation, collectivité locale) ou aux membres d'une assemblée, de prendre, par l'expression de suffrages, une décision.

↘ *Élections, Conseil constitutionnel, Mode de scrutin, Régularité*

Scrutin majoritaire

Mode de scrutin qui, appliqué à l'élection d'un candidat (scrutin uninominal) ou de plusieurs, choisis un par un (scrutin plurinominal) ou réunis sur une liste (scrutin de liste), se traduit par l'attribution du ou des sièges à pourvoir à celui ou ceux qui arrivent en tête. L'attribution peut se faire à l'issue d'un tour unique (Grande-Bretagne : scrutin uninominal majoritaire à un tour), ou de deux (France : élection du président de la République, des députés et des conseillers généraux au scrutin uninominal majoritaire à deux tours ; dans ce cas, le deuxième tour n'est organisé que s'il y a ballottage, c'est-à-dire si un candidat n'a pas obtenu la majorité absolue des suffrages exprimés au premier tour ; la majorité relative suffit alors au second, exception faite de l'élection du président de la République qui ne peut se faire qu'à la majorité absolue grâce à la seule présence au second tour des deux candidats arrivés en tête à l'issue du premier tour).

Le scrutin majoritaire peut être utilisé seul, ou associé à la représentation proportionnelle. La représentation proportionnelle pourra être un simple correctif (élections municipales dans les communes de plus de 3 500 habitants en France : scrutin majoritaire de liste à deux tours pour la moitié des sièges à pourvoir, représentation proportionnelle, à laquelle participe la liste qui a gagné au scrutin majoritaire, pour les autres sièges) ou imposer sa propre logique (élections législatives en Allemagne : les députés au *Bundestag* sont élus, pour moitié au scrutin majoritaire à un tour, et pour l'autre moitié à la représentation proportionnelle, mais les deux attributions sont articulées de telle sorte que c'est la proportionnelle qui détermine, compte tenu d'un seuil de représentativité, le nombre de députés dont disposera chaque parti : représentation proportionnelle dite personnalisée).

Le scrutin majoritaire a sa logique : il sur-représente les vainqueurs et sous-représente les vaincus. À un tour, il élimine même presque complètement les partis mineurs (sauf si ce sont des partis ayant une forte implantation locale dans quelques circonscriptions). À deux tours, l'éventail des choix possibles est élargi, mais le second tour impose la discipline, républicaine (à gauche) ou nationale (à droite), d'où l'adage : « au premier tour, on choisit, au deuxième, on élimine ».

➘ *Mode de scrutin, Représentation proportionnelle*

J.-M. Cotteret, C. Émeri, *Les systèmes électoraux*, PUF, coll. « Que sais-je ? » n° 1382, 7e éd., 1999 ; *Dictionnaire constitutionnel*, PUF, 1992, p. 950.

Scrutin public

Dans les assemblées parlementaires, modalité de vote qui, à l'inverse du vote à main levée, comporte le décompte des voix et la publication de la liste nominative des députés (ou sénateurs) selon le sens de leur vote. Le scrutin public, qui a lieu par procédé électronique à l'Assemblée nationale, et par remise de bulletins de couleur différente au Sénat, est obligatoire ou facultatif dans les conditions que précisent les règlements des assemblées (art. RAN 63 et s., RS 56 et s.). Il est notamment obligatoire quand est mise en cause la responsabilité du gouvernement (art. C. 49). Le scrutin public se fait alors par appel nominal à la tribune.

➘ *Vote de la loi*

Séance publique

Réunion publique et plénière des membres d'une assemblée parlementaire prévue par l'article C. 33. À l'exception de la réunion en comité secret, la séance publique est la seule formation par laquelle une assemblée exerce les compétences qui lui sont attribuées par la Constitution. Une séance est ouverte et levée par le président de séance (qui est soit le président de l'assemblée, soit un des vice-présidents). Elle se tient sur un ordre du jour déterminé, et donne lieu à un compte rendu intégral publié au *Journal officiel*.

La révision constitutionnelle du 4 août 1995 a limité le nombre de jours de séance à cent vingt par session ordinaire, mais des jours supplémentaires de séance peuvent être décidés par le Premier ministre ou la majorité des membres de chaque assemblée (art. C. 28).

↘ *Comité secret, Conférence des Présidents, Ordre du jour, Session*

Y. Michel, Ph. Jabaud, F. Taillet, *La séance publique à l'Assemblée nationale*, Economica, 1989.

Sécession

↘ *Territoire*

Seconde délibération

↘ *Délibération*

Secrétaire d'État

En France, membre d'un gouvernement exerçant des fonctions ministérielles auprès et par délégation d'un ministre, sans toutefois participer au conseil des ministres (à moins qu'il n'y soit spécialement convoqué, habituellement en raison d'un point de l'ordre du jour le concernant, mais il s'agit là d'une simple pratique). Sous les IIIe et IVe République, ils portaient le titre de Sous-secrétaires d'État.

Ailleurs qu'en France, est ainsi dénommé, aux États-Unis, le ministre des Affaires étrangères, au Vatican, le cardinal assistant le pape pour les affaires temporelles, au Royaume-Uni, le ministre de plein exercice (*Secretary of State*, tandis qu'un *Minister of State* lui est subordonné). En Allemagne, des Secrétaires d'État parlementaires assistent les ministres fédéraux ; ils doivent être membres du Bundestag. En Italie, leurs équivalents sont les *Sottosegretari*, au Royaume-Uni, les *Parliamentary Under-Secretaries of State* (qualifiés familièrement de *Junior Ministers*).

↘ *Gouvernement, Ministre*

Secrétariat général du gouvernement

Service administratif d'une centaine de personnes et qui, sous l'autorité du chef du gouvernement, assure la coordination du travail gouvernemental : préparation des décrets d'attribution des ministres au moment de la mise en place d'un nouveau gouvernement, tenue du calendrier des réunions interministérielles et secrétariat de ces réunions, gestion de la participation de l'exécutif aux procédures normatives législatives et réglementaires (transmission des textes, organisation des consultations, recueil des signatures), etc. Le secrétaire général du gouvernement, qui est traditionnellement un membre du Conseil d'État, joue également un rôle important dans la préparation du conseil des ministres (établissement de l'ordre du jour) et la suite à donner à ses délibérations.

↘ *Conseil des ministres, Gouvernement*

J. Fournier, *Le travail gouvernemental*, Dalloz et Presses de la FNSP, 1987 ; M. Long, « Le secrétaire général du gouvernement », in *Les services du Premier ministre*, La Documentation française, 1981.

Sécurité juridique

↘ *Sûreté*

Sénat

1. Généralités

Dérivé du latin *Senex* (vieillard) — qui renvoie à l'idée de sagesse —, auréolé du prestige du Sénat de la Rome antique, le terme désigne, dans plusieurs pays, la seconde assemblée d'un Parlement bicaméral (ainsi, en France, aux États-Unis, en Italie, en Espagne ou en Pologne notamment).

Par exception à ce premier sens, le mot Sénat (*Senat*, en allemand) désigne : 1° l'organe gouvernemental dans les *Länder* de Hambourg et Brême. 2° les deux grandes formations intérieures de la Cour constitutionnelle fédérale d'Allemagne.

2. Sénat français

En France le terme Sénat désigne, depuis la IIIe République, la Chambre haute du Parlement. Les Sénats du Consulat (dans la Constitution de l'An VIII, il portait le titre de « Sénat conservateur »), et des deux Empires relevaient essentiellement d'une autre logique : les sénateurs, nommés par l'Exécutif, avaient notamment pour attribution, très théorique, d'annuler les actes inconstitutionnels qui leur étaient déférés. La loi constitutionnelle du 24 février 1875 en avait fait une pièce essentielle de l'équilibre du système institutionnel. Entre les IIIe et Ve Républiques, la Constitution de la IVe République avait maintenu, non sans de vifs débats, une seconde assemblée sous l'appellation de Conseil de la République.

La spécificité du Sénat français tient à ce qu'il assure la représentation des collectivités territoriales de la République (art. C. 24). Cette représentation commande un suffrage indirect (environ 160 000 « grands électeurs », essentiellement des élus locaux, désignent les sénateurs dans chaque département) qui, combiné à un mandat de 6 ans (depuis une LO du 30 juillet 2003, il était jusqu'alors de 9 ans), au renouvellement par moitié tous les 3 ans, et à l'absence de dissolution, place le Sénat en situation de décalage politique par rapport à l'Assemblée nationale (décalage à analyser dans la nuance quand la droite domine l'Assemblée nationale, et qui peut aller jusqu'à une franche opposition, mais pas nécessairement systématique, quand l'Assemblée passe à gauche). C'est en ce sens que le dualisme politique au sein du Parlement est un facteur de modération réciproque.

La participation du Sénat aux compétences du Parlement a varié d'une République à l'autre. La Constitution du 4 octobre 1958 confirme la participation du Sénat au pouvoir législatif que le constituant de 1946 avait retirée à la seconde assemblée, mais qu'une révision du 7 décembre 1954 avait déjà rétablie. Cependant, le gouvernement peut désormais interrompre la navette et donner le dernier mot à l'Assemblée nationale (art. C. 45, al. 2 à 4), et le Sénat ne peut contraindre le gouvernement à la démission (art C. 50) : la Constitution de la Ve République n'est pas revenue au bicamérisme parfaitement égalitaire de la IIIe République (une loi ne pouvait être adoptée contre le Sénat, lequel fit par ailleurs tomber huit gouvernements).

Le Sénat est un élément de la tradition républicaine française, et il est significatif que deux des trois référendums négatifs de l'histoire constitutionnelle française aient eu pour objet la seconde assemblée : le référendum du 5 mai 1946 portait sur un projet de Constitution qui supprimait la seconde assemblée et le texte soumis à référendum le 27 avril 1969, en maintenant le Sénat au sein du Parlement, lui retirait sa participation au pouvoir législatif en ne lui accordant qu'une compétence consultative.

3. Sénats étrangers

À l'étranger, le statut et les compétences des Sénats varient selon les constitutions. Ainsi en Italie prévaut depuis 1947 le bicamérisme égalitaire (sa réforme a échoué en 2016). Aux États-Unis, le Sénat, initialement imaginé comme une instance de conseil de l'Exécutif présidentiel, a évolué pour devenir une assemblée qui représente directement le peuple de la fédération (les sénateurs sont élus au suffrage universel direct depuis 1913), mais dans le cadre d'une stricte égalité de représentation entre les États (2 sièges chacun). Ce recrutement, ainsi que les compétences spécifiques qui lui sont reconnues (en ce qui concerne les nominations aux emplois fédéraux et la procédure de ratification des traités), en font une pièce maîtresse des institutions politiques américaines.

➘ *Bicamérisme, Chambre basse, Chambre haute, Conseil de la République, Grand électeur, Parlement, Suffrage universel*

« Le Sénat de 1875 à 1969 », *Politique. Revue I.I.E.P.*, n° 45-48, 1969 ; J.-L. Hérin, *Le Sénat en devenir*, Montchrestien, 2012 ; P. Lauvaux, « Le Sénat et les institutions libérales », *Droits*, n° 44, 2007 ; P. Lauvaux, A. Le Divellec, *Les grandes démocraties contemporaines*, PUF, 4e éd., 2015 ; J. Mastias, *Le Sénat de la Ve République*, Economica, 1980 ; *Pouvoirs* n° 44, 1988 et n° 159, 2016.

Sénateur

➘ *Bicamérisme, Représentant, Sénat*

Sénatus-consulte

Chargé dans le modèle institutionnel bonapartiste, de conserver la Constitution, le Sénat, dont les membres sont nommés, peut l'amender. C'est ainsi, par sénatus-consulte (ou : recours au Sénat), que sont opérées de 1799 à 1814, puis de 1852 à 1870, les révisions constitutionnelles souhaitées par le Premier Consul, puis par l'Empereur. Ce qui n'exclut pas des demandes de ratification populaire par des référendums détournés en plébiscites.

↘ *Consulat, Empire*

Séparabilité

↘ *Constitutionnalité*

Séparation des autorités administratives et judiciaires

Principe posé en réaction aux pratiques des Parlements d'Ancien Régime par la loi des 16 et 24 août 1790, et selon lequel les tribunaux judiciaires ne peuvent s'immiscer dans l'administration active. Des organes spécialisés dans le traitement des affaires contentieuses mettant en cause l'administration sont alors apparus (création du Conseil d'État et des conseils de préfecture en 1799, conseils de préfectures devenus tribunaux administratifs en 1953) et ont fini par constituer un ordre juridictionnel propre (loi de 1872 qui délègue la justice administrative au Conseil d'État). Le Conseil constitutionnel s'est appuyé sur cette évolution pour faire de la dualité des juridictions, judiciaire et administrative, une application de la « conception française de la séparation des pouvoirs ».

↘ *Conseil d'État, Séparation des pouvoirs*

Cons. const., n° 86-224 DC, 23 janv. 1987, *Rec. Cons. const.* p. 8, *GDCC* n° 6.

G. Vedel, « Discontinuité du droit constitutionnel et continuité du droit administratif », in *Mélanges M. Waline*, LGDJ, 1974, p. 777.

Séparation des pouvoirs

Expression traditionnelle dans le droit constitutionnel occidental pour désigner les enseignements dégagés, principalement, de l'ouvrage de Montesquieu, *De l'Esprit des Lois* (1748). Le retentissement de ces enseignements fut tel, dans un contexte politique extraordinairement porteur, que la séparation des pouvoirs a été souvent présentée comme une théorie et une vérité du droit positif, alors qu'il s'agit plus exactement d'une doctrine. Il faut distinguer :

1. Ce que Montesquieu a écrit

Dans le chapitre VI du livre XI de son ouvrage cité, on trouve une analyse, un principe et une ordonnance.

- L'analyse (pour une part reprise d'auteurs plus anciens, notamment John Locke, *Essai sur le gouvernement civil*, 1690) : il y a dans chaque État trois sortes de pouvoirs, ou plutôt trois puissances : la puissance de faire la loi, celle d'exécuter les « résolutions publiques » et celle de juger les crimes ou les différends des particuliers.
- Le principe, qui est un principe de non-cumul : « Tout serait perdu si le même homme, ou le même corps des principaux [...] exerçaient ces trois pouvoirs [...] ».
- L'ordonnance : la puissance de juger étant mise de côté (elle est « en quelque façon nulle »), il y a une constitution idéale, ou plutôt, fondamentale : « Le corps

législatif y étant composé de deux parties, l'une enchaînera l'autre par sa faculté mutuelle d'empêcher. Toutes les deux seront liées par la puissance exécutrice, qui le sera elle-même par la législative ».

Où l'on voit par conséquent que la séparation des pouvoirs est un principe général d'organisation du pouvoir politique, supposant à la fois une distinction de fonctions étatiques et, d'autre part, une pluralité souhaitable d'organes (c'est la base d'un certain pluralisme politique juridiquement consacré). Elle n'exige aucunement que les organes soient totalement spécialisés dans une seule fonction. Ensuite, elle ne signifie pas antagonisme mais exige au contraire la collaboration entre les organes pour aboutir à ce « concert » dont parle explicitement Montesquieu dans ce même chapitre VI. Simplement, le concert résultera de freins et contrepoids, les célèbres *checks and balances* (v. *supra*, Régime présidentiel) du régime constitutionnel américain ou peut prendre la forme d'une harmonie assortie de mitigation dans les systèmes parlementaires.

2. Les interprétations et applications dont la doctrine de la séparation des pouvoirs a été l'objet

Le régime de monarchie absolue, et sans constitution écrite, que connaît la France au XVIIIe siècle (alors que le régime anglais, observé et admiré par Montesquieu entre 1729 et 1731, est celui de la monarchie limitée), explique que la séparation des pouvoirs ait été reçue comme exprimant la raison d'être de toute constitution, d'où la rédaction de l'article DDH 16 : « Toute société dans laquelle la garantie des droits n'est pas assurée, ni la séparation des pouvoirs déterminée n'a point de constitution ». Mais les constituants de 1789 ont durci le principe d'organisation énoncé par Montesquieu au point d'en faire un « dogme de philosophie politique », devant enfermer chaque pouvoir dans sa sphère (chaque organe plus ou moins dans une seule fonction). Les Américains en ont donné une autre interprétation, n'excluant pas par exemple que le juge puisse refuser d'appliquer une loi qu'il jugerait contraire à la Constitution.

Sur un autre plan, le principe de la séparation des pouvoirs a acquis une telle autorité dans le droit constitutionnel occidental qu'il a rapidement été utilisé en doctrine en tant que critère de classement des régimes politiques, et plus particulièrement de ces deux modes d'organisation et de fonctionnement du pouvoir politique que sont le régime présidentiel et le régime parlementaire. Ces deux modes sont pourtant postérieurs à Montesquieu : la Constitution américaine date de 1787, et le régime parlementaire ne peut être considéré établi en Angleterre que le jour où le Premier ministre démissionne ainsi que tous les membres de son cabinet (principe de la solidarité ministérielle) parce que la Chambre des Communes refuse sa confiance (principe de la responsabilité politique) : or cela se produit pour la première fois nettement en 1782 avec la démission du cabinet *North* et mettra encore du temps à être clairement reconnu. Cependant, la distinction entre les pouvoirs que comportent ces deux régimes peut justifier qu'ils soient présentés l'un et l'autre comme des applications de la doctrine de la séparation, séparation dite (de façon réductrice) stricte en régime présidentiel, et (de façon non moins réductrice) souple en régime parlementaire, en raison de l'indépendance des organes délibératif et exécutif dans le premier cas, et des procédures de révocabilité (engagement de responsabilité et, souvent, dissolution) dans le second, mais à la condition de ne pas s'en tenir à cette présentation très formelle, et de discerner qu'il s'agit plutôt, dans les régimes parlementaires, d'une « fusion des pouvoirs » (v. ce mot).

Ainsi les facultés d'empêcher dont sont aux États-Unis dotés le président et le Congrès (droit de veto, refus de vote du budget, refus d'approbation de nominations ou de traités) sont-elles autant de moyens pour chaque organe d'exercer un contrôle sur l'autre. L'idée de pouvoirs enfermés chacun dans sa sphère est, en soi, irréaliste, et, de fait, contraire à toute réalité observée.

Quant au régime parlementaire, le phénomène partisan a substantiellement modifié le contenu de la séparation, ce que Montesquieu avait d'une certaine façon anticipé : « Que s'il n'y avait point de monarque, et que la puissance exécutrice fut confiée à un certain nombre de personnes tirées du corps législatif, il n'y aurait plus de liberté, parce que les deux puissances seraient unies ; les mêmes personnes ayant quelques fois, et pouvant toujours avoir part à l'une et à l'autre » (*De l'Esprit des Lois*, livre XI, chap. VI). Or n'est-ce pas exactement ce qui se passe lorsqu'un parti, majoritaire à la chambre basse, place son équipe dirigeante aux leviers de commande de l'exécutif ? Mais c'est le génie des institutions politiques britanniques d'avoir, par l'institutionnalisation de l'opposition et la pratique de l'alternance, engendré une autre forme de séparation entre la majorité et l'opposition. Définir le régime parlementaire comme un régime de séparation souple pouvait se concevoir tant que le gouvernement était encore étroitement lié au chef de l'État (régime parlementaire dualiste), cela devient beaucoup plus discutable avec l'avènement depuis plus d'un siècle des régimes parlementaires monistes (logique d'interpénétration ou de fusion des pouvoirs).

3. La doctrine de Montesquieu n'est-elle plus alors d'actualité ?

Si, car ce qui est au-delà des modes, c'est ce qui fonde la doctrine : le pouvoir est dangereux pour la liberté (« C'est une expérience éternelle que tout homme qui a du pouvoir est porté à en abuser [...] Pour qu'on ne puisse abuser du pouvoir, il faut que, par la disposition des choses, le pouvoir arrête le pouvoir »). En ce sens, la doctrine de la séparation est avant tout négative : les fonctions étatiques ne doivent pas être dans les mains d'un seul organe. Pour le reste, elle peut être positivement réalisée de différentes manières, comme le montre précisément la variété des régimes libéraux. D'ailleurs la doctrine est totalement étrangère à tous les régimes de dictature, quelles que soient les formes de cette dernière. La séparation des pouvoirs est en effet une recette de liberté, or le propre d'une dictature, c'est de supprimer la liberté comme fondement du pouvoir.

Tout ce qui va dans le sens d'une distinction des domaines (la laïcité), d'une répartition respectée et sanctionnée des compétences (ainsi des réalisations de l'État de droit), des institutions et procédures qui permettent l'alternance au pouvoir, est conforme à la doctrine de la séparation. Et à l'inverse, tous les phénomènes de cumul en sont la négation.

↘ *Balance des pouvoirs, Checks and balances, Compétence, État de droit, Fonction, Fusion des pouvoirs, Organe, Pouvoir, Pouvoir exécutif, Pouvoir judiciaire, Pouvoir législatif, Régime parlementaire, Régime présidentiel, Séparation des autorités administratives et judiciaires, Soviet*

Assemblée nationale constituante, *JO* 10 avr. 1946, p. 1621 ; C. Eisenmann, « L'esprit des lois et la séparation des pouvoirs », in *Mélanges Carré de Malberg*, Sirey, 1933, p. 190 ; « La pensée constitutionnelle de Montesquieu », in *Recueil Sirey du bicentenaire De l'Esprit des Lois*, Sirey, 1952 ; C. Pimentel, « Le sanctuaire vide : la séparation des pouvoirs comme superstition juridique », *Pouvoirs* n° 102, 2002 ; M. Troper, *La séparation des pouvoirs et l'histoire constitutionnelle française*, LGDJ, 2e éd., 1980 ; M. Troper, « À quoi sert la séparation des pouvoirs ? Le point de vue de la théorie du droit », Titre VII (Site du Conseil constitutionnel), n° 3, 2019 ; G. Vedel, « Montesquieu et l'Esprit des Lois », in *Pages de doctrine*, LGDJ, 1980 ; *Pouvoirs* n° 143, « La séparation des pouvoirs », 2012.

Septennat

Durée de 7 ans du mandat présidentiel. Institué à titre personnel au profit du maréchal de Mac-Mahon par la loi du 20 novembre 1873, comme solution d'attente d'une problématique restauration monarchique, le septennat a été ensuite confirmé par les Constitutions des IIIe, IVe et Ve Républiques. Mais si le septennat apparaissait bien adapté à la fonction de continuité qu'assure le chef de l'État dans un régime parlementaire moniste, l'exécutif étant le fait du gouvernement, et s'il n'était pas contradictoire de maintenir le septennat dans la Constitution de 1958 dès lors que, dans le discours de Bayeux, le général de Gaulle s'était prononcé pour que, « au-dessus des contingences politiques, soit établi un arbitrage national qui fasse valoir la continuité au milieu des combinaisons », la pratique, constante depuis 1958, d'une présidence active, tirant le meilleur profit, et du texte constitutionnel, et du caractère très politique de l'élection présidentielle depuis la révision de 1962, alors même que le président bénéficie toujours d'un statut d'irresponsabilité, a pu faire apparaître cette durée de 7 ans comme une survivance et une entorse au principe selon lequel « en démocratie, il n'y a pas d'autorité sans responsabilité ». Cependant, la tentative du président Pompidou d'instaurer le quinquennat devait échouer à l'automne 1973, le chef de l'État, qui avait obtenu le vote par les deux assemblées d'un texte en ce sens, ne l'ayant pas soumis au Congrès par crainte de ne pas obtenir la majorité des trois cinquièmes requise (art. C. 89, al. 3). Mais le septennat a fini par rendre l'âme le 24 septembre 2000, le peuple (une très petite partie de ce peuple : le oui n'obtient que 17,7 % des inscrits) ayant accepté de remplacer 7 par 5...

↘ *Haute trahison, Irresponsabilité, Président de la République, Quinquennat*

Serment

Du latin *sacramentum*, sacrement. En matière constitutionnelle, déclaration ou promesse solennelle orale par laquelle le titulaire d'un office ou fonction publique, avant d'entrer en fonctions, promet (jure) publiquement de se comporter d'une certaine manière, conforme à la moralité constitutionnelle et/ou aux règles supérieures de droit (notamment la constitution). À la différence de nombre de serments judiciaires, le serment est, en matière constitutionnelle, essentiellement promissoire (il ne porte pas sur le passé mais sur l'avenir). Le cas le plus fréquent est le serment du chef de l'État : ainsi notamment aux États-Unis (devant le président de la Cour Suprême, mais la cérémonie est publique), en Allemagne (devant les membres du *Bundestag* et du *Bundesrat* réunis, art. LF 56), en Autriche (devant l'Assemblée fédérale, art. C. 63), ou encore en Grèce. Il peut concerner les membres du gouvernement : ainsi en Italie (devant le chef de l'État), en Allemagne (devant le *Bundestag*) et en Suisse. Ou, plus rarement, les députés (Suisse, Canada). Le cas est fréquent pour les magistrats et notamment des juges constitutionnels (par ex. en Allemagne). En France, le serment, largement pratiqué jadis, subsiste pour les membres du Conseil constitutionnel, avant leur entrée en fonctions : devant le président de la République « [ils] jurent de bien et fidèlement remplir leurs fonctions, de les exercer en toute impartialité, dans le respect de la Constitution, de garder le secret des délibérations et des votes, de ne prendre aucune position publique et ne donner aucune consultation sur les questions relevant de la compétence du Conseil » (art. 3 Ord. du 7 nov. 1958). Par ailleurs, les personnes convoquées par une commission d'enquête sont entendues sous serment (à l'exception des mineurs de seize ans, ord. du 17 nov. 1958, art. 6, II).

Service public

↘ *Administration, Continuité*

Session

Période de l'année pendant laquelle le Parlement se réunit pour délibérer. La définition d'un régime strict de sessions parlementaires faisait partie en 1958 de ces mesures dites de « parlementarisme rationalisé » qui avaient pour but d'obliger le Parlement à se recentrer sur ses tâches essentielles, et en même temps de libérer le gouvernement de la tutelle parlementaire. La révision constitutionnelle du 4 août 1995 a procédé à un important aménagement technique de ce régime de sessions. Le Parlement se réunit désormais en une session ordinaire qui commence le premier jour ouvrable d'octobre et prend fin le dernier jour ouvrable de juin, le nombre de jours de séance que chaque assemblée peut tenir au cours de la session ordinaire étant limité, en théorie, à cent vingt (art. C. 29). En dehors de cette session ordinaire, le Parlement est réuni spécialement pour entendre un message du président de la République (art. C. 18, al. 3). Des sessions extraordinaires, ouvertes et closes par décret du président de la République, sont toujours possibles, à la demande du Premier ministre ou de la majorité des députés, sur un ordre du jour déterminé. Le Parlement se réunit enfin *de plein droit* (c'est-à-dire sans que la réunion soit subordonnée à une décision particulière) après des élections législatives sur dissolution (art. C. 12, al. 3) et en période d'application de l'article C. 16.

↘ *Parlementarisme rationalisé, Séance*

Shadow Cabinet

Litt. « cabinet de l'ombre », mais couramment traduit par « Cabinet fantôme » ou contre-gouvernement, il est constitué au Royaume-Uni et dans ses épigones (Canada, Australie…) par les principales personnalités du premier parti d'opposition sous la direction de son leader (qui reçoit lui-même un salaire de l'État). Ses membres portent la contradiction aux ministres en exercice. Ce cabinet fantôme préfigure le cabinet qui serait appelé à être formé en cas de victoire de l'opposition aux élections parlementaires.

↘ *Bipartisme, Leader, Opposition, Westminster (Modèle de)*

Signature

↘ *Contreseing*

Signing Statement

Déclaration écrite parfois émise par le président des États-Unis au moment de la signature (promulgation) par lui d'un texte de loi définitivement adopté par le Congrès, et qui lui permet d'indiquer l'interprétation qu'il donne à la loi et la façon dont elle devra être appliquée. Cette pratique, controversée, qui n'est prévue par aucun texte (mais que les présidents ont dérivée implicitement de leur fonction d'exécution des lois, Const. 1787, art. II, Sect. 3 *in fine*), s'est multipliée depuis quelques décennies. Quand le président n'a pas voulu faire usage de son pouvoir de veto ou si celui-ci a été surmonté, le *signing statement* lui permet de signaler un problème d'inconstitutionnalité de la loi ou même d'infléchir quelque peu la volonté du Congrès.

Solidarité

Élément de définition du gouvernement en régime parlementaire : la politique du gouvernement est par construction la politique de tous les membres du gouvernement. Par conséquent, dans un débat parlementaire, le gouvernement peut être valablement représenté par n'importe lequel de ses membres (même s'il est logique, et habituel, que ce soit le ministre concerné par la question abordée qui intervienne). Le président de la République et le Premier ministre peuvent estimer que des manquements à la solidarité justifient la révocation du ministre fautif (art. C. 8, al. 2). Enfin, en cas de vote d'une motion de censure ou de refus d'approbation du programme du gouvernement, c'est la démission du gouvernement dans la totalité des membres qui le composent que le Premier ministre porte au chef de l'État.

↘ *Collégialité, Gouvernement, Régime parlementaire*

Sous-amendement

Proposition de modification d'un amendement en discussion. Un sous-amendement n'est recevable que s'il ne contredit pas le sens de l'amendement qu'il modifie.

↘ *Amendement*

Souveraineté

1. Caractère d'un pouvoir originaire et suprême

Pouvoir originaire : d'où procèdent tous les autres. *Pouvoir suprême* : au-dessus duquel il n'y en a pas d'autre.

Historiquement, l'État s'est affirmé comme souverain, c'est-à-dire comme ayant le monopole du commandement politique sur un territoire déterminé (et des moyens du commandement, notamment la contrainte, le monopole de la « violence légitime » selon Max Weber). Ainsi l'État a-t-il :

- sur le plan interne, la faculté d'élaborer des règles de droit et d'en imposer unilatéralement le respect, sous peine de sanction ;
- sur le plan externe, la faculté de s'autolimiter en consentant à respecter des règles de droit qui le lient à d'autres États, et par conséquent de ne pas se voir imposer des normes auxquelles il n'aurait pas consenti : la souveraineté signifie, ici, indépendance.

Si, dans son action internationale, l'État apparaît beaucoup moins libre que dans son action interne (puisqu'il se heurte à la souveraineté d'autres États), les deux faces de la souveraineté sont indissociables : l'État ne peut se lier sur le plan international que s'il dispose des moyens de faire respecter sur le plan interne les engagements qu'il a souscrits.

La souveraineté exprime donc la puissance de l'État, elle est le signe distinctif (le « critère ») de cette forme d'organisation juridique et politique qu'est l'État (alors que les collectivités territoriales ne peuvent prétendre à la souveraineté). Et comme il s'agit d'une puissance originaire et suprême, la question de son statut juridique est une des plus difficiles qui soient.

2. Le titulaire de la souveraineté

L'identification du détenteur de la puissance suprême dans l'État permet de savoir à quel type d'État (monarchique ? démocratique ?) on a affaire. En France, dès que la Révolution eut aboli la monarchie absolue, deux conceptions de la souveraineté se partagèrent les faveurs des constituants.

Pour le constituant de 1789-1791 : « Le principe de toute souveraineté réside essentiellement dans la Nation. Nul corps, nul individu ne peut exercer d'autorité qui n'en émane expressément » (art. DDH 3). Ainsi la souveraineté appartient à la nation indivisible, qui ne peut l'exercer que par les représentants qu'elle se choisit : c'est le principe de la souveraineté nationale. À l'inverse, les constituants de 1793 se prononcent pour la souveraineté populaire : « Le peuple souverain est l'universalité des citoyens français » (art. 25 de la Constitution montagnarde de 1793). L'opposition entre ces deux conceptions aurait pu être de pure forme si l'une et l'autre n'avaient, à l'époque, engendré une organisation différente du suffrage et du pouvoir : suffrage censitaire (voter est une fonction) et régime exclusivement représentatif pour la souveraineté nationale, suffrage universel (voter devient un droit, mais cependant pas pour tous puisque de 1848 à 1944 les femmes en sont exclues) et institution du référendum pour la souveraineté populaire. L'histoire politique a réglé son sort à cette antinomie, et depuis la Constitution de 1946, le droit constitutionnel a réalisé la synthèse entre ces deux conceptions de la souveraineté : « La souveraineté nationale appartient au peuple qui l'exerce par ses représentants et par la voie du référendum » (art. C. 3, al. 1er des Const. de 1946 et 1958).

3. La souveraineté de l'État

Le principe de souveraineté nationale a cependant une autre signification, matérielle, qui renvoie à la souveraineté de l'État. En ce sens il n'a pas à être formulé pour exister. Il est classiquement analysé comme comportant une double dimension selon qu'il s'agit d'affirmer la souveraineté à l'intérieur ou à l'extérieur, mais dans un cas comme dans l'autre, il s'agit toujours pour l'État d'être maître chez soi, et dans la garantie de cette indépendance, le président de la République a une responsabilité éminente (v. art. C. 5). Mais la Constitution de 1958 reprend également à son compte le Préambule de 1946, auquel fait référence le Préambule de 1958, et dont l'alinéa 15 dispose que : « sous réserve de réciprocité, la France consent aux limitations de souveraineté nécessaire à l'organisation et à la défense de la paix ». La conciliation de deux logiques apparemment contradictoires a été source de difficultés lorsque le Conseil constitutionnel a dû se prononcer sur la constitutionnalité de différents engagements contenus dans les traités de Maastricht et d'Amsterdam et de Rome du 29 octobre 2004 (traité établissant une Constitution pour l'Europe). Après avoir un temps tenté une difficile distinction entre les transferts (interdits) et les limitations (permises) de souveraineté (déc. du 30 déc. 1976), le Conseil a élaboré une jurisprudence selon laquelle les transferts de compétence à une organisation internationale ne sont conformes à la Constitution que s'ils ne mettent pas en cause « les conditions essentielles d'exercice de la souveraineté nationale ». Ainsi en a-t-il été jugé pour la réalisation de l'Union économique et monétaire (déc. du 9 avr. 1992), et pour le traité établissant une Constitution pour l'Europe (déc. du 19 nov. 2004).

↘ *Mandat, Nation, Régime représentatif, Suffrage universel*

Cons. const., n° 62-20 DC, 6 nov. 1962, *Rec. Cons. const.* p. 27, *GDCC* n° 14 ; n° 92-308 DC, 9 avr. 1992, *Rec. Cons. const.* p. 55.

O. Beaud, *La puissance de l'État*, PUF, 1994 ; M. David, *La souveraineté du peuple*, PUF, 1996.

Souveraineté nationale

↘ *Souveraineté*

Souveraineté parlementaire

1. Au Royaume-Uni et dans les États de même tradition

Le terme désigne un principe non écrit structurant l'ordre constitutionnel (on dit également « souveraineté du Parlement »). Il signifie que le Parlement (c'est-à-dire l'ensemble institutionnel réunissant le chef de l'État et la ou les chambres parlementaires) détient juridiquement le pouvoir illimité de faire et de défaire les lois. Dans cette logique, le Parlement ne peut se lier lui-même, ce qui contribue à expliquer que la Constitution du Royaume-Uni soit « souple » (il n'y a pas juridiquement de hiérarchie entre les lois, donc pas de supériorité formelle de lois constitutionnelles sur les autres lois), et que la loi parlementaire ne puisse en principe être contestée devant un tribunal. C'est en vertu de sa souveraineté juridique que le Parlement britannique a incorporé la Convention européenne des droits de l'Homme dans la législation du pays (*Human Rights Act* de 1998). De ce fait et en vertu par ailleurs de l'appartenance du Royaume-Uni aux Communautés et à l'Union européennes depuis 1973, la souveraineté parlementaire a connu des limitations croissantes dont le procès n'a pas été le moindre des arguments dans la campagne pour le *Brexit* devenu effectif en 2020.

2. En France

La souveraineté parlementaire (l'expression est due à Raymond Carré de Malberg) exprime, avec une connotation péjorative, la suprématie acquise sous la IIIe République, sinon en droit, du moins dans les faits, par les assemblées parlementaires dans l'ordre constitutionnel, en particulier vis-à-vis du pouvoir exécutif comme des juridictions. En prétendant incarner seules la souveraineté de la nation, les représentants revendiquaient avec succès, mais de façon critiquable, une primauté pourtant négatrice de l'équilibre des pouvoirs et de la souveraineté du peuple (le « parlementarisme absolu »). La Ve République y a mis fin en restaurant le primat du suffrage universel, l'autorité de la constitution formelle et de l'exécutif.

↘ *Troisième République, Westminster (Modèle de)*

Souveraineté populaire

↘ *Souveraineté*

Soviet

Terme de la langue russe signifiant conseil. Il désigna d'abord un conseil d'ouvriers, de paysans et de soldats acquis aux idées progressistes dans l'Empire tsariste à partir de 1905. Sous le mot d'ordre de Lénine « tout le pouvoir aux Soviets », la révolution socialiste russe de 1917 en fit un organe constitutionnel majeur dans ce qui s'appelait précisément l'Union soviétique (Const. de 1936, art. 1-3 ; Const. de 1977, art. 1-2), au niveau central comme aux différents échelons régionaux et locaux. Ce « système des conseils », revendiqué également par les partis communistes d'autres pays, était conçu comme diamétralement opposé au système représentatif libéral de l'Occident (refus de la distinction des pouvoirs, mandat impératif pour les députés au Soviet...). En somme, l'organisation du pouvoir était un assemblage vertical de délégations, délégation du peuple au Soviet, délégation du Soviet à l'organe exécutif. En pratique, la réalité du pouvoir était exercée par les dirigeants du parti communiste, ce qui dégradait le système des soviets en un pur artifice.

↘ *Douma, Mandat, Pouvoir d'État, Séparation des pouvoirs*

P. Gélard, chroniques régulières dans la *RFDC* ; *Pouvoirs* n° 6, 1978, « L'Union soviétique » et n° 45, 1988, « L'URSS de Gorbatchev » ; G. Vedel, *Démocraties soviétique et populaires*, cours IEP, 1966 ; *Manuel de droit constitutionnel*, Sirey, 1949, rééd. Dalloz, 2002.

Speaker

↘ *Président d'assemblée*

Spécialité législative

↘ *Collectivité d'outre-mer*

Spoils system

Littéralement : « système des dépouilles ». Pratique traditionnelle au sein du régime politique américain, se traduisant par la révocation, par un président nouvellement élu, des fonctionnaires en place afin de les remplacer par des amis politiques. Inaugurée par le président Andrew Jackson (1829-1837), elle a fait l'objet d'une contestation ayant abouti à la mise en place, à partir de la fin du XIXe siècle (*Pendleton Act*, 1883), d'un recrutement par concours. Mais les emplois supérieurs de l'administration restent à la disposition de la présidence (quelques milliers après une élection présidentielle).

↘ *Administration, Fonctionnaire*

Stabilité gouvernementale

Instrument de mesure d'usage habituel en régime parlementaire pour rendre compte du temps, et par conséquent des moyens donnés à l'exécutif pour gouverner. La stabilité gouvernementale pourra ainsi être considérée comme satisfaisante si le gouvernement mis en place après des élections législatives générales reste en fonction aussi longtemps que l'assemblée dont il est l'émanation (le gouvernement sera dit gouvernement de législature) ; remarquable quand le même Premier ministre dépasse le cap de la législature (H. Kohl a été Chancelier de 1982 à 1998, Mme Thatcher Premier ministre de 1979 à 1990) ; et à l'inverse très faible et même inexistante quand une même législature connaît plusieurs gouvernements : on parlera alors d'instabilité gouvernementale. La IIIe République (104 gouvernements en 69 ans) et la IVe République (23 gouvernements en 12 ans) en sont mortes.

↘ *Cinquième République, Multipartisme, Quatrième République, Régime parlementaire, Troisième République*

Standing Order

↘ *Règlement d'assemblée*

Stare decisis

Formule latine qui signifie que le juge doit s'en tenir à ce qui a été déjà jugé dans des hypothèses identiques ou similaires et est caractéristique du mode de formation de la *Common law*.

↘ *Common law*

Statutory instruments

↘ *Décret-loi*

Subsidiarité

Caractère de ce qui est subsidiaire, c'est-à-dire secondaire ou accessoire. Le principe de subsidiarité est un principe qui, dans l'enseignement social de l'Église catholique (v. les encycliques *Quadragesimo Anno* et *Mater et Magistra* ainsi que la déclaration de Vatican II sur la liberté religieuse) a pour objet de protéger les collectivités inférieures des interventions des collectivités d'un rang plus élevé (c'est d'ailleurs la définition qu'en donne Jean XXIII dans *Mater et Magistra*). Il a été introduit dans le traité dans le droit de l'Union pour maîtriser la spirale inflationniste des interventions communautaires, mais la rédaction retenue « En vertu du principe de subsidiarité, dans les domaines qui ne relèvent pas de sa compétence exclusive, l'Union intervient seulement si, et dans la mesure où les objectifs de l'action envisagée ne peuvent pas être atteints de manière suffisante par les États membres, tant au niveau central qu'au niveau régional et local mais peuvent l'être mieux au niveau de l'Union » (Traité de Lisbonne, art. 5, § 3 TUE), est tout autant de nature à justifier les interventions de la Communauté qu'à les restreindre.

Dans l'ordre interne, le principe de subsidiarité n'est pas sans relation avec le mode d'aménagement de l'État qu'est le fédéralisme. L'article 30 de la Loi fondamentale allemande comporte ainsi une référence implicite au principe de subsidiarité : « L'exercice des compétences étatiques et l'accomplissement des tâches de l'État incombent aux *Länder*, à moins que la présente Loi fondamentale n'en dispose autrement ou n'admette un autre règlement ». La nouvelle rédaction de l'article C. 72 (révision du 28 mars 2003) consacre, sans cependant le nommer, le principe de subsidiarité (« Les collectivités territoriales ont vocation à prendre les décisions pour l'ensemble des compétences qui peuvent le mieux être mises en œuvre à leur échelon »), mais un principe de subsidiarité dont le respect est subordonné à la bonne volonté de l'État puisque c'est l'État qui transfère les compétences aux collectivités territoriales.

↘ *Décentralisation, État fédéral, Union européenne*

J.-L. Clergerie, *Le principe de subsidiarité*, Ellipses, 1997 ; C. du Granrut,

L'Union européenne et la subsidiarité, LGDJ, 1997 ; C. Millon-Delsol, *Le principe de subsidiarité*, PUF, coll. « Que sais-je ? » n° 2793, 1993 ; *L'État subsidiaire. Ingérence et non-ingérence de l'État : le principe de subsidiarité aux fondements de l'histoire européenne*, PUF, coll. « Léviathan », 1992 ; d'Onorio (dir.), *La subsidiarité*, Éditions Téqui, 1995.

Suffrage

1. Expression de la participation d'un électeur à une consultation électorale

Dès lors que la consultation a pour objet de faire prendre une décision (élire un représentant ou se prononcer sur un texte soumis à référendum), le suffrage exprime la volonté de l'électeur, et la décision de la collectivité qui résultera du décompte des suffrages produira donc des effets de droit.

2. Suffrage exprimé

Suffrage pris en compte dans le calcul du résultat parce qu'il exprime la volonté de l'électeur en respectant les prescriptions de la loi électorale. Ne peuvent donc être pris en compte les bulletins blancs et les bulletins nuls.

Le refus de prendre en compte les bulletins blancs dans le résultat du dépouillement d'un scrutin est traditionnel en France depuis un décret du 2 février 1852. À la demande souvent formulée que cet interdit soit levé, il est en général répondu que le bulletin blanc exprime une volonté de neutralité ou de retrait de l'électeur. Or, si les élections ont lieu à la proportionnelle, la prise en compte des bulletins blancs serait sans effet puisque, par définition, la répartition des sièges ne peut se faire qu'entre les listes de candidats au prorata des suffrages obtenus ; et s'il s'agit d'élections au scrutin majoritaire à deux tours, la prise en compte des bulletins blancs aurait pour seul effet de jouer à l'encontre du seul candidat arrivé en tête (on pourrait même envisager qu'au deuxième tour de l'élection présidentielle, aucun candidat n'obtienne la majorité absolue requise). La loi du 21 avril 2014 (art. L. 65 du Code électoral) ne modifie pas substantiellement les choses puisqu'elle oblige de faire spécifiquement mention des bulletins blancs, sans pour autant les considérer comme des suffrages exprimés.

↘ *Électeur inscrit, Élections, Électorat, Suffrage universel*

Code électoral, commenté et annoté par M. de Villiers, F. Potier et M. de Vendeuil, Lexisnexis, obs. sous l'art. L. 66 ; B. Daugeron, *La notion d'élection en droit constitutionnel*, Dalloz, coll. « Nouv. bibl. des thèses », 2011 ; Ph. Blachèr, B. Daugeron, « Le vote blanc, avancée démocratique ou non-sens électoral ? », *D.* 2014, n° 11, p. 673.

Suffrage censitaire

↘ *Suffrage universel*

Suffrage universel

1. Organisation électorale dans laquelle voter est un droit reconnu à l'universalité des citoyens. C'est ce qu'impliquait l'article 6 de la Décla-

ration de 1789 : « La loi est l'expression de la volonté générale. Tous les citoyens ont droit de concourir personnellement, ou par leurs représentants, à sa formation [...] ». Mais ce droit du citoyen est d'abord un droit de l'homme, ainsi que l'exposait Lamartine en 1848 : « La démocratie a dit à tout Français en âge de raison, en condition d'intelligence et de moralité appréciables : tu participeras au droit, à l'exercice du droit social, non parce que tu possèdes mais parce que tu es. Je ne te demande aucun cens matériel ; je te fais citoyen et électeur parce que Dieu t'a fait homme. Ton signe de souveraineté, c'est ton âme ; ce n'est pas ton champ, ton mur ou ton centime ; et ce signe, il est inaliénable comme ton nom d'homme égal à moi » (*Le passé, le présent, l'avenir de la République*, Paris 1850).

2. Le suffrage universel en France est récent puisque son institution résulte de l'ordonnance du 21 avril 1944 qui accorde le droit de vote aux femmes (le décr. du 5 mars 1848 n'avait institué que le suffrage universel masculin) et de celle du 17 août 1945 qui le rend aux militaires. S'oppose au suffrage universel le suffrage restreint (la qualité d'électeur est subordonnée, soit à des capacités intellectuelles ou mentales, c'est le suffrage capacitaire, soit plus souvent au paiement d'une quotité d'impôt, ou « cens » : le suffrage est dit alors censitaire). Le suffrage restreint fait de l'acte de voter une fonction que la nation réserve à ceux qu'elle a sélectionnés comme étant « dignes » ou « capables ».

Par définition, le suffrage universel est égal : un homme égale une voix, selon un principe dégagé par la Cour Suprême des États-Unis (*Baker c. Carr*, 1962). C'est ce que rappelle l'alinéa 3 de l'article C. 3 : « Le suffrage peut être direct ou indirect dans les conditions prévues par la Constitution. Il est toujours universel, égal et secret ».

Le principe de l'universalité du suffrage est absolu au profit des citoyens (c'est-à-dire des nationaux, sauf exception, v. art. C. 88-3), et si des conditions de majorité et de jouissance des droits civils et politiques sont posées, c'est à raison de la finalité de l'opération électorale — voter, c'est vouloir — qui justifie un âge minimum et l'exclusion de ceux que l'état d'altération mentale rend inaptes à la gestion de leurs propres affaires, ou qui ont gravement méconnu la loi. En tout état de cause, ces conditions sont les mêmes pour tous et excluent toute discrimination qui serait fondée sur l'origine, la race ou la religion (art. C. 1).

Ce sont ces éléments constitutifs du suffrage universel qu'a rappelés le Conseil constitutionnel dans un considérant de principe le 18 novembre 1982 : « C... que la qualité de citoyen ouvre le droit de vote et l'éligibilité à tous ceux qui n'en sont pas exclus pour une raison d'âge, d'incapacité ou de nationalité ou pour une raison tendant à préserver la liberté de l'électeur ou l'indépendance de l'élu ; que ces principes de valeur constitutionnelle s'opposent à toute division par catégories des électeurs ou des éligibles ; qu'il en est ainsi pour tout suffrage politique ».

Dans ses modalités, le suffrage est :

- libre (une exception : l'art. L. 318 du C. élect. punit d'une peine de 100 € tout électeur sénatorial qui n'aura pas pris part au scrutin sans cause légitime) ;
- secret (ce qui est considéré comme une garantie de la liberté) ;
- direct (l'électeur désigne lui-même ses représentants) ou indirect (à deux ou plusieurs degrés. C'est le suffrage appliqué en France à l'élection des sénateurs).

3. À partir du moment où l'attribution de l'autorité procède exclusivement du suffrage universel, il est justifié de dire que le suffrage universel constitue un pouvoir. C'est le pouvoir de suffrage, qui est même le premier pouvoir dans l'État puisqu'il conditionne le fonctionnement de tous les autres.

↘ *Citoyen, Démocratie, Droits civils et politiques, Droits de l'Homme, Mode de scrutin, Parité*

Cons. const., n° 82-146 DC, 18 nov. 1982, *Rec. Cons. const.*, p. 66 ; *AJDA* 1983. 80, note J. Boulouis ; *RD publ.* 1983. 333, chron. L. Favoreu.

P. Braud, *Le suffrage universel contre la démocratie*, PUF, 1980 ; *Code constitutionnel*, Lexisnexis, obs. sous l'art. C. 3 ; B. Daugeron, *La notion d'élection en droit constitutionnel*, Dalloz, coll. « Nouv. bibl. des thèses », 2011 ; P. Rosanvallon, *Le sacre du citoyen, histoire du suffrage universel en France*, Gallimard, 1992.

Suppléance

Hypothèse prévue par l'article C. 21 (al. 4) : le Premier ministre peut bénéficier d'une délégation du président de la République pour présider un conseil des ministres sur un ordre du jour déterminé. Le Premier ministre peut également suppléer le chef de l'État pour la présidence des conseils et comités de la défense nationale prévus à l'article C. 15.

↘ *Démission, Intérim*

Suppléant

La pratique a ratifié ce terme, que n'emploient cependant pas les textes officiels (qui utilisent le terme de remplaçant), pour désigner la personne appelée à remplacer, en cours de mandat, le parlementaire dont le siège devient vacant pour cause de décès, d'acceptation de fonctions gouvernementales, de membre du Conseil constitutionnel, de défenseur des droits ou de prolongation au-delà de six mois d'une mission temporaire confiée par le gouvernement. Le terme est discutable lorsqu'il s'agit d'un remplacement définitif mais adéquat, depuis la réforme de 2008, dans le cas de la personne qui remplace le parlementaire acceptant des fonctions ministérielles puisque ce remplacement est désormais temporaire (art. C. 25 et LO du 13 janv. 2009).

Ce mécanisme de remplacement a pour effet de supprimer les élections partielles (sauf dans les hypothèses autres que celles qui viennent d'être indiquées. Il s'agit en particulier de la démission d'un parlementaire, de l'annulation des opérations électorales dans une circonscription et de l'absence de suppléant : il y a alors élection partielle, à moins que l'on se trouve dans les 12 mois qui précèdent l'expiration des pouvoirs de l'Assemblée nationale). Avant la réforme de 2008, la pratique montrait que le parlementaire qui avait dû renoncer à son mandat pour accepter des fonctions gouvernementales souhaitait le reprendre, soit le plus vite possible (il fallait alors une démission du parlementaire remplaçant, qui pouvait parfaitement refuser), soit lors des élections générales. Désormais, le retour au Parlement des anciens ministres en cours de législature est automatique au bout d'un mois.

L'incompatibilité entre la fonction ministérielle et le mandat parlementaire n'est pas une inéligibilité et un ministre peut donc être candidat à une élection parlementaire sans être tenu de démissionner. Mais s'il est élu, il devra alors choisir. En revanche le parlementaire qui a remplacé le titulaire, s'il veut lui-même se représenter, ne peut pas présenter sa candidature dans la même circonscription : c'est un cas d'inéligibilité. Aussi l'opinion s'est-elle faite à l'idée que le suppléant n'est qu'un garde-place.

↘ *Démission, Incompatibilité, Inéligibilité*

Cons. const., n° 77-80/81 DC, 5 juill. 1977, *Rec. Cons. const.*, p. 24 ; n° 2008-572 DC, 8 janv. 2009.

Supraconstitutionnalité

1. Suprématie et révision des constitutions rigides

Sur le plan du droit positif, une Constitution rigide est classiquement considérée comme la norme suprême qui se trouve placée au sommet de l'ordre juridique ou hiérarchie des normes. Dès lors, il ne peut théoriquement pas exister de norme « au-dessus » de la constitution ainsi entendue.

Toutefois, l'exigence de respect de la Constitution peut conduire à une révision constitutionnelle. C'est ainsi que la Constitution de 1958 rend possible un contrôle de constitutionnalité d'un traité signé par la France et en instance de ratification (art. C. 54). Si, au terme de ce contrôle, une inconstitutionnalité (ou plutôt une incompatibilité) est déclarée, la décision de réviser la Constitution afin de permettre la ratification revient à faire prévaloir, au fond, la norme internationale sur la norme constitutionnelle : telle a été la procédure suivie en 1992, procédure reprise depuis pour le traité d'Amsterdam et, en 2005, pour le traité établissant une Constitution pour l'Europe (même s'il n'a finalement pas été ratifié). Ce point n'invalide cependant pas l'affirmation initiale, dès lors qu'on distingue l'ordre juridique international de l'ordre juridique interne.

2. Limites matérielles à la révision d'une constitution écrite

Plus délicate est la question des limites matérielles que certaines constitutions rigides posent à leur propre révision (par ex. l'art. C. 89, al. 5 quant à la « forme républicaine de gouvernement », de même en Italie ou encore en Allemagne). C'est par erreur que certains auteurs analysent la question en termes de supraconstitutionnalité : ces limites matérielles à la révision sont posées par la constitution elle-même ; elles relèvent donc logiquement du droit positif, sont donc « intraconstitutionnelles ». Et c'est bien pourquoi un juge constitutionnel peut (comme le juge allemand) accepter de garantir leur respect, étant entendu que le pouvoir de révision n'est pas considéré comme souverain.

3. Immutabilité de fait de certaines dispositions constitutionnelles

Si, enfin, le concept de normes juridiques supraconstitutionnelles est « logiquement inconstructible » (G. Vedel), faute de pouvoir déterminer le pouvoir supérieur au pouvoir constituant qui serait l'auteur de telles normes, il en va autrement sur le plan extra-juridique. L'étude de la jurisprudence constitutionnelle montre qu'il y a des dispositions constitutionnelles que, certes, le pouvoir constituant de révision pourrait, en droit, modifier ou supprimer, mais auxquelles il ne touchera pas parce qu'elles expriment une sorte de légitimité supérieure à la Constitution. Imagine-t-on par exemple un seul instant que pourrait être retiré de la Constitution le principe de non-rétroactivité de la loi pénale plus sévère (art. DDH 8) ? Ou le principe de la liberté de communication ? Et tant d'autres ? Le contrôle de constitutionnalité ne peut pas se développer sans que, progressivement, certains principes apparaissent ainsi comme intangibles.

↘ *Constitution, Constitutionnalité, Droit positif, Hiérarchie des normes, Pouvoir de révision*

O. Beaud, *La puissance de l'État*, PUF, 1994 ; G. Vedel, « Le Conseil constitutionnel, gardien du droit positif ou défenseur des droits de l'Homme », *Pouvoirs* n° 45, 1988 ; « Souveraineté et supraconstitutionnalité », *Pouvoirs* n° 67, 1993 ; E. Zoller, *Droit constitutionnel*, PUF, 1998, n°s 45 et s.

Sûreté

La sûreté fait partie, avec la liberté, la propriété et la résistance à l'oppression, des droits naturels et imprescriptibles de l'homme dont la « conservation » est « le but de toute association politique » (art. DDH 2). Sa définition s'avère cependant difficile, faute d'indications précises données par la Constitution ou par la jurisprudence constitutionnelle. Les auteurs s'accordent pour voir dans la sûreté « la certitude pour les citoyens qu'ils ne feront pas l'objet, notamment de la part du pouvoir, de mesures arbitraires les privant de leur liberté matérielle, telles qu'arrestations ou détentions » (J. Rivero). Au-delà de ce contenu minimum, la sûreté peut être également entendue, aux côtés de la liberté d'aller et venir, de la protection de la vie privée, de la liberté de mariage, de la protection de l'intégrité physique et de l'inviolabilité du domicile, comme une composante de la liberté individuelle, cette « tranquillité d'esprit qui provient de l'opinion que chacun a de sa sûreté » (Montesquieu, *De l'Esprit des Lois*, livre XI, chap. 6).

Mais tous les grands principes s'emboîtent les uns dans les autres, et la tranquillité d'esprit qu'évoque Montesquieu ne peut être obtenue sans un système de garantie des droits au sens de l'article 16 de la Déclaration des droits de 1789, et la garantie des droits elle-même est un facteur essentiel de sécurité juridique, exigence constitutionnelle que la jurisprudence du Conseil constitutionnel illustre de bien des façons : que les lois soient accessibles et intelligibles, que les interventions législatives ne frappent pas de précarité les relations contractuelles, que la non-rétroactivité des lois soit encadrée et contrôlée...

➘ *Déclaration des droits de l'Homme et du citoyen, Droits de l'Homme, Liberté, Non-rétroactivité*

Cons. const., n° 76-75 DC, 12 janv. 1977, *Rec. Cons. const.* p. 33, *GDCC* n° 31.

J. Rivero, *Libertés publiques*, PUF, coll. « Thémis », 7ᵉ éd., 2003, t. 2, p. 45.

Système de gouvernement

Souvent synonyme de régime politique.

➘ *Constitution, Régime politique*

Système politique

Désigne le fonctionnement concret d'un régime politique. Le système politique est le produit de l'interaction entre les règles constitutionnelles (juridiques et politiques, écrites ou non) et les comportements des acteurs (gouvernants, électeurs).

➘ *Constitution, Ordre constitutionnel, Régime politique, Système de gouvernement*

T

Temps législatif programmé

Procédure permettant aux assemblées d'impartir des délais pour l'examen des textes en séance et de déterminer les conditions dans lesquelles les amendements déposés par les membres du Parlement peuvent être mis aux voix sans discussion. Il s'agit là d'une possibilité ouverte par la loi organique du 15 avril 2009 en complément de la révision constitutionnelle du 23 juillet 2008 (art. C. 44, 1er al.) mais que seule l'Assemblée nationale a mise en œuvre (art. RAN 49 et 55). Objet de vives polémiques, le Conseil constitutionnel l'a validée sous réserve que ne soient pas compromises les exigences de clarté et de sincérité du débat parlementaire.

↘ *Amendement, délibération, Guillotine*

Code constitutionnel, Lexisnexis, obs. sous l'art. C. 44.

Territoire

Étendue de pays délimitée par des frontières, le territoire est, avec la population et une organisation gouvernementale et administrative, une des trois conditions d'existence de l'État.

L'article C. 53, alinéa 3 dispose que : « Nulle cession, nul échange, nulle adjonction de territoire n'est valable sans le consentement des populations intéressées. » La procédure référendaire ici prévue vaut aussi bien dans l'hypothèse où la France céderait à un État étranger ou acquerrait de celui-ci un territoire, que dans celle où un territoire cesserait d'appartenir à la République pour constituer un État indépendant.

↘ *État, Sécession*

Cons. const., n° 75-59 DC, 30 déc. 1975, *Rec. Cons. const.* p. 26 ; *RD publ.* 1976. 249, chron. L. Favoreu.

Territoire d'outre-mer

Jusqu'à la révision constitutionnelle relative à la décentralisation, le territoire d'outre-mer était une des catégories de collectivités territoriales de la République. La loi constitutionnelle du 28 mars 2003 a remplacé la catégorie des territoires d'outre-mer par celle des collectivités d'outre-mer.

L'expression de territoire d'outre-mer subsiste cependant au 2e alinéa du Préambule, resté inchangé depuis 1958. Il s'agissait à l'époque de permettre aux territoires d'outre-mer d'intégrer la Communauté avec le statut d'État membre, Communauté déclarée caduque en 1961. Reste donc une expression générique qui ne peut avoir de sens que par rapport au principe de libre détermination des peuples proclamé par le même article.

↘ *Collectivité d'outre-mer, Communauté*

Totalitarisme

↘ *Dictature*

Tradition républicaine

Par tradition républicaine, on entend des pratiques héritées des Républiques passées. Mais l'ensemble de ces pratiques étant assez hétéroclite, il faut s'efforcer de classer les pratiques ainsi transmises (du latin *tradere*, transmettre).

- Il s'agit d'abord de simples usages, voire même de bonnes manières, qui n'ont pas de portée juridique. Peut être citée, à titre d'exemple, la pratique selon laquelle le Sénat ne siège pas pendant la campagne électorale provoquée par une dissolution de l'Assemblée nationale et ce, jusqu'à la réunion de l'assemblée nouvellement élue.
- La tradition républicaine désigne également ce qui a été la tendance dominante du régime politique. C'est ainsi que par sa durée, la IIIe République a engendré une pratique parlementaire qui a pu être qualifiée de « parlementarisme à la française ». De même y a-t-il une tradition représentative française que P. Reynaud résume quand, à l'Assemblée nationale, pour s'opposer au projet du général de Gaulle d'organiser un référendum ayant pour objet l'élection du président de la République au suffrage universel, il s'écrie le 4 octobre 1962 : « Je vous dis que pour nous, républicains, la France est ici et non ailleurs ». L'invocation de la tradition peut signifier le refus de l'évolution, ou d'une réforme. Mais il est clair justement que le propre d'une nouvelle Constitution, ou d'une révision de la Constitution est, par une autre organisation des pouvoirs publics, ou de nouvelles procédures, d'orienter la tradition dans une nouvelle direction : par définition, une tradition est vivante.
- La tradition républicaine est enfin invoquée pour qualifier des comportements qui ont un fondement en droit positif. C'est par exemple le cas de la démission du gouvernement au lendemain d'élections nationales, présidentielles ou législatives : est en cause le double lien de dépendance du gouvernement vis-à-vis du président de la République (art. C. 8) et de l'Assemblée nationale (art. C. 49). Il s'agit quasiment d'une convention de la constitution.

La question délicate, quand est invoquée la tradition républicaine, est donc de savoir où commence le droit, c'est-à-dire le sentiment de l'obligatoire. Le Conseil constitutionnel a ainsi précisé que la tradition républicaine ne saurait être invoquée contre une loi que si cette tradition a donné naissance à un principe fondamental reconnu par les lois de la République (déc. 20 juill. 1988).

➘ *Convention de la Constitution, Coutume, Parlementarisme, Principe(s)*

Cons. const., n° 88-244 DC, 20 juill. 1988, *Rec. Cons. const.* p. 119 ; CE avis du 6 févr. 1953, *RD publ.* 1953. 170 ; CE 19 oct. 1962, *Brocas*, *Lebon* 553, *D.* 1962. 702, concl. M. Bernard, *AJDA* 1962. 612, chron. A. de Laubadère.

« La tradition politique », *Pouvoirs* n° 42, 1987.

Traité

La convention de Vienne sur le droit des traités donne comme définition : « accord conclu sous la forme écrite quelle que soit sa dénomination » (art. 2, al. 1er a).

L'article C. 52 distingue entre les traités, négociés et ratifiés par le président de la République, et les accords internationaux, non soumis à ratification, dont la conclusion est de la compétence du gouvernement (qui doit cependant en informer le président de la République). Comme il n'y a pas de définition matérielle des traités et des accords, c'est la volonté politique des plus hautes autorités de l'État qui fera choisir telle procédure plutôt que telle autre. Le choix de la procédure du traité, en ménageant deux temps dans la procédure de conclusion, donne de la solennité à l'engagement, et plus de liberté au président au nom de qui la négociation est conduite.

➘ *Engagement international, Executive agreement, Hiérarchie des normes, Ratification*

J. Rideau, « Constitution et droit international », *RFDC* 1990. 259 et 425 ; E. Zoller, *Droit des relations extérieures*, PUF, 1992.

Transparence

1. Bien que le terme de transparence soit ignoré de la Constitution, la notion de transparence est une notion essentielle en tant qu'elle exprime une exigence de la démocratie. C'est un peu ce que J.-J. Rousseau voulait exprimer en écrivant dans *Du contrat social* (livre II, chap. III) : « [...] La volonté générale est toujours droite et tend toujours à l'utilité publique : mais il ne s'ensuit pas que les délibérations du peuple aient toujours la même rectitude. On veut toujours son bien, mais on ne le voit pas toujours : jamais on ne corrompt le peuple, mais souvent on le trompe [...] ». Aussi n'est-il pas étonnant que la préoccupation de transparence soit prise en compte par le législateur, on le voit bien en droit administratif. Mais l'exigence de transparence est également reconnue sur le plan constitutionnel. C'est le cas lorsque le Conseil constitutionnel pose comme une exigence constitutionnelle que les lecteurs de journaux, les auditeurs et téléspectateurs qui sont au nombre des destinataires de la

liberté de communication proclamée par l'article DDH 11, soient « à même d'exercer leur libre choix sans que ni les intérêts privés ni les pouvoirs publics puissent y substituer leurs propres décisions, ni qu'on puisse en faire l'objet d'un marché » (n°s 84-181 et 86-217).

Quant à dire que la transparence devrait s'imposer à tous les acteurs de la vie politique (et notamment de la vie gouvernementale), une conception idéale de la démocratie pourrait sembler l'exiger, mais ce serait oublier un peu vite que, sur le principe, il faudrait d'abord une stricte distinction entre vie publique et vie privée, et sur le plan de la prudence, que tout ne peut pas (et ne doit pas) être dit...

2. Il est un domaine où l'exigence de transparence est particulièrement nécessaire, et difficile à satisfaire, c'est celui du financement de la vie politique. La France est depuis une vingtaine d'années dotée d'une législation en cette matière. Il s'agit, notamment, des lois du 11 mars 1988 relatives précisément à la transparence financière de la vie politique, et de la loi du 15 janvier 1990 relative à la limitation des dépenses électorales et à la clarification du financement des activités politiques. Si cette législation a été à plusieurs reprises modifiée (la seule loi ordinaire du 11 mars 1988 a été modifiée à quatorze reprises), quelques principes paraissent définitivement établis : principe de la séparation des positions de candidat à une élection et de préposé à la collecte des fonds pour financer l'élection, principe de l'obligation pour un candidat d'établir un compte de campagne faisant état des recettes et dépenses qui ont été engagées, principes d'interdiction de certaines recettes (toutes celles en provenance d'une personne morale, de droit public comme de droit privé à l'exception des partis politiques) et de plafonnement des dépenses, l'ensemble du dispositif étant placé sous le contrôle du juge électoral après intervention d'une autorité administrative indépendante, la Commission nationale des comptes de campagne et des financements politiques. À ce dispositif concernant les campagnes électorales, il faut ajouter l'institution d'un financement public des partis politiques assorti corrélativement de l'interdiction d'un financement demandé aux entreprises, et la création en 1988 d'une Commission pour la transparence financière, devenue en 2013 la Haute Autorité pour la transparence de la vie publique.

➘ *Commission nationale des comptes de campagne, Haute Autorité pour la transparence de la vie publique, Compte de campagne, Objectif*

Code électoral, commenté et annoté par M. de Villiers, F. Potier et M. de Vendeuil, Lexisnexis ; « Conseil d'État : Pour une meilleure transparence de l'administration », in *Les études du Conseil d'État*, La Documentation française, 1998.

Travaux préparatoires

Ensemble des documents relatifs à l'élaboration d'une Constitution (ou d'une loi). L'autorité des travaux préparatoires, pour éclairer le sens des dispositions du texte constitutionnel, dépend de la publicité qui leur a été donnée, et, notamment, de la connaissance qu'a pu en avoir l'organe d'adoption de la Constitution. On ne saurait ainsi mettre sur le même plan les travaux préparatoires de la Constitution de la IVe République, élaborée par une assemblée constituante dont les débats ont été au fur et à mesure publiés au *Journal officiel*, et ceux de la Constitution de la Ve République, élaborée par le gouvernement du général de Gaulle, et tardivement publiés à partir de 1984.

Documents pour servir à l'histoire de l'élaboration de la Constitution du 4 octobre 1958, trois volumes publiés à La Documentation française ; D. Maus, L. Favoreux, J.-L. Parodi (dir.), *L'écriture de la Constitution de 1958, Actes du colloque du 30e anniversaire*, Economica, 1992.

Tripartisme

↘ *Quatrième République*

Troisième République

1. Pour la troisième fois, le principe républicain est proclamé le 4 septembre 1870 par le gouvernement de la défense nationale qui se met en place à l'annonce de la défaite militaire de Sedan. Mais l'Assemblée élue en février 1871 est monarchiste et l'organisation de la République ne progresse que très lentement. Thiers, nommé chef du pouvoir exécutif le 16 février 1871, reçoit le titre de président de la République le 31 août de la même année (loi Rivet). La loi du septennat est votée, au profit du maréchal de Mac-Mahon, le 20 novembre 1873, lorsqu'il apparaît que la restauration de la monarchie s'avère, en l'état, impossible. C'est avec l'amendement Wallon, voté le 30 janvier 1875, qui institutionnalise le septennat, que le pas décisif est franchi. Une première loi constitutionnelle, relative au Sénat, est votée le 24 février, suivie immédiatement le 25 d'une seconde loi relative à l'organisation des pouvoirs publics, et d'une troisième, le 16 juillet portant sur les rapports des pouvoirs publics.
2. Les lois de 1875 organisent un régime parlementaire dualiste qui, progressivement, devient un régime moniste de fait. R. Capitant parlera à ce sujet d'une évolution coutumière, et c'est vrai que par leur brièveté, les lois de 1875 laissent une grande place à la pratique, mais cette évolution s'inscrit dans la logique du dispositif mis en place par le constituant : la loi du 25 février confie le pouvoir exécutif au président de la République, mais elle pose également le double principe de la responsabilité solidaire des ministres devant les chambres de la politique générale du gouvernement, et du contre-

seing obligatoire par un ministre de tous les actes du chef de l'État, par ailleurs irresponsable sauf le cas de haute trahison.

La crise de 1877 révèle les ambiguïtés de la fonction présidentielle. Bien qu'élu par les chambres, le président Mac-Mahon défie la chambre des députés qui, depuis les élections législatives de 1876, lui est hostile : avec l'accord du Sénat, il la dissout. Le corps électoral, institué par la dissolution arbitre du conflit, lui donne tort. Mac-Mahon se soumet, puis se démet (en 1879), et son successeur Jules Grévy promet, en prenant ses fonctions, de ne jamais entrer en lutte contre « la volonté nationale, exprimée par ses organes constitutionnels », c'est-à-dire les Chambres. C'est ce qu'on appellera la « constitution Grévy » (M. Prélot), qui, par ricochet, affecte le cabinet lui-même, incapable d'exercer un leadership sur les chambres et conduira au « parlementarisme absolu » (Carré de Malberg).

Le pouvoir appartient dès lors aux chambres, mais, faute d'un système de partis politiques organisé, elles ne peuvent le maîtriser. Les grandes tendances qui s'affrontent dans les premiers temps de la République (conservatrice, ou hiérarchique — c'est l'ordre —, démocratique, ou égalitaire — c'est le mouvement — selon l'analyse de J.-J. Chevallier), vont se dissoudre dans un multipartisme éclaté, de telle sorte que l'électeur, qui sait pour qui il a voté (au 1er tour), ou contre qui (au 2e), ne sait jamais qui dirigera le gouvernement. Les « flux » électoraux (Bloc national en 1919, Cartel des Gauches en 1924, Front populaire en 1936...) sont annulés par des « reflux » parlementaires quelques mois plus tard. L'électeur est dessaisi au profit de ses représentants, des représentants d'autant plus libres que le droit de dissolution est paralysé par la fausse manœuvre de Mac-Mahon (et le veto du Sénat), que le référendum n'existe pas, pas plus d'ailleurs que le contrôle de constitutionnalité des lois.

L'instabilité gouvernementale (104 gouvernements au cours de la période) résume ce triste bilan.

3. Le 10 juillet 1940, les députés et sénateurs réunis à Vichy en Assemblée nationale, donnent tout pouvoir au gouvernement du maréchal Pétain à l'effet de promulguer « une nouvelle Constitution de l'État français » : la IIIe République est morte, que ne ressuscitera pas le référendum du 21 octobre 1945.

↘ *Amendement Wallon, Deuxième République, État français, Parlementarisme, Quatrième République, Régime d'assemblée, Régime de Vichy, Régime parlementaire, Septennat*

J.-F. de Bujadoux, *La « Constitution de la IIIe République »*, Lextenso, 2014 ; F. Burdeau, *La IIIe République*, Montchrestien, 1997 ; R. Capitant, « Les propos d'Alain ou l'idéologie de la IIIe République » (1935) et « La coutume constitutionnelle » (1929), in *Écrits d'entre-deux-guerres*, Éditions Panthéon-Assas, 2004 ; R. Carré de Malberg, *La loi, expression de la volonté générale* (1931), rééd. Economica, 1984 ; J.-J. Chevallier, *Histoire des institutions et des régimes politiques de la France de 1789 à 1958*, Dalloz, 9e éd., 2009 ; A. Le Divellec (dir.), *La notion de constitution dans la doctrine constitutionnelle de la IIIe République française*, Éditions Panthéon-Assas, 2020 ; A. Siegfried, *De la IIIe à la IVe*, Grasset, 1956.

Two party system

↘ *Bipartisme*

U

Union européenne

L'UE est une association politico-économique *sui generis* de 27 États (au 1er février 2020) amorcée en 1992 et prenant entièrement en 2009 la suite de la Communauté européenne, elle-même issue de la Communauté européenne du charbon et de l'acier (CECA) créée en 1951, de la Communauté économique européenne et de la Communauté européenne de l'énergie atomique créées par les Traités de Rome du 25 mars 1957.

Plutôt qu'une organisation, l'Union européenne a été conçue dans ses débuts comme un processus (le traité de Maastricht du 7 février 1992 qui l'a instituée est d'ailleurs intitulé « traité sur l'Union européenne », et non « traité d'Union ») qui regroupait, selon une terminologie convenue, trois piliers :

- le premier pilier était constitué des deux Communautés européennes (Communauté européenne proprement dite et Communauté de l'énergie atomique) ;
- le deuxième, celui de la Politique européenne de sécurité et de défense (PESD) ;
- le troisième était relatif à la Coopération policière et judiciaire en matière pénale (CPJP).

Les deuxième et troisième piliers se distinguaient du premier en ce qu'ils se limitaient à des mécanismes de coopération intergouvernementale, alors que les Communautés européennes constituaient un ordre juridique intégré. C'est néanmoins dans un cadre institutionnel unique que se déroulaient les procédures d'intégration et de coopération, les compétences des institutions en cause (Conseil européen, Conseil de l'Union, Commission, Parlement européen) étant définies en fonction de l'objectif assigné.

Avec le traité de Lisbonne du 13 décembre 2007 mis en œuvre après sa ratification par tous les États membres (1er décembre 2009), l'Union européenne a absorbé la Communauté européenne et la structure en trois piliers a été abandonnée. Seule la Communauté de l'énergie atomique continue à vivre de sa vie propre (et confidentielle).

La base juridique actuelle de l'UE est, depuis le Traité de Lisbonne du 13 décembre 2007 (entré en vigueur le 1er décembre 2009), constituée par les deux traités : le Traité sur l'Union européenne (ex-Traité de Maastricht) et le Traité sur le fonctionnement de l'UE (TFUE) (ex-Traité de Rome).

➘ *Commission européenne, Conseil (de l'Union européenne), Conseil européen,*

Convention constituante, Cour de justice de l'Union européenne, Parlement européen, Subsidiarité

C. Blumann, L. Dubouis, *Droit institutionnel de l'Union européenne*, Lexisnexis, 2019 ; M. Gaillard, *L'Union européenne. Institutions et politiques*, La Documentation française, 2018 ; F. Martucci, *Droit de l'Union européenne*, Dalloz, 2019.

Unité (du peuple français)

↘ *Français*

Urgence

1. Délibération parlementaire de la loi

Dans le cadre du bicamérisme législatif, la déclaration d'urgence désignait jusqu'à la révision constitutionnelle du 23 juillet 2008 la procédure permettant au gouvernement de réunir la commission mixte paritaire après une lecture du texte dans chaque assemblée. Depuis la révision, la procédure d'urgence est renommée *procédure accélérée*.

2. Contrôle de constitutionnalité

Lorsque le Conseil constitutionnel est saisi d'une loi, il dispose d'un mois pour rendre sa décision, à moins que le gouvernement demande que la décision soit rendue dans un délai de 8 jours.

↘ *État d'urgence, Procédure accélérée*

Usages

↘ *Coutume, Tradition républicaine*

V

Vacance

Absence définitive du titulaire d'un mandat ou d'une fonction. La Constitution envisage deux types de vacance :

- la vacance de la présidence de la République « pour quelque cause que ce soit ». Il n'y a pas d'énumération mais on peut citer : la démission, le décès ou encore la destitution par la Haute Cour. La vacance a pour effet la mise en place de l'intérim confié au président du Sénat jusqu'à ce qu'un nouveau président de la République soit élu (art. C. 7, al. 4 et s.) ;
- la vacance d'un siège parlementaire. Il faut ici distinguer trois hypothèses. Si la vacance résulte de la démission d'un parlementaire, il y a lieu à élection partielle à moins que l'on se trouve dans l'année qui précède le renouvellement de l'assemblée (renouvellement partiel pour le Sénat). Si la vacance résulte de l'acceptation de fonctions gouvernementales, le parlementaire est remplacé jusqu'à l'expiration d'un délai d'un mois suivant la cessation de ces fonctions par le suppléant élu à cette fin en même temps que lui. Enfin, le remplacement par le suppléant est définitif jusqu'au renouvellement de l'assemblée (partiel pour le Sénat) si la vacance a pour cause le décès du parlementaire (v. *supra* rubrique suppléant) : art. C. 23 et C. 25 ; Code électoral, art. LO 176 et LO 319.

➘ *Intérim, Suppléant*

Cons. const., Déclaration de vacance du 3 avr. 1974, *Rec. Cons. const.* p. 33.

Validation (Loi de)

Loi ayant pour objet de modifier, au besoin par voie de dispositions rétroactives, les règles que le juge a pour mission d'appliquer. La loi de validation permet de soustraire à une annulation contentieuse les mesures prises en application d'un acte réglementaire qui a été lui-même annulé par le juge administratif. La pratique des lois de validation, fréquente en matière de concours administratifs, a été jugée conforme à la Constitution dès lors que, notamment, le législateur ne censure pas les décisions des juridictions. Cette pratique montre que le Parlement, fût-il diminué dans son domaine d'activité et souvent contraint dans l'exercice de ses compétences, n'en a pas moins gardé l'autorité qui l'habilite, et lui seul, à prendre pour des raisons d'intérêt général certaines mesures, dès lors que sont en cause des garanties fondamentales (en l'espèce les garanties fondamentales accordées aux fonctionnaires civils et militaires de l'État).

↘ *Non-rétroactivité*

Cons. const., n° 80-119 DC, 22 juill. 1980, *Rec. Cons. const.* p. 46, *GDCC* n° 7.

Vérification des pouvoirs

Contrôle par une assemblée parlementaire de la régularité de l'élection de ses membres. Traditionnelle en France depuis la Révolution, cette vérification des pouvoirs a été remplacée en 1958 par l'attribution au Conseil constitutionnel de la connaissance du contentieux électoral.

↘ *Contentieux électoral, Mandat*

Veto

En latin : je m'oppose. Le terme est employé pour différents mécanismes constitutionnels.

1. Prérogative reconnue au président des États-Unis

Cette prérogative permet au président américain (ou, dans les États fédérés, au Gouverneur) de s'opposer à toute proposition de loi votée par le Congrès (ou à certaines dispositions seulement : c'est le veto sélectif, autorisé par une loi de 1996), et que le Congrès ne peut surmonter qu'en votant à nouveau la loi à la majorité des deux tiers dans chacune des deux chambres. Le droit de veto est une « faculté d'empêcher » qui illustre la participation du président au pouvoir législatif attribué au Congrès (le veto présidentiel est en effet accompagné de l'exposé des motifs de l'opposition présidentielle). Le *pocket veto* ou « veto de poche » est une autre modalité du droit de veto : le président a un délai de 10 jours pour renvoyer la loi au Congrès ; si, pendant ce délai, le Congrès s'ajourne, et que le président n'a pas signé la loi, elle ne peut acquérir force de loi.

Institué par la Constitution de 1787, le droit de veto accordé au président des États-Unis se distingue du droit de veto que la Constitution française de 1791 reconnaît au roi en ce que, dans ce dernier cas, il suffit que le texte auquel le roi s'est opposé soit repris dans les mêmes termes par les deux législatures suivantes pour qu'il soit réputé adopté. C'est donc un veto purement suspensif, mais un veto dangereux car il ne permet pas à l'Assemblée et à l'exécutif de collaborer.

La Constitution de Russie prévoit également un droit de veto présidentiel que l'Assemblée fédérale (*Douma* et Conseil de la Fédération) peut briser à la majorité des deux tiers.

En revanche, la nouvelle délibération que peut demander le président de la Ve République (art. C. 10, al. 2) n'est pas une arme donnée au chef de l'État pour s'opposer au Parlement. Mais lorsque, en période de coexistence institutionnelle (« cohabitation »), le président refuse, comme cela s'est produit à trois reprises entre 1986 et 1988, de signer des ordonnances délibérées en conseil des ministres, il exerce de fait un droit de veto que la Constitution ne prévoit pas explicitement, mais qu'elle rend possible en ne fixant pas de délai de signature.

2. Veto législatif

Pratique développée par le Congrès américain qui se réserve la possibilité d'annuler les dispositions réglementaires prises par l'exécutif sur le fondement d'une loi d'habilitation. Cette pratique a été déclarée contraire à la Constitution par la Cour Suprême des États-Unis en 1983 (*Immigration and naturalization Service c/Chadha*).

3. Veto et bicamérisme

Sans que le mot soit en général utilisé par les textes constitutionnels, c'est bien un droit de veto qu'exerce la seconde assemblée lorsqu'un texte ne peut être adopté par le Parlement sans être voté par les deux chambres. C'est le cas général aux États-Unis, réserve faite des traités et nominations dont l'approbation est de la compétence exclusive du Sénat. C'est en France le cas du Sénat de la Ve République en matière de révision de la Constitution (art. C. 89, al. 2) et de lois organiques qui lui sont relatives (art. C. 46, al. 4). C'est aussi le cas du *Bundesrat* en Allemagne à chaque fois que le projet en discussion concerne les *Länder*. En revanche, la Chambre des Lords ne peut s'opposer à la majorité de la Chambre des Communes, elle ne peut que retarder la procédure d'adoption du texte en discussion (si la Chambre des Lords s'oppose à un texte, ce texte ne peut être adopté par la Chambre des Communes que lors de la session parlementaire suivante).

4. Nominations

La Constitution française de 1958 a introduit en 2008 une possibilité pour les assemblées de discuter et de voter en commission sur les nominations à certains emplois particulièrement importants que le président de la République se propose d'effectuer. Si l'addition des votes négatifs dans la (ou les) commission(s) représente au moins trois cinquièmes des suffrages exprimés, le président doit renoncer à cette nomination. Les commissions parlementaires peuvent ainsi exercer un véritable veto (art. C. 13, 5e al.).

↘ *Bicamérisme, Cohabitation, Liberum veto, Nomination, Régime présidentiel, Séparation des pouvoirs*

C. Émeri, « Gouvernement des juges ou veto des sages ? », *RD publ.* 1990. 335.

Vichy (Régime de)

↘ *État français*

Volonté générale

Pour J.-J. Rousseau, la volonté générale peut seule fonder la légitimité du pouvoir. Mais qu'est-ce que la volonté générale ? C'est la volonté du peuple, mais à la condition que le peuple « statue sur tout le peuple » (*Du Contrat social*, livre II, chap. 6) : il n'y a point de volonté générale sur un objet particulier. Cette volonté générale est inaliénable, indivisible, et « tend toujours à l'utilité publique » (livre II, chap. 3). En disposant que « La loi est l'expression de la volonté générale » (art. DDH 6), le constituant de 1789 fait une référence, discutable d'ailleurs, à l'argumentation de Rousseau et, pendant longtemps, cette formule érigée en dogme constitutionnel fera pratiquement obstacle, en France, à un contrôle de la loi par les juges. Ce « tabou » ne sera renversé qu'avec la création du Conseil constitutionnel en 1958. Dans une décision du 23 août 1985, ce dernier posera le principe que « la loi votée [...] n'exprime la volonté générale que dans le respect de la Constitution ».

Contrôle de constitutionnalité, Loi, Souveraineté

Cons. const., n° 85-197 DC, *Rec. Cons. const.* p. 70.

J.-J. Rousseau, *Du Contrat social* (1762) ; « Que reste-t-il de la volonté générale ? », *Jus Politicum*, vol. VI, 2014 (et n° 10 en ligne).

Vote

1. En droit électoral

Acte par lequel les électeurs participent à la désignation de leurs représentants, ou se prononcent sur un texte qui leur est soumis par référendum.

2. En droit parlementaire

Acte par lequel les parlementaires expriment, en cours de délibération sur des motions de procédure ou sur des amendements, ou en fin de délibération sur le texte en discussion, la décision de l'assemblée à laquelle ils appartiennent.

Mode de scrutin, Scrutin public, Vote à main levée, Vote de la loi, Vote personnel

Vote à main levée

Mode de votation habituel dans les assemblées parlementaires sauf lorsque le scrutin public est de droit ou a été décidé (art. RAN 64, al. 1 et RS 53). Il peut être remplacé en cas de doute par un vote par assis et levé.

Scrutin public

Vote blanc

Suffrage

Vote bloqué

Vote de la loi

Vote de la loi

1. Le texte en discussion est d'abord voté amendement par amendement et article par article (principe d'unité de vote). Cependant des votes séparés peuvent être demandés sur des parties de texte (un alinéa par exemple) : c'est le vote par division. Vient ensuite le vote sur l'ensemble qui exprime l'adoption ou le rejet du texte par l'assemblée.
2. *Vote bloqué (ou vote unique)* : à la demande du gouvernement (c'est-à-dire du ministre qui le représente), l'assemblée se prononce par un seul vote sur tout ou partie du texte en discussion en ne retenant que les amendements propo-

sés ou acceptés par le gouvernement (art. C. 44, al. 3). La procédure du vote bloqué, qui laisse la discussion des articles et des amendements se poursuivre, permet au gouvernement de faire la « police » des amendements et de faire pression sur l'assemblée en lui imposant un choix « tout ou rien ».

Une loi peut être définitivement adoptée sans vote si, le Sénat s'opposant au texte en discussion et le dernier mot étant donné à l'Assemblée nationale (art. C. 45, al. 4), le gouvernement engage devant cette assemblée sa responsabilité sur le texte (art. C. 49, al. 3). Dans cette hypothèse, ou bien une motion de censure est déposée et votée (à la majorité absolue de l'assemblée) et le gouvernement est renversé, ou bien, dans le cas contraire, la loi est considérée comme adoptée, résultat qui a toujours été obtenu depuis les débuts de la Ve République. Par le 49, alinéa 3, les députés sont empêchés de « calibrer » leur vote (pratique qui consistait pour les députés sous la IVe République à organiser leur vote de façon à refuser un texte [à la majorité relative], mais sans aller jusqu'à la majorité absolue qui, en obligeant le gouvernement à démissionner, lui aurait permis, après une deuxième crise dans une même période de 18 mois, de dissoudre l'assemblée, art. 51 de la Const. du 27 oct. 1946).

➘ *Parlementarisme rationalisé, Quatrième République, Réserve, Responsabilité*

Cons. const., n° 59-5 DC, 15 janv. 1960, *Rec. Cons. const.* p. 15, *D.* 1960. 351, note L. Hamon ; n° 79-110 DC, 24 déc. 1979, *Rec. Cons. const.* p. 36, *GDCC* n° 22 ; n° 89-268 DC, 29 déc. 1989, *Rec. Cons. const.* p. 111.

Vote personnel

1. En droit électoral

Le droit de vote est une prérogative que l'électeur doit exercer personnellement. La loi permet cependant le vote par procuration (C. élect., art. L. 71 à L. 78). Dans ce cas, le mandataire participe au vote dans les mêmes conditions que tout électeur présent.

2. En droit parlementaire

L'obligation pour les parlementaires d'exercer personnellement leur droit de vote est posée par la Constitution qui prévoit cependant la possibilité pour un parlementaire absent de donner délégation à un autre parlementaire (qui ne peut recevoir qu'un seul mandat, art. C. 27, al. 2 et 3). La violation constante de cette obligation — violation favorisée à l'Assemblée nationale par la technique du vote électronique qui permet à un député absent de laisser la clef de son clavier à un collègue, et entérinée par le Conseil constitutionnel qui s'en tient aux résultats officiels du scrutin, compte tenu des mises au point de députés faisant savoir qu'ils ont été portés comme ayant émis un vote contraire à leur opinion — est moins flagrante à l'Assemblée nationale depuis qu'ont été adoptés divers aménagements (limitation à cinq secondes de la durée d'ouverture des scrutins publics, ce qui rend problématique le déplacement des « députés-serruriers », et report des scrutins portant sur des textes importants au moment de la semaine le plus favorable à la participation du plus grand nombre de députés, c'est-à-dire avant ou après la séance — télévisée — des questions au gouvernement les mardi et mercredi après-midi, ce qui participe d'une certaine hypocrisie). Finalement, la règle du vote personnel ne s'applique avec rigueur que pour les scrutins publics avec appel nominal à la tribune, ce qui est le cas notamment pour les scrutins de confiance ou de censure (art. C. 49).

↘ *Mandat, Scrutin public, Vote de la loi*

Cons. const., n° 86-225 DC, 23 janv. 1987, *Rec. Cons. const.* p. 13, *Rev. adm.* 1987. 139, comm. M. de Villiers.

G. Carcassonne, *La Constitution*, Le Seuil, 11e éd., 2013, obs. sous l'art. C. 27 ; *Code constitutionnel*, obs. sous l'art. C. 27.

Vote transférable

Mode de scrutin panaché qui permet de donner à chaque force politique une représentation proportionnelle aux suffrages obtenus, tout en permettant aux électeurs, par le classement des candidats par ordre de préférence, de choisir leurs élus. Concrètement, l'électeur classe les candidats par ordre de préférence dans la limite du nombre de sièges à pourvoir. Dès qu'un candidat obtient le quotient électoral (total des suffrages exprimés divisé par le nombre de sièges à pourvoir), il est proclamé élu et le dépouillement se poursuit en prenant en compte les deuxièmes, puis les troisièmes voix... jusqu'à ce que tous les sièges soient pourvus. Imaginé par l'anglais Hare, ce mode de scrutin permet de personnaliser le choix des députés par les électeurs et est notamment utilisé en Irlande.

↘ *Mode de scrutin, Représentation proportionnelle*

W

Weimar (Constitution de)

Première Constitution républicaine et démocratique de l'Allemagne, adoptée le 11 août 1919 et détruite par l'installation du régime totalitaire des Nazis en 1933. Elle est l'une des premières en Europe à esquisser le parlementarisme rationalisé (principalement la responsabilité politique du gouvernement devant le Parlement, art. 54 C) et à le combiner avec des procédures de démocratie semi-directe (référendum, initiative populaire). Elle tente aussi de renouveler démocratiquement le parlementarisme dualiste : l'exécutif y est partagé entre un président élu au suffrage universel direct, doté de compétences importantes (nomination du chancelier, dissolution, pouvoirs de crise...) et un gouvernement responsable devant le *Reichstag*. Mais l'équilibre du régime ne put jamais être trouvé de manière satisfaisante d'autant que des forces anti-républicaines travaillaient à miner de l'intérieur la démocratie. La Constitution a néanmoins pu être considérée comme la « grand-mère indigne » de la Ve République (Pierre Avril) en ce qu'elle établissait juridiquement le schéma de parlementarisme dualiste renouvelé.

↘ *Dualisme, Parlementarisme, Parlementarisme rationalisé, Présidentialisme, Régime parlementaire*

P. Avril, « Une revanche du droit constitutionnel ? », *Pouvoirs* n° 49, 1989, p. 5-13 ; R. Capitant, « Le Président du Reich » (1932), in *Écrits d'entre-deux-guerres*, Éditions Panthéon-Assas, 2004 ; A. Le Divellec, « Parlementarisme dualiste : entre Weimar et Bayeux », *RFDC*, 1994, n° 20, p. 749-758.

Westminster (Modèle de)

Formule par laquelle on désigne couramment le système constitutionnel et politique du Royaume-Uni (Westminster étant le nom du Palais où siège le Parlement à Londres) et, par extension, ceux des États directement inspirés de ses principes structurants (y compris des républiques comme l'Irlande et Malte).

Une première caractéristique du système de *Westminster* est la souveraineté parlementaire, même si ce principe connaît de notables exceptions aujourd'hui. Elle a pu être combinée avec une constitution formelle (entièrement ou partiellement « rigide ») au Canada, en Australie et en Nouvelle-Zélande notamment ainsi qu'avec un certain contrôle de constitutionnalité des lois.

Un second trait majeur du modèle de *Westminster* tient aux particularités de son système de gouvernement, le régime parlementaire, qui présente des aspects spécifiques, tant juridiquement que politiquement, par rapport à d'autres variantes (on parle aussi de « parlementarisme à l'anglaise »). L'architecture constitutionnelle est de facture classique (cadre monarchique, exécutif formellement dualiste, généralement bicamérisme inégalitaire, importantes prérogatives pour l'exécutif, droit de dissolution inconditionné — sauf, depuis 2011, au Royaume-Uni —, forte intégration du cabinet au sein des chambres, bref, « fusion des pouvoirs »...), les relations entre le cabinet et les chambres étant principalement réglées par des conventions de la constitution. Politiquement, le modèle de *Westminster* repose sur une dualité accentuée entre la majorité gouvernementale et l'opposition, cette dernière étant organisée (*Shadow Cabinet*) et bénéficiant d'un statut officiel. Entretenu par le scrutin uninominal majoritaire à un tour, le bipartisme a longtemps prévalu (mais il connaît de notables altérations ailleurs qu'au Royaume-Uni). Le chef du gouvernement y jouit d'un rôle nettement dominant. Les chambres privilégient le soutien au cabinet (majorité) et la critique publique de son action (opposition).

➘ *Chambre des Communes, Fonction élective, Fusion des pouvoirs, Leader, Opposition, Parlementarisme, Shadow Cabinet, Souveraineté parlementaire*

Whip

Dans le parlementarisme de type Westminster (britannique), le *whip* (en français : fouet) est un parlementaire chargé par son parti de transmettre les consignes de vote, d'assurer la discipline partisane et la communication avec le Leader. Chaque groupe a ses *whips*, dans chacune des chambres (s'il y a bicamérisme) qui agissent sous l'autorité d'un *Chief Whip*. Au Royaume-Uni, le *Chief Whip* du parti au pouvoir est membre du gouvernement et adjoint au *Leader of the House* (ministre chargé des relations avec le Parlement).

➘ *Chambre des Communes, Leader, Parlementarisme, Westminster (Modèle de)*

Annexe

La Constitution du 4 octobre 1958

Préambule

Pr. 1958, al. 1er. — Le peuple français proclame solennellement son attachement aux Droits de l'homme et aux principes de la souveraineté nationale tels qu'ils ont été définis par la Déclaration de 1789, confirmée et complétée par le préambule de la Constitution de 1946, ainsi qu'aux droits et devoirs définis dans la Charte de l'environnement de 2004.

***

Déclaration des droits de l'homme et du citoyen du 26 août 1789

Les Représentants du Peuple Français, constitués en Assemblée Nationale, considérant que l'ignorance, l'oubli ou le mépris des droits de l'Homme sont les seules causes des malheurs publics et de la corruption des Gouvernements, ont résolu d'exposer, dans une Déclaration solennelle, les droits naturels, inaliénables et sacrés de l'Homme, afin que cette Déclaration, constamment présente à tous les Membres du corps social, leur rappelle sans cesse leurs droits et leurs devoirs ; afin que leurs actes du pouvoir législatif, et ceux du pouvoir exécutif, pouvant être à chaque instant comparés avec le but de toute institution politique, en soient plus respectés ; afin que les réclamations des citoyens, fondées désormais sur des principes simples et incontestables, tournent toujours au maintien de la Constitution et au bonheur de tous.

En conséquence, l'Assemblée Nationale reconnaît et déclare, en présence et sous les auspices de l'Être suprême, les droits suivants de l'Homme et du Citoyen.

Art. 1er. — Les hommes naissent et demeurent libres et égaux en droits. Les distinctions sociales ne peuvent être fondées que sur l'utilité commune.

Art. 2. — Le but de toute association politique est la conservation des droits naturels et imprescriptibles de l'Homme. Ces droits sont la liberté, la propriété, la sûreté, et la résistance à l'oppression.

Art. 3. — Le principe de toute Souveraineté réside essentiellement dans la Nation. Nul corps, nul individu ne peut exercer d'autorité qui n'en émane expressément.

Art. 4. — La liberté consiste à pouvoir faire tout ce qui ne nuit pas à autrui : ainsi, l'exercice des droits naturels de chaque homme n'a de bornes que celles qui assurent aux autres Membres de la Société la jouissance de ces mêmes droits. Ces bornes ne peuvent être déterminées que par la Loi.

Art. 5. — La Loi n'a le droit de défendre que les actions nuisibles à la Société. Tout ce qui n'est pas défendu par la Loi ne peut être empêché, et nul ne peut être contraint à faire ce qu'elle n'ordonne pas.

Art. 6. — La Loi est l'expression de la volonté générale. Tous les Citoyens ont droit de concourir personnellement, ou par leurs Représentants, à sa formation. Elle doit être la même pour tous, soit qu'elle protège, soit qu'elle punisse. Tous les Citoyens étant égaux à ses yeux sont également admissibles à toutes dignités, places et emplois publics, selon leur capacité, et sans autre distinction que celle de leurs vertus et de leurs talents.

Art. 7. — Nul homme ne peut être accusé, arrêté ni détenu que dans les cas déterminés par la Loi, et selon les formes qu'elle a prescrites. Ceux qui sollicitent, expédient, exécutent ou font exécuter des ordres arbitraires, doivent être punis ; mais tout citoyen appelé ou saisi en vertu de la Loi doit obéir à l'instant : il se rend coupable par la résistance.

Art. 8. — La Loi ne doit établir que des peines strictement et évidemment nécessaires, et nul ne peut être puni qu'en vertu d'une Loi établie et promulguée antérieurement au délit, et légalement appliquée.

Art. 9. — Tout homme étant présumé innocent jusqu'à ce qu'il ait été déclaré coupable, s'il est jugé indispensable de l'arrêter, toute rigueur qui ne serait pas nécessaire pour s'assurer de sa personne doit être sévèrement réprimée par la loi.

Art. 10. — Nul ne doit être inquiété pour ses opinions, même religieuses, pourvu que leur manifestation ne trouble pas l'ordre public établi par la Loi.

Art. 11. — La libre communication des pensées et des opinions est un des droits les plus précieux de l'Homme : tout Citoyen peut donc parler, écrire, imprimer librement, sauf à répondre de l'abus de cette liberté dans les cas déterminés par la Loi.

Art. 12. — La garantie des droits de l'Homme et du Citoyen nécessite une force publique : cette force est donc instituée pour l'avantage de tous, et non pour l'utilité particulière de ceux auxquels elle est confiée.

Art. 13. — Pour l'entretien de la force publique, et pour les dépenses d'administration, une contribution commune est indispensable : elle doit être également répartie entre tous les citoyens, en raison de leurs facultés.

Art. 14. — Tous les Citoyens ont le droit de constater, par eux-mêmes ou par leurs représentants, la nécessité de la contribution publique, de la consentir librement d'en suivre l'emploi, et d'en déterminer la quotité, l'assiette, le recouvrement et la durée.

Art. 15. — La Société a le droit de demander compte à tout Agent public de son administration.

Art. 16. — Toute Société dans laquelle la garantie des Droits n'est pas assurée, ni la séparation des Pouvoirs déterminée, n'a point de constitution.

Art. 17. — La propriété étant un droit inviolable et sacré, nul ne peut en être privé, si ce n'est lorsque la nécessité publique, légalement constatée, l'exige évidemment, et sous la condition d'une juste et préalable indemnité.

Préambule de la Constitution du 27 octobre 1946

1. Au lendemain de la victoire remportée par les peuples libres sur les régimes qui ont tenté d'asservir et de dégrader la personne humaine, le peuple français proclame à nouveau que tout être humain, sans distinction de race, de religion ni de croyance, possède des droits inaliénables et sacrés. Il réaffirme solennellement les droits et libertés de l'homme et du citoyen consacrés par la Déclaration des droits de 1789 et les principes fondamentaux reconnus par les lois de la République.

2. Il proclame, en outre, comme particulièrement nécessaires à notre temps, les principes politiques, économiques et sociaux ci-après :

3. La loi garantit à la femme, dans tous les domaines, des droits égaux à ceux de l'homme.

4. Tout homme persécuté en raison de son action en faveur de la liberté a droit d'asile sur les territoires de la République.

5. Chacun a le devoir de travailler et le droit d'obtenir un emploi. Nul ne peut être lésé, dans son travail ou son emploi, en raison de ses origines, de ses opinions ou de ses croyances.

6. Tout homme peut défendre ses droits et ses intérêts par l'action syndicale et adhérer au syndicat de son choix.

7. Le droit de grève s'exerce dans le cadre des lois qui le réglementent.

8. Tout travailleur participe, par l'intermédiaire de ses délégués, à la détermination collective des conditions de travail ainsi qu'à la gestion des entreprises.

9. Tout bien, toute entreprise, dont l'exploitation a ou acquiert les caractères d'un service public national ou d'un monopole de fait, doit devenir la propriété de la collectivité.

10. La Nation assure à l'individu et à la famille les conditions nécessaires à leur développement.

11. Elle garantit à tous, notamment à l'enfant, à la mère et aux vieux travailleurs, la protection de la santé, la sécurité matérielle, le repos et les loisirs. Tout être humain qui, en raison de son âge, de son état physique ou mental, de la situation économique, se trouve dans l'incapacité de travailler a le droit d'obtenir de la collectivité des moyens convenables d'existence.

12. La Nation proclame la solidarité et l'égalité de tous les Français devant les charges qui résultent des calamités nationales.

13. La Nation garantit l'égal accès de l'enfant et de l'adulte à l'instruction, à la formation professionnelle et à la culture. L'organisation de l'enseignement public gratuit et laïque à tous les degrés est un devoir de l'État.

14. La République française, fidèle à ses traditions, se conforme aux règles du droit public international. Elle n'entreprendra aucune guerre dans des vues de conquête et n'emploiera jamais ses forces contre la liberté d'aucun peuple.

15. Sous réserve de réciprocité, la France consent aux limitations de souveraineté nécessaires à l'organisation et à la défense de la paix.

16. La France forme avec les peuples d'outre-mer une Union fondée sur l'égalité des droits et des devoirs, sans distinction de race ni de religion.

17. L'Union française est composée de nations et de peuples qui mettent en commun ou coordonnent leurs ressources et leurs efforts pour développer leurs civilisations respectives, accroître leur bien-être et assurer leur sécurité.

18. Fidèle à sa mission traditionnelle, la France entend conduire les peuples dont elle a pris la charge à la liberté de s'administrer eux-mêmes et de gérer démocratiquement leurs propres affaires ; écartant tout système de colonisation fondé sur l'arbitraire, elle garantit à tous l'égal accès aux fonctions publiques et l'exercice individuel ou collectif des droits et libertés proclamés ou confirmés ci-dessus.

Charte de l'environnement de 2004

Le peuple français,

Considérant :

Que les ressources et les équilibres naturels ont conditionné l'émergence de l'humanité ;

Que l'avenir et l'existence même de l'humanité sont indissociables de son milieu naturel ;

Que l'environnement est le patrimoine commun des êtres humains ;

Que l'homme exerce une influence croissante sur les conditions de la vie et sur sa propre évolution ;

Que la diversité biologique, l'épanouissement de la personne et le progrès des sociétés humaines sont affectés par certains modes de consommation ou de production et par l'exploitation excessive des ressources naturelles ;

Que la préservation de l'environnement doit être recherchée au même titre que les autres intérêts fondamentaux de la Nation ;

Qu'afin d'assurer un développement durable, les choix destinés à répondre aux besoins du présent ne doivent pas compromettre la capacité des générations futures et des autres peuples à satisfaire leurs propres besoins,

Proclame :

Art. 1er. — Chacun a le droit de vivre dans un environnement équilibré et respectueux de la santé.

Art. 2. — Toute personne a le devoir de prendre part à la préservation et à l'amélioration de l'environnement.

Art. 3. — Toute personne doit, dans les conditions définies par la loi, prévenir les atteintes qu'elle est susceptible de porter à l'environnement ou, à défaut, en limiter les conséquences.

Art. 4. — Toute personne doit contribuer à la réparation des dommages qu'elle cause à l'environnement, dans les conditions définies par la loi.

Art. 5. — Lorsque la réalisation d'un dommage, bien qu'incertaine en l'état des connaissances scientifiques, pourrait affecter de manière grave et irréversible l'environnement, les autorités publiques veillent, par application du principe de précaution et dans leurs domaines d'attributions, à la mise en œuvre de procédures d'évaluation des risques et à l'adoption de mesures provisoires et proportionnées afin de parer à la réalisation du dommage.

Art. 6. — Les politiques publiques doivent promouvoir un développement durable. À cet effet, elles concilient la protection et la mise en valeur de l'environnement, le développement économique et le progrès social.

Art. 7. — Toute personne a le droit, dans les conditions et les limites définies par la loi, d'accéder aux informations relatives à l'environnement détenues par les autorités publiques et de participer à l'élaboration des décisions publiques ayant une incidence sur l'environnement.

Art. 8. — L'éducation et la formation à l'environnement doivent contribuer à l'exercice des droits et devoirs définis par la présente Charte.

Art. 9. — La recherche et l'innovation doivent apporter leur concours à la préservation et à la mise en valeur de l'environnement.

Art. 10. — La présente Charte inspire l'action européenne et internationale de la France.

***

Pr. 1958, al. 2. — En vertu de ces principes et de celui de la libre détermination des peuples, la République offre aux territoires d'Outre-Mer qui manifestent la volonté d'y adhérer des institutions nouvelles fondées sur l'idéal commun de liberté, d'égalité et de fraternité et conçues en vue de leur évolution démocratique.

Art. 1. — La France est une République indivisible, laïque, démocratique et sociale. Elle assure l'égalité devant la loi de tous les citoyens sans distinction d'origine, de race ou de religion. Elle respecte toutes les croyances. Son organisation est décentralisée.

La loi favorise l'égal accès des femmes et des hommes aux mandats électoraux et fonctions électives, ainsi qu'aux responsabilités professionnelles et sociales.

Titre premier — De la Souveraineté

Art. 2. — La langue de la République est le français.

L'emblème national est le drapeau tricolore, bleu, blanc, rouge.

L'hymne national est la Marseillaise.

La devise de la République est Liberté, Égalité, Fraternité.

Son principe est : gouvernement du peuple, par le peuple et pour le peuple.

Art. 3. — La souveraineté nationale appartient au peuple qui l'exerce par ses représentants et par la voie du référendum.

Aucune section du peuple ni aucun individu ne peut s'en attribuer l'exercice.

Le suffrage peut être direct ou indirect dans les conditions prévues par la Constitution. Il est toujours universel, égal et secret.

Sont électeurs, dans les conditions déterminées par la loi, tous les nationaux français majeurs des deux sexes, jouissant de leurs droits civils et politiques.

Art. 4. — Les partis et groupements politiques concourent à l'expression du suffrage. Ils se forment et exercent leur activité librement. Ils doivent respecter les principes de la souveraineté nationale et de la démocratie.

Ils contribuent à la mise en œuvre du principe énoncé au second alinéa de l'article 1er dans les conditions déterminées par la loi.

La loi garantit les expressions pluralistes des opinions et la participation équitable des partis et groupements politiques à la vie démocratique de la Nation.

Titre II — Le président de la République

Art. 5. — Le président de la République veille au respect de la Constitution. Il assure, par son arbitrage, le fonctionnement régulier des pouvoirs publics ainsi que la continuité de l'État.

Il est le garant de l'indépendance nationale, de l'intégrité du territoire et du respect des traités.

Art. 6. — Le président de la République est élu pour cinq ans au suffrage universel direct.

Nul ne peut exercer plus de deux mandats consécutifs.

Les modalités d'application du présent article sont fixées par une loi organique.

Art. 7. — Le président de la République est élu à la majorité absolue des suffrages exprimés. Si celle-ci n'est pas obtenue au premier tour de scrutin, il est procédé, le quatorzième jour suivant, à un second tour. Seuls peuvent s'y présenter les deux candidats qui, le cas échéant après retrait de candidats plus favorisés, se trouvent avoir recueilli le plus grand nombre de suffrages au premier tour.

Le scrutin est ouvert sur convocation du Gouvernement.

L'élection du nouveau président a lieu vingt jours au moins et trente-cinq jours au plus avant l'expiration des pouvoirs du président en exercice.

En cas de vacance de la Présidence de la République pour quelque cause que ce soit, ou d'empêchement constaté par le Conseil Constitutionnel saisi par le Gouvernement et statuant à la majorité absolue de ses membres, les fonctions du président de la République, à l'exception de celles prévues aux articles 11 et 12 ci-dessous, sont provisoirement exercées par le président du Sénat et, si celui-ci est à son tour empêché d'exercer ces fonctions, par le Gouvernement.

En cas de vacance ou lorsque l'empêchement est déclaré définitif par le Conseil Constitutionnel, le scrutin pour l'élection du nouveau président a lieu, sauf cas de force majeure constaté par le Conseil Constitutionnel, vingt jours au moins et trente-cinq jours au plus après l'ouverture de la vacance ou la déclaration du caractère définitif de l'empêchement.

Si, dans les sept jours précédant la date limite du dépôt des présentations de candidatures, une des personnes ayant, moins de trente jours avant cette date, annoncé publiquement sa décision d'être candidate décède ou se trouve empêchée, le Conseil Constitutionnel peut décider de reporter l'élection.

Si, avant le premier tour, un des candidats décède ou se trouve empêché, le Conseil Constitutionnel prononce le report de l'élection.

En cas de décès ou d'empêchement de l'un des deux candidats les plus favorisés au premier tour avant les retraits éventuels, le Conseil Constitutionnel déclare qu'il doit être procédé de nouveau à l'ensemble des opérations électorales ; il en est de même en cas de décès ou d'empêchement de l'un des deux candidats restés en présence en vue du second tour.

Dans tous les cas, le Conseil Constitutionnel est saisi dans les conditions fixées au deuxième alinéa de l'article 61 ci-dessous ou dans celles déterminées pour la présentation d'un candidat par la loi organique prévue à l'article 6 ci-dessus.

Le Conseil Constitutionnel peut proroger les délais prévus aux troisième et cinquième alinéas sans que le scrutin puisse avoir lieu plus de trente-cinq jours après la date de la décision du Conseil Constitutionnel. Si l'application des dispositions du présent alinéa a eu pour effet de reporter l'élection à une date postérieure à l'expiration des pouvoirs du président en exercice, celui-ci demeure en fonction jusqu'à la proclamation de son successeur.

Il ne peut être fait application ni des articles 49 et 50 ni de l'article 89 de la Constitution durant la vacance de la Présidence de la République ou durant la période qui s'écoule entre la déclaration du caractère définitif de l'empêchement du président de la République et l'élection de son successeur.

Art. 8. — Le président de la République nomme le Premier Ministre. Il met fin à ses fonctions sur la présentation par celui-ci de la démission du Gouvernement.

Sur la proposition du Premier Ministre, il nomme les autres membres du Gouvernement et met fin à leurs fonctions.

Art. 9. — Le président de la République préside le Conseil des Ministres.

Art. 10. — Le président de la République promulgue les lois dans les quinze jours qui suivent la transmission au Gouvernement de la loi définitivement adoptée.

Il peut, avant l'expiration de ce délai, demander au Parlement une nouvelle délibération de la loi ou de certains de ses articles. Cette nouvelle délibération ne peut être refusée.

Art. 11. [1] – Le président de la République, sur proposition du Gouvernement pendant la durée des sessions ou sur proposition conjointe des deux assemblées, publiées au Journal Officiel, peut soumettre au référendum tout projet de loi portant sur l'organisation des pouvoirs publics, sur des réformes relatives à la politique économique, sociale ou environnementale de la nation et aux services publics qui y concourent, ou tendant à autoriser la ratification d'un traité qui, sans être contraire à la Constitution, aurait des incidences sur le fonctionnement des institutions.

Lorsque le référendum est organisé sur proposition du Gouvernement, celui-ci fait, devant chaque assemblée, une déclaration qui est suivie d'un débat.

Un référendum portant sur un objet mentionné au premier alinéa peut être organisé à l'initiative d'un cinquième des membres du Parlement, soutenue par un dixième des électeurs inscrits sur les listes électorales. Cette initiative prend la forme d'une proposition de loi et ne peut avoir pour objet l'abrogation d'une disposition législative promulguée depuis moins d'un an.

Les conditions de sa présentation et celles dans lesquelles le Conseil constitutionnel contrôle le respect des dispositions de l'alinéa précédent sont déterminées par une loi organique.

Si la proposition de loi n'a pas été examinée par les deux assemblées dans un délai fixé par la loi organique, le président de la République la soumet au référendum.

Lorsque la proposition de loi n'est pas adoptée par le peuple français, aucune nouvelle proposition de référendum portant sur le même sujet ne peut être présentée avant l'expiration d'un délai de deux ans suivant la date du scrutin.

Lorsque le référendum a conclu à l'adoption du projet ou de la proposition de loi, le président de la République promulgue la loi dans les quinze jours qui suivent la proclamation des résultats de la consultation.

Art. 12. — Le président de la République peut, après consultation du Premier Ministre et des présidents des assemblées, prononcer la dissolution de l'Assemblée Nationale.

Les élections générales ont lieu vingt jours au moins et quarante jours au plus après la dissolution.

L'Assemblée Nationale se réunit de plein droit le deuxième jeudi qui suit son élection. Si cette réunion a lieu en dehors de la période prévue pour la session ordinaire, une session est ouverte de droit pour une durée de quinze jours.

Il ne peut être procédé à une nouvelle dissolution dans l'année qui suit ces élections.

Art. 13. — Le président de la République signe les ordonnances et les décrets délibérés en Conseil des Ministres.

Il nomme aux emplois civils et militaires de l'État.

Les conseillers d'État, le grand chancelier de la Légion d'honneur, les ambassadeurs et envoyés extraordinaires, les conseillers maîtres à la Cour des Comptes, les préfets, les représentants de l'État dans les collectivités d'outre-mer régies par l'article 74 et en Nouvelle-Calédonie, les officiers généraux, les recteurs des académies, les directeurs des administrations centrales sont nommés en Conseil des Ministres.

---

1. Les alinéas 3 à 6 de l'article 11 entreront en vigueur dans les conditions fixées par les lois et lois organiques nécessaires à leur application (art. 46-I de la loi constitutionnelle n° 2008-724 du 23 juill. 2008).

Une loi organique détermine les autres emplois auxquels il est pourvu en Conseil des Ministres ainsi que les conditions dans lesquelles le pouvoir de nomination du président de la République peut être par lui délégué pour être exercé en son nom.

Une loi organique détermine les emplois ou fonctions, autres que ceux mentionnés au troisième alinéa, pour lesquels, en raison de leur importance pour la garantie des droits et libertés ou la vie économique et sociale de la Nation, le pouvoir de nomination du président de la République s'exerce après avis public de la commission permanente compétente de chaque assemblée. Le président de la République ne peut procéder à une nomination lorsque l'addition des votes négatifs dans chaque commission représente au moins trois cinquièmes des suffrages exprimés au sein des deux commissions. La loi détermine les commissions permanentes compétentes selon les emplois ou fonctions concernés.

Art. 14. — Le président de la République accrédite les ambassadeurs et les envoyés extraordinaires auprès des puissances étrangères ; les ambassadeurs et les envoyés extraordinaires étrangers sont accrédités auprès de lui.

Art. 15. — Le président de la République est le chef des armées. Il préside les conseils et les comités supérieurs de la Défense Nationale.

Art. 16. — Lorsque les institutions de la République, l'indépendance de la Nation, l'intégrité de son territoire ou l'exécution de ses engagements internationaux sont menacées d'une manière grave et immédiate et que le fonctionnement régulier des pouvoirs publics constitutionnels est interrompu, le président de la République prend les mesures exigées par ces circonstances, après consultation officielle du Premier Ministre, des présidents des assemblées ainsi que du Conseil Constitutionnel.

Il en informe la Nation par un message.

Ces mesures doivent être inspirées par la volonté d'assurer aux pouvoirs publics constitutionnels, dans les moindres délais, les moyens d'accomplir leur mission. Le Conseil Constitutionnel est consulté à leur sujet.

Le Parlement se réunit de plein droit.

L'Assemblée Nationale ne peut être dissoute pendant l'exercice des pouvoirs exceptionnels.

Après trente jours d'exercice des pouvoirs exceptionnels, le Conseil constitutionnel peut être saisi par le président de l'Assemblée nationale, le président du Sénat, soixante députés ou soixante sénateurs, aux fins d'examiner si les conditions énoncées au premier alinéa demeurent réunies. Il se prononce dans les délais les plus brefs par un avis public. Il procède de plein droit à cet examen et se prononce dans les mêmes conditions au terme de soixante jours d'exercice des pouvoirs exceptionnels et à tout moment au-delà de cette durée.

Art. 17. — Le président de la République a le droit de faire grâce à titre individuel.

Art. 18. — Le président de la République communique avec les deux assemblées du Parlement par des messages qu'il fait lire et qui ne donnent lieu à aucun débat.

Il peut prendre la parole devant le Parlement réuni à cet effet en Congrès. Sa déclaration peut donner lieu, hors sa présence, à un débat qui ne fait l'objet d'aucun vote.

Hors session, les assemblées parlementaires sont réunies spécialement à cet effet.

Art. 19. — Les actes du président de la République autres que ceux prévus aux articles 8 (1er alinéa), 11, 12, 16, 18, 54, 56 et 61 sont contresignés par le Premier Ministre et, le cas échéant, par les ministres responsables.

Titre III — Le Gouvernement

Art. 20. — Le Gouvernement détermine et conduit la politique de la Nation.

Il dispose de l'administration et de la force armée.

Il est responsable devant le Parlement dans les conditions et suivant les procédures prévues aux articles 49 et 50.

Art. 21. — Le Premier Ministre dirige l'action du Gouvernement. Il est responsable de la Défense Nationale. Il assure l'exécution des lois. Sous réserve des dispositions de l'article 13, il exerce le pouvoir réglementaire et nomme aux emplois civils et militaires.

Il peut déléguer certains de ses pouvoirs aux ministres.

Il supplée, le cas échéant, le président de la République dans la présidence des conseils et comités prévus à l'article 15.

Il peut, à titre exceptionnel, le suppléer pour la présidence d'un Conseil des Ministres en vertu d'une délégation expresse et pour un ordre du jour déterminé.

Art. 22. — Les actes du Premier Ministre sont contresignés, le cas échéant, par les ministres chargés de leur exécution.

Art. 23. — Les fonctions de membre du Gouvernement sont incompatibles avec l'exercice de tout mandat parlementaire, de toute fonction de représentation professionnelle à caractère national et de tout emploi public ou de toute activité professionnelle.

Une loi organique fixe les conditions dans lesquelles il est pourvu au remplacement des titulaires de tels mandats, fonctions ou emplois.

Le remplacement des membres du Parlement a lieu conformément aux dispositions de l'article 25.

Titre IV — Le Parlement

Art. 24. — Le Parlement vote la loi. Il contrôle l'action du Gouvernement. Il évalue les politiques publiques.

Il comprend l'Assemblée nationale et le Sénat.

Les députés à l'Assemblée nationale, dont le nombre ne peut excéder cinq cent soixante-dix-sept, sont élus au suffrage direct.

Le Sénat, dont le nombre de membres ne peut excéder trois cent quarante-huit, est élu au suffrage indirect. Il assure la représentation des collectivités territoriales de la République.

Les Français établis hors de France sont représentés à l'Assemblée nationale et au Sénat.

Art. 25. — Une loi organique fixe la durée des pouvoirs de chaque assemblée, le nombre de ses membres, leur indemnité, les conditions d'éligibilité, le régime des inéligibilités et des incompatibilités.

Elle fixe également les conditions dans lesquelles sont élues les personnes appelées à assurer, en cas de vacance du siège, le remplacement des députés ou des sénateurs jusqu'au renouvellement général ou partiel de l'assemblée à laquelle ils appartenaient ou leur remplacement temporaire en cas d'acceptation par eux de fonctions gouvernementales.

Une commission indépendante, dont la loi fixe la composition et les règles d'organisation et de fonctionnement, se prononce par un avis public sur les projets de texte et propositions de loi délimitant les circonscriptions pour l'élection des députés ou modifiant la répartition des sièges de députés ou de sénateurs.

Art. 26. — Aucun membre du Parlement ne peut être poursuivi, recherché, arrêté, détenu ou jugé à l'occasion des opinions ou votes émis par lui dans l'exercice de ses fonctions.

Aucun membre du Parlement ne peut faire l'objet, en matière criminelle ou correctionnelle, d'une arrestation ou de toute autre mesure privative ou restrictive de liberté qu'avec l'autorisation du Bureau de l'assemblée dont il fait partie. Cette autorisation n'est pas requise en cas de crime ou délit flagrant ou de condamnation définitive.

La détention, les mesures privatives ou restrictives de liberté ou la poursuite d'un membre du Parlement sont suspendues pour la durée de la session si l'assemblée dont il fait partie le requiert.

L'assemblée intéressée est réunie de plein droit pour des séances supplémentaires pour permettre, le cas échéant, l'application de l'alinéa ci-dessus.

Art. 27. — Tout mandat impératif est nul.

Le droit de vote des membres du Parlement est personnel.

La loi organique peut autoriser exceptionnellement la délégation de vote. Dans ce cas nul ne peut recevoir délégation de plus d'un mandat.

Art. 28. — Le Parlement se réunit de plein droit en une session ordinaire qui commence le premier jour ouvrable d'octobre et prend fin le dernier jour ouvrable de juin.

Le nombre de jours de séance que chaque assemblée peut tenir au cours de la session ordinaire ne peut excéder cent vingt. Les semaines de séance sont fixées par chaque assemblée.

Le Premier ministre, après consultation du président de l'assemblée concernée, ou la majorité des membres de chaque assemblée peut décider la tenue de jours supplémentaires de séance.

Les jours et les horaires des séances sont déterminés par le règlement de chaque assemblée.

Art. 29. — Le Parlement est réuni en session extraordinaire à la demande du Premier Ministre ou de la majorité des membres composant l'Assemblée Nationale, sur un ordre du jour déterminé.

Lorsque la session extraordinaire est tenue à la demande des membres de l'Assemblée Nationale, le décret de clôture intervient dès que le Parlement a épuisé l'ordre du jour pour lequel il a été convoqué et au plus tard douze jours à compter de sa réunion.

Le Premier Ministre peut seul demander une nouvelle session avant l'expiration du mois qui suit le décret de clôture.

Art. 30. — Hors les cas dans lesquels le Parlement se réunit de plein droit, les sessions extraordinaires sont ouvertes et closes par décret du président de la République.

Art. 31. — Les membres du Gouvernement ont accès aux deux assemblées. Ils sont entendus quand ils le demandent.

Ils peuvent se faire assister par des commissaires du Gouvernement.

Art. 32. — Le président de l'Assemblée Nationale est élu pour la durée de la législature. Le président du Sénat est élu après chaque renouvellement partiel.

Art. 33. — Les séances des deux assemblées sont publiques. Le compte rendu intégral des débats est publié au Journal officiel.

Chaque assemblée peut siéger en comité secret à la demande du Premier Ministre ou d'un dixième de ses membres.

Titre V — Des rapports entre le Parlement et le Gouvernement

Art. 34. — La loi fixe les règles concernant :

- les droits civiques et les garanties fondamentales accordées aux citoyens pour l'exercice des libertés publiques ; la liberté, le pluralisme et l'indépendance des médias ; les sujétions imposées par la Défense Nationale aux citoyens en leur personne et en leurs biens ;
- la nationalité, l'état et la capacité des personnes, les régimes matrimoniaux, les successions et libéralités ; — la détermination des crimes et délits ainsi que les peines qui leur sont applicables ; la procédure pénale ; l'amnistie ; la création de nouveaux ordres de juridiction et le statut des magistrats ;
- l'assiette, le taux et les modalités de recouvrement des impositions de toutes natures ; le régime d'émission de la monnaie.

La loi fixe également les règles concernant :

- le régime électoral des assemblées parlementaires, des assemblées locales et des instances représentatives des Français établis hors de France ainsi que les conditions d'exercice des mandats électoraux et des fonctions électives des membres des assemblées délibérantes des collectivités territoriales ;
- la création de catégories d'établissements publics ;
- les garanties fondamentales accordées aux fonctionnaires civils et militaires de l'État ;
- les nationalisations d'entreprises et les transferts de propriété d'entreprises du secteur public au secteur privé.

La loi détermine les principes fondamentaux :

- de l'organisation générale de la Défense Nationale ;
- de la libre administration des collectivités territoriales, de leurs compétences et de leurs ressources ;
- de l'enseignement ;
- de la préservation de l'environnement ;
- du régime de la propriété, des droits réels et des obligations civiles et commerciales ;
- du droit du travail, du droit syndical et de la sécurité sociale.

Les lois de finances déterminent les ressources et les charges de l'État dans les conditions et sous les réserves prévues par une loi organique.

Les lois de financement de la sécurité sociale déterminent les conditions générales de son équilibre financier et, compte tenu de leurs prévisions de recettes, fixent ses objectifs de dépenses, dans les conditions et sous les réserves prévues par une loi organique.

Des lois de programmation déterminent les objectifs de l'action de l'État.

Les orientations pluriannuelles des finances publiques sont définies par des lois de programmation. Elles s'inscrivent dans l'objectif d'équilibre des comptes des administrations publiques.

Les dispositions du présent article pourront être précisées et complétées par une loi organique.

Art. 34-1. — Les assemblées peuvent voter des résolutions dans les conditions fixées par la loi organique.

Sont irrecevables et ne peuvent être inscrites à l'ordre du jour les propositions de résolution dont le Gouvernement estime que leur adoption ou leur rejet serait de nature à mettre en cause sa responsabilité ou qu'elles contiennent des injonctions à son égard.

Art. 35. — La déclaration de guerre est autorisée par le Parlement.

Le Gouvernement informe le Parlement de sa décision de faire intervenir les forces armées à l'étranger, au plus tard trois jours après le début de l'intervention. Il précise les objectifs poursuivis. Cette information peut donner lieu à un débat qui n'est suivi d'aucun vote.

Lorsque la durée de l'intervention excède quatre mois, le Gouvernement soumet sa prolongation à l'autorisation du Parlement. Il peut demander à l'Assemblée nationale de décider en dernier ressort.

Si le Parlement n'est pas en session à l'expiration du délai de quatre mois, il se prononce à l'ouverture de la session suivante.

Art. 36. — L'état de siège est décrété en Conseil des ministres.

Sa prorogation au-delà de douze jours ne peut être autorisée que par le Parlement.

Art. 37. — Les matières autres que celles qui sont du domaine de la loi ont un caractère réglementaire.

Les textes de forme législative intervenus en ces matières peuvent être modifiés par décrets pris après avis du Conseil d'État. Ceux de ces textes qui interviendraient après l'entrée en vigueur de la présente Constitution ne pourront être modifiés par décret que si le Conseil Constitutionnel a déclaré qu'ils ont un caractère réglementaire en vertu de l'alinéa précédent.

Art. 37-1. — La loi et le règlement peuvent comporter, pour un objet et une durée limités, des dispositions à caractère expérimental.

Art. 38. — Le Gouvernement peut, pour l'exécution de son programme, demander au Parlement l'autorisation de prendre par ordonnances, pendant un délai limité, des mesures qui sont normalement du domaine de la loi.

Les ordonnances sont prises en Conseil des Ministres après avis du Conseil d'État. Elles entrent en vigueur dès leur publication mais deviennent caduques si le projet de loi de ratification n'est pas déposé devant le Parlement avant la date fixée par la loi d'habilitation. Elles ne peuvent être ratifiées que de manière expresse.

À l'expiration du délai mentionné au premier alinéa du présent article, les ordonnances ne peuvent plus être modifiées que par la loi dans les matières qui sont du domaine législatif.

Art. 39. — L'initiative des lois appartient concurremment au Premier Ministre et aux membres du Parlement.

Les projets de loi sont délibérés en Conseil des Ministres après avis du Conseil d'État et déposés sur le bureau de l'une des deux assemblées. Les projets de loi de finances et de loi de financement de la sécurité sociale sont soumis en premier lieu à l'Assemblée nationale. Sans préjudice du premier alinéa de l'article 44, les projets de loi ayant pour principal objet l'organisation des collectivités territoriales sont soumis en premier lieu au Sénat.

La présentation des projets de loi déposés devant l'Assemblée nationale ou le Sénat répond aux conditions fixées par une loi organique.

Les projets de loi ne peuvent être inscrits à l'ordre du jour si la Conférence des présidents de la première assemblée saisie constate que les règles fixées par la loi organique sont méconnues. En cas de désaccord entre la Conférence des présidents et le Gouvernement, le président de l'assemblée intéressée ou le Premier ministre peut saisir le Conseil constitutionnel qui statue dans un délai de huit jours.

Dans les conditions prévues par la loi, le président d'une assemblée peut soumettre pour avis au Conseil d'État, avant son examen en commission, une proposition de loi déposée par l'un des membres de cette assemblée, sauf si ce dernier s'y oppose.

Art. 40. — Les propositions et amendements formulés par les membres du Parlement ne sont pas recevables lorsque leur adoption aurait pour conséquence soit une diminution des ressources publiques, soit la création ou l'aggravation d'une charge publique.

Art. 41. — S'il apparaît au cours de la procédure législative qu'une proposition ou un amendement n'est pas du domaine de la loi ou est contraire à une délégation accordée en vertu de l'article 38, le Gouvernement ou le président de l'assemblée saisie peut opposer l'irrecevabilité.

En cas de désaccord entre le Gouvernement et le président de l'assemblée intéressée, le Conseil Constitutionnel, à la demande de l'un ou de l'autre, statue dans un délai de huit jours.

Art. 42. — La discussion des projets et des propositions de loi porte, en séance, sur le texte adopté par la commission saisie en application de l'article 43 ou, à défaut, sur le texte dont l'assemblée a été saisie.

Toutefois, la discussion en séance des projets de révision constitutionnelle, des projets de loi de finances et des projets de loi de financement de la sécurité sociale porte, en première lecture devant la première assemblée saisie, sur le texte présenté par le Gouvernement et, pour les autres lectures, sur le texte transmis par l'autre assemblée.

La discussion en séance, en première lecture, d'un projet ou d'une proposition de loi ne peut intervenir, devant la première assemblée saisie, qu'à l'expiration d'un délai de six semaines après son dépôt. Elle ne peut intervenir, devant la seconde assemblée saisie, qu'à l'expiration d'un délai de quatre semaines à compter de sa transmission.

L'alinéa précédent ne s'applique pas si la procédure accélérée a été engagée dans les conditions prévues à l'article 45. Il ne s'applique pas non plus aux projets de loi de finances, aux projets de loi de financement de la sécurité sociale et aux projets relatifs aux états de crise.

Art. 43. — Les projets et propositions de loi sont envoyés pour examen à l'une des commissions permanentes dont le nombre est limité à huit dans chaque assemblée.

À la demande du Gouvernement ou de l'assemblée qui en est saisie, les projets ou propositions de loi sont envoyés pour examen à une commission spécialement désignée à cet effet.

Art. 44. — Les membres du Parlement et le Gouvernement ont le droit d'amendement. Ce droit s'exerce en séance ou en commission selon les conditions fixées par les règlements des assemblées, dans le cadre déterminé par une loi organique.

Après l'ouverture du débat, le Gouvernement peut s'opposer à l'examen de tout amendement qui n'a pas été antérieurement soumis à la commission.

Si le Gouvernement le demande, l'assemblée saisie se prononce par un seul vote sur tout ou partie du texte en discussion en ne retenant que les amendements proposés ou acceptés par le Gouvernement.

Art. 45. — Tout projet ou proposition de loi est examiné successivement dans les deux assemblées du Parlement en vue de l'adoption d'un texte identique. Sans préjudice de l'application des articles 40 et 41, tout amendement est recevable en première lecture dès lors qu'il présente un lien, même indirect, avec le texte déposé ou transmis.

Lorsque, par suite d'un désaccord entre les deux assemblées, un projet ou une proposition de loi n'a pu être adopté après deux lectures par chaque assemblée ou, si le Gouvernement a décidé d'engager la procédure accélérée sans que les Conférences des présidents s'y soient conjointement opposées, après une seule lecture par chacune d'entre elles, le Premier ministre ou, pour une proposition de loi, les présidents des deux assemblées agissant conjointement, ont la faculté de provoquer la réunion d'une commission mixte paritaire chargée de proposer un texte sur les dispositions restant en discussion.

Le texte élaboré par la commission mixte peut être soumis par le Gouvernement pour approbation aux deux assemblées. Aucun amendement n'est recevable sauf accord du Gouvernement.

Si la commission mixte ne parvient pas à l'adoption d'un texte commun ou si ce texte n'est pas adopté dans les conditions prévues à l'alinéa précédent, le Gouvernement peut, après une nouvelle lecture par l'Assemblée Nationale et par le Sénat, demander à l'Assemblée Nationale de statuer définitivement. En ce cas, l'Assemblée Nationale peut reprendre soit le texte élaboré par la commission mixte, soit le dernier texte voté par elle, modifié le cas échéant par un ou plusieurs des amendements adoptés par le Sénat.

Art. 46. — Les lois auxquelles la Constitution confère le caractère de lois organiques sont votées et modifiées dans les conditions suivantes.

Le projet ou la proposition ne peut, en première lecture, être soumis à la délibération et au vote des assemblées qu'à l'expiration des délais fixés au troisième alinéa de l'article 42. Toutefois, si la procédure accélérée a été engagée dans les conditions prévues à l'article 45, le projet ou la proposition ne peut être soumis à la délibération de la première assemblée saisie avant l'expiration d'un délai de quinze jours après son dépôt.

La procédure de l'article 45 est applicable. Toutefois, faute d'accord entre les deux assemblées, le texte ne peut être adopté par l'Assemblée Nationale en dernière lecture qu'à la majorité absolue de ses membres.

Les lois organiques relatives au Sénat doivent être votées dans les mêmes termes par les deux assemblées.

Les lois organiques ne peuvent être promulguées qu'après la déclaration par le Conseil Constitutionnel de leur conformité à la Constitution.

Art. 47. — Le Parlement vote les projets de loi de finances dans les conditions prévues par une loi organique.

Si l'Assemblée Nationale ne s'est pas prononcée en première lecture dans le délai de quarante jours après le dépôt d'un projet, le Gouvernement saisit le Sénat qui doit statuer dans un délai de quinze jours. Il est ensuite procédé dans les conditions prévues à l'article 45.

Si le Parlement ne s'est pas prononcé dans un délai de soixante-dix jours, les dispositions du projet peuvent être mises en vigueur par ordonnance.

Si la loi de finances fixant les ressources et les charges d'un exercice n'a pas été déposée en temps utile pour être promulguée avant le début de cet exercice, le Gouvernement demande d'urgence au Parlement l'autorisation de percevoir les impôts et ouvre par décret les crédits se rapportant aux services votés.

Les délais prévus au présent article sont suspendus lorsque le Parlement n'est pas en session.

Art. 47-1. — Le Parlement vote les projets de loi de financement de la sécurité sociale dans les conditions prévues par une loi organique. Si l'Assemblée nationale ne s'est pas prononcée en première lecture dans le délai de vingt jours après le dépôt d'un projet, le Gouvernement saisit le Sénat qui doit statuer dans un délai de quinze jours. Il est ensuite procédé dans les conditions prévues à l'article 45. Si le Parlement ne s'est pas prononcé dans un délai de cinquante jours, les dispositions du projet peuvent être mises en œuvre par ordonnance.

Les délais prévus au présent article sont suspendus lorsque le Parlement n'est pas en session et, pour chaque assemblée, au cours des semaines où elle a décidé de ne pas tenir séance, conformément au deuxième alinéa de l'article 28.

Art. 47-2. — La Cour des comptes assiste le Parlement dans le contrôle de l'action du Gouvernement. Elle assiste le Parlement et le Gouvernement dans le contrôle de l'exécution des lois de finances et de l'application des lois de financement de la sécurité sociale ainsi que dans l'évaluation des politiques publiques. Par ses rapports publics, elle contribue à l'information des citoyens.

Les comptes des administrations publiques sont réguliers et sincères. Ils donnent une image fidèle du résultat de leur gestion, de leur patrimoine et de leur situation financière.

Art. 48. — Sans préjudice de l'application des trois derniers alinéas de l'article 28, l'ordre du jour est fixé par chaque assemblée.

Deux semaines de séance sur quatre sont réservées par priorité, et dans l'ordre que le Gouvernement a fixé, à l'examen des textes et aux débats dont il demande l'inscription à l'ordre du jour.

En outre, l'examen des projets de loi de finances, des projets de loi de financement de la sécurité sociale et, sous réserve des dispositions de l'alinéa suivant, des textes transmis par l'autre assemblée depuis six semaines au moins, des projets relatifs aux états de crise et des demandes d'autorisation visées à l'article 35 est, à la demande du Gouvernement, inscrit à l'ordre du jour par priorité.

Une semaine de séance sur quatre est réservée par priorité et dans l'ordre fixé par chaque assemblée au contrôle de l'action du Gouvernement et à l'évaluation des politiques publiques.

Un jour de séance par mois est réservé à un ordre du jour arrêté par chaque assemblée à l'initiative des groupes d'opposition de l'assemblée intéressée ainsi qu'à celle des groupes minoritaires.

Une séance par semaine au moins, y compris pendant les sessions extraordinaires prévues à l'article 29, est réservée par priorité aux questions des membres du Parlement et aux réponses du Gouvernement.

Art. 49. — Le Premier Ministre, après délibération du Conseil des Ministres, engage devant l'Assemblée Nationale la responsabilité du Gouvernement sur son programme ou éventuellement sur une déclaration de politique générale.

L'Assemblée Nationale met en cause la responsabilité du Gouvernement par le vote d'une motion de censure. Une telle motion n'est recevable que si elle est signée par un dixième au moins des membres de l'Assemblée Nationale. Le vote ne peut avoir lieu que quarante-huit heures après son dépôt. Seuls sont recensés les votes favorables à la motion de censure qui ne peut être adoptée qu'à la majorité des membres composant l'Assemblée. Sauf dans le cas prévu à l'alinéa ci-dessous, un député ne peut être signataire de plus de trois motions de censure au cours d'une même session ordinaire et de plus d'une au cours d'une même session extraordinaire.

Le Premier Ministre peut, après délibération du Conseil des Ministres, engager la responsabilité du Gouvernement devant l'Assemblée Nationale sur le vote d'un projet de loi de finances ou de financement de la sécurité sociale. Dans ce cas, ce projet est considéré comme adopté, sauf si une motion de censure, déposée dans les vingt-quatre heures qui suivent, est votée dans les conditions prévues à l'alinéa précédent. Le Premier ministre peut, en outre, recourir à cette procédure pour un autre projet ou une proposition de loi par session.

Le Premier Ministre a la faculté de demander au Sénat l'approbation d'une déclaration de politique générale.

Art. 50. — Lorsque l'Assemblée Nationale adopte une motion de censure ou lorsqu'elle désapprouve le programme ou une déclaration de politique générale du Gouvernement, le Premier Ministre doit remettre au président de la République la démission du Gouvernement.

Art. 50-1. — Devant l'une ou l'autre des assemblées, le Gouvernement peut, de sa propre initiative ou à la demande d'un groupe parlementaire au sens de l'article 51-1, faire, sur un sujet déterminé, une déclaration qui donne lieu à débat et peut, s'il le décide, faire l'objet d'un vote sans engager sa responsabilité.

Art. 51. — La clôture de la session ordinaire ou des sessions extraordinaires est de droit retardée pour permettre, le cas échéant, l'application de l'article 49. À cette même fin, des séances supplémentaires sont de droit.

Art. 51-1. — Le règlement de chaque assemblée détermine les droits des groupes parlementaires constitués en son sein. Il reconnaît des droits spécifiques aux groupes d'opposition de l'assemblée intéressée ainsi qu'aux groupes minoritaires.

Art. 51-2. — Pour l'exercice des missions de contrôle et d'évaluation définies au premier alinéa de l'article 24, des commissions d'enquête peuvent être créées au sein de chaque assemblée pour recueillir, dans les conditions prévues par la loi, des éléments d'information.

La loi détermine leurs règles d'organisation et de fonctionnement. Leurs conditions de création sont fixées par le règlement de chaque assemblée.

Titre VI — Des traités et accords internationaux

Art. 52. — Le président de la République négocie et ratifie les traités.

Il est informé de toute négociation tendant à la conclusion d'un accord international non soumis à ratification.

Art. 53. — Les traités de paix, les traités de commerce, les traités ou accords relatifs à l'organisation internationale, ceux qui engagent les finances de l'État, ceux qui modifient des dispositions de nature législative, ceux qui sont relatifs à l'état des personnes, ceux qui comportent cession, échange ou adjonction de territoire, ne peuvent être ratifiés ou approuvés qu'en vertu d'une loi.

Ils ne prennent effet qu'après avoir été ratifiés ou approuvés.

Nulle cession, nul échange, nulle adjonction de territoire n'est valable sans le consentement des populations intéressées.

Art. 53-1. — La République peut conclure avec les États européens qui sont liés par des engagements identiques aux siens en matière d'asile et de protection des Droits de l'homme et des libertés fondamentales, des accords déterminant leurs compétences respectives pour l'examen des demandes d'asile qui leur sont présentées.

Toutefois, même si la demande n'entre pas dans leur compétence en vertu de ces accords, les autorités de la République ont toujours le droit de donner asile à tout étranger persécuté en raison de son action en faveur de la liberté ou qui sollicite la protection de la France pour un autre motif.

Art. 53-2. — La République peut reconnaître la juridiction de la Cour pénale internationale dans les conditions prévues par le traité signé le 18 juillet 1998.

Art. 54. — Si le Conseil Constitutionnel, saisi par le président de la République, par le Premier Ministre, par le président de l'une ou l'autre assemblée ou par soixante députés ou soixante sénateurs, a déclaré qu'un engagement international comporte une clause contraire à la Constitution, l'autorisation de ratifier ou d'approuver l'engagement international en cause ne peut intervenir qu'après révision de la Constitution.

Art. 55. — Les traités ou accords régulièrement ratifiés ou approuvés ont, dès leur publication, une autorité supérieure à celle des lois, sous réserve, pour chaque accord ou traité, de son application par l'autre partie.

Titre VII — Le Conseil Constitutionnel

Art. 56. — Le Conseil Constitutionnel comprend neuf membres, dont le mandat dure neuf ans et n'est pas renouvelable. Le Conseil Constitutionnel se renouvelle par tiers tous les trois ans. Trois des membres sont nommés par le président de la République, trois par le président de l'Assemblée Nationale, trois par le président du Sénat. La procédure prévue au dernier alinéa de l'article 13 est applicable à ces nominations. Les nominations effectuées par le président de chaque assemblée sont soumises au seul avis de la commission permanente compétente de l'assemblée concernée.

En sus des neuf membres prévus ci-dessus, font de droit partie à vie du Conseil Constitutionnel les anciens présidents de la République.

Le président est nommé par le président de la République. Il a voix prépondérante en cas de partage.

Art. 57. — Les fonctions de membre du Conseil Constitutionnel sont incompatibles avec celles de ministre ou de membre du Parlement. Les autres incompatibilités sont fixées par une loi organique.

Art. 58. — Le Conseil Constitutionnel veille à la régularité de l'élection du président de la République.

Il examine les réclamations et proclame les résultats du scrutin.

Art. 59. — Le Conseil Constitutionnel statue, en cas de contestation, sur la régularité de l'élection des députés et des sénateurs.

Art. 60. — Le Conseil Constitutionnel veille à la régularité des opérations de référendum prévues aux articles 11 et 89 et au titre XV. Il en proclame les résultats.

Art. 61. — Les lois organiques, avant leur promulgation, les propositions de loi mentionnées à l'article 11 avant qu'elles ne soient soumises au référendum, et les règlements des assemblées parlementaires, avant leur mise en application, doivent être soumis au Conseil Constitutionnel qui se prononce sur leur conformité à la Constitution.

Aux mêmes fins, les lois peuvent être déférées au Conseil Constitutionnel, avant leur promulgation, par le président de la République, le Premier Ministre, le président de l'Assemblée Nationale, le président du Sénat ou soixante députés ou soixante sénateurs.

Dans les cas prévus aux deux alinéas précédents, le Conseil Constitutionnel doit statuer dans le délai d'un mois. Toutefois, à la demande du Gouvernement, s'il y a urgence, ce délai est ramené à huit jours.

Dans ces mêmes cas, la saisine du Conseil Constitutionnel suspend le délai de promulgation.

Art. 61-1. — Lorsque, à l'occasion d'une instance en cours devant une juridiction, il est soutenu qu'une disposition législative porte atteinte aux droits et libertés que la Constitution garantit, le Conseil constitutionnel peut être saisi de cette question sur renvoi du Conseil d'État ou de la Cour de cassation qui se prononce dans un délai déterminé.

Une loi organique détermine les conditions d'application du présent article.

Art. 62. — Une disposition déclarée inconstitutionnelle sur le fondement de l'article 61 ne peut être promulguée ni mise en application.

Une disposition déclarée inconstitutionnelle sur le fondement de l'article 61-1 est abrogée à compter de la publication de la décision du Conseil constitutionnel ou d'une date ultérieure fixée par cette décision. Le Conseil constitutionnel détermine les conditions et limites dans lesquelles les effets que la disposition a produits sont susceptibles d'être remis en cause.

Les décisions du Conseil Constitutionnel ne sont susceptibles d'aucun recours. Elles s'imposent aux pouvoirs publics et à toutes les autorités administratives et juridictionnelles.

Art. 63. — Une loi organique détermine les règles d'organisation et de fonctionnement du Conseil Constitutionnel, la procédure qui est suivie devant lui et notamment les délais ouverts pour le saisir de contestations.

Titre VIII — De l'autorité judiciaire

Art. 64. — Le président de la République est garant de l'indépendance de l'autorité judiciaire.

Il est assisté par le Conseil Supérieur de la Magistrature.

Une loi organique porte statut des magistrats.

Les magistrats du siège sont inamovibles.

Art. 65. — Le Conseil supérieur de la magistrature comprend une formation compétente à l'égard des magistrats du siège et une formation compétente à l'égard des magistrats du parquet.

La formation compétente à l'égard des magistrats du siège est présidée par le premier président de la Cour de cassation. Elle comprend, en outre, cinq magistrats du siège et un magistrat du parquet, un conseiller d'État désigné par le Conseil d'État, un avocat ainsi que six personnalités qualifiées qui n'appartiennent ni au Parlement, ni à l'ordre judiciaire, ni à l'ordre administratif. Le président de la République, le président de l'Assemblée nationale et le président du Sénat désignent chacun deux personnalités qualifiées. La procédure prévue au dernier alinéa de l'article 13 est applicable aux nominations des personnalités qualifiées. Les nominations effectuées par le président de chaque assemblée du Parlement sont soumises au seul avis de la commission permanente compétente de l'assemblée intéressée.

La formation compétente à l'égard des magistrats du parquet est présidée par le procureur général près la Cour de cassation. Elle comprend, en outre, cinq magistrats du parquet et un magistrat du siège, ainsi que le conseiller d'État, l'avocat et les six personnalités qualifiées mentionnés au deuxième alinéa.

La formation du Conseil supérieur de la magistrature compétente à l'égard des magistrats du siège fait des propositions pour les nominations des magistrats du siège à la Cour de cassation, pour celles de premier président de cour d'appel et pour celles de président de tribunal de grande instance. Les autres magistrats du siège sont nommés sur son avis conforme.

La formation du Conseil supérieur de la magistrature compétente à l'égard des magistrats du parquet donne son avis sur les nominations qui concernent les magistrats du parquet.

La formation du Conseil supérieur de la magistrature compétente à l'égard des magistrats du siège statue comme conseil de discipline des magistrats du siège. Elle comprend alors, outre les membres visés au deuxième alinéa, le magistrat du siège appartenant à la formation compétente à l'égard des magistrats du parquet.

La formation du Conseil supérieur de la magistrature compétente à l'égard des magistrats du parquet donne son avis sur les sanctions disciplinaires qui les concernent. Elle comprend alors, outre les membres visés au troisième alinéa, le magistrat du parquet appartenant à la formation compétente à l'égard des magistrats du siège.

Le Conseil supérieur de la magistrature se réunit en formation plénière pour répondre aux demandes d'avis formulées par le président de la République au titre de l'article 64. Il se prononce, dans la même formation, sur les questions relatives à la déontologie des magistrats ainsi que sur toute question relative au fonctionnement de la justice dont le saisit le ministre de la justice. La formation plénière comprend trois des cinq magistrats du siège mentionnés au deuxième alinéa, trois des cinq magistrats du parquet mentionnés au troisième alinéa, ainsi que le conseiller d'État, l'avocat et les six personnalités qualifiées mentionnés au deuxième alinéa. Elle est présidée par le premier président de la Cour de cassation, que peut suppléer le procureur général près cette cour.

Sauf en matière disciplinaire, le ministre de la justice peut participer aux séances des formations du Conseil supérieur de la magistrature.

Le Conseil supérieur de la magistrature peut être saisi par un justiciable dans les conditions fixées par une loi organique.

La loi organique détermine les conditions d'application du présent article.

Art. 66. — Nul ne peut être arbitrairement détenu.

L'autorité judiciaire, gardienne de la liberté individuelle, assure le respect de ce principe dans les conditions prévues par la loi.

Article 66-1. — Nul ne peut être condamné à la peine de mort.

Titre IX — La Haute Cour

Article 67. — Le président de la République n'est pas responsable des actes accomplis en cette qualité, sous réserve des dispositions des articles 53-2 et 68.

Il ne peut, durant son mandat et devant aucune juridiction ou autorité administrative française, être requis de témoigner non plus que faire l'objet d'une action, d'un acte d'information, d'instruction ou de poursuite. Tout délai de prescription ou de forclusion est suspendu.

Les instances et procédures auxquelles il est ainsi fait obstacle peuvent être reprises ou engagées contre lui à l'expiration d'un délai d'un mois suivant la cessation des fonctions.

Article 68. — Le président de la République ne peut être destitué qu'en cas de manquement à ses devoirs manifestement incompatible avec l'exercice de son mandat. La destitution est prononcée par le Parlement constitué en Haute Cour.

La proposition de réunion de la Haute Cour adoptée par une des assemblées du Parlement est aussitôt transmise à l'autre qui se prononce dans les quinze jours.

La Haute Cour est présidée par le président de l'Assemblée nationale. Elle statue dans un délai d'un mois, à bulletins secrets, sur la destitution. Sa décision est d'effet immédiat.

Les décisions prises en application du présent article le sont à la majorité des deux tiers des membres composant l'assemblée concernée ou la Haute Cour. Toute délégation de vote est interdite. Seuls sont recensés les votes favorables à la proposition de réunion de la Haute Cour ou à la destitution.

Une loi organique fixe les conditions d'application du présent article.

Titre X — De la responsabilité pénale des membres du gouvernement

Art. 68-1. — Les membres du gouvernement sont pénalement responsables des actes accomplis dans l'exercice de leurs fonctions et qualifiés crimes ou délits au moment où ils ont été commis.

Ils sont jugés par la Cour de justice de la République.

La Cour de justice de la République est liée par la définition des crimes et délits ainsi que par la détermination des peines telles qu'elles résultent de la loi.

Art. 68-2. — La Cour de justice de la République comprend quinze juges : douze parlementaires élus, en leur sein et en nombre égal, par l'Assemblée Nationale et par le Sénat après chaque renouvellement général ou partiel de ces assemblées et trois magistrats du siège à la Cour de cassation, dont l'un préside la Cour de justice de la République.

Toute personne qui se prétend lésée par un crime ou un délit commis par un membre du gouvernement dans l'exercice de ses fonctions peut porter plainte auprès d'une commission des requêtes.

Cette commission ordonne soit le classement de la procédure, soit sa transmission au procureur général près la Cour de cassation aux fins de saisine de la Cour de justice de la République.

Le procureur général près la Cour de cassation peut aussi saisir d'office la Cour de justice de la République sur avis conforme de la commission des requêtes.

Une loi organique détermine les conditions d'application du présent article.

Art. 68-3. — Les dispositions du présent titre sont applicables aux faits commis avant son entrée en vigueur.

Titre XI — Le Conseil Économique, Social et Environnemental

Art. 69. — Le Conseil économique, social et environnemental, saisi par le Gouvernement, donne son avis sur les projets de loi, d'ordonnance ou de décret ainsi que sur les propositions de lois qui lui sont soumis.

Un membre du Conseil économique, social et environnemental peut être désigné par celui-ci pour exposer devant les assemblées parlementaires l'avis du Conseil sur les projets ou propositions qui lui ont été soumis.

Le Conseil économique, social et environnemental peut être saisi par voie de pétition dans les conditions fixées par une loi organique. Après examen de la pétition, il fait connaître au Gouvernement et au Parlement les suites qu'il propose d'y donner.

Art. 70. — Le Conseil économique, social et environnemental peut être consulté par le Gouvernement et le Parlement sur tout problème de caractère économique, social ou environnemental. Le Gouvernement peut également le consulter sur les projets de loi de programmation définissant les orientations pluriannuelles des finances publiques. Tout plan ou tout projet de loi de programmation à caractère économique, social ou environnemental lui est soumis pour avis.

Art. 71. — La composition du Conseil économique, social et environnemental, dont le nombre de membres ne peut excéder deux cent trente-trois, et ses règles de fonctionnement sont fixées par une loi organique.

Titre XI *bis* — Le Défenseur des droits

Art. 71-1. — Le Défenseur des droits veille au respect des droits et libertés par les administrations de l'État, les collectivités territoriales, les établissements publics, ainsi que par tout organisme investi d'une mission de service public, ou à l'égard duquel la loi organique lui attribue des compétences.

Il peut être saisi, dans les conditions prévues par la loi organique, par toute personne s'estimant lésée par le fonctionnement d'un service public ou d'un organisme visé au premier alinéa. Il peut se saisir d'office.

La loi organique définit les attributions et les modalités d'intervention du Défenseur des droits. Elle détermine les conditions dans lesquelles il peut être assisté par un collège pour l'exercice de certaines de ses attributions.

Le Défenseur des droits est nommé par le président de la République pour un mandat de six ans non renouvelable, après application de la procédure prévue au dernier alinéa de l'article 13. Ses fonctions sont incompatibles avec celles de membre du Gouvernement et de membre du Parlement. Les autres incompatibilités sont fixées par la loi organique.

Le Défenseur des droits rend compte de son activité au président de la République et au Parlement.

Titre XII — Des Collectivités Territoriales

Art. 72. — Les collectivités territoriales de la République sont les communes, les départements, les régions, les collectivités à statut particulier et les collectivités d'outre-mer régies par l'article 74. Toute autre collectivité territoriale est créée par la loi, le cas échéant en lieu et place d'une ou de plusieurs collectivités mentionnées au présent alinéa.

Les collectivités territoriales ont vocation à prendre les décisions pour l'ensemble des compétences qui peuvent le mieux être mises en œuvre à leur échelon.

Dans les conditions prévues par la loi, ces collectivités s'administrent librement par des conseils élus et disposent d'un pouvoir réglementaire pour l'exercice de leurs compétences.

Dans les conditions prévues par la loi organique, et sauf lorsque sont en cause les conditions essentielles d'exercice d'une liberté publique ou d'un droit constitutionnellement garanti, les collectivités territoriales ou leurs groupements peuvent, lorsque, selon le cas, la loi ou le règlement l'a prévu, déroger, à titre expérimental et pour un objet et une durée limités, aux dispositions législatives ou réglementaires qui régissent l'exercice de leurs compétences.

Aucune collectivité territoriale ne peut exercer une tutelle sur une autre. Cependant, lorsque l'exercice d'une compétence nécessite le concours de plusieurs collectivités territoriales, la loi peut autoriser l'une d'entre elles ou un de leurs groupements à organiser les modalités de leur action commune.

Dans les collectivités territoriales de la République, le représentant de l'État, représentant de chacun des membres du Gouvernement, a la charge des intérêts nationaux, du contrôle administratif et du respect des lois.

Art. 72-1. — La loi fixe les conditions dans lesquelles les électeurs de chaque collectivité territoriale peuvent, par l'exercice du droit de pétition, demander l'inscription à l'ordre du jour de l'assemblée délibérante de cette collectivité d'une question relevant de sa compétence.

Dans les conditions prévues par la loi organique, les projets de délibération ou d'acte relevant de la compétence d'une collectivité territoriale peuvent, à son initiative, être soumis, par la voie du référendum, à la décision des électeurs de cette collectivité.

Lorsqu'il est envisagé de créer une collectivité territoriale dotée d'un statut particulier ou de modifier son organisation, il peut être décidé par la loi de consulter les électeurs inscrits dans les collectivités intéressées. La modification des limites des collectivités territoriales peut également donner lieu à la consultation des électeurs dans les conditions prévues par la loi.

Art. 72-2. — Les collectivités territoriales bénéficient de ressources dont elles peuvent disposer librement dans les conditions fixées par la loi.

Elles peuvent recevoir tout ou partie du produit des impositions de toutes natures. La loi peut les autoriser à en fixer l'assiette et le taux dans les limites qu'elle détermine.

Les recettes fiscales et les autres ressources propres des collectivités territoriales représentent, pour chaque catégorie de collectivités, une part déterminante de l'ensemble de leurs ressources. La loi organique fixe les conditions dans lesquelles cette règle est mise en œuvre.

Tout transfert de compétences entre l'État et les collectivités territoriales s'accompagne de l'attribution de ressources équivalentes à celles qui étaient consacrées à leur exercice. Toute création ou extension de compétences ayant pour conséquence d'augmenter les dépenses des collectivités territoriales est accompagnée de ressources déterminées par la loi.

La loi prévoit des dispositifs de péréquation destinés à favoriser l'égalité entre les collectivités territoriales.

Art. 72-3. — La République reconnaît, au sein du peuple français, les populations d'outre-mer, dans un idéal commun de liberté, d'égalité et de fraternité.

La Guadeloupe, la Guyane, la Martinique, La Réunion, Mayotte, Saint-Barthélemy, Saint-Martin, Saint-Pierre-et-Miquelon, les îles Wallis et Futuna et la Polynésie française sont régis par l'article 73 pour les départements et les régions d'outre-mer et pour les collectivités territoriales créées en application du dernier alinéa de l'article 73, et par l'article 74 pour les autres collectivités.

Le statut de la Nouvelle-Calédonie est régi par le titre XIII.

La loi détermine le régime législatif et l'organisation particulière des Terres australes et antarctiques françaises et de Clipperton.

Art. 72-4. — Aucun changement, pour tout ou partie de l'une des collectivités mentionnées au deuxième alinéa de l'article 72-3, de l'un vers l'autre des régimes prévus par les articles 73 et 74, ne peut intervenir sans que le consentement des électeurs de la collectivité ou de la partie de collectivité intéressée ait été préalablement recueilli dans les conditions prévues à l'alinéa suivant. Ce changement de régime est décidé par une loi organique.

Le président de la République, sur proposition du Gouvernement pendant la durée des sessions ou sur proposition conjointe des deux assemblées, publiées au Journal officiel, peut décider de consulter les électeurs d'une collectivité territoriale située outre-mer sur une question relative à son organisation, à ses compétences ou à son régime législatif. Lorsque la consultation porte sur un changement prévu à l'alinéa précédent et est organisée sur proposition du Gouvernement, celui-ci fait, devant chaque assemblée, une déclaration qui est suivie d'un débat.

Art. 73. [1] — Dans les départements et les régions d'outre-mer, les lois et règlements sont applicables de plein droit. Ils peuvent faire l'objet d'adaptations tenant aux caractéristiques et contraintes particulières de ces collectivités.

Ces adaptations peuvent être décidées par ces collectivités dans les matières où s'exercent leurs compétences et si elles y ont été habilitées, selon le cas, par la loi ou par le règlement.

Par dérogation au premier alinéa et pour tenir compte de leurs spécificités, les collectivités régies par le présent article peuvent être habilitées, selon le cas, par la loi ou par le règlement à fixer elles-mêmes les règles applicables sur leur territoire, dans un nombre limité de matières pouvant relever du domaine de la loi ou du règlement.

Ces règles ne peuvent porter sur la nationalité, les droits civiques, les garanties des libertés publiques, l'état et la capacité des personnes, l'organisation de la justice, le droit pénal, la procédure pénale, la politique étrangère, la défense, la sécurité et l'ordre publics, la monnaie, le crédit et les changes, ainsi que le droit électoral. Cette énumération pourra être précisée et complétée par une loi organique.

La disposition prévue aux deux précédents alinéas n'est pas applicable au département et à la région de La Réunion.

Les habilitations prévues aux deuxième et troisième alinéas sont décidées, à la demande de la collectivité concernée, dans les conditions et sous les réserves prévues par une loi organique. Elles ne peuvent intervenir lorsque sont en cause les conditions essentielles d'exercice d'une liberté publique ou d'un droit constitutionnellement garanti.

La création par la loi d'une collectivité se substituant à un département et une région d'outre-mer ou l'institution d'une assemblée délibérante unique pour ces deux collectivités ne peut intervenir sans qu'ait été recueilli, selon les formes prévues au second alinéa de l'article 72-4, le consentement des électeurs inscrits dans le ressort de ces collectivités.

Art. 74. — Les collectivités d'outre-mer régies par le présent article ont un statut qui tient compte des intérêts propres de chacune d'elles au sein de la République.

Ce statut est défini par une loi organique, adoptée après avis de l'assemblée délibérante, qui fixe :

- les conditions dans lesquelles les lois et règlements y sont applicables ;
- les compétences de cette collectivité ; sous réserve de celles déjà exercées par elle, le transfert de compétences de l'État ne peut porter sur les matières énumérées au quatrième alinéa de l'article 73, précisées et complétées, le cas échéant, par la loi organique ;
- les règles d'organisation et de fonctionnement des institutions de la collectivité et le régime électoral de son assemblée délibérante ;
- les conditions dans lesquelles ses institutions sont consultées sur les projets et propositions de loi et les projets d'ordonnance ou de décret comportant des dispositions par-

1. Les alinéas 2 et 3 de l'article 73 entrent en vigueur dans les conditions fixées par les lois et lois organiques nécessaires à leur application (art. 46-I de la loi constitutionnelle n° 2008-724 du 23 juill. 2008).

ticulières à la collectivité, ainsi que sur la ratification ou l'approbation d'engagements internationaux conclus dans les matières relevant de sa compétence.

La loi organique peut également déterminer, pour celles de ces collectivités qui sont dotées de l'autonomie, les conditions dans lesquelles :

- le Conseil d'État exerce un contrôle juridictionnel spécifique sur certaines catégories d'actes de l'assemblée délibérante intervenant au titre des compétences qu'elle exerce dans le domaine de la loi ;
- l'assemblée délibérante peut modifier une loi promulguée postérieurement à l'entrée en vigueur du statut de la collectivité, lorsque le Conseil constitutionnel, saisi notamment par les autorités de la collectivité, a constaté que la loi était intervenue dans le domaine de compétence de cette collectivité ;
- des mesures justifiées par les nécessités locales peuvent être prises par la collectivité en faveur de sa population, en matière d'accès à l'emploi, de droit d'établissement pour l'exercice d'une activité professionnelle ou de protection du patrimoine foncier ;
- la collectivité peut participer, sous le contrôle de l'État, à l'exercice des compétences qu'il conserve, dans le respect des garanties accordées sur l'ensemble du territoire national pour l'exercice des libertés publiques.

Les autres modalités de l'organisation particulière des collectivités relevant du présent article sont définies et modifiées par la loi après consultation de leur assemblée délibérante.

Art. 74-1. — Dans les collectivités d'outre-mer visées à l'article 74 et en Nouvelle-Calédonie, le Gouvernement peut, par ordonnances, dans les matières qui demeurent de la compétence de l'État, étendre, avec les adaptations nécessaires, les dispositions de nature législative en vigueur en métropole ou adapter les dispositions de nature législative en vigueur à l'organisation particulière de la collectivité concernée, sous réserve que la loi n'ait pas expressément exclu, pour les dispositions en cause, le recours à cette procédure.

Les ordonnances sont prises en conseil des ministres après avis des assemblées délibérantes intéressées et du Conseil d'État. Elles entrent en vigueur dès leur publication. Elles deviennent caduques en l'absence de ratification par le Parlement dans le délai de dix-huit mois suivant cette publication.

Art. 75. — Les citoyens de la République qui n'ont pas le statut civil de droit commun, seul visé à l'article 34, conservent leur statut personnel tant qu'ils n'y ont pas renoncé.

Art. 75-1. — Les langues régionales appartiennent au patrimoine de la France.

Titre XIII — Dispositions transitoires relatives à la Nouvelle-Calédonie

Art. 76. — Les populations de la Nouvelle-Calédonie sont appelées à se prononcer avant le 31 décembre 1998 sur les dispositions de l'accord signé à Nouméa le 5 mai 1998 et publié le 27 mai 1998 au Journal officiel de la République française.

Sont admises à participer au scrutin les personnes remplissant les conditions fixées à l'article 2 de la loi n° 88-1028 du 9 novembre 1988.

Les mesures nécessaires à l'organisation du scrutin sont prises par décret en Conseil d'État délibéré en conseil des ministres.

Art. 77. — Après approbation de l'accord lors de la consultation prévue à l'article 76, la loi organique, prise après avis de l'assemblée délibérante de la Nouvelle-Calédonie, détermine, pour assurer l'évolution de la Nouvelle-Calédonie dans le respect des orientations définies par cet accord et selon les modalités nécessaires à sa mise en œuvre :

- les compétences de l'État qui seront transférées, de façon définitive, aux institutions de la Nouvelle-Calédonie, l'échelonnement et les modalités de ces transferts, ainsi que la répartition des charges résultant de ceux-ci ;
- les règles relatives à la citoyenneté, au régime électoral, à l'emploi et au statut civil coutumier ;
- les conditions et les délais dans lesquels les populations intéressées de la Nouvelle-Calédonie seront amenées à se prononcer sur l'accession à la pleine souveraineté.

Les autres mesures nécessaires à la mise en œuvre de l'accord mentionné à l'article 76 sont définies par la loi.

Pour la définition du corps électoral appelé à élire les membres des assemblées délibérantes de la Nouvelle-Calédonie et des provinces, le tableau auquel se réfèrent l'accord mentionné à l'article 76 et les articles 188 et 189 de la loi organique n° 99-209 du 19 mars 1999 relative à la Nouvelle-Calédonie est le tableau dressé à l'occasion du scrutin prévu audit article 76 et comprenant les personnes non admises à y participer.

Titre XIV — De la francophonie et des accords d'association

Art. 87. — La République participe au développement de la solidarité et de la coopération entre les États et les peuples ayant le français en partage.

Art. 88. — La République peut conclure des accords avec des États qui désirent s'associer à elle pour développer leurs civilisations.

Titre XV — De l'Union européenne

Art. 88-1. — La République participe à l'Union européenne constituée d'États qui ont choisi librement d'exercer en commun certaines de leurs compétences en vertu du traité sur l'Union européenne et du traité sur le fonctionnement de l'Union européenne, tels qu'ils résultent du traité signé à Lisbonne le 13 décembre 2007.

Art. 88-2. — La loi fixe les règles relatives au mandat d'arrêt européen en application des actes pris par les institutions de l'Union européenne.

Art. 88-3. — Sous réserve de réciprocité et selon les modalités prévues par le Traité sur l'Union européenne signé le 7 février 1992, le droit de vote et d'éligibilité aux élections municipales peut être accordé aux seuls citoyens de l'Union résidant en France. Ces citoyens ne peuvent exercer les fonctions de maire ou d'adjoint ni participer à la désignation des électeurs sénatoriaux et à l'élection des sénateurs. Une loi organique votée dans les mêmes termes par les deux assemblées détermine les conditions d'application du présent article.

Art. 88-4. — Le Gouvernement soumet à l'Assemblée nationale et au Sénat, dès leur transmission au Conseil de l'Union européenne, les projets d'actes législatifs européens et les autres projets ou propositions d'actes de l'Union européenne.

Selon des modalités fixées par le règlement de chaque assemblée, des résolutions européennes peuvent être adoptées, le cas échéant en dehors des sessions, sur les projets ou propositions mentionnés au premier alinéa, ainsi que sur tout document émanant d'une institution de l'Union européenne.

Au sein de chaque assemblée parlementaire est instituée une commission chargée des affaires européennes.

Art. 88-5. — Tout projet de loi autorisant la ratification d'un traité relatif à l'adhésion d'un État à l'Union européenne est soumis au référendum par le président de la République.

Toutefois, par le vote d'une motion adoptée en termes identiques par chaque assemblée à la majorité des trois cinquièmes, le Parlement peut autoriser l'adoption du projet de loi selon la procédure prévue au troisième alinéa de l'article 89.

[Cet article n'est pas applicable aux adhésions faisant suite à une conférence intergouvernementale dont la convocation a été décidée par le Conseil européen avant le 1er juillet 2004]

Art. 88-6. — L'Assemblée nationale ou le Sénat peuvent émettre un avis motivé sur la conformité d'un projet d'acte législatif européen au principe de subsidiarité. L'avis est adressé par le président de l'assemblée concernée aux présidents du Parlement européen, du Conseil et de la Commission européenne. Le Gouvernement en est informé.

Chaque assemblée peut former un recours devant la Cour de justice de l'Union européenne contre un acte législatif européen pour violation du principe de subsidiarité. Ce recours est transmis à la Cour de justice de l'Union européenne par le Gouvernement.

À cette fin, des résolutions peuvent être adoptées, le cas échéant en dehors des sessions, selon des modalités d'initiative et de discussion fixées par le règlement de chaque assemblée. À la demande de soixante députés ou de soixante sénateurs, le recours est de droit.

Les règles d'organisation et de fonctionnement des institutions de la Nouvelle-Calédonie et notamment les conditions dans lesquelles certaines catégories d'actes de l'assemblée délibérante de la Nouvelle-Calédonie pourront être soumises avant publication au contrôle du Conseil constitutionnel.

Art. 88-7. — Par le vote d'une motion adoptée en termes identiques par l'Assemblée nationale et le Sénat, le Parlement peut s'opposer à une modification des règles d'adoption d'actes de l'Union européenne dans les cas prévus, au titre de la révision simplifiée des traités ou de la coopération judiciaire civile, par le traité sur l'Union européenne et le traité sur le fonctionnement de l'Union européenne, tels qu'ils résultent du traité signé à Lisbonne le 13 décembre 2007.

Titre XVI — De la Révision

Art. 89. — L'initiative de la révision de la Constitution appartient concurremment au président de la République sur proposition du Premier Ministre et aux membres du Parlement.

Le projet ou la proposition de révision doit être examiné dans les conditions de délai fixées au troisième alinéa de l'article 42 et voté par les deux assemblées en termes identiques. La révision est définitive après avoir été approuvée par référendum.

Toutefois, le projet de révision n'est pas présenté au référendum lorsque le président de la République décide de le soumettre au Parlement convoqué en Congrès ; dans ce cas, le projet de révision n'est approuvé que s'il réunit la majorité des trois cinquièmes des suffrages exprimés. Le bureau du Congrès est celui de l'Assemblée Nationale.

Aucune procédure de révision ne peut être engagée ou poursuivie lorsqu'il est porté atteinte à l'intégrité du territoire.

La forme républicaine du Gouvernement ne peut faire l'objet d'une révision.

Liste des entrées

A

B

C

PHOTOCOMPOSITION
SCM • Toulouse

721679 - (I) - OSB - P 60g - SCM - (JB)
Achevé d'imprimer en août 2022
Dépôt légal : août 2022
Imprimé en France par CPI Bussière (2065978)